AF449668

UNIVERSIDAD
PANAMERICANA®

La filosofía
del derecho de Kant

Una aproximación crítica a los fundamentos metafísicos del derecho

Ficha bibliográfica

Martínez Fisher, María Guadalupe

La filosofía del derecho de Kant. Una aproximación crítica a los fundamentos metafísicos del derecho

1a. edición, 2024

ISBN: 978-607-5913-15-5

Editorial Notas Universitarias, S. A. de C. V.
Colección Sapientia

Impreso en la Ciudad de México, en septiembre de 2024

Formato: 15 × 21 cm

356 pp.

Editorial NUN

Es una marca de la Editorial Notas Universitarias, S. A. de C. V.

Xocotla 17, Tlalpan, alcaldía Tlalpan,
C. P. 14000, Ciudad de México

www.editorialnun.com.mx

Versión impresa ISBN 978-607-5913-15-5
Versión digital ISBN 978-607-5913-16-2
Versión impresa UP ISBN 978-607-8826-50-6
Versión digital UP ISBN 978-607-8826-51-3

bitrados (doble-ciego) y dictaminados por especialistas nacionales. Posteriormente fueron revisados, corregidos y modificados por los autores antes de llegar a su versión final.

Director de la colección Sapientia: Vicente de Haro Romo
Dirección editorial y diseño de portada: Miryam D. Meza Robles
Cuidado de la edición: Felipe G. Sierra Beamonte
Corrección de estilo: Martha Patricia Martínez Galindo
Diagramación: Carlos A. Vela Turcott

Impreso en México

La filosofía del derecho de Kant

Una aproximación crítica a los fundamentos metafísicos del derecho

María Guadalupe Martínez Fisher

Índice

Agradecimientos

A mi madre intelectual: Dulce María Granja Castro

No puedo expresar de manera adecuada ni suficiente el cariño y el agradecimiento que guardo por todas las personas que me apoyaron durante esta batalla intelectual.

Mi familia como el pilar más importante de mi vida, sin su apoyo no hubiera podido lograr este trabajo. Guardo también un agradecimiento y admiración enorme por mis directores de tesis, mi *Doktormutter*, Dulce María Granja, y mi *Doktorvater*, Thomas Sören Hoffmann. Su paciencia y guía fueron dones inmerecidos en mi formación intelectual. Recordaré con cariño cada una de sus enseñanzas.

Asimismo, agradezco a Christoph Horn, Óscar Cubo y Alejandro Vigo, así como al profesor Heiner F.Klemme por sus comentarios y el tiempo que amablemente me regalaron para discutir las principales intuiciones que conforman este trabajo.

Finalmente, no puede dejar de agradecer a la Red Germano-Latinoamericana de Investigación y Doctorado en Filosofía (FILORED) por otorgarme tanto una beca para realizar una estancia de investigación en la FernUniversität de Hagen, como por permitirme obtener una doble titulación binacional. No quiero dejar de mencionar y agradecer a la FernUniverstiät, que me otorgó una segunda beca haciendo posible alargar mi estancia en Alemania.

Mi paso por la Universidad Autónoma Metropolitana (UAM) y la FernUniverstiät será en definitiva una referencia en mi formación académica. Lograr estudiar en ambas instituciones fue posible gracias a la UAM y a la buena voluntad de profesoras y profesores que marcaron mi paso como estudiante de doctorado.

Especialmente, quiero agradecer todo el apoyo recibido por parte de Gustavo Leyva y Jesús Rodríguez Zepeda para poder realizar la estancia de investigación en Alemania y llevar a buen término este trabajo.

Abreviaturas[1]

AA	*Akademie-Ausgabe*
Anth	*Anthropologie in pragmatischer Hinsicht* (AA: 07)
GMS	*Grundlegung zur Metaphysik der Sitten* (AA: 04)
IaG	*Idee zu einer allgemeinen Geschichte in weltbürgerlicher Absicht* (AA: 08)
KpV	*Kritik der praktischen Vernunft* (AA: 05)
KrV	*Kritik der reinen Vernunft* (zu zitieren nach Originalpaginierung A/B)
KU	*Kritik der Urteilskraft* (AA: 05)
MS	*Die Metaphysik der Sitten* (AA: 06)
RL	*Metaphysische Anfangsgründe der Rechtslehre* (AA: 06)
TL	*Metaphysische Anfangsgründe der Tugendlehre* (AA: 06)
OP	*Opus Postumum* (AA: 21 u. 22)
Päd	*Pädagogik* (AA: 09)
RezHufeland	*Recension von Gottlieb Hufeland's Versuch über den Grundsatz des Naturrechts* (AA: 08)
RGV	*Die Religion innerhalb der Grenzen der bloßen Vernunft* (AA: 06)
SF	*Der Streit der Fakultäten* (AA: 07)
TG	*Träume eines Geistersehers, erläutert durch die Träume der Metaphysik* (AA: 02)

---

[1] Todas estas obras de Kant son citadas por la paginación del volumen correspondiente en la edición de la Real Academia Prusiana de Ciencias (*Kant's Gesammelte Schriften herausgegeben von der Königlich Preußischen Akademie der Wissenschaften*, Berlín, p. 1900 y ss.), actualmente Academia Alemana de Ciencias. Como es usual, la KrV se cita según sus dos ediciones (A-B).

TP	Über den *Gemeinspruch: Das mag in der Theorie richtig sein, taugt aber nicht für die Praxis* (AA: 08)
VAMS	*Vorarbeit zur Metaphysik der Sitten* (AA: 23)
VNR/Feyerabend	*Naturrecht Feyerabend* (Winter 1784) (AA: 27)
VRML	Über ein *vermeintes Recht, aus Menschenliebe zu lügen* (AA: 08)
WA	*Beantwortung der Frage: Was ist Aufklärung?* (AA: 08)
ZeF	*Zum ewigen Frieden* (AA: 08)

También hemos abreviado:

LFD   Ley Fundamental del Derecho
PUD   Principio Universal del Derecho
IC   Imperativo Categórico

Prólogo

Uno de los más grandes méritos duraderos de Kant es el hecho de que, incluso después del ocaso que había sufrido la doctrina tradicional del derecho natural metafísicamente fundada —que él mismo esencialmente propició—, mantuvo la posición central de la doctrina del derecho para la filosofía práctica. Por mucho que la comprensión y recepción de la filosofía de Kant estuviera determinada desde el principio por conceptos morales como la autonomía y el deber o el imperativo categórico como criterio para encontrar máximas morales, también es cierto que en el caso de Kant una autocomprensión práctica racional en el sentido de la filosofía crítica no puede prescindir del derecho. En este contexto, la "indispensabilidad" del derecho no debe entenderse simplemente como un "segundo mejor camino" o como una mera reserva "no ideal" frente a los déficits morales regularmente esperados de las acciones de los ciudadanos.

El derecho es más bien indispensable por una razón completamente distinta: porque sin él no habría instituciones de libertad ancladas en el mundo de la vida humana, no habría libertad que evidentemente ya se ha realizado y, en relación con ello, no habría historia de la libertad. La doctrina del derecho de Kant es la contrapartida de la doctrina de la virtud, que también se ocupa de una forma de libertad autodeterminada que se hace objetiva, "viva" en el mundo de la vida; pero sólo en el caso del derecho es central la creación de las condiciones para la posibilidad de un uso de la libertad que preserve la libertad para todos los participantes, no ese uso en sí de la libertad, que es lo más constante posible, en su reconexión reflexiva con el individuo que le corresponde más bien a la doctrina de la virtud.

En este sentido, el derecho define una esfera del uso de la libertad que es afín a la libertad, sin querer determinarla directamente él mismo. Crea el "escenario" en el que los seres de libertad pueden aparecer realmente como tales. La finalidad del derecho es dar espacio a la libertad "aquí y ahora".

En el trabajo presentado por María Guadalupe Martínez Fisher, la autora es consciente de que Kant no fundamenta el derecho en el poder, en la tradición o en un concepto metafísicamente concebido de lo bueno o lo perfecto, sino en el concepto de libertad. Ella defiende desde el comienzo que "la filosofía kantiana es una filosofía de la libertad y que, por ende, la doctrina del derecho no es la excepción". En consecuencia, la clave de la filosofía del derecho kantiana reside también en una "comprensión reflexiva-sistemática de la idea de libertad" o, lo que a fin de cuentas significa lo mismo, en la remisión a una autoconciencia racional-de-libertad, ya que Kant la convirtió de hecho en el *fundamentum inconcussum* de su filosofía. "Derecho" es para Kant un "concepto *a priori*", y como tal anclado en la razón práctica.

La filosofía del derecho es autointerpretación de la razón práctica, no reflexión sobre un medio concreto para alcanzar determinados fines. Es obvio que un planteamiento relacionado con esta pretensión debe aclarar primero una serie de malentendidos a los que la filosofía del derecho de Kant estuvo y está regularmente expuesta. Por ejemplo, el malentendido de que el concepto de derecho de Kant se funde en una abstracta "teoría de la coacción del derecho"; el otro de que la doctrina del derecho más o menos "se sigue" de la ética o del imperativo categórico; que sólo tiene por objeto una "normatividad no ideal", y que también es deficiente debido a ciertos contenidos (por ejemplo, la prohibición de la revolución) y que incluso muestra condiciones temporales irreparables, etcétera. Martínez Fisher se ocupa de malentendidos de este tipo y, al mismo tiempo, desarrolla los puntos de vista decisivos desde los que el derecho, en el sentido de Kant, debe pensarse como una vía del (auto)desarrollo de la libertad y, por tanto, también de una autoconciencia humana que reivindica la razón. Esbozaremos algunas ideas principales del trabajo.

La autora aborda en primer lugar la no poco importante cuestión (pre-liminar) de cómo debe entenderse el lugar de la *Metafísica de las costum-bres* (MS) en relación con el proyecto de la filosofía trascendental. Ella discute varias objeciones a la integración de la MS en la filosofía trascendental que son conocidas en la literatura; objeciones que asumen, entre otras cosas, que la doctrina del derecho de Kant está todavía basada en el pensamien-to teleológico del derecho natural, y que sólo por esta razón el "giro coper-nicano" no puede realmente encontrarse en ella. De hecho, es importante comprender que en el derecho de lo que se trata es de una realización de la libertad en el mundo de la vida, lo cual no tiene nada que ver con un présta-mo de la teleología natural.

Es cierto que el carácter autoafirmativo de la libertad también puede interpretarse "teleológicamente", sólo que al hacerlo se corre el riesgo de pa-sar por alto que la libertad se refiere a una autorrelación subjetiva, no a una estructura "orgánica" anónima. Según Kant, la filosofía del derecho sólo pue-de ser la filosofía de la libertad, y esto se reafirma al comprender que, incluso las instituciones concretas del derecho —esto es desde la propiedad privada hasta el estado civil— o el derecho cosmopolita deben pensarse como insti-tuciones de la libertad.

Tras esta aclaración, el primer capítulo del estudio se centra directa-mente en el tema de la libertad. El objetivo de la autora aquí es abordar con mayor detalle el concepto de libertad en sus diversas facetas y, al mismo tiempo, demostrar que, efectivamente, es el vínculo interior que mantiene unidas todas las partes de la filosofía de Kant. Para una clasificación más detallada de los posibles significados de "libertad" en Kant, se orienta pri-mero por Lewis W. Beck y sus cinco conceptos, y luego también por Henry E. Allison. María Guadalupe Martínez Fisher, sin embargo, no sigue sin más a estos autores, sino que llega a su propia tesis, según la cual en Kant no hay una criteriología explícita para una distinción entre diferentes conceptos de libertad, y que el significado básico de la libertad hay que buscarlo en pri-mer lugar en el concepto de espontaneidad, una idea, por tanto, que tam-bién es capaz de tender un puente entre la filosofía teórica y la práctica; de hecho, la libertad funciona también como principio de la razón especulativa y práctica, y como razón jurídica, ésta diseña entonces el principio de un "orden de coexistencia de las libertades". La autora señala con razón, que este proyecto en sí no concibe la libertad sólo negativamente: el derecho es una realización positiva de la libertad en el sentido de una autodeterminación del concepto de derecho, que —como el concepto de libertad en general— siempre empuja a su instanciación.

En el capítulo siguiente se aborda el tema tan discutido, pero al parecer siempre necesitado de aclaraciones, de la relación entre derecho, moral y ética en Kant. La autora deja claro que el proyecto de la *Metafísica de las costumbres* se refiere a la transición de la crítica al sistema. Esto significa que se trata de la realización o la representación de principios prácticos *a priori* en el empirismo: lo que está en juego es la síntesis del derecho, específica, tal como se representa paradigmáticamente especialmente en la antinomia de la propiedad de Kant. En una perspectiva más amplia, Martínez Fisher mostrará que, para Kant, el derecho trata siempre de la "transición" a un mundo configurado por la razón práctica: a un mundo (externo) en el que puede y debe encontrarse la libertad. Así, por ejemplo, la paz es una idea regulativa de la razón jurídica hacia la que deben ordenarse las condiciones externas, y las reformas idealmente no se deben a una arbitrariedad selectiva, sino a la obligación jurídica de adaptar el Estado de derecho dado, lo más adecuadamente posible a la idea de derecho.

En este sentido, el derecho no se sigue de la ética, pero tampoco es totalmente independiente de ella. Está indirectamente conectado con la razón práctica pura, en la medida en que es un fin de la razón práctica, y como tal (categóricamente) querido por sí mismo: el imperativo categórico no establece por sí mismo relaciones jurídico-positivas según su contenido, pero sí ordena la obediencia a la ley. La máxima contraria sólo puede conducir directamente a contradicciones; lo que, por cierto, es también la explicación de la ya mencionada prohibición de revolución de Kant.

A continuación, se aborda la relación entre la filosofía crítica y el pensamiento del derecho natural. En efecto, desde la Antigüedad ha habido formas y versiones muy diferentes en la concepción del derecho natural, mientras que desde principios de laedad moderna el derecho natural se ha interpretado principalmente como la ley de la razón —lo que sigue siendo válido para Fichte y Hegel, por ejemplo—. Históricamente, Kant concibe el "derecho natural" sobre todo en términos de la metafísica de la perfección de la escuela de Wolff, a la que opone —piénsese en la revisión de Hufeland— su propia metafísica crítica de la libertad. Para la autora, la libertad es así inevitablemente también el criterio normativo-evaluativo del concepto de derecho, a partir del cual Kant rechaza el paternalismo político; pero también, por ejemplo, el poder de coacción del Estado debe justificarse de nuevo (a partir de la voluntad general).

La discusión concluye señalando que el derecho natural, entendido en el sentido de Kant, puede comprenderse también como un principio de reflexión sobre el derecho y sus principios. La pregunta por el derecho natural es (también aquí) la misma por el "derecho justo", cuestión cuya respuesta en el caso de Kant implica ciertamente una declinación a ciertos principios del derecho *a priori* en el sentido de principios formales-constitutivos de la realidad jurídica. El principio del derecho tiene, como puede decirse un poco más allá de las tesis expuestas, una forma *a priori*, que no determina ya su contenido positivo, pero sí excluye ciertos contenidos sobre la base de su falta de referencia a la libertad.

Otro tema de peso es el papel de la idea de dignidad humana en la filosofía del derecho de Kant. Aquí, la autora se opone (con fundamento) a la tesis de von der Pfordten, acerca de que la dignidad humana carece de significado para la filosofía jurídica y política de Kant, pero también se opone (con acierto) a la tesis restrictiva de Gutmann (y otros) de que la dignidad ha de relacionarse únicamente con la agencia racional, no con la existencia del ser de la libertad (en el espacio). Nos recuerda —de un modo parecido a Aristóteles— que la potencialidad es también un modo de ser, por lo que la dignidad ya puede vincularse a la "predisposición a la personalidad". En este sentido, en contra de Sensen, quien defiende una teoría de la persona que —en última instancia— también se remonta a Locke, que sólo quiere conceder a la persona el carácter de fin en sí misma en la medida en que se capta a sí misma como tal, la autora señala que la dignidad de la ciudadanía no depende de si me considero o no ciudadano del Estado. Todo esto, por supuesto, no excluye que el propio derecho de la humanidad, que se expresa en nosotros, contenga la "obligación de conquistar nuestros derechos". En este punto se encuentra el origen de un reformismo inmanente al pensamiento jurídico kantiano, que la autora también hace fuerte en otros aspectos.

A continuación, se reflexiona sobre la posición de Kant ante el contractualismo; el tema se vincula con la cuestión de la justificación del *exeundum e statu naturali*, es decir, el "paso" del estado natural al civil. Martínez Fisher muestra aquí que para Kant la representación del contrato social es la expresión simbólica de la certeza práctica del carácter del estado civil como fin en sí mismo; en suma, de la relación jurídica. Por esta razón, el "contrato social" no presupone un consentimiento de hecho; no obstante, su idea puede considerarse como una "piedra de toque" de la legitimidad del derecho positivo, y el *exeundum* puede entenderse como una obligación jurídica (no sólo como una máxima moral o incluso prudencial).

Esta obligación jurídica de realizar ampliamente el Estado de derecho queda "confirmada" ex negativo, por así decirlo, por el hecho de que la "libertad sin ley" (puramente negativa) debe destruirse a sí misma; mientras que las instituciones del derecho representan la voluntad general o las "condiciones de posibilidad del derecho" en términos reales. En consecuencia, queda claro que el contrato social de Kant (¡concebido de un modo tan enteramente "heterodoxo"!): *a)* establece en primer lugar el "ideal de la legislación", *b)* ordena categóricamente que las leyes se den de un modo que permita entenderlas como expresión de la voluntad general, *c)* abre la posibilidad de la confrontación reflexiva con la ley dada en cada caso y *d)* soporta así en conjunto la "transición" de la idea de ley a la realidad externa, de hecho la "reconciliación de la razón práctica consigo misma".

El último capítulo está dedicado a la relación entre razón práctica, normatividad y derecho. Retoma temas de la bibliografía secundaria como la alternativa de la tesis de la "independencia" o "separación" del derecho y la moral, la "tesis de la senilidad", el *exeundum* o incluso el importante motivo de la paz, y con ello vuelve a poner de manifiesto el modo en que el derecho se ancla en la razón práctica como tal: se sitúa en la tensión entre el ideal de una "constitución humana perfecta" y la respectiva realidad constitucional aparente, que relaciona entre sí en el sentido de una "transición"; permite la distinción entre un "autor de obligatoriedad" y uno "de leyes", y se remonta él mismo a un deber ser inicialmente formal de la razón práctica como tal, que sólo busca realizarse en la relación jurídica. Es el "reformismo" de Kant, como se ha mencionado, el que permite el progreso constante del derecho, e incluso lo exige (a lo que también se refiere la propia autora, por ejemplo, con respecto a los no-derechos concretos de mujeres o siervos). En este contexto, vuelve a quedar claro cuál es en última instancia el contenido del derecho de Kant, a saber, la libertad, que debe poder entrar en el ordenamiento jurídico de forma cualificada, e incluso ser capaz de progresar.

La visión de conjunto de los temas y tesis de esta obra muestra que la autora abre un panorama general de la doctrina del derecho de Kant, que por un lado procede de un trabajo preciso sobre el texto, pero por otro llega a una opinión de conjunto tan convincente como adecuada para hacer que la voz de Kant vuelva a ser más escuchada en la conversación sobre el derecho. El estudio de María Guadalupe Martínez Fisher convence tanto por su soberano planteamiento de cuestiones centrales de la doctrina del derecho de Kant y por las respuestas que da a estas cuestiones, como por su compromiso general con una reconstrucción sistemáticamente coherente del pensamiento jurídico de Kant. Su fundamento en el concepto de libertad no se afirma aquí por primera vez, sin embargo se demuestra con una claridad y coherencia que no se encuentran en absoluto en toda la literatura de Kant. Hay mucho que decir a favor de seguir la tesis de la autora del derecho como un momento de la autogeneración de la libertad, tanto en términos de sus fundamentos como de sus instituciones, y de hecho unirse a ella en la promoción de esta comprensión. También en este sentido podemos desearle al presente libro, que constituye una hermosa y fructífera colaboración mexicana-alemana, ¡un digno éxito!

Thomas Sören Hoffmann (Hagen)

Introducción

Ni utópico, ni relativista, más bien,
entre Escila y Caribdis.

Kant es un arquitecto de la razón. La *Metafísica de las costumbres* (ms) fue proyectada desde la idea de un sistema que surge de la razón. El momento crítico de su pensamiento conforma los planos del edificio, mientras que la *Metafísica de las costumbres* es el edificio elaborado en función de ese plano, bosquejado desde la razón pura: "A la crítica de la razón práctica debía seguir el sistema. La *Metafísica de las costumbres*, que se divide en principios metafísicos de la doctrina del derecho y principios metafísicos de la doctrina de la virtud como réplica de los principios metafísicos de la ciencia de la naturaleza, ya publicados".[2]

La función de una metafísica de las costumbres no es la misma que la de una crítica de la razón práctica. En el caso de la primera, se trata de un sistema que surge cronológica y racionalmente después del ejercicio crítico de la razón. Por ello, no se puede esperar que la redacción de una metafísica de las costumbres realice de nuevo el ejercicio del sistema crítico; aunque, por supuesto, sea válido el cuestionamiento de la congruencia entre ambos momentos, esto es, el diseño de los planos y la construcción del edificio.

La filosofía trascendental comprende, al menos, dos partes: *a)* una propedéutica al sistema, esto es, la labor crítica desarrollada principalmente en las tres "Críticas"; esta labor es un paso previo y necesario para poder desarrollar el sistema. Y *b)* el sistema propiamente de la razón pura, en

---

[2]   MS AA: 05: 205.

su uso teórico y en su uso práctico. La *Metafísica de las costumbres* concierne a la filosofía trascendental no por pertenecer a la propedéutica de la razón pura, sino al sistema de la razón pura en su uso práctico. Desde estas coordenadas, la *Metafísica de las costumbres* no solamente forma parte del proyecto kantiano, sino que es el objetivo al que apunta el sistema del pensamiento de Kant.

La *Metafísica de las costumbres* ha sido objeto de varias críticas y dificultades, no sólo por el hecho de cómo fue publicada[3] o las famosas críticas de Schopenhauer[4] sobre la senilidad de Kant en el momento de su redacción, también por una razón que recorre el espíritu filosófico hasta nuestros tiempos. Esto es, la idea que impregna el quehacer filosófico de hallarnos en una era posmetafísica, en la cual el sólo aludir a la noción de "metafísica" provoca sospechas. Paradójicamente, esta idea surge, en parte, con la *Crítica de la razón pura*, es decir, en 1781, cuando en el contexto de una metafísica dogmática Kant advierte:

> Hubo un tiempo en que ésta se la llamó la *reina* de todas las ciencias; y si se toma la intención como un hecho, ella merecía ciertamente ese título honorífico, en virtud de la inminente importancia de su objeto. Ahora, el tono de moda de la época lleva a mostrarle un completo desprecio; y la matrona, repudiada y abandonada, se lamenta como

---

3   La historia de la aparición de la MS es sumamente accidentada. Desde 1765 anuncia Kant que cuenta con los materiales necesarios para unos "principios metafísicos de la sabiduría cósmica práctica". En 1767 reitera su propósito de elaborar una metafísica de las costumbres, con un carácter muy diferente al que tendrá la *Crítica* ulterior, y de nuevo en 1785 habla de construir una metafísica de las costumbres provocando gran expectación. Sin embargo, hasta finales de 1796 o enero de 1797 se publica la primera edición de *Principios metafísicos de la doctrina del derecho*. Los editores no han podido señalar una fecha concreta de aparición de la *Rechtslehre*. Schubert se inclina por situarla a fines de 1796, mientras que Vorländer aporta testimonios en contra de esta hipótesis y considera más razonable la de enero de 1797. En 1798 aparece como escrito autónomo la respuesta a la recensión del filósofo Bouterwek, que será publicada de nuevo en la segunda edición de los *Principios metafísicos de la doctrina del derecho* de 1798. Por su parte, la primera edición de la *Doctrina de la virtud* data de agosto de 1797, y la segunda de 1803. *Cfr.* Adela Cortina, "Estudio preliminar", en Immanuel Kant, *Metafísica de las costumbres*, Madrid, Tecnos, 2008, pp. xviii-xix.

4   "Sólo la debilidad senil de Kant explica su teoría del derecho, que no es más que un conjunto de errores nacidos unos de otros, sobre todo en lo que se refiere al derecho de propiedad, que funda en la ocupación", Arthur Schopenhauer, *Die Welt als Wille und Vorstellung*, 4, §62.

Hécuba: *modo maxima rerum, / tot generis nastique potens-nunc trahor exul, inops* - Ovid. *Metam* (Hace poco [era] la más importante de todas, poderosa por tantos familiares e hijos, y ahora ando vagante, desterrada y desposeída).[5]

Ahora bien, la crítica que hace el filósofo de Königsberg a la metafísica denominada dogmática no debe de llevarnos a un indiferentismo, pues es inútil la pretensión de fingir indiferencia frente a investigaciones cuyo objeto no puede ser indiferente a la naturaleza humana. Aquellos presuntos indiferentistas recaen también inevitablemente en afirmaciones metafísicas.[6] Más bien lo que Kant inaugura es una forma de abordar las cuestiones metafísicas. Su propuesta se denomina en la historia de la filosofía como idealismo trascendental, y es precisamente desde las coordenadas de su filosofía trascendental que se puede advertir tanto el sistema de una metafísica de la naturaleza como el sistema que surge de la idea de la libertad; esto es, una metafísica de las costumbres. Se puede objetar si su propuesta es congruente, pero no la evidencia textual de que éste era su objetivo.

1. Objeciones a la inclusión de la *Metafísica de las costumbres* en la filosofía trascendental

Cuatro principales objeciones[7] se presentan para poner en duda la *Metafísica de las costumbres*, y por ende la *Doctrina del derecho*, como parte de la filosofía trascendental.

---

[5] "Prólogo", en KrV, AVIII-AIX.

[6] "Prólogo", en KrV, A X.

[7] Seguimos, en gran medida, las objeciones que expone el "Estudio preliminar" elaborado por la filósofa Adela Cortina. *Cfr.* Adela Cortina, "Estudio preliminar", en Immanuel Kant, *Metafísica de las costumbres.*

1.1. La MS se caracteriza por una exagerada preocupación por los contenidos más que por la voluntad legisladora capaz de convertir leyes en jurídicas o en éticas

Kant asume (aunque en ocasiones, como apuntaremos en los distintos capítulos, es difícil justificar su congruencia) el camino recorrido por sus obras críticas y presenta un posible sistema de los deberes humanos en la redacción de la *Metafísica de las costumbres* que tiene la pretensión de ser congruente con su sistema crítico. Esto supone distinguir, en el contexto de la división de la filosofía de la razón pura, entre *metafísica*, entendida desde las coordenadas de un sistema de la ciencia, y la *crítica*.

En este sentido, entonces, no tiene las mismas funciones la *crítica* respecto a la *metafísica*. La necesidad de una metafísica de las costumbres se entiende, al menos, desde cuatro aspectos interrelacionados entre sí. Se trata tanto de motivos especulativos y morales como arquitectónicos:

1. La necesidad de la expresión sistemática del conocimiento filosófico. La filosofía trascendental es la idea de una ciencia para la cual la crítica de la razón pura debe bosquejar todo el plano, de un modo arquitectónico, con garantía completa de la integridad y certeza de todas las partes que constituyen ese edificio. Ella es el sistema de todos los principios de la razón pura.

2. La razón humana es por naturaleza arquitectónica y, por ende, necesita pensar desde las coordenadas de un posible sistema; es decir, considera todos los conocimientos como pertenecientes a un posible sistema y, por ello, permite tan sólo aquellos principios que, al menos, no impiden que el conocimiento que se persigue pueda insertarse en el sistema junto a los otros.

3. La expresión (representación) del sistema es necesaria en tanto se deriva de la razón pura.

4. Kant considera que poseer una metafísica de las costumbres es un deber moral y advierte: "Cada hombre la tiene también en sí mismo, aunque por lo común sólo de un modo oscuro; porque,

sin principios *a priori*, ¿cómo podría creer tener en sí una legislación universal?".[8]

La *crítica* y la *metafísica* son dos ejercicios de una misma razón, sin embargo, son distintos en su proceder y pretensiones. En el "Prefacio" de la *Crítica de la razón práctica*, Kant expone que la segunda *Crítica* sólo pretende establecer por completo los principios de posibilidad, la extensión y los límites de la razón práctica sin referencia particular a la naturaleza humana y, por ende, no le corresponde, como objetivo principal, la división de los deberes humanos. Esta clasificación corresponde al sistema de la ciencia (*System der Wissenschaft*) y no al sistema de la crítica (*System der Kritik*).[9] A su vez, es también cierto que la *Metafísica de las costumbres* contendrá condiciones *a priori* y empíricas que no se encuentran en otras obras. En realidad, en éstos también consiste su novedad. Los principios de una teoría no surgen en el vacío, sino que son generados también por necesidades sistemáticas.

La *Metafísica de las costumbres* no tiene la misma función que la *Crítica de la razón práctica* y la *Fundamentación de la metafísica de las costumbres*. Por ello, al ser sus pretensiones distintas, se puede palpar una mayor preocupación por los contenidos (incluso a nivel de un razonamiento casuístico),[10] porque su interés radica en la clasificación de los deberes humanos en un sistema. De esta manera, si bien la *Metafísica de las costumbres* no puede fundamentarse en una antropología con contenidos específicos, sin embargo, puede aplicarse a ella (*eine Metaphysik der Sitten kann nicht auf Anthropologie gegründet, aber doch auf sie angewandt werden*).[11] Las leyes morales surgen de la razón pura y son éstas las que sirven de hilo conductor al juicio en la construcción de un sistema de deberes. Se debe prestar atención, de nuevo, a este sutil matiz.

---

[8] MS AA: 06: 217.

[9] "Prefacio", en KpV [8].

[10] Véase la división de la "Doctrina elemental de la ética en: dogmática y casuística" (MS AA: 06: 413), las cuestiones sobre el suicidio (MS AA: 06: 423), el consumo de alcohol (MS AA: 06: 428) o el gasto de los propios bienes en beneficencia (MS AA: 06: 454).

[11] MS AA: 06: 217. [Las citas textuales en alemán aparecerán en cursivas en todo el libro.]

En la interpretación que hace Mary Gregor, la filósofa advierte que Kant no siempre atiende la distinción de la *Crítica de la razón pura* entre un conocimiento puro (*reinen*) totalmente ajeno a la experiencia en el contenido de sus conceptos, como en la conexión entre ellos y un conocimiento *a priori*, aquél en el que la conexión no depende de la experiencia, pero se da entre los elementos que contienen datos empíricos.[12] Nos parece adecuada esta distinción. El matiz es precisamente que la MS es una disciplina de conocimientos *a priori*, que no surgen de la antropología o de contenidos específicos, pero que pueden aplicarse a éstos. De esta manera, lo *a priori* tiene la peculiaridad de ser independiente de la experiencia, pero puede aplicar a ésta.[13]

1.2. La MS no asume la inversión copernicana iniciada por la *Crítica de la razón pura*

¿A qué nos referimos con un giro copernicano en materia moral? Se trata de mostrar que la forma de la voluntad, y no su objeto, es el criterio que Kant prioriza para no desvirtuar la moralidad. Kant sí incorpora este giro, sólo que lo hace como "asumido", y lo que busca es proyectar el sistema que surge de este giro moral expuesto en el sistema crítico.

Prueba de la incorporación del giro moral en la MS es la crítica al eudemonismo como punto de partida en la doctrina de las costumbres. Kant advierte que ésta no puede ser una doctrina de la felicidad, pues la experiencia no puede ser fuente de principios morales. Incluso niega explícitamente, más de una vez, la posibilidad de que pueda fundarse en una antropología,[14] aunque —como hemos dicho— se aplique a ésta. Si no se quiere falsear la doctrina del derecho kantiana, la crítica al eudemonismo jurídico es

---

[12] Por consiguiente, en lo que sigue no entenderemos por conocimientos *a priori* aquellos que tienen lugar independientemente de esta o aquella experiencia, sino los que tienen lugar independientemente de toda experiencia en absoluto. A ellos se oponen los conocimientos empíricos, o sea aquellos que sólo son posibles *a posteriori*, es decir, por experiencia. Entre los conocimientos *a priori* llámense puros aquellos en los que no está mezclado nada empírico. KrV B2-B3.

[13] *Cfr.* Mary Gregor, *Laws of Freedom: A Study of Kant's Method of Applying the Categorical Imperative in the Metaphysik der Sitten*, Oxford, Basil Blackwell, 1963.

[14] MS AA: 06: 216-217.

un punto ineludible. Las consideraciones teleológicas no son despreciadas por Kant; más bien, éstas se dan desde la prioridad del principio formal. La paz es el fin final (*Endzweck*) del derecho y no la felicidad, porque para Kant sólo la primera no se contradice con el principio formal del derecho: la coexistencia de libertades.

La incorporación de este giro se ubica principalmente en el apartado titulado: "Conceptos preliminares" de la *Metafísica de las costumbres* (*Philosophia practica universalis*). Éste funciona como una síntesis de los prolegómenos a una ms. En éste, Kant expone los conceptos comunes a las dos partes de la *Metafísica de las costumbres* y advierte el vínculo necesario entre la obligación y el imperativo categórico: "Obligación es la necesidad de una acción libre bajo un imperativo categórico de la razón"[15] (*Verbindlichkeit ist die Nothwendigkeit einer freien Handlung unter einem kategorischen Imperativ der Vernunft*). Asimismo, Kant expone que sólo la doctrina práctica que prescribe obligación puede presentar como ejemplo tales imperativos:

> El imperativo categórico (incondicionado) es el que piensa una acción como objetivamente necesaria y la hace necesaria, no de un modo mediato, a través de la representación de un fin, que pueda alcanzarse con la acción, sino a través de la mera representación de esa acción misma (de su forma), es decir, inmediatamente; ninguna otra doctrina práctica, más que la que prescribe obligación (la de las costumbres) puede presentar como ejemplo tales imperativos.[16]

1.3. El concepto de deducción en la ms es problemático

La cuestión de cómo se articula el Imperativo categórico (ic) con la *Rechtslehre* (rl) lo tratamos en el segundo capítulo. No obstante, conviene decir ahora que no se puede pretender encontrar una deducción como la que se

---

[15] MS AA: 06: 222.

[16] *Idem.*

da en el terreno especulativo.[17] Sí es posible encontrar una deducción en la MS.[18] Kant es enfático en defender que hay en nosotros la posibilidad de una voluntad pura y es en ésta donde tienen su origen los conceptos y leyes morales:[19]

> El concepto de libertad es un concepto puro de la razón que, precisamente por ello, es trascendente para la filosofía teórica, es decir, es un concepto tal que no puede ofrecerse para él ningún ejemplo adecuado en cualquier experiencia posible; por tanto, no constituye objeto alguno de un conocimiento teórico posible para nosotros, y no puede valer en modo alguno como un principio constitutivo de la razón especulativa, sino únicamente como uno regulativo y sin duda, meramente negativo; pero en el uso práctico de la razón prueba su realidad mediante principios prácticos que demuestran, como leyes, una causalidad de la razón pura para determinar el arbitrio en independencia de todos los condicionamientos empíricos (de lo sensible en general), y que demuestran en nosotros una voluntad pura, en la que tienen su origen los conceptos y leyes morales.

---

[17] Este descarte lo destaca también Schönecker. *Cfr.* Dieter Schönecker, *Kant: Grundlegung III*, Friburgo, Verlag, Karl Alber, 2016.

[18] Schönecker expone que hay tres principales acepciones del término "metafísica de las costumbres": "Para comprender adecuadamente el papel de la Metafísica de las costumbres como parte de la GMS II, hay que ver que forma parte, pero no es idéntica, a la Metafísica de las costumbres como ética *a priori*, cuyos esquemas esboza Kant en el Prefacio. Esta Metafísica de las costumbres es toda la empresa, y su concepto es la primera acepción del término 'Metafísica' de las costumbres; la segunda acepción es la 'futura' Metafísica de las costumbres como sistema de virtudes y obligaciones legales; la tercera acepción del término es dicha Metafísica de las costumbres como parte de la GMS II". Dieter Schönecker, *Kant: Grundlegung III*, 399.

[19] Aquí hay que entender "leyes morales" de manera amplia, es decir, no sólo aquellas que se refieren a la ética, sino también a las que aluden al derecho. El propio Kant advierte en la Introducción a la *Metafísica de las costumbres* que las leyes morales son leyes de la libertad: "Estas leyes de la libertad, a diferencia de las leyes de la naturaleza, se llaman morales. Si afectan sólo a acciones meramente externas y a su conformidad con la ley, se llaman jurídicas; pero si exigen también que ellas mismas (las leyes) deban ser los fundamentos de determinación de las acciones, entonces son éticas, y se dice, por tanto: que la coincidencia con las primeras es la legalidad. La coincidencia con las segundas, la moralidad de la acción". MS AA: 06: 214.

1.4. La *Rechstlehre* regresa a un iusnaturalismo teleológico

Abordaremos el asunto sobre la doctrina del derecho natural en los capítulos 3 y 4. Por el momento, consideramos importante decir que Kant sí incorpora la referencia al derecho natural como criterio regulativo de la doctrina del derecho y precepto del mismo.

El filósofo de Königsberg advierte una tesis medular y controvertida: es posible que podamos estar obligados al deber de distintos modos y que esto sea así porque la razón misma se ve sujeta a tales condiciones limitativas. Las leyes positivas (estatutarias) proclamadas por el legislador son también, conforme a derecho, aunque su contenido no sea *a priori* y en ocasiones injusto y, por ello, debemos irrestrictamente obedecerlas.

Expone que en el caso de la ley universal del derecho se trata de un "postulado" (*Postulat*) de la razón, según el cual ésta se reconoce a sí misma como sujeta, en su propia idea, a tales condiciones limitativas y, con ello, como sujeta también a la posibilidad de ser limitada por vía de hecho y por parte de otros (*von anderen*).[20]

Kant presenta una argumentación racional de la necesidad del derecho estatutario que encontró eco en las posturas positivistas. No obstante esto, no debemos de confundirnos al ubicar su propuesta: su postura no se reduce a un iusnaturalismo, pero tampoco a un positivismo. El criterio, según el filósofo de Königsberg, para reconocer tanto lo justo como lo injusto permanecerán ocultos si no se buscan las fuentes en la mera razón para erigir los fundamentos de una posible legislación positiva, pues: "Una doctrina jurídica únicamente empírica es como la cabeza de madera en la fábula de Fedro; una cabeza que puede ser hermosa, pero que lamentablemente no tiene seso";[21] no obstante, tanto la cabeza como el cerebro son necesarios para el derecho.

---

[20] MS AA: 06: 231.

[21] MS AA: 06: 230.

2.   Las columnas del edificio

La perplejidad a la que nos lleva el estudio de su filosofía del derecho es que ésta se conforma con distintas piezas doctrinales que a primera vista parecen no estar interconectadas. Nuestra interpretación tiene como punto de partida que Kant no se adscribe ni a un iusnaturalismo de corte clásico ni a un contractualismo, tampoco podríamos decir que es un positivista.

Las piezas clave que conforman las columnas del edificio de la doctrina del derecho corresponden a los capítulos del libro y funcionan en la medida que se articulen para dar cuenta de la razón práctica jurídica. La piedra angular que puede articular las distintas piezas del rompecabezas es la racionalidad práctica. Por ello, cada una de las piezas doctrinales funcionan en la medida que dan cuenta de la racionalidad práctica jurídica; ninguna de éstas opera de manera aislada, sin articularse desde una visión sistemática que incluya tanto los principios de legitimidad como de ejecución del derecho. Esto es así porque el derecho, para Kant, no sólo requiere de legitimidad, sino que supone como condición la toma de poder como *factum*.

En el primer capítulo presentamos una propuesta sistemática de la doctrina kantiana de la libertad en el derecho. Buscamos ir más allá de una explicación reduccionista que pretende decir que es suficiente, para la explicación de la libertad en la doctrina del derecho, referirse únicamente a la defensa de la libertad en sentido negativo o que reduce su uso al de la libertad exterior. La libertad, en el contexto de la doctrina del derecho, no se reduce a la mera independencia o indeterminación individual.[22]

El primer fundamento trascendental del derecho debe buscarse en la radical postura sobre lo que implica la idea de libertad en la tercera

---

[22]   Ileana P. Beade. "En torno a dos concepciones diversas en la libertad en la filosofía político-jurídica kantiana", en *La filosofía práctica de Kant*, Roberto Rodríguez Aramayo y Faviola Rivera Castro (comps.), México, UNAM, 2017, p. 168.

antinomia.[23] El concepto de imputabilidad desde este pasaje[24] no puede ser interpretado meramente como moral. Se trata de una imputabilidad práctica propia de la agencia racional.

En el segundo capítulo se expone la relación entre la ética, la moral y el derecho. En un primer momento presentamos el debate en torno a la relación entre la ética y el derecho que se puede seguir entre los partidarios de la tesis de la independencia (*Unabhängigkeitsthese*) como son Ebbinghaus,[25] Willascheck,[26] Geismann,[27] Wood[28] y quienes defienden la tesis de

---

[23] En el apartado IV del Prólogo de la MS, titulado: "Conceptos preliminares de la metafísica de las costumbres" (*Philosophia practica universalis*), Kant resume el recorrido por el que pasa la idea de libertad desde la defensa de su posibilidad en la primera *Crítica* hasta la afirmación de su existencia a través de la ley moral en la *Crítica de la razón práctica*: "El concepto de libertad es un concepto puro de la razón que, precisamente por ello, es trascendente para la filosofía teórica, es decir, es un concepto tal que no puede ofrecerse para él ningún ejemplo adecuado en cualquier experiencia posible; por tanto, no constituye objeto alguno de un conocimiento teórico posible para nosotros, y no puede valer en modo alguno como un principio constitutivo de la razón especulativa, sino únicamente como uno regulativo y, sin duda, meramente negativo; pero en el uso práctico de la razón prueba su realidad mediante principios prácticos que demuestran, como leyes, una causalidad de la razón pura para determinar el arbitrio e independencia de todos los condicionamientos empíricos (de lo sensible en general), y que demuestran en nosotros una voluntad pura, en la que tienen su origen los conceptos y leyes morales". MS AA: 06: 221.

[24] En la KrV únicamente se expone una antinomia de la razón pura y cuatro conflictos de las ideas trascendentales, por lo que, propiamente hablando, no encontramos la referencia a la tercera antinomia, sino al "tercer conflicto de las ideas trascendentales de la antinomia de la razón pura"; sin embargo, tanto la literatura como los comentadores se refieren a éste como la tercera antinomia, por lo que utilizaremos esta forma para referirnos a lo que Kant trata en el "Tercer conflicto de las ideas trascendentales de la antinomia de la razón pura".

[25] La tesis de la independencia defendida por Ebbinghaus tiene como punto de partida que, en la doctrina del derecho, Kant fundamenta "los principios metafísicos del derecho" únicamente desde un concepto negativo de libertad que implica, al mismo tiempo, la independencia de dicha doctrina del derecho respecto a la filosofía crítica y, en general, de su idealismo trascendental. *Cfr.* Jullus Ebbinghaus, *Philosophie der Freiheit. Praktische Philosophie 1955-1972*, Bonn, Bouvier Verlag, 1988.

[26] Marcus Willascheck, "Recht ohne Ethik? Kant über die Gründe, das Recht nicht zu brechen", en *Kant im Streit der Fakultäten*, V. Gerhardt y Th. Meyer (eds.), Berlín, 2005, p. 188-204.

[27] Georg Geismann, "Recht Und Moral in Der Philosophie Kants", *Jahrbuch für Recht Und Ethik / Annual Review of Law and Ethics*, vol. 14, 2006, pp. 3-124.

[28] Allen Wood, "The Final Form of Kant's Practical Philosophy", en *Kant's Metaphysics of Morals interpretative Essays*, Mark Timmons (ed.), Oxford, Oxford University Press, 2002, pp. 1-22.

la dependencia (*Abhängigkeitsthese*): Kersting,[29] Brandt,[30] B. Ludwig[31] y Höffe.[32] El corazón de la disputa se encuentra precisamente en la relación entre el imperativo categórico y el derecho. Para responder a este debate, utilizo dos estrategias. En la primera, expongo que la relación entre el imperativo categórico y el derecho es necesaria pero no directa. Lo que el segundo *es* no es una mera aplicación del imperativo categórico; en esto me acerco a la tesis de la independencia, sin embargo, argumento que Kant advierte que la facultad de obligar surge del imperativo categórico que manda la obediencia irrestricta al derecho.

Nuestra postura, más que aludir a una implementación o aplicación del imperativo categórico al derecho, apuesta porque la relación requiere ser interpretada desde las coordenadas de una transición (*Übergang*). Ahora bien, este matiz conceptual es fundamental para ubicar la postura kantiana desde las coordenadas de un pensador reformador, así como para asumir la tarea de la reconciliación de la política con la moral desde el establecimiento del derecho como imprescindible.

La segunda estrategia es presentar los resultados del análisis de los términos "ética" y "moral" en la *Metafísica de las costumbres*. Aunque Kant en ocasiones los utiliza como sinónimos, en realidad el concepto moral es más amplio que el de ética: "La moral (*Moral*) consiste en la doctrina del derecho (*Rechtslehre*) (*doctrina iusti*) y la doctrina de la virtud (*Tugendlehre*) (*doctrina honesti*) que también se llama *ius* en sentido general, esta ética

---

[29] Kersting responde en contra de la tesis de la independencia exponiendo que los defensores de Ebbinghaus derivan falsamente de la independencia de la realización práctica del derecho respecto de la filosofía moral y la independencia teorética de la obligatoriedad de su filosofía moral. No obstante, los momentos consustanciales del derecho como la exterioridad, la independencia respecto a la intención moral y la coercibilidad del mismo no pueden entenderse como elementos de la independencia de la validez del derecho respecto de su filosofía moral. *Cfr.* Wolfgang Kersting, "Neuere Interpretationen Der Kantischen Rechtsphilosophie", *Zeitschrift für Philosophische Forschung*, vol. 37, núm. 2, 1983, pp. 282-298.

[30] Reinhard Brandt, *Immanuel Kant. Política, derecho y antropología*, México, Plaza y Valdés, 2001.

[31] Bernd Ludwig, "Positive und negative Freiheit' bei Kant?"- Wie begriffliche Konfusion auf philosophi(ehistori)sche Abwege führt", *Jahrbuch Für Recht Und Ethik / Annual Review of Law and Ethics*, vol. 21, 2013, pp. 271-305.

[32] Otfried Höffe, "Antropología y metafísica en el concepto categórico del derecho de Kant: una interpretación de los parágrafos B y C de la teoría del derecho", *Eunomía. Revista en Cultura de la Legalidad*, núm. 5, 2013, pp. 3-16.

en sentido específico (porque de otro modo la ética también significa toda la moral)".[33]

Las acepciones que postulo no sólo se refieren al sentido estricto y amplio. Pretendo incluir acepciones que, si bien se comprenden de manera amplia, se refieren a la idea de transición. El lector atento encontrará cómo adquiere sentido hacer este análisis para articular los otros capítulos. Las relaciones entre ética, moral y derecho se enriquecen, sin borrar sus fronteras, desde estas acepciones. Además, proporciona una especie de matriz conceptual para ubicar el modo en que los partidarios de la tesis de la independencia (*Unabhängigkeitsthese*) y de la dependencia (*Abhängigkeitsthese*) asumen estos términos en su interpretación.

En el tercer capítulo expongo la crítica kantiana al derecho natural. Este apartado advierte el inicio del camino para el capítulo 4, dedicado a la noción de dignidad, y para el quinto, en donde abordo la idea de contrato originario. Encontramos las críticas que Kant formula a los profesores del derecho natural, y que advierten el modo en que las funciones de éste deben ser incorporadas en la doctrina del derecho.

Desde los siguientes límites, redactados en ocasiones a modo de críticas, busco exponer cuáles son las funciones que Kant le otorga al derecho natural como precepto y facultad. Las fronteras y las funciones del derecho natural deben de tener como punto de partida que *a)* el fundamento propio del derecho no debe mezclarse con cuestiones éticas[34] ni con consideraciones teleológicas, pues la libertad que fundamenta el derecho natural no se puede confundir con la libertad para perseguir la felicidad (*Glückseligkeit*) o la perfección (*Vollkommenheit*); *b)* la dificultad básica para ubicar correctamente el derecho natural en el sistema de la filosofía moral radica en una concepción errónea de la relación entre libertad humana y ley, y la diferencia que esto implica con las leyes de la naturaleza. Éste es el punto neurálgico

---

[33] *Die Moral besteht aus der Rechtslehre (doctrina iusti) und der Tugendlehre (doctrina honesti) jene heißt auch ius im allgemeinen Sinne, diese Ethica in besondrer Bedeutung (denn sonst bedeutet auch Ethic die ganze Moral).* VAMS AA: 23: 386. [La traducción es mía.]

[34] Aquí se trata del sentido estricto de "ético".

de la discusión;[35] *c)* es necesaria la precisión[36] de la coacción jurídica:[37] Kant critica que los profesores del derecho natural no precisan las leyes a cuya observancia uno puede ser coaccionado y cuál es la coacción que no es contraria al deber, y *d)* debemos descartar que el principio del derecho puede basarse en una relación de concordancia con la voluntad divina.

En el capítulo 4 dedico mi exposición a la noción de dignidad de Kant y argumento que ésta encuentra eco en la doctrina del derecho desde la idea del derecho de la humanidad. La condición de fin en sí mismo y la dignidad que sobreviene a esta condición deben interpretarse en la doctrina del derecho natural kantiano desde las coordenadas de un derecho de la humanidad en nuestra propia persona (*Das Recht der Menscheit in unserer eigenen Person*), que supone el deber interno y jurídico de afirmar mi libertad en el mundo y no dejarme tratar meramente como medio por los demás. Esto es, hay un deber de afirmar nuestro valor en relación con el otro: "No te conviertas en un simple medio para los demás, sino que sé para ellos a la vez fin"[38] ("Mache dich anderen nicht zum bloßen Mittel, sondern sei für sie zugleich Zweck").

Este deber jurídico pero interno que surge del derecho de la humanidad no pertenece propiamente una legislación jurídica (no es legislable en sentido estricto, pues requiere de un acto interno del ánimo al que no puedo ser obligado), sin embargo, funciona como una fórmula (*Formel*) para la división sistemática de deberes. Se ubica más bien en el registro de lo legítimo (*recht*), pues no se entiende sin aludir a la formulación de la humanidad del imperativo categórico y, al ser también interno, se trata de un deber

---

[35] La crítica fundamental al derecho natural tradicional es precisamente el no haber comprendido la distinción necesaria entre leyes de la naturaleza y leyes de la libertad. *Cfr.* Gianluca Sadun Bordoni, "Kant e il diritto naturale. L'Introduzione al Naturrecht Feyerabend", *Rivista internazionale di filosofia del diritto*, núm. 2, 2007, 201- 282.

[36] Como expone Höffe: "El reino del derecho es también comparable a las matemáticas porque las leyes ("doctrina del derecho") deben determinar a cada uno lo que es legalmente suyo, 'con precisión matemática', lo que 'no se puede esperar' en el reino de la virtud" (líneas 19-21). Otfried Höffe, "Der kategorische Rechtsimperativ", en *Immanuel Kant: Metaphysische Anfangsgründe der Rechtslehre*, Otfried Höffe (ed.), Berlín, Akademie Verlag, 2010, p. 58. [La traducción es mía.]

[37] Esta dificultad se encuentra en RezHufeland AA: 08:129; y VNR/Feyerabend, AA: 27: 1334.

[38] MS AA: 06: 236.

que propiamente no se puede coaccionar externamente. En el capítulo 4 entro a la discusión sobre el estatus moral de la persona y a quién se le predica éste. Argumento en el que Kant advierte una noción de persona inclusiva desde la noción de la dignidad como ser moral.

En el capítulo 5 exploro otra intersección temática del derecho natural en el contexto de la filosofía política moderna. Ésta se refiere a la noción de contrato originario y la idea de voluntad general. Para Kant la salida del estado de naturaleza (*exeundum*) es un deber jurídico y moral. Es jurídico en tanto que el estado de naturaleza supone una contradicción con el concepto de derecho, pues se trata de una libertad sin ley y de una indeterminación jurídica de lo tuyo y lo mío.

Ahora bien, el que sea también "moral" está en discusión entre los comentadores, por ende, asumiendo los límites que apuntamos en el capítulo 3, argumentamos que *a)* la idea de contrato originario contiene el ideal de la legislación, del gobierno (administración estatal) y de la justicia pública; *b)* la idea de contrato originario es el imperativo categórico del derecho constitucional. Todo gobernante está obligado moralmente a dar sus leyes tal como podrían haber surgido de la voluntad unida de todo un pueblo; *c)* la idea del contrato originario habilita el ejercicio reflexivo sobre lo justo, y *d)* es esencial para la idea de transición y reconciliación de la razón práctica consigo misma.

En el capítulo 6 planteo en qué consiste la normatividad en la doctrina del derecho. Es el único capítulo en el que no dedico un espacio para las objeciones como en el caso de los anteriores, más bien busco presentar el modo en que las distintas piezas doctrinales, a saber: el derecho natural, la idea de contrato originario y noción de dignidad se articulan en función de la racionalidad práctica jurídica. Aquí presento mi lectura sobre la filosofía del derecho en diálogo con las principales interpretaciones que se encuentran en la literatura.

3.   Criterios hermenéuticos

Por último, hay tres criterios hermenéuticos que son de vital importancia para seguir la narrativa de la exégesis que se presenta:

1. *Caridad hermenéutica*. Nuestra primera máxima interpretativa fue tomar como partida que nos encontramos con un pensador clásico de la filosofía cuyos aportes son muchos. Por lo que, sin eliminar el espíritu crítico propio de la perspectiva filosófica, consideramos pertinente optar por una *caridad hermenéutica*,[39] es decir, buscar el sentido y grado de verdad que la propuesta kantiana del derecho supone. En este mismo tenor, nuestra interpretación apuesta por una visión de conjunto de la filosofía kantiana para evitar reduccionismos que no permitan valorar sus aportes.

2. *Conceptos con potencial polisémico*. La propuesta filosófica de Kant se inscribe en la propuesta de una visión sistemática, por lo que sus conceptos adquieren sentido y relevancia según el objeto de estudio que se esté abordando. El filósofo de Königsberg no utiliza de manera unívoca los conceptos medulares de su filosofía. Éstos se van enriqueciendo y adquieren matices en las distintas obras, es decir, en el propio devenir de su pensamiento. En este sentido, cabe decir que nos encontramos con conceptos con un gran potencial polisémico, por lo que es necesario estudiarlos en sus diversos matices, relaciones y diferencias con la finalidad de no perder el rigor analítico con el que deben ser manejados en el patrimonio conceptual de la filosofía práctica. Como explica Dulce María Granja: "Veremos que las aportaciones kantianas al patrimonio conceptual de la filosofía práctica amplían la paleta

---

[39] Este principio, en sus distintas variantes, alude a la así llamada "anticipación de perfección" (*Vorgriff der Vollkommenheit*) y el principio de totalidad de Schleiermacher, a saber: al carácter metódicamente primario e ineludible de la presuposición de sentido, coherencia y racionalidad (interna) de aquello que se pretende interpretar, sea un lenguaje desconocido, un texto o una acción. *Cfr.* Alejandro Vigo, "Caridad, sospecha y verdad. La idea de la racionalidad en la hermenéutica filosófica contemporánea", *Teología y Vida*, vol. 46, núms. 1-2, 2005, pp. 254-277.

de expresividad con nuevas posibilidades sonoras de timbres y registros, tonos y acentos".[40]

3. *Ejercicio crítico desde el combate de objeciones.* En todos los capítulos, menos en el último, por su propia naturaleza, se encuentra un apartado con las principales objeciones, así como las posturas más representativas sobre el tema que se disputa. De esta manera, el lector podrá encontrar que mi propia respuesta incluye elementos de las mismas. A través de las objeciones busco rescatar el ejercicio crítico de la labor filosófica, así como presentar un panorama más amplio del estado de la cuestión.

---

[40] Dulce María Granja, 29 de junio de 2018 (comentario verbal).

Capítulo 1

La libertad como primer concepto preliminar de la doctrina del derecho kantiana

*Por tanto, el derecho es el conjunto de
condiciones bajo las cuales el arbitrio de uno
puede conciliarse con el arbitrio del otro según
una ley universal de la libertad.*[1]

El problema de la fundamentación del derecho en la época de Kant responde, entre otros muchos factores,[2] a la crisis filosófica que supone la reflexión sobre la libertad humana y su despliegue eficiente, racional y transformador en los distintos ámbitos de lo humano. En la esfera del derecho, asumirla, suponía, por un lado, afirmar su radicalidad y su independencia frente al dogma teológico[3] y sustraerse a su captación; por otro, había que determinar y demarcar claramente la pura esfera del derecho frente a la esfera estatal y

---

[1] *Das Recht ist also der Inbegriff der Bedingungen, unter denen die Willkür des einen mit der Willkür des andern nach einem allgemeinen Gesetze der Freiheit zusammen vereinigt werden kann.* MS AA: 06: 230.

[2] Factores históricos como, por ejemplo, las continuas guerras de religión y los movimientos de la Reforma y Contrarreforma: "Los acontecimientos exteriores a la filosofía misma fueron en gran parte responsables en estimular el replanteamiento de la moralidad ocurrido en los siglos XVII y XVIII. La Reforma y la Contrarreforma hicieron que cualquier cosa vinculada a la religión fuera controversia. Las guerras que asolaron a Europa casi sin interrupción desde el siglo XVI hasta mediados del XVII, y los conflictos civiles en Gran Bretaña que perduraron casi hasta el final de la centuria, se entendían como asuntos directamente relacionados con la religión. Si el dominio que Dios tiene sobre el mundo, tal como lo transmite el clero, era la única esperanza de que reinara el orden, bien podía parecer que la paz no había de alcanzarse. La moralidad, tal como la interpretaban las iglesias, ellas mismas desgarradas por desacuerdos sectarios, no podían proporcionar un sentido interno de comunidad ni suficientes coerciones externas para que la vida civilizada fuera posible". Véase J. B. Schneewind, *La invención de la autonomía*, México, FCE, 2009, p. 27.

[3] Calvino había apelado a este principio para mostrar que todo derecho se funda, en último término, en el poder divino; pero que éste es en sí mismo incondicionado y no está sometido a ninguna regla ni norma limitadora.

protegerla en su peculiaridad y en su valor frente al absolutismo del Estado.[4] Desde estas coordenadas se concibe el discurso que dio origen al derecho natural moderno, cuyos principales representantes fueron interlocutores en la configuración de la doctrina del derecho kantiana.

Argumentar el derecho desde la idea de la libertad humana suponía una crítica a la concepción teocrática, es decir, aquella que sustentaba la derivación del derecho de una voluntad divina caracterizada como irracional, inaccesible e impenetrable para la razón humana y contra la concepción de un "Estado Leviatán".[5] Kant asumirá en su doctrina una manera peculiar de abordar las distintas problemáticas que surgieron a partir de asumir la idea de la libertad humana como piedra angular (*Schlußstein*) de su filosofía.

El filósofo de Königsberg, más de una vez, define el derecho desde una perspectiva de la libertad, entendiéndolo como el conjunto de condiciones bajo las cuales el arbitrio (*Willkür*) de uno puede conciliarse con el arbitrio (*Willkür*) del otro según una ley universal de la libertad.[6] Lo anterior podemos verificarlo en la famosa cita[7] sobre el derecho estricto en la que se

---

[4]   *Cfr.* Ernst Cassirer, *Filosofía de la Ilustración*, Madrid, FCE, 1993, p. 265.

[5]   *Cfr. Ibid.*, p. 266.

[6]   MS AA: 06: 230. Immanuel Kant, *Metafísica de las costumbres*, Adela Cortina, trad., Madrid, Tecnos, 2005. [Utilizaremos esta traducción.]
La alusión al definir el derecho desde las coordenadas de la libertad es una tesis constante. En el quinto principio de *Idea para una historia universal cosmopolita* encontramos que: "El mayor problema para la especie humana, a cuya solución le fuerza la Naturaleza, es la instauración de una sociedad civil que administre universalmente el Derecho. Dado que sólo en la sociedad y ciertamente en aquella donde se dé la mayor libertad y, por ende, un antagonismo generalizado entre sus miembros, junto a la más escrupulosa determinación y protección de los límites de esa libertad para que pueda coexistir con la libertad de los demás, como sólo en ella puede alcanzarse en la humanidad el propósito más elevado de la Naturaleza, a saber, el desarrollo de todas sus disposiciones, la Naturaleza también quiere que la humanidad deba procurarse por sí misma este fin, al igual que todos los demás fines de su destino: así, una sociedad en la que la libertad bajo leyes externas se encuentre vinculada en el mayor grado posible con un poder irresistible, esto es, una constitución civil perfectamente justa, tiene que ser la tarea más alta de la naturaleza para con la especie humana". WA AA: 08: 22. Immanuel Kant, *¿Qué es la ilustración? y otros escritos de ética, política y filosofía de la historia*, Roberto Rodríguez Aramayo, trad., Madrid, Alianza, 2013, p. 109. [Utilizaremos esta traducción.] Kant también expone en su tratado titulado *Teoría y práctica. En torno al tópico: tal vez eso sea correcto en teoría, pero no sirve para la práctica* que "El derecho es la limitación de la libertad de cada uno a la condición de su concordancia con la libertad de todos, en tanto que esta concordancia sea posible según una ley universal". TP AA: 08: 289-290. Immanuel Kant, *Teoría y práctica*, Juan Miguel Palacios, M. Francisco Pérez López y Roberto Rodríguez Aramayo, trads., Madrid, Tecnos, 2006, p. 26. [Utilizaremos esta traducción.]

[7]   MS AA: 06: 232.

excluye explícitamente el elemento ético[8] como parte del derecho: "Podemos establecer inmediatamente el concepto de derecho sobre la posibilidad de conectar la coacción recíproca universal con la libertad de cada uno". Ésta es otra forma de expresar la ley fundamental del derecho, ley que tiene su sede en la razón práctica.

Conviene apuntar que la tesis: el derecho estricto es "puro" en tanto que no está mezclado con la ética, no implica descartar una conexión necesaria de la moral con el derecho; más bien debemos dirigir nuestra atención en que su fundamento está en la posibilidad de una coacción recíproca universal concordante con la libertad de cada uno según leyes universales (principio universal del derecho); el derecho estricto, en cierto sentido, es el derecho natural a la libertad. El derecho estricto no es ético y es "puro", porque si pidiera una coacción interna (legislación ética) violaría los principios de autonomía de la moralidad y perdería su especificidad. No puede ni debe hacerlo; la coacción jurídica no debe recurrir a la conciencia como móvil para su validez jurídica. El matiz se encuentra en que, quien decida buscar su fundamento, lo puede encontrar en la conciencia de la obligación. La filosofía del derecho kantiana de la *Metafísica de las costumbres* busca una fundamentación racional de la coacción jurídica.

Tomando en cuenta lo anterior, incluso el "problemático" derecho estricto de la doctrina del derecho kantiano se encuentra inmerso en el contexto de una filosofía de las leyes de la libertad. La *Metafísica de las costumbres* en el proyecto de la filosofía trascendental kantiana representa el desarrollo sistemático de una metafísica de la esfera de la libertad. El primer concepto abordado por Kant en el apartado IV titulado: "Conceptos preliminares de la metafísica de las costumbres" (IV. Vorbegriffe zur Metaphysik der Sitten) es el de la libertad.[9] Esto definitivamente no es una mera casualidad, podemos interpretar que ésta es la Idea que conforma los *Principios metafísicos*

---

[8] Aquí el "elemento ético" debe ser interpretado a los ojos de una teoría de la motivación, es decir, se refiere a la exigencia de la *eticidad* que supone una teoría de la virtud. Veremos a detalle esto en el siguiente capítulo.

[9] MS AA: 06: 221.

del derecho, es ella, por así decirlo, el principio que abre el ejercicio de la racionalidad práctica:

> El concepto de libertad es un concepto puro de la razón que, precisamente por ello, es transcendente para la filosofía teórica, es decir, es un concepto tal que no puede ofrecerse para él ningún ejemplo adecuado en cualquier experiencia posible; por tanto, no constituye objeto alguno de un conocimiento teórico posible para nosotros, y no puede valer en modo alguno como un principio constitutivo de la razón especulativa, sino únicamente como uno regulativo y sin duda, meramente negativo; pero en el uso práctico de la razón prueba su realidad mediante principios prácticos que demuestran, como leyes, una causalidad de la razón pura para determinar el arbitrio (*Willkür*) con independencia de todos los condicionamientos empíricos (de lo sensible en general), y que demuestran en nosotros una voluntad pura (*einen reinen Willen*), en la que tienen su origen los conceptos y leyes morales.[10]

Es por ello que podemos decir que sin la idea de libertad no habría manera de proponer una metafísica de las costumbres. En el caso de la doctrina del derecho cabe preguntarnos qué tipo de libertad es la que fundamenta el derecho, pues parecería una contradicción con la coacción jurídica, propia del deber jurídico.

Si bien es la libertad en su uso externo la que regula la legislación propiamente jurídica, la caracterización de ésta en la doctrina del derecho, así como las razones por las que es la legislación jurídica la que puede y debe

---

[10]   *Der Begriff der Freiheit ist ein reiner Vernunftbegriff, der eben darum für die theoretische Philosophie transscendent, d. i. ein solcher ist, dem kein angemessenes Beispiel in irgend einer möglichen Erfahrung gegeben werden kann, welcher also keinen Gegenstand einer uns möglichen theoretischen Erkenntniß ausmacht und schlechterdings nicht für ein constitutives, sondern lediglich als regulatives und zwar nur bloß negatives Princip der speculativen Vernunft gelten kann, im praktischen Gebrauch derselben aber seine Realität durch praktische Grundsätze beweiset, die als Gesetze eine Causalität der reinen Vernunft, unabhängig von allen empirischen Bedingungen (dem Sinnlichen überhaupt) die Willkür zu bestimmen, und einen reinen Willen in uns beweisen, in welchem die sittlichen Begriffe und Gesetze ihren Ursprung haben. MS AA: 06: 221.*

regularla, reclama aludir a los distintos usos de la libertad y al modo en que ésta se define en su articulación con los otros sentidos de libertad.

Hay distintos usos de la libertad; en este primer capítulo nos interesa proponer la necesidad de una comprensión reflexiva y sistemática de la idea de libertad en la filosofía kantiana. La noción de espontaneidad absoluta (*absolute Spontaneität*), expuesta en la tercera antinomia, nos presenta un modelo antinómico, pero, también, la posibilidad de una esfera peculiar inaugurada por el obrar del acto libre que puede entenderse como la facultad que tiene un agente de comenzar un estado por sí mismo (*sponte sua*).

Kant advierte que la idea trascendental de libertad no da cuenta de todo el contenido del concepto psicológico de ese nombre, que es en gran medida empírico, sino sólo de la espontaneidad absoluta de la acción como razón real de su imputabilidad[11] (*Die transscendentale Idee der Freiheit macht zwar bei weitem nicht den ganzen Inhalt des psychologischen Begriffs dieses Namens aus, welcher großen Theils empirisch ist, sondern nur den der absoluten Spontaneität der Handlung als den eigentlichen Grund der Imputabilität*).

En este sentido, la tercera antinomia no sólo trata de una disputa cosmológica, sino que aquí Kant presenta las premisas teóricas para una teoría de la agencia racional. De esta manera, ya en la primera crítica, se advierten los primeros cimientos de una teoría de la agencia racional como punto partida para la filosofía del derecho kantiana.

La propuesta kantiana vista en su conjunto es una filosofía de la libertad y su doctrina del derecho no será la excepción. El filósofo de Königsberg la evoca continuamente. Ésta se encuentra como punto de partida en la explicación de: la enunciación del principio universal del derecho (principio de coexistencia de libertades), en el concepto de imputación jurídica, en la doctrina del derecho natural, en la división de los deberes jurídicos y de virtud, en su doctrina de la propiedad privada. Prácticamente, no existe un apartado de la MS que no incluya de alguna manera la referencia explícita o implícita a ésta.

---

[11] KrV A: 448 / B: 476.

El caracterizar la legislación jurídica como la que regula la libertad externa no significa que la filosofía del derecho kantiana se reduzca a la consideración de este tipo de libertad. Dependerá de la temática para ir distinguiendo el modo en que caracteriza la idea de libertad en el contexto de la razón jurídica.

Por lo anterior, nos resistimos a la explicación reduccionista que pretende decir que es suficiente para la explicación de la libertad en el derecho referirse únicamente a la defensa de la libertad en sentido negativo o que reduce su uso al de la libertad exterior. La libertad, en el contexto de la doctrina del derecho, no se reduce a la mera independencia o indeterminación individual,[12] sino que involucra, como veremos, cierta facultad de autodeterminación, vinculada a la idea de contrato originario en el ámbito legislativo y al derecho de la humanidad, que implica el ejercicio del derecho a la libertad en el mundo y, por ende, en la interacción de otros.

Una doctrina de la libertad de la *Rechtslehre* debe incluir una forma de articular la libertad que pueda dar cuenta de: el derecho a la libertad (principio de la coexistencia de libertades), el uso externo de la libertad, la libertad de autodeterminación jurídica-política que supone la voluntad general y la idea de contrato originario, la libertad en el acto y la decisión en el contexto de la imputabilidad jurídica, y la doctrina del derecho natural a la libertad desde su perspectiva regulativa. La libertad en la doctrina del derecho tiene sus propias peculiaridades y se relaciona, como veremos, con los distintos conceptos de la libertad de la clasificación de Beck. El modo de relación dependerá del contexto en que Kant aluda a ésta.

La pregunta es cómo se caracteriza la libertad en la doctrina kantiana del derecho, vista en su conjunto y desde el proyecto de una *Metafísica de las costumbres*. En este primer capítulo buscamos presentar una exégesis cuyo punto de partida comienza por aludir la libertad desde la idea de

---

[12] Ileana P. Beade, "En torno a dos concepciones diversas en la libertad en la filosofía político-jurídica kantiana", en *La filosofía práctica de Kant*, Roberto Rodríguez Aramayo y Faviola Rivera Castro (comps.), México, UNAM, 2017, p. 168.

espontaneidad.[13] Ésta funciona como el reverso metafísico de la doctrina kantiana de la libertad. La espontaneidad supone tanto la *independencia* de que su causa no está determinada por leyes naturales,[14] como la capacidad de ser causa (*causa sui*) de efectos en el mundo. Esta idea configura la forma más general de concebir la libertad, así como la agencia racional, y permite ir especificando sus usos según el contexto temático; esto es desde el punto de vista teórico, práctico y jurídico.

En un primer escenario, la idea de espontaneidad es necesaria en el contexto de la tercera disputa cosmológica para poder comprender tanto el principio regulativo de completitud en la explicación de los fenómenos, así como la tesis de que sólo puede haber acciones libres si la acción en sí misma no está condicionada por una causa natural, sino que surge de la espontaneidad del actor.

1.1. Los sentidos de la libertad en la filosofía kantiana y sus posibles objeciones para una propuesta sistemática

Si bien la esfera de la libertad por su propia naturaleza es irreductible a una clasificación exhaustiva, la clasificación de Beck y la interpretación de éste, así como la de Allison, nos aportan una visión general de la problemática que supone el estudio de la idea de libertad en la filosofía kantiana; ambos, desde presupuestos distintos, pretenden una visión sistemática de la noción de libertad kantiana. No la entendemos sistemática como compatibilista, sino desde una visión en conjunto.

Lewis White Beck arguye que en la filosofía kantiana encontramos cinco conceptos para caracterizar la libertad; advierte que algunos de éstos son inconsistentes entre sí, y otros se presuponen. Considera que la nomenclatura de Kant para estos conceptos es variable y, en algunos casos, no tienen

---

[13] Espontaneidad que también se da en el conocimiento y en el juicio. Por razón de extensión, nos enfocaremos, especialmente, en la espontaneidad que se refiere al obrar humano en general.

[14] KrV A: 446 / B: 474.

un nombre específico; juzga que tres de los conceptos son insostenibles y que los otros, que son más prometedores, no son desarrollados plenamente en la filosofía kantiana.

Al traer a consideración la interpretación que hace Beck de los conceptos de libertad en Kant, es pertinente apuntar que si bien seguiremos su discurso en lo que se refiere a la nomenclatura que plantea, pues la consideramos útil para los propósitos de este capítulo, propondremos nuestra propia interpretación al respecto. Pues, como veremos, conservamos una sana distancia crítica con algunos puntos medulares de su propuesta. En primer lugar, hay que decir que la libertad trascendental es una idea y propiamente no un concepto, toda vez que representa un problema para la razón especulativa. Sin dejar esto de lado, utilizaremos la palabra *concepto*. El propio Kant lo utiliza así también. Presentaremos el análisis de los conceptos, sus respectivas objeciones, así como posibles formas de responder a éstas.

En la respuesta a las objeciones iremos desarrollando una propuesta de interpretación de la doctrina de la libertad, en la que podemos encontrar criterios del uso de esta idea en la filosofía kantiana.

Dicho lo anterior, presentamos la clasificación que presenta Beck para su respectivo análisis:[15]

a) El concepto empírico de libertad
b) El concepto moral de libertad
c) El concepto de libertad como espontaneidad
d) El concepto de libertad trascendental
e) El concepto de libertad como postulado

---

[15] *Cfr.* L. White Beck, "Five concepts of Freedom in Kant", en J. T. J. Srzednicki y Stephan Körner (eds.), *Stephan Körner-Philosophical Analysis and Reconstruction*, Dordrecht, Springer, 1987 (Nijhoff International Philosophy Series, vol. 28).

a) El concepto empírico de libertad.[16] Es caracterizada por Beck como decisiva en la consideración de un acto libre. Es llamada, en ocasiones y dependiendo del contexto, comparativa, psicológica[17] y/o práctica. La mayoría de las referencias a ésta la identifican como libertad práctica. Lo relevante de esta caracterización es, precisamente, que puede ser demostrada en la experiencia (*Die praktische Freiheit kann durch Erfahrung bewiesen werden*).

Desde esta acepción, el actuar libremente significa voluntariamente y no coaccionado. En el Canon de la razón pura encontramos una caracterización de esta forma de comprender la libertad, prescindiendo de su sentido trascendental (praktischen Verstande):

> Y entonces hay que notar, primero, que por el momento me serviré del concepto de libertad sólo en sentido práctico, y que dejo de lado, por haberlo tratado más arriba [el concepto de libertad] en significado trascendental [concepto] que no puede ser presupuesto empíricamente como un fundamento de explicación de los fenómenos, sino que es, él mismo, un problema para la razón. Un albedrío es meramente animal (*arbitrium brutum*) cuando no puede ser determinado de otra manera que por medio de impulsos sensibles, es decir, patológicamente. Pero aquel que puede ser determinado independientemente de los impulsos sensibles, y, por tanto, por medio de móviles que sólo son representados por la razón, se llama libre albedrío (*arbitrium liberum*); y todo lo que esté en conexión con éste, ya sea como fundamento o como consecuencia, se denomina práctico. La libertad práctica se puede demostrar por la experiencia. Pues lo que determina el albedrío humano no es solamente aquello que estimula, es decir, que afecta inmediatamente a los sentidos; sino que tenemos una facultad de sobreponernos, mediante representaciones de lo que es beneficioso o perjudicial aun de

---

16 *Cfr. Ibid.*, pp. 35-36.

17 KpV [97]. Immanuel Kant, *Crítica de la razón práctica*, Dulce María Granja, trad., México, FCE/UAM/UNAM, 2005. [Utilizaremos esta traducción.]

manera más remota, a las impresiones [ejercidas] sobre nuestra facultad apetitiva sensible. Pero estas reflexiones acerca de lo que es digno de ser apetecido en atención a todo nuestro estado, es decir [acerca de] lo que es bueno y provechoso, se basan en la razón. Por eso, ésta promulga también leyes que son imperativos, es decir, leyes de la libertad objetivas, que dicen lo que debe acontecer, aunque quizá no acontezca nunca; y así se distinguen de las leyes de la naturaleza, que tratan sólo de lo que acontece; por lo cual se llaman también leyes prácticas.[18]

Desde esta cita del *Canon* podemos apuntar algunas peculiaridades de la libertad práctica. Kant advierte que ésta puede ser demostrada por la experiencia. Por esta razón, Beck la define paradójicamente como libertad empírica, y la considera como un tipo de libertad. Supone la capacidad de superar las impresiones recibidas por nuestra facultad apetitiva sensible en la representación de lo que nos es bueno y provechoso (*gut und nützlich*). Esta cita del *Canon* nos permite advertir una forma de comprensión de lo "práctico" y de la "racionalidad" en sentido amplio.[19]

---

[18] *Und da ist denn zuerst anzumerken, daß ich mich für jetzt des Begriffs der Freiheit nur im praktischen Verstande bedienen werde und den in transscendentaler Bedeutung, welcher nicht als ein Erklärungsgrund der Erscheinungen empirisch vorausgesetzt werden kann, sondern selbst ein Problem für die Vernunft ist, hier als oben abgethan bei Seite setze. Eine Willkür nämlich ist bloß thierisch (arbitrium brutum), die nicht anders als durch sinnliche Antriebe, d. i. pathologisch, bestimmt werden kann.Diejenige aber, welche unabhängig von sinnlichen Antrieben, mithin durch Bewegursachen, welche nur von der Vernunft vorgestellt werden, bestimmt werden kann, heißt die freie Willkür (arbitrium liberum), und alles, was mit dieser, es sei als Grund oder Folge, zusammenhängt, wird praktisch genannt. Die praktische Freiheit kann durch Erfahrung bewiesen werden. Denn nicht bloß das, was reizt, d. i. die Sinne unmittelbar afficirt, bestimmt die menschliche Willkür, sondern wir haben ein Vermögen, durch Vorstellungen von dem, was selbst auf entferntere Art nützlich oder schädlich ist, die Eindrücke auf unser sinnliches Begehrungsvermögen zu überwinden; diese Überlegungen aber von dem, was in Ansehung unseres ganzen Zustandes begehrungswerth, d. i. gut und nützlich, ist, beruhen auf der Vernunft. Diese giebt daher auch Gesetze, welche Imperativen, d. i. objective Gesetze der Freiheit, sind, und welche sagen, was geschehen soll, ob es gleich vielleicht nie geschieht, und sich darin von Naturgesetzen, die nur von dem handeln, was geschieht, unterscheiden, weshalb sie auch praktische Gesetze genannt warden.* Immanuel Kant, *Crítica de la razón pura*, Mario Caimi, trad., México, FCE/UAM/UNAM, 2011, B: 829-830. [Utilizaremos esta traducción.]

[19] Allison interpreta este pasaje y arguye que la distinción entre lo bueno y provechoso (*gut und nützlich*), en las reflexiones que se basan en la razón, podrían indicarnos una primera semilla para la distinción entre los imperativos; asimismo, podríamos decir que este tipo de libertad descrita en el *Canon* incluye tanto los hipotéticos como los categóricos. Véase en específico el apartado: "Entre la cosmología y la autonomía: la teoría

La libertad práctica es la libertad del arbitrio (*Willkür*) que encontramos en la *Metafísica de las costumbres*.[20] Vale la pena resaltar el que Kant hace explícito que se trata de un significado (*Bedeutung*) distinto al trascendental, pues esto es lo que nos permite "catalogarlo" como un sentido particular de libertad y reafirmar la tesis de que los conceptos medulares de la filosofía kantiana tienen varios usos y sentidos. Este concepto de libertad ha suscitado al menos dos principales objeciones respecto a su compatibilidad con los otros conceptos de libertad.

1.1.1. La compatibilidad entre la libertad de la *Dialéctica* con la exposición de ésta en el *Canon* (el problema de la conexión entre libertad práctica y libertad trascendental)

El concepto de libertad empírica que surge del *Canon* ha generado dos principales objeciones en lo que se refiere a su compatibilidad con lo expuesto en la *Dialéctica*. En esta última se dice: *a)* que la libertad práctica depende de la libertad trascendental e incluso que la supresión de ésta aniquilaría toda libertad práctica (*so würde die Aufhebung der transscendentalen Freiheit zugleich alle praktische Freiheit vertilgen*).[21] Asimismo, que *b)* en el *Canon* se afirma que la libertad práctica se puede demostrar a través de la experiencia mientras que en la *Dialéctica* subraya que en el caso de la libertad trascendental esto es imposible.[22] Ambas objeciones giran en torno al modo en que se articulan la idea de libertad trascendental y la libertad práctica.

---

kantiana de la libertad en la *Crítica de la razón pura*". *Cfr*. H. E. Allison, *El idealismo trascendental de Kant: una interpretación y defensa*, Barcelona, Anthropos/uam, 1992, p. 478.

[20] *Cfr*. 1. Dieter Schönecker, *Kants Begriff transzendentaler und praktischer Freiheit*, Berlín/Boston, De Gruyter, 2012, p. 168; 2. H. E. Allison, *Kant´s Theory of Freedom*, Cambridge, Cambridge University Press, 1990, 55 y 3; Vicente de Haro, *Deber, virtud y razón práctica en la Metafísica de las costumbres de Immanuel Kant*, México, Universidad Panamericana, 2012, p. 73.

[21] KrV B: 562.

[22] Las reflexiones en torno a esta objeción han provocado que muchos intérpretes que se han ocupado del *Canon* en general consideren que en la primera *Crítica* se encuentren dos teorías distintas e incompatibles de la libertad. De esta manera, se introduce en la exposición de la libertad una versión de la "tesis de la colección de pasajes", ampliamente conocida por los estudiosos de la deducción trascendental. De acuerdo con esta tesis, la explicación del *Canon* es precrítica y contiene una teoría de la libertad que refleja un primer estadio

1.1.2. La valoración de la libertad práctica en los actos morales

Existe un problema en la valoración de la libertad práctica en los actos que pueden considerarse genuinamente morales. En el *Canon*, Kant expone que este tipo de libertad es suficiente para el terreno de lo práctico y que la cuestión sobre la libertad trascendental parece ser más una cuestión meramente especulativa de la que podemos prescindir. En el contexto específico de la *Crítica de la razón práctica*, Kant parece rechazar la posibilidad de que este concepto de libertad tenga la suficiencia moral para llamar a un acto moralmente bueno. Incluso considera este tipo de "libertad" como un subterfugio mezquino (*elender Behelf*)[23] que no sería mejor que la libertad de un asador giratorio que, una vez que se le ha dado cuerda, ejecuta sus movimientos por sí mismo. La libertad empírica, ahora caracterizada como psicológica, no deja lugar para la libertad trascendental en la que debe basarse la ley moral.

b) El concepto de libertad moral.[24] Es tarea de la segunda *Crítica* confirmar la libertad en el sentido trascendental a través de la ley moral. La *Crítica de la razón pura* había demostrado, según Kant, la posibilidad de una libertad trascendental en el contexto de la tercera antinomia; en la segunda *Crítica* se intentó mostrar su actualidad. La ley moral es la *ratio cognoscendi* de la libertad, y la libertad es la *ratio essendi* de la responsabilidad moral. Un libre albedrío y una ley práctica incondicional se presuponen mutuamente.

La libertad cuya actualidad es necesaria para la moralidad es la libertad trascendental, pero la identificación final de la moral con la libertad trascendental no es evidente en primera instancia; en sí mismas parecen ser

---

de desarrollo de la filosofía moral kantiana. En correspondencia, la explicación de la *Dialéctica* es considerada como plenamente crítica y en concordancia con la filosofía moral articulada en la *Fundamentación de la metafísica de las costumbres* y en la *Crítica de la razón práctica*. Entre quienes tienen este punto de vista destacan: Albert Schweitzer, *Die Religionsphilosophie Kant von der Kritik de reinen Vernuft bis zur Religion innerhalb der Grenzen der blossen Vernunft*; Victor Delbos, *La philosophie pratique de Kant*, esp. pp. 157-200; Martial Gueroult, "Canon de la raison pure et critique de la raison pratique", *Revue Internationale de Philosophie*, 8, 1954, pp. 331-357, y Bernard Carnois, *La cohérence de la doctrine kantienne de la liberté*, p. 92 y ss. Citado en H. E. Allison, *El idealismo trascendental de Kant: una interpretación y defensa*, p. 482.

23   KpV [97].

24   *Cfr.* L. White Beck, "Five concepts of Freedom in Kant", pp. 36-37.

independientes entre sí. Según Beck, los pasos principales en la prueba de la libertad moral son los siguientes:

1. Concedido el *fenómeno moral*, "el hecho de la razón"; supongamos que el fundamento de la acción moral es una ley pura. Si esta ley y la decisión de actuar por respeto a ella estuvieran vinculadas a una cadena temporal empírica de causas naturales, el fenómeno moral descrito sería imposible. Pero la acción moral como se describe no es imposible; por lo tanto, la acción moral no puede ser un efecto de causas naturales.
2. La ley moral es la *ratio cognoscendi* de la libertad, y la libertad es la *ratio essendi* de la responsabilidad moral. Un libre albedrío y el mandato incondicional de la ley práctica se presuponen mutuamente.
3. La mera independencia de la voluntad de los incentivos del sentido y del sentimiento es la libertad en el sentido negativo, y, al igual que la libertad empírica, es una condición previa de la libertad en el sentido positivo, es decir, la efectividad de la legislación de la razón práctica pura y la capacidad de emprender acciones de acuerdo con y por (por respeto a) esta ley. La libertad, en este sentido positivo, se llama autonomía.

La principal objeción y complicación en la interpretación de este importante concepto de libertad es el problema de la imputabilidad.

1.1.3. El problema de la imputabilidad

El argumento para la libertad moral tiene como premisa la conciencia de la ley moral y, más específicamente, la ley moral en su formulación específicamente kantiana. Una acción libre y una acción hecha por respeto a la ley son las mismas.[25] Aquí, considera Beck, surge una aporía: una acción ilegal

---

[25]   *Cfr. Ibid.,* 38.

o inmoral se hace a causa de impulsos subjetivos, individuales o empíricos. En este sentido, un acto inmoral sería resultado del mecanismo de la naturaleza y, por lo tanto, no es moralmente imputable; en tanto que el agente es determinado por otros impulsos, no podría ser considerado "verdaderamente" libre. Esto, como se puede atisbar, implicaría una complicación para la condición de la imputación moral y jurídica.

c) El concepto de libertad como espontaneidad.[26] Beck expone que la "libertad como espontaneidad" no es totalmente adecuada como título, ya que Kant usa el término "espontaneidad" con respecto a la libertad moral y trascendental. Para nosotros, esto reafirma nuestra propuesta de que la característica común a los distintos usos de libertad se encuentra precisamente en la noción de espontaneidad, cuya primigenia referencia es la absoluta espontaneidad a la que refiere la tercera antinomia.

La espontaneidad refiere específicamente al rasgo de que la razón no debe considerarse como una respuesta mecánica a las causas naturales. En el ámbito práctico, se trata de mirar el acto como libre desde las coordenadas de que la decisión no es producto del mecanismo de la naturaleza, sino espontáneo. El agente racional es fundamento propio de la imputabilidad de su acto (*causa sui*). Se trata de una noción que pretende resaltar la causalidad de la libertad y, por ende, la actividad del sujeto en contraste con una mera receptividad.

Sólo puede haber acciones libres si la acción misma no está condicionada por una causalidad natural, sino que surge de la espontaneidad del agente. La absoluta espontaneidad de la acción representa "la verdadera razón de su imputabilidad".[27] Sin embargo, ninguna experiencia, en sentido técnico, puede corresponder a la idea de la libertad trascendental como capacidad de espontaneidad absoluta; designa algo incondicional (*Unbedingtes*), que a su vez no se basa en ninguna causalidad natural. Por lo tanto, la libertad en este sentido sólo puede entenderse como una idea de razón (*Idee der Vernunft*). De este uso de libertad surgen las siguientes objeciones.

---

[26]   *Cfr. Ibid.*, 37-40.

[27]   KrV A: 448 / B: 476.

1.1.4. Grados de espontaneidad y la paradoja de la razón práctica

La relación entre la libertad trascendental y la libertad práctica podría sugerir una explicación al modo de un continuo de grados de espontaneidad; la libertad práctica podría distinguirse de la libertad trascendental precisamente porque la primera implica un grado menor de espontaneidad respecto a la segunda. Claramente esto no refleja el punto de vista kantiano.[28] No hay lugar para una espontaneidad "cuasi-genuina" que se encuentra entre la libertad trascendental y la libertad práctica.

Esto debe prevenirnos, por un lado, de aludir a grados de espontaneidad al modo de una metafísica perfeccionista, pero también de caracterizar la libertad como indiferente (*libertas indifferentiae*). La libertad del arbitrio no puede definirse como la facultad de elegir obrar a favor o en contra de la ley,[29] aunque en la experiencia encontremos frecuentes ejemplos de ello. Pretender definir a la libertad práctica desde las coordenadas de una libertad indiferente es, para Kant, una definición bastarda (*definitio hybrida*), que presenta el concepto bajo un punto de vista falso.

Lo anterior podría llevarnos a una paradoja. Kant arguye que el hombre puede elegir tanto lo moralmente bueno como lo moralmente malo, pero que su elección no puede explicarse por la *libertas indifferentiae*. Si nuestra libertad de elección para el bien y el mal no puede ser explicada por la concepción de la libertad inteligible indiferente, ¿cómo puede, entonces, ser explicada? La respuesta de Kant es concisa e inequívoca: no captamos cómo esto es posible. Si esto es así, entonces existe una paradoja de la razón práctica, a saber, entre la tesis de la razón práctica de que los seres humanos podemos de hecho elegir tanto lo bueno como lo malo, y la tesis de la razón práctica pura de que no podemos elegir lo moralmente malo sin abolir nuestra libertad.[30]

---

[28] H. E Allison, *Idealism and Freedom. Essays on Kant´s Theoretical and Practical Philosophy*, Cambridge, Cambridge University Press, 1996, p. 110.

[29] MS AA: 06: 226.

[30] Heiner F. Klemme, "Moralisches Sollen, Autonomie und Achtung. Kants Konzeption der libertas indifferentiae zwischen Wolff und Crusius", en *Recht und Frieden in der Philosophie Kants*, Valerio Rohden, Ricardo R. Terra,

d) El concepto de libertad trascendental.[31] Para Beck el concepto de libertad trascendental, con todo rigor, podría llamarse libertad trascendente porque se ocupa de la materia que trasciende los límites de la experiencia posible y el conocimiento de la razón teórica. Pero el nombre de "libertad trascendental" está demasiado profundamente arraigado en los escritos de Kant para hacer que tal revisión sea factible.[32] Además, advierte que la solución kantiana del problema que surge de las pruebas de la verdad de dos proposiciones (*Tesis* y *Antítesis*) que se contradicen entre sí, se encuentra en la "teoría de los dos mundos". De acuerdo con esto, hay un mundo fenomenal, en el que cada cambio está determinado por uno anterior en el espacio y el tiempo; y un mundo nouménico, que no es espacial y temporal, y del cual el mundo fenoménico es sólo una apariencia para mentes constituidas como la nuestra. La causalidad libre dentro del mundo nouménico y lo fenoménico se puede pensar sin contradicción, pero sólo se puede conocer

---

Guido A. de Almeida y Margit Ruffing, eds., Berlín/Nueva York, De Gruyter, 2008, pp. 215-228 y 222-223.

[31] *Cfr.* L. White Beck, "Five concepts of Freedom in Kant", pp. 40-42.

[32] Consideramos que esta última observación de Beck no es del todo afortunada, pues Kant advierte más de una vez, en la *Crítica de la razón pura*, la distinción entre lo trascendente y lo trascendental. De hecho, como veremos en el concepto de libertad como postulado, esta distinción se vuelve esencial. El matiz del sentido trascendental del concepto de libertad, consideramos, viene en que lo "trascendental", si bien quedó demostrado a través del uso de la razón práctica, la razón especulativa no pudo establecer este concepto de lo incondicionado más que de modo problemático y regulativo. Darle la característica de trascendente sería olvidar el ejercicio crítico de la razón pura respecto a lo que es posible conocer a través de la razón especulativa. La primera *Crítica* tiene vedado el permiso de postularse a favor de la existencia de la libertad trascendental y de las demás ideas trascendentales precisamente porque la naturaleza fenoménica, en su sentido constitutivo, no permite el conocimiento especulativo de las ideas trascendentales. En este sentido, Kant quiere alejarse de la metafísica dogmática de corte racionalista, por eso niega que se pueda tener una intuición intelectual de las ideas trascendentales. La tesis de la tercera antinomia demostró que la causalidad natural no es la única causalidad posible, y que también es posible una causa no temporal, es decir, que es necesaria una causalidad de una causa libre que no está determinada causalmente por eventos antecedentes. Consideramos importante apuntar que en la tesis la libertad trascendental juega un papel importante, por ser necesaria para hacer inteligible el mundo. De no existir la libertad trascendental, la serie causal sería infinita y no habría modo de conocimiento científico. De esta manera, la causalidad libre supone el principio de finitud y de completitud necesarios para el conocimiento. Por eso la *Antítesis* argumentará que, si bien el espejismo de la libertad promete un reposo al entendimiento que escudriña la cadena causal, conduciéndolo a una causalidad incondicionada que comienza a operar por sí misma, rompe, debido a su propia ceguera, el hilo conductor de las reglas, que es el que permite una experiencia coherente. *Cfr.* María Guadalupe Martínez Fisher, "Los usos de la libertad en la *Crítica de la razón pura*", en *Nuevas perspectivas sobre la filosofía de Kant*, Rogelio Rovira, Rafael Orden y Juan Manuel Navarro (eds.), Madrid, Escolar y Mayo, 2016, pp. 152-172.

la causalidad temporal que relaciona los eventos y estados en el mundo fenoménico.[33] Las principales objeciones a este concepto de libertad son dos.

1.1.5. "Demuestra demasiado, por un lado, y, por otro, muy poco"[34]

La *Crítica de la razón práctica* encuentra en la moralidad buenas bases para la afirmación de la libertad trascendental al mostrar que la libertad moral la presupone (o es idéntica a ella), sin embargo, para Beck esta redención de la libertad del mecanismo universal de la naturaleza demuestra, por un lado, demasiado y, por otro, muy poco.

Demasiado, porque cada fenómeno tiene su base trascendental o causalidad nouménica. Una prueba que demuestra que, si algo es libre, entonces todo es libre, revela demasiado. Uno quiere mostrar que sólo la acción empírica, moral o espontáneamente libre es trascendentalmente libre, y no que cualquier evento, ya sea un reflejo corporal o una manzana que cae de un árbol, se considere libre.

Por otro lado, la "teoría de los dos mundos" también prueba muy poco. Siguiendo la argumentación de Beck, el propio Kant reconoce que, según esta teoría, las sentencias "al principio parecen entrar en conflicto con toda equidad".[35] ¿Pero esto es sólo *prima facie*? ¿Por qué debería uno lamentar una acción injusta, cuando la escritura era inevitable?, ¿cómo se puede mantener que un hombre es responsable de sus acciones, y al mismo tiempo afirmar: "La condición permanente de todas las acciones arbitrarias por las cuales el hombre aparece (como fenómeno). Cada una de ellas está determinada previamente en el carácter empírico del hombre, ya sea antes de que acontezcan acciones voluntarias de antemano en el carácter empírico del hombre, ya sea antes de que acontezca"?[36]

---

[33] *Cfr.* L. W. Beck, "Five concepts of Freedom in Kant", pp. 40-41.

[34] *Cfr. Ibid.*, p. 42.

[35] KpV [99].

[36] KrV B: 581.

1.1.6. El peligro de una postura ficcionalista

Si la "teoría de los dos mundos" se entiende como dos mundos ontológicamente distintos, puede llevarnos a un ficcionalismo en el que la libertad se convierta en una mera ficción. Cuando se argumenta que la libertad trascendental es meramente una idea regulativa se puede caer en un ficcionalismo dogmático que afirma que en realidad el hombre no es libre, pero que en la práctica hay que pensar y actuar *como si* fuera libre.

e) El concepto de libertad como postulado.[37] Beck advierte que entender la distinción entre fenómeno y noúmeno como seres ontológicamente diferentes nos lleva a varias aporías. Él propone acudir al concepto de libertad como postulado para ayudar en su comprensión. En la *Crítica de la razón pura*,[38] Kant hace una observación que sugiere no sólo la teoría de los postulados, sino también una revisión de la teoría de los dos mundos:

> Por consiguiente, desde el punto de vista de este carácter empírico no hay libertad alguna y sin embargo, sólo según él podemos considerar al hombre, cuando sólo pretendemos observar(lo) e investigar fisiológicamente —como ocurre en la antropología— los móviles de sus acciones.
>
> Pero si consideremos esas mismas acciones en relación con la razón, y ciertamente, no (en relación) con la razón especulativa, para explicarlas en lo que respecta al origen de ellas, sino (cuando las consideramos) solamente en la medida en que la razón es la causa de la generación de ellas; en una palabra, si las confrontamos con ésta aludiendo a lo práctico, encontramos, o al menos, creemos encontrar, que las ideas de la razón han mostrado efectivamente causalidad con respecto a las acciones del hombre (entendidas) como fenómenos, y que éstas no han acontecido porque estuvieran determinadas por causas empíricas, no, sino porque estaban determinadas por fundamentos de la razón.

Siendo así, en este caso, aparece una regla y un orden completamente distintos del orden natural. Para Beck, este pasaje de la primera *Crítica* puede ser interpretado con un matiz distinto a la "teoría de los dos mundos" ontológicamente distintos. En lugar de pensar en dos mundos, uno nouménico y uno fenoménico, Kant está aquí pensando un mundo bajo dos aspectos. No hay un *homo noumenon*, que es libre, y un *homo phaenomenon* que no lo es. Lo nouménico y lo fenoménico no son ontológicamente distintos (como un objeto y una imagen de él), sino que son aspectos determinados por procedimientos metodológicos elegidos con respecto a los propósitos divergentes de dos tipos de investigación.[39] La teoría del postulado de la libertad y la teoría del doble aspecto del noúmeno y los fenómenos son dos expresiones de la misma teoría fundamental.

Desde el punto de vista científico del observador se buscan las condiciones causales y (en principio) se encuentran. Desde el punto de vista práctico del hombre que actúa (o el hombre que juzga normativamente las acciones de otro), se buscan y evalúan los motivos de las decisiones y acciones. Sólo desde el segundo punto de vista una acción puede interpretarse como libre e imputable.

Para Beck, la teoría del postulado de la libertad no hace un reclamo ontológico, más bien nos dice lo que debemos hacer para ejecutar la función de un observador científico, un agente o un juez. De tal manera que aludimos dos postulados y un corolario; este último, como veremos, es esencial para la doctrina del derecho:

a) *Postulado para la explicación científica de las acciones humanas*: las ciencias naturales siempre buscan causas naturales y no admiten causas no naturales en la explicación de los fenómenos naturales (incluidas las acciones humanas).

b) *Postulado para decisiones éticas y prácticas*: actúe como si la máxima de su voluntad fuera suficiente para determinar el terreno para la acción emprendida.

---

[39] *Cfr.* L. W. Beck, "Five concepts of Freedom in Kant", p. 42.

c) *Corolario* (postulado para la evaluación normativa de la acción de otro): juzgar como si la máxima de la voluntad fuera suficiente para determinar el motivo de la acción en cuestión

1.2. Respuesta a las objeciones

La nomenclatura de Beck nos parece útil para identificar algunos de los principales sentidos de la doctrina kantiana de la libertad. Los conceptos de libertad tienen en común que desde el punto de vista teórico se advierten desde la idea de espontaneidad.

Responderemos las objeciones como método para plantear una interpretación sistemática de la libertad, pues en su réplica podemos comprender mejor la articulación y la función de la libertad en la doctrina del derecho kantiana.

El objetivo es presentar una exégesis de la doctrina kantiana de la libertad que nos permita comprender de mejor manera el modo en que Kant construye su doctrina del derecho en conexión con su propuesta filosófica vista en conjunto. Lo anterior no implica que desaparezcan pasajes que sean difíciles de interpretar,[40] no obstante, es posible una interpretación sistemática de la *Metafísica de las costumbres* siguiendo la doctrina kantiana de la libertad.

Comenzaremos con las objeciones al concepto de la libertad empírica (libertad práctica).

1.2.1. Respuesta a 1.1.1. La compatibilidad entre la libertad de la *Dialéctica* con la exposición de ésta en el *Canon* (la conexión entre libertad práctica y libertad trascendental)

Son dos puntos en los que parecen no coincidir la *Dialéctica* y el *Canon*: *a)* el primero es la cuestión de si la libertad puede ser o no demostrada mediante

---

[40] Desde nuestro punto de vista, entre los más "problemáticos" se encuentra el pasaje en el que se caracteriza a la libertad como "libertad de un asador", pues parece que se hace de la idea de espontaneidad un mero azar. *Cfr.* KpV [97].

la experiencia; y *b)* el segundo es el asunto de si la libertad trascendental es o no necesaria para la libertad práctica. Esta objeción apunta a la conexión entre la libertad práctica (empírica) y la libertad trascendental; esta cuestión es medular para la tesis de que el fundamento de la imputabilidad (moral y jurídica) puede buscarse en la idea de espontaneidad expuesta en la tercera antinomia.

Nos parece que una posible manera de responder es recurrir a la interpretación de Allison. Él expone que la libertad práctica incluye un elemento de espontaneidad, que estrictamente hablando no se puede decir que nos experimentemos a nosotros mismos como libres, prácticamente. Concordamos en esto con Allison, consideramos pertinente destacar que "estrictamente" se refiere a un sentido técnico de experiencia, es decir, a que no podemos experimentarlo con los requisitos que se requieren para afirmarlo como un conocimiento teórico; sin embargo, Kant considera que podemos ser conscientes de la capacidad de la voluntad para oponerse a la inclinación y actuar con base en ella, de la misma manera que podemos ser conscientes de nuestra capacidad de pensar.

Incluso si esto no cuenta como experiencia en el sentido técnico de Kant, puede considerarse que dicha conciencia basta para establecer la realidad de la libertad práctica (pero no de la libertad trascendental). Éste es el punto central de los pasajes del *Canon*. Por consiguiente, parece razonable concluir que no existe conflicto substancial entre las dos explicaciones de la libertad práctica contenidas en los dos textos. En el fondo, se trata de comprender en su contexto la expresión "experimentar".

Lo mismo puede decirse acerca de sus respectivas caracterizaciones de la libertad trascendental. En la *Dialéctica* la libertad trascendental es definida como espontaneidad absoluta, esto se entiende, en términos esencialmente negativos, como un poder causal que en sí mismo es independiente de la determinación de las causas antecedentes. Ya que Kant, en el *Canon*, se ocupa exclusivamente de la libertad práctica, no define de ninguna manera la libertad trascendental; pero señala de paso que la libertad trascendental exige la independencia de esta razón, desde el punto de vista de su causalidad, al empezar una serie de fenómenos respecto de todas las causas determinantes en el mundo sensible. Esto sugiere que la absoluta espontaneidad e independencia de todo lo sensible, que es la característica que define la libertad trascendental, es considerada, específicamente, como la espontaneidad e independencia de la razón al determinar la voluntad. En otras palabras, el *Canon* contiene la especificación de la concepción de libertad trascendental contenida en la *Dialéctica* y no una concepción alternativa.

La cuestión apunta a responder si es posible una conexión entre la libertad trascendental y la libertad práctica.[41] Una de las objeciones que pueden surgir al tomar como punto de partida la idea de la libertad trascendental expuesta en la tercera antinomia es la equivocidad de ésta.[42] Allison[43] comenta que, si hemos de comprender la relación entre la libertad divina y humana contenida en la *Dialéctica*, debemos comenzar con una consideración del idealismo trascendental. Su estrategia general consiste en sugerir que, de la misma manera como el idealismo trascendental hace que sea posible resolver la antinomia al encontrar un "lugar trascendental" para el concepto de causalidad inteligible o libertad trascendental en el mundo nouménico, así también establece como *concebible* (pero no real) la libertad humana. Este paso especial es considerado necesario, porque si bien el concepto ordinario de libertad

---

[41] Sobre la cuestión del tipo de relación entre la libertad trascendental y la libertad práctica en la *Crítica de la razón pura* encontramos posiciones encontradas. En términos generales, está una interpretación que defiende que el problema práctico de la libertad humana no puede ser tratado con independencia de la libertad trascendental. En este grupo, hay al menos dos posibles posturas de variables de quienes piensan que la discusión sobre la libertad trascendental resulta ser ontológicamente indispensable para fundamentar la realidad de la libertad práctica; y, por otro lado, los que piensan que la discusión sobre la libertad trascendental resulta ser conceptualmente indispensable para fundar la realidad de la libertad práctica. Los comentaristas de la otra posición critican que sea posible sostener tal conexión de la libertad trascendental y la libertad humana. En esta segunda interpretación encontramos, por ejemplo, P. F. Strawson, *The bounds of sense. An essay on Kant´s Critique of pure reason*, Luis-André Thiebaut (ed.), Madrid, Ediciones de la Revista de Occidente, 1975; J. Bennet, *Kant's Dialectic*, Cambridge, Cambridge University Press, 2016; y Kemp Smith, *A Commentary to Kant´s "Critique of pure reason"*, Nueva Jersey, Humanities Press, 1984.

[42] La cuestión de qué libertad se trata, si de la libertad humana en el mundo natural o de la libertad divina fuera de él. Cuestiones que según los críticos de Kant deberían ser tratadas de manera separada. *Cfr.* Josef Seifert, *Superación del escándalo de la razón pura*, Madrid, Ediciones Cristiandad, 2007. En segundo lugar, muy relacionada con lo anterior se le objeta que la posibilidad del "primer motor" (*libertad trascendental divina*) es lógica y empíricamente independiente de la posibilidad de esos segundos o terceros "motores" que generarían las libertades humanas. *Cfr.* Carlos Pereda, "Tercera antinomia y las perplejidades de la libertad", en *Kant: de la crítica a la filosofía de la religión*, Madrid, Anthropos/uam, 1994, p. 104.

[43] H. E. Allison, *El idealismo trascendental de Kant: una interpretación y defensa*, pp. 483-484.

humana (psicológica o práctica) es empírico en su mayor parte, contiene un componente esencial no empírico, a saber, la espontaneidad.

Por consiguiente, concluye Allison, debe encontrarse algún lugar para esta espontaneidad al margen de la causalidad mecanicista. De acuerdo con el argumento, este lugar sólo puede alcanzarse apelando a la distinción trascendental. Así se resuelve el problema, haciendo que sea concebible el que las mismas acciones humanas, que al ser consideradas como fenómenos se conectan con otros fenómenos según leyes empíricas, puedan considerarse prescindiendo de este punto de vista y se concibe que tienen fundamentos que no son fenómenos.

En la *Dialéctica* es posible considerar que Kant está afirmando una conexión necesaria entre el concepto de libertad práctica y la *idea* trascendental, y no entre la *realidad* de los dos tipos de libertad. En efecto, esto es precisamente lo que Kant dice cuando señala que el concepto de libertad práctica se basa en esta idea trascendental, si tomamos lo que Kant sostiene es que la concebibilidad de la libertad práctica implica una referencia a la idea de libertad trascendental.

En términos kantianos, la idea de libertad trascendental tiene una función regulativa respecto de la concepción de libertad práctica. Esto concuerda con la función de modelo asignada a la idea en la observación de la tesis de la tercera antinomia. También es compatible con el *Canon*, pues deja abierta la posibilidad de que seamos libres en sentido práctico, pero no en sentido que exige la idea trascendental de libertad.

1.2.2. Respuesta a 1.1.2. La valoración de la libertad práctica en los actos morales (la conexión entre libertad práctica y libertad moral)

En el *Canon*, Kant expone que la libertad práctica es suficiente para el terreno de lo práctico y que el asunto sobre la libertad trascendental parece ser más una cuestión meramente especulativa de la que podemos prescindir. En el contexto específico de la *Crítica de la razón práctica*, Kant parece rechazar la posibilidad de que este concepto de libertad tenga la suficiencia moral para llamarlo un acto moralmente bueno.

Primero es importante aclarar que la primera *Crítica* presenta una teoría de la agencia racional cuyo principal interés es la imputabilidad. Para una exposición del valor moral de los actos humanos se requiere aludir a la *Crítica de la razón práctica*. No obstante, encontramos algunas consideraciones propiamente morales en la descripción del arbitrio humano; asimismo se advierte la referencia a la ley moral, si bien sin incluir la referencia a una teoría de la motivación esencial para la valoración moral.

La conexión de la libertad práctica de la primera *Crítica* con la libertad práctica moral de la *Crítica de la razón práctica* debe concebirse desde la idea de espontaneidad de la libertad trascendental y en el contexto de una teoría del obrar general, esto es, en términos generales, a nuestra capacidad de ser agentes racionales con la capacidad de obrar conforme a representaciones y causar efectos en el mundo.

En la *Dialéctica*, Kant está afirmando una conexión con la idea más que una dependencia "ontológica" de la libertad práctica con la libertad trascendental. En otras palabras, Kant afirma que es necesario apelar a la idea trascendental de libertad para concebirnos como agentes racionales (prácticamente libres), no que debamos ser libres en el sentido trascendental para ser libres en el sentido práctico.[44]

De lo que podemos prescindir ("dejar de lado"), según el *Canon*, en el terreno práctico, es de responder a la cuestión de cómo es posible la libertad trascendental en el contexto de la disputa cosmológica de la *Tercera antinomia*.[45] Además, la tesis de prescindencia se expone después de que se

---

[44] H. E. Allison, *Kant´s Theory of Freedom*, pp. 54-70.

[45] La idea de libertad trascendental que es abordada en la tercera antinomia se trata de un sentido cosmológico de libertad: la capacidad de iniciar por sí mismo un estado, cuyo punto de partida es la discusión del primer comienzo (origen del mundo) de una libertad trascendental, y de manera análoga a ésta se pueden admitir la posibilidad de series que comiencen por sí mismas, no en el sentido de absolutamente primero, desde el punto de vista temporal, sino desde un punto de vista causal. El tercer conflicto de las ideas trascendentales centra su atención en la disyuntiva del tipo de causalidad para explicar los fenómenos, por lo que alude a una explicación de la libertad desde el contexto temático de una causa inteligible que no está determinada por fenómenos, aunque sus efectos se manifiestan y puedan ser así determinados por medio de otros fenómenos.

ha abordado en la *Dialéctica*. Esto significa que no se trata propiamente de una supresión de la necesidad de la idea trascendental de libertad.

Se debe distinguir entre "dejar de lado la cuestión" y suprimir (*Aufhebung*); la condición de posibilidad de cualquier acto libre (voluntario) requiere de la idea de espontaneidad de la libertad trascendental para justificar la imputabilidad de nuestros actos. En este sentido, la libertad práctica requiere de ésta desde el punto de vista de ser una idea trascendental que advierte nuestra capacidad de ser libres. La determinación constitutiva (positiva) de esta idea se trata de un problema para la razón en su uso teórico.

En la descripción del *arbitrium sensitivum liberum*,[46] que encontramos tanto en la *Dialéctica*[47] como en el *Canon*,[48] inicia otro nivel de exposición de la libertad práctica, esto es la libertad de elección conforme a la razón.[49] La libertad, ahora caracterizada como de la razón,[50] es independencia (sentido negativo) pero también es capacidad (sentido positivo).[51] Con el fin de ilustrar el principio regulador de la razón, Kant expone el ejemplo de un acto voluntario como una mentira maliciosa:[52]

> Tómese una acción arbitraria, p. ej. una mentira malévola con la cual un hombre ha introducido cierto desorden en la sociedad [mentira] que primeramente se investiga con respecto a los móviles de los que ha surgido, y de la que luego se pondera cómo puede serle imputada a él, junto con las consecuencias de ella. Atendiendo a lo primero, se examina el carácter empírico de él hasta sus fuentes, que se buscan en la educación deficiente, en las malas compañías, en parte también en la malignidad

---

[46]   KrV B: 562.

[47]   KrV B: 562.

[48]   KrV B: 830.

[49]   Kant preveía una libertad de elección entre lo moralmente bueno y lo moralmente malo o malvado ya en 1785. En el plano humano, en cambio, sostiene, a más tardar desde la publicación de la *Crítica de la razón pura*, que debemos decidir según qué máxima queremos actuar. *Cfr.* Heiner F. Klemme, "Moralisches Sollen, Autonomie und Achtung. Kants Konzeption der libertas indifferentiae zwischen Wolff und Crusius", pp. 215-228.

[50]   KrV B: 581.

[51]   KrV B: 582.

[52]   KrV B: 582-583.

de un natural desvergonzado, y en parte se atribuyen a la ligereza y a la imprudencia; en todo lo cual no se dejan de considerar [además] las causas ocasionales con sus instigaciones. En todo ello se procede como, en general, en la investigación de la serie de las causas determinantes de un efecto natural dado. Ahora bien, aunque se crea que la acción está determinada por [todo] eso, se reprueba, sin embargo, a su autor; y no [se le reprueba] por su natural desgraciado, ni por las circunstancias que sobre él influyeran, ni siquiera por la vida que anteriormente llevara [...] Esta reprobación se basa en una ley de la razón, de acuerdo con la cual se la considera a ésta como una causa que habría podido y habría debido determinar la conducta del hombre de otra manera, independientemente de todas las condiciones empíricas mencionadas. Más aún, la causalidad de la razón no es considerada solamente como si concurriera [con otras], sino [que es considerada] en sí misma, como completa, aunque los motores sensibles no estén en su favor, sino incluso enteramente en su contra; la acción se atribuye al carácter inteligible de él; y ahora, en el momento en que miente, él tiene toda la culpa; por tanto, la razón, independientemente de todas las condiciones empíricas de la acción, era enteramente libre, y ésta debe imputarse enteramente a la negligencia de ella.

El nivel de sofisticación de la explicación es más profundo que en el ejemplo de levantarme de la silla[53] y generar una serie causal de eventos, pues aquí se involucran consideraciones morales. La reprobación de la mentira se basa en una ley de la razón en virtud de la cual se considera la misma razón como causa que podía y debía haber determinado de modo distinto

---

[53] Si yo ahora (por ejemplo), de manera enteramente libre, y sin el influjo necesariamente determinante de las causas naturales, me levanto de mi silla, con este acontecimiento, y con sus consecuencias naturales hasta el infinito, comienza de manera absoluta una nueva serie, aunque según el tiempo ese acontecimiento sea solamente la continuación de una serie precedente. Pues esta decisión y este hecho no están en la secuencia de meros efectos naturales, y no son una mera continuación de ella, sino que las causas naturales determinantes cesan por completo antes de ellos, con respecto a este acontecimiento que sigue, por cierto, a aquéllas, pero no se sigue de ellas, y por eso debe llamarse un comienzo absolutamente primero —no según el tiempo, pero sí en lo que respecta a la causalidad— de una serie de fenómenos (KrV B: 478).

el comportamiento del hombre. En ésta encontramos que la libertad práctica implica un acto de deliberación racional de lo que podemos y debemos, así como la referencia al esfuerzo que puede suponer actuar conforme a la razón; ambos elementos son claves para la valoración de los actos morales.

Lo que aún no encontramos en la primera *Crítica* y, por ende, no podemos sumarnos a la explicación meramente compatibilista, es la explicación del principio de la autonomía moral y su identificación con la libertad trascendental. Allison advierte que aquí el punto clave es la distinción entre el imperativo categórico como principio o criterio de acción moral, lo cual Kant afirmó ciertamente antes de 1781, y la afirmación del principio de autonomía, el cual exige que uno actúe por respeto a la ley. Sostiene que la libertad trascendental es requerida por el último, pero no por el primero.[54]

El desarrollo de las consideraciones sobre el valor propiamente moral de los actos se encuentra en GMS y KpV. Mientras que, en la primera *Crítica*, nos encontramos con la explicación de una agencia racional como punto de partida. En la segunda *Crítica* se asumen, en parte, las tesis esenciales de esta agencia racional, pero se presenta lo propio del valor moral (*sittlicher Wert*). El *Faktum* de la razón práctica nos lleva a la consideración de una legislación ética (interna) en el que la autonomía moral constituye la esencia del valor moral.

Lo esencial (*Wesentliche*) de cualquier valor moral (*sittlicher Wert*) de los actos depende de la ley moral que determina inmediatamente la voluntad (*das moralische Gesetz unmittelbar den Willen bestimme*). Si la determinación de la voluntad se hace en conformidad (*gemäß*) con la ley moral, pero sólo por medio de un sentimiento que debe presuponerse para que la ley se convierta en un motivo suficientemente determinante de la voluntad,

---

[54] Desde la perspectiva de Allison, la teoría de la agencia racional kantiana debe tener en cuenta la "tesis de la incorporación", es decir, la visión de que las inclinaciones o deseos no constituyen por sí mismos un incentivo o una razón suficiente para actuar, sino que lo hacen sólo en la medida en que se "asumen" o "incorporan" a una máxima. Al mismo tiempo, sin embargo, Kant distinguió entre libertad práctica y trascendental y afirmó que la "tesis de la incorporación" sólo requería lo primero. H. E. Allison, *Idealism and Freedom. Essays on Kant´s Theoretical and Practical Philosophy*, p. 109.

es decir, si la acción no es producida por la propia ley (*Gesetzes willen*), entonces tendrá legalidad (*Legalität*) pero no moralidad (*Moralität*).[55]

Toda acción según la ley (*gesetzmäßigen*), pero no ejecutada por ella (*Gesetzes willen*), se puede decir que es moralmente buena (*moralisch gut*) sólo según la letra (*Buchstaben*), pero no según el espíritu (*Geiste*) o la convicción (*Die Gesinnung*). El concepto de deber presupone tanto la conformidad (actuar como lo ordena la ley moral dentro de mí) como la convicción (actuar motivado por ella). Aunque Kant en ocasiones advierte el concepto de legalidad como distinto al de moralidad, cabe señalar que para el filósofo de Königsberg la legalidad no es una alternativa a la moralidad, sino una condición necesaria; el ejercicio de la libertad en un acto moralmente bueno presupone, en este sentido, la conformidad con lo que se debe hacer y la motivación por la que se debe hacer:

> El concepto de deber (*Der Begriff der Pflicht*), por lo tanto, exige objetivamente (*objektiv*) a la acción, que sea conforme con la ley, pero a la máxima de la acción, subjetivamente, el respeto a la ley como único modo de determinación de la voluntad mediante ella. Y en esto consiste la diferencia de la conciencia (*Bewußtstein*) de haber actuado conforme al deber (*pflichtmßig*) y aquélla de haber actuado por el deber (*aus Pflicht*), es decir, por respeto a la ley, siendo posible en el primer caso [la legalidad (*die Legalität*)] aun cuando la voluntad no tuviera por fundamentos determinantes más que a las inclinaciones; pero el segundo caso [la moralidad (*die Moralität*)], es decir, el valor moral, debe ser puesto exclusivamente en el hecho de que la acción ocurra por el deber, es decir, únicamente por la ley.[56]

Es precisamente desde estas consideraciones que el concepto de libertad moral adquiere su respectiva especificidad dentro de la esfera de la libertad. La libertad práctica (empírica) no tiene la suficiencia para producir

---

[55]   KpV [71-72].

[56]   KpV [81].

actos con valor moral (moralmente buenos) a menos que se le dé una caracterización propiamente moral al concepto de libertad, es decir, que actúe conforme y por el deber y no por otros motivos racionales que surgen de la consideración de que nos sea provechoso (por más racionales que sean éstos).[57] En lo que se refiere a la libertad moral, esbozaremos a continuación nuestra interpretación.

1.2.3. Respuesta a 1.1.3. El problema de la imputabilidad de los actos inmorales o ilegales (la conexión de la libertad moral con la mera libertad práctica)

Una acción libre y una acción hecha por respeto a la ley son idénticas. Una acción inmoral se hace a causa de impulsos subjetivos, individuales o empíricos. En este sentido, un acto inmoral sería resultado del mecanismo de la naturaleza y, por lo tanto, no es moralmente imputable; en tanto que el agente es determinado por otros impulsos, no podría ser considerado "verdaderamente" libre.[58] Esta objeción requiere distinguir entre voluntad (*Wille*) y arbitrio (*Willkür*):

> Las leyes proceden de la voluntad; las máximas, del arbitrio. Este último es en el hombre un arbitrio libre; la voluntad, que no se refiere sino a la ley, no puede llamarse ni libre ni no libre, porque no se refiere a las acciones, sino inmediatamente a la legislación concerniente a las máximas de las acciones (por tanto, la razón práctica misma), de ahí que sea también absolutamente necesaria y no sea ella misma susceptible de coerción alguna. Por consiguiente, sólo podemos denominar libre al arbitrio.[59]

---

[57] *Cfr.* L. W. Beck, "Five concepts of Freedom in Kant", p. 37.

[58] Para Beck esto se puede solucionar "debilitando" la conexión entre libertad y moralidad: "Para hacer justicia al fenómeno ético, uno debe tener un concepto de libertad que permita la imputación de acciones inmorales y no morales. La conexión criteriológica o analítica entre libertad y moralidad (valor moral positivo) debe aflojarse", *ibid.*, p. 38.

[59] MS AA: 06: 226.

Desde que ocurren acciones imputables pero inmorales (malvadas), *Willkür* debe elegir sus máximas rectoras libremente y sin que esto forme parte de la necesidad de la naturaleza. El acto de *Willkür* debe tener dos funciones: *a)* el uso de la libertad según el cual la más elevada máxima (ya sea de acuerdo con la ley o en contra de ella) se toma en consideración para el acto, y *b)* el uso de la libertad de tal manera que la acción misma se ejerce de acuerdo con esa máxima (libremente elegida).

Wille es una razón práctica pura que, a través de su legislación autónoma, crea un deber moral en un ser que no se adhiere por naturaleza a la ley. Es por *Willkür* que se emprende una acción de acuerdo con esta ley o en contra de ella. Si se continúa con la metáfora política de la autonomía, se puede decir que *Wille* es la función legislativa autónoma y *Willkür* ejerce el poder ejecutivo. Kant advierte en la *Crítica del juicio* que donde la ley moral interpela, objetivamente no hay más libre albedrío con respecto a lo que se debe hacer.[60]

Consecuentemente, expone Beck, uno debe distinguir de la siguiente manera la autonomía moral de *Wille*, es decir, su autonomía de la ley independiente de los motivos e impulsos del mundo empírico y sensible; y la libertad moral de *Willkür*, o sea, su capacidad de obedecer espontáneamente a la ley como su máxima y, por lo tanto, insertar un nuevo vínculo en la cadena causal de los acontecimientos en el mundo sensible.

Incluso si la máxima se opone a la ley, la acción que se realice en virtud de ella puede ser libre e imputable. A todo ser racional que tiene voluntad debemos concederle también la idea de la libertad, únicamente bajo la cual obra,[61] pues al tener una razón que es práctica tiene una casualidad respecto a sus objetos.

La libertad práctica humana se convierte en moral cuando se incorpora al *mundo moral* y se predica de la decisión tanto del acto moral como del inmoral. Somos responsables de nuestras decisiones y de las máximas por

---

[60] KU AA: 05: 210. Immanuel Kant. *Crítica del juicio*, Manuel García Morente, trad., Madrid, Tecnos, 2007, p. 122.

[61] "Todo ser racional que tiene una voluntad debemos concederle necesariamente también la idea de libertad, únicamente bajo la cual obra" (GMS AA: 04: 448). *Cfr.* Immanuel Kant, *Fundamentación de la metafísica de las costumbres*, José Mardomingo, trad., edición bilingüe, Barcelona, Ariel, 1999. [Utilizaremos esta traducción.]

las cuales decidimos actuar. Por supuesto, esto no excluye la tesis de que al actuar moralmente afirmemos las leyes de nuestra naturaleza inteligible; pues actuar moralmente supone la afirmación de nuestro *homo noumenon*, pero el decidir no hacerlo también implica ejercer nuestra libertad. Esto nos lleva a la siguiente objeción.

1.2.4. Respuesta a 1.1.4. Grados de espontaneidad y la paradoja de la razón práctica con la razón pura práctica

Para responder esta objeción se requiere, por una parte: *a)* el reconocimiento de la naturaleza problemática de la libertad para la razón especulativa. Una causalidad libre es, por ende, irreductible a una explicación meramente mecanicista. En un sentido técnico y desde la razón especulativa no experimentamos propiamente la libertad y, desde luego, no podemos medirla ni cualificarla. Kant retoma esta tesis en la MS: "Considerado como noúmeno, es decir, considerando la facultad del hombre sólo como inteligencia, no podemos exponer cómo constriñe al arbitrio sensible, por consiguiente, no podemos exponerla teóricamente en su constitución positiva";[62] y *b)* que las leyes del mundo del entendimiento deben ser vistas como imperativos. El mundo inteligible funciona como modelo (*natura archetypa*), y para los seres sensibles-racionales esto implica que se nos presenta como imperativos. Esto ya implica la necesidad de incluir la posibilidad tanto de la decisión de constreñirnos a la ley moral como no hacerlo.[63]

---

[62] *Als Noumen aber, d. i. nach dem Vermögen des Menschen bloß als Intelligenz betrachtet, wie sie in Ansehung der sinnlichen Willkür nöthigend ist, mithin ihrer positiven Beschaffenheit nach, können wir sie theoretisch gar nicht darstellen.* MS AA: 06: 226.

[63] Klemme advierte que el concepto de esfuerzo es, pues, la clave para entender el principio de las posibilidades alternativas de acción de Kant. Si nuestra naturaleza patológica "se impone primero" a nuestro ser, entonces debemos superar esta naturaleza por nuestro propio esfuerzo y fuerza si queremos actuar por respeto a la ley moral y no por inclinación. En consecuencia, nuestra libertad de elección para el bien o el mal se presenta como una decisión sobre si estamos dispuestos a hacer un esfuerzo para cumplir con nuestro deber de superar nuestras inclinaciones. Aunque hayamos elegido no cumplir con nuestro deber, podríamos haber elegido otra cosa si sólo hubiéramos estado dispuestos a hacer un esfuerzo. Y aunque elegimos cumplir con nuestro deber, también podríamos haber sido perfectamente libres de elegir no hacer ningún esfuerzo. *Cfr.* Heiner F. Klemme, "Moralisches Sollen, Autonomie und Achtung. Kants Konzeption der libertas indifferentiae zwischen Wolff und Crusius", pp. 215-228.

Procedamos paso a paso. Para empezar, en relación con el carácter problemático de la libertad debemos decir que, por razones teóricas, la razón especulativa la necesita, aunque no pueda probar su existencia. Kant incluso advierte: "La idea de la libertad como facultad espontánea absoluta no era una necesidad subjetiva respecto a su posibilidad, sino un principio analítico de la razón especulativa (*ein analytischer Grundsatz der reinen spekulativen Vernunft*)".[64]

La libertad alcanza la realidad objetiva a partir de la razón práctica y de la conciencia de la ley moral (*ratio cognoscendi*); sin embargo, la razón, desde su uso especulativo, no aumenta en nada respecto a su conocimiento, pero sí en cuanto a la certeza de su concepto problemático, pues se trata de una realidad objetiva.[65] Nos hacemos conscientes de que somos libres en la medida que experimentamos desde la razón práctica el deber, esto es la determinación de la ley moral.

A esto hay que añadir que es innegable que hay una serie de pasajes en los que Kant advierte la primacía del carácter inteligible respecto al carácter sensible, del *homo noumenon* respecto al *homo phaenomenon*, de la autonomía respecto a la heteronomía para el fundamento del deber. Se tratan de tesis constantes y medulares que apuntan a las mismas entrañas de la originalidad de su propuesta filosófica. Es incuestionable la tesis de que para Kant el mundo inteligible es ley para el mundo sensible. Esta tesis atraviesa la propuesta del idealismo trascendental y constituye su punto de partida, que es, a la vez, el de llegada.

Kant sostiene que la naturaleza suprasensible (*übersinnliche Natur*), en la medida en que nos podemos formar un concepto de ella, es una naturaleza subordinada a la autonomía de la razón práctica pura (*Natur unter Autonomie der reinen praktischen Vernunft*). La ley de esta autonomía es la ley moral (*Das Gesetz dieser Autonomie aber ist das moralische Gesetz*), que es por tanto la ley fundamental de una naturaleza suprasensible y de un mundo de entendimiento puro (*Grundgesetz einer übersinnlichen Natur un einer*

---

[64]   KpV [49].

[65]   KpV [49].

reinen Verstandeswelt ist), cuya contrapartida (*Gegenbild*) debe existir en el mundo de los sentidos, pero al mismo tiempo lo hace sin perjuicio de las leyes de este último. La naturaleza que conocemos sólo en la razón podría llamarse "naturaleza modelo" (*natura archetypa*); mientras que la naturaleza que contiene el posible efecto de la idea de la primera como fundamento determinante de la voluntad, podría llamarse "naturaleza ectípica" (*natura ectypa*):

> Porque verdaderamente la ley moral nos transporta, en idea, a una naturaleza en la cual la razón pura produciría el bien supremo, si estuviese acompañada con una facultad física adecuada, y determina nuestra voluntad a dar al mundo de los sentidos la forma de un todo de seres racionales.

> Que esta idea sirva realmente de modelo, por decirlo así, como patrón, para las determinaciones de nuestra voluntad, lo confirma la más común observación sobre uno mismo.[66]

El fundamento de la obligación no toma nada de la antropología (la naturaleza humana)[67] porque su pretensión es la legislación para todas las voluntades racionales.[68] Esto se debe, en parte, al hecho de que el fundamento

---

[66] *Denn in der Tat versetzt uns das moralische Gesetz der Idee nach in eine Natur, in welcher reine Vernunft, wenn sie mit dem ihr angemessenen physischen Vermögen begleitet wäre, das höchste Gut hervorbringen würde, und bestimmt unseren Willen die Form der Sinnenwelt, als einem Ganzen vernünftiger Wesen, zu erteilen. Daß diese Idee wirklich unseren Willensbestimmungen gleichsam als Vorzeichnung zum Muster liege, bestätigt die gemeinste Aufmerksamkeit auf sich selbst.* KpV [43].

[67] GMS AA: 04: 389, 426.

[68] Esto implica necesariamente la búsqueda de un fundamento de la obligación puro y, por ende, si la antropología tiene como punto de partida una noción de naturaleza humana con elementos empíricos, ésta no puede cumplir con los requisitos. Esto supone una aporía metodológica en la fundamentación del deber, porque si bien el método en la fundamentación de los principios de la obligación requiere una depuración de las costumbres y de los principios *a priori*, esto sólo se consigue, paradójicamente, volviendo a una cierta consideración del sujeto como capaz de descubrir en su razón práctica, más concretamente en la ley moral en su interior, principios que superan cualquier consideración empírica. La respuesta a esta interrogante podría llevarnos a interpretar la teoría kantiana del principio del deber desde un matiz platónico. "Así como el Demiurgo platónico no es el creador de las ideas, sino que forma el mundo de la realidad según ellas, modelos no creados, eternamente existentes, así ocurre, según Grocio, en el ordenamiento dentro de la comunidad jurídico-estatal. El legislador, al decretar sus leyes positivas, mira a una norma universalmente valedera, modelo vinculatorio para

del deber requiere dar primacía al mundo inteligible sobre el mundo sensible: "Tendré que ver las leyes del mundo del entendimiento para mí como imperativos y las acciones conformes a este principio como deberes"[69] (*die Gesetze der Verstandeswelt für mich als Imperativen und die diesem Prinzip gemäßen Handlungen als Pflichten ansehen müssen*).

La libertad no admite grados que la razón especulativa puede determinar, sin embargo, actuar moralmente bien, expone Kant, es una capacidad: "En relación con la legislación interna de la razón, la libertad es sólo una facultad; la posibilidad de apartarse de ella es una incapacidad" (*Die Freiheit in Beziehung auf die innere Gesetzgebung der Vernunft ist eigentlich allein ein Vermögen; die Möglichkeit von dieser abzuweichen ein Unvermögen*).[70]

La constricción moral y el esfuerzo que ésta implica suponen determinarse según la idea de humanidad en mi persona. En este sentido, hay una primacía de la libertad moral desde la perspectiva de un ser que es sensible y, a la vez, racional, al que, por ende, las leyes morales se le presentan como imperativos que debe seguir.[71]

---

su propia voluntad y para la de los demás. En este sentido se expresa el famoso principio de Grocio de que los principios del derecho natural conservarían su validez aun en el caso de que se supusiera que no existe ningún Dios o que la divinidad no se ocupa de las cosas humanas". Véase Ernst Cassirer, *Filosofía de la Ilustración*, 167. Respecto a esta referencia al platonismo, también, Gustavo Leyva, en el prólogo que elaboró para el libro titulado *Immanuel Kant. Política, derecho y antropología* de Brandt, expone que "La acción política [y] la reflexión política-ciudadana están dirigidas *a priori* por un concepto de derecho. De acuerdo con esto, las determinaciones *a priori* del derecho contienen ya la solución de aporías políticas, de modo que la teoría pura del derecho suminista orientaciones abarcantes que el político debe realizar en la práctica, sin orientar su acción por la tradición ni por cálculos racionales en el marco de una lógica de la prudencia y utilidad políticas. Se plantea aquí de nuevo aquel problema de la *methexis* que tanto ocupara a Platón y quien, por lo demás, marcara profundamente las reflexiones de Kant en torno a la política, especialmente desde los años setenta. Es claro, no obstante que se trata de platonismo invertido en el que solamente la ley formal de la voluntad libre determina desde sí misma a su objeto y convierte a la *volonté générale* en escala suprema de la polis", Gustavo Leyva, "Prólogo", en R. Brandt, *Immanuel Kant. Política, derecho y antropología*, p. 15.

[69] GMS AA: 04: 454.

[70] MS AA: 06: 227.

[71] Las distintas formulaciones del imperativo categórico nos permiten analizar más a detalle esto. El principio de moralidad, según la unidad de la forma, nos obliga a rechazar toda máxima que no pueda valer como ley universal de la naturaleza, según la multiplicidad de la materia nos manda tratar a todo ser racional como fin en sí mismo y según la totalidad del sistema ordena que nuestras máximas concuerden con la idea práctica de un reino de los fines como reino de la naturaleza. Cuando el ser humano actúa según las exigencias del imperativo categórico, es decir, con miras a la autonomía moral, afirma tanto su dignidad como fin en sí mismo, así como su pertenencia al reino de los fines. AA: 04 GMS: 436.

En el contexto de la libertad práctica del derecho, esto es, aludiendo a una legislación jurídica que sólo puede y debe pedir la conformidad con la ley, la exigencia de actuar no sólo conforme a la ley sino desde motivos morales es una exigencia de la legislación propiamente ética. De esta manera, el imperativo categórico sigue siendo el modelo de todo uso de nuestra libertad. Esta exigencia no es ni debe ser legislable desde el punto de vista jurídico; sin embargo, sí por la legislación ética: "El principio del deber jurídico es: debo actuar como si mis máximas fueran vistas por todos, así como por Dios. No puedo aprovechar la ventaja que tiene mi corazón al estar cerrado. Si uno pudiera ser visto en el corazón por cualquiera, tendría que adoptar buenas máximas".[72]

Tomando en cuenta lo anterior, en efecto, no hay grados de libertad, ya que la libertad no es algo que se mida, ni se experimente en el sentido técnico de la palabra,[73] sin embargo, desde la perspectiva del sujeto, que es agente de sus acciones, sí se puede, y debe continuamente, examinarse y esforzarse para un obrar moralmente bueno. Si bien es cierto que siempre permanecerá, incluso para él, oculta la certeza sobre sus verdaderos motivos, el primer mandato de todos los deberes hacía sí mismo es precisamente ése: conócete a ti mismo (examínate, sondéate) no según tu perfección física, aptitud o ineptitud para toda clase de fines arbitrarios o también mandados, sino según la perfección moral en relación con tu deber.[74]

¿Podría este autoconocimiento moral ser expresado en grados o desde las coordenadas de un sentido técnico de experiencia? No, pero en definitiva se trata de un conocimiento que en relación con el sujeto nos permite

---

[72] *Das principium der rechtlichen Pflicht ist: ich muß so handeln, als wenn meine maximen eben so von jedermann wie von Gott gesehen würden. Ich kann mir des Vortheils nicht bedienen, daß mein Herz Fensterladen | hat. Würde einem jeden ins Herz gesehen werden können, so müßte er qute maximen annehmen.* Refl. 7822 AA: 19: 525.

[73] El hecho de que no se experimente de esta manera revela en realidad su primacía y también su estatus de incondicionada. La propuesta de Kant tiene, como punto de partida, que comprender que la inconcebilidad es de alguna manera conocimiento negativo de lo nouménico; pretender hacer de lo incondicionado algo condicionado es quitarle su índole de estatus nouménico.

[74] *Erkenne (erforsche, ergründe) dich selbst nicht nach deiner physischen Vollkommenheit (der Tauglichkeit oder Untauglichkeit zu allerlei dir beliebigen oder auch gebotenen Zwecke), sondern nach der moralischen in Beziehung auf deine Pflicht.* MS AA: 06: 441.

aludir a la idea regulativa de una libertad moralmente buena que funciona como modelo para los otros usos de la libertad.

En lo que se refiere al concepto de la libertad trascendental, presentamos nuestra interpretación.

1.2.5. Respuesta a 1.1.5. "Demuestra demasiado, por un lado, y, por otro, muy poco"

Esta objeción se divide en dos: por un lado, *a)* el que la generalidad de la distinción trascendental nos lleva al absurdo de concebir a la libertad en todas partes; y por otro, *b)* con algunas de las tesis sobre la predecibilidad, en la primera *Crítica* Kant dice: si pudiéramos investigar exhaustivamente todos los fenómenos de la voluntad humana, no encontraríamos una sola acción humana que no pudiéramos predecir con certeza y que no pudiéramos reconocer que procede necesariamente a partir de sus condiciones anteriores (A: 550/ B: 578). Sin embargo, al mismo tiempo insiste en que esto no nos impide considerar las mismas acciones "en relación con la razón", *i. e.*, como productos de la libertad práctica. La réplica común es que, si una acción puede explicarse o predecirse al ser subsumida bajo una ley que la incluye, entonces no se puede propiamente caracterizar a la acción como libre o sostener que hay un agente responsable de su realización.

Respecto a la primera parte de la objeción, Allison[75] dice que Kant está consciente de este problema, así pues, admite que todo acontecimiento en principio puede tener algún fundamento trascendental no especificado. El intérprete insiste en que esta consideración es relevante sólo cuando estamos realmente obligados a pensar en un tipo de causalidad que no puede ser caracterizada en términos empíricos. Entonces, y sólo entonces, entra en juego la distinción trascendental. Para reafirmar esta tesis cita el siguiente pasaje de la primera *Crítica*:

---

[75] H. E. Allison, *El idealismo trascendental de Kant: una interpretación y defensa*, p. 486.

En un objeto de los sentidos, a aquello que no es fenómeno lo llamo inteligible. Según eso, si aquello que, en el mundo sensible, debe ser considerado como fenómeno, tiene en sí mismo también una facultad que no es objeto de la intuición sensible, pero por medio de la cual puede, sin embargo, ser causa de fenómenos, entonces la causalidad de ese ente se puede considerar desde dos puntos de vista: como inteligible según su acción, (entendida) como (acción) de una cosa en sí misma; y como sensible, según sus efectos (entendidos) como (efectos) de un fenómeno en el mundo sensible. De acuerdo con esto, de la facultad de un sujeto tal nos haríamos un concepto empírico, e igualmente también un concepto intelectual de su causalidad, las cuales ambas concurren en uno y el mismo efecto.[76]

Lo que tiene en mente aquí Kant es la voluntad humana con su libertad práctica. Como facultad causal de un ser sensible (el hombre), los efectos de la voluntad se manifiestan en el mundo fenoménico. Pero la facultad en sí misma, en cuanto implica espontaneidad, es no sensible. La idea básica que se encuentra detrás de esto es que, en el querer, al igual que en el pensar, tenemos una actividad de la cual podemos llegar a ser conscientes, pero que en la medida en que implica espontaneidad, no puede ser experimentada en el sentido estricto del término.

Como se puede observar, la respuesta a esta objeción requiere aludir al contraste entre carácter empírico y carácter inteligible; sin embargo, la cuestión sobre la espontaneidad requiere de mayor claridad si es que se quiere responder con mayor precisión. Allison expone que es necesario aludir a la apercepción y concebirla como una peculiar conciencia en la que el ser humano se conoce a sí mismo, de alguna manera, como un ser espontáneo:

Apliquemos esto a la experiencia. El hombre es uno de los fenómenos del mundo sensible, y por eso también es una de las causas naturales cuya causalidad debe estar sujeta a leyes empíricas. Como tal, según esto, debe

---

[76] KrV B: 566.

tener también, tal como todas las demás cosas de la naturaleza, un carácter empírico. Lo advertimos por las potencias y facultades que él pone de manifiesto en sus efectos. En la naturaleza inanimada, o que tiene vida meramente animal, no encontramos ningún fundamento para concebir alguna facultad que no sea condicionada de manera meramente sensible. Sólo el hombre, que por otra parte conoce a toda la naturaleza únicamente por los sentidos, se conoce a sí mismo también por mera apercepción; y (se conoce a sí) en acciones y en determinaciones internas que no puede contar entre las impresiones de los sentidos, y es para sí mismo, por un lado ciertamente, fenómeno, pero por otro lado, a saber, con respecto a ciertas facultades (es) un objeto meramente inteligible, porque la acción de él no puede contarse entre lo que pertenece a la receptividad de la sensibilidad. A estas facultades las llamamos entendimiento y razón; en particular la última se diferencia, propia y principalmente, de todas las potencias empíricas condicionadas, pues ella considera sus objetos sólo según ideas, y determina según ellas al entendimiento, el cual luego hace un uso empírico de sus conceptos (que, por cierto, son también puros).[77]

El rasgo más sorprendente de este pasaje, comenta Allison, es la afirmación de que el hombre "también se conoce a sí mismo a través de la pura apercepción". Esto sugiere que, mediante la apercepción, de alguna manera obtenemos conocimiento de nosotros mismos como seres nouménicos espontáneos, o al menos como seres con carácter inteligible.[78]

---

[77] KrV B: 574.

[78] El problema es que esto contradice la explicación kantiana oficial del autoconocimiento. Sin embargo, podemos interpretarlo como si Kant estuviera insistiendo en el punto de que la apercepción proporciona una conciencia de espontaneidad del pensamiento (tanto del entendimiento como de la razón). Hemos visto que esto implica una conciencia de algo no sensible, o no experimentable, que no puede ser descrito en términos de un mecanismo natural o carácter empírico del sujeto; y esto basta para proporcionar un lugar firme en la autoconciencia para la noción de un carácter inteligible. Ahora el hombre es visto (no sólo por el filósofo trascendental) por sí mismo como siendo un objeto puramente (*blosse*) inteligible. Sin embargo, tal como el término alemán señala a este "objeto puramente inteligible", *i.e.*, como un objeto que puede ser concebido pero que no puede ser dado en la intuición. Por lo tanto, el resultado de esto es que podemos, efectivamente, llegar a ser conscientes de algo inteligible, a saber, la espontaneidad del pensar, a la cual conectamos con la idea de un carácter inteligible, pero del que no podemos pretender conocimiento alguno ni de este carácter ni del sujeto al cual pertenece. *Cfr.* H. E. Allison, *El idealismo trascendental de Kant: una interpretación y defensa*, p. 488.

Respecto a la segunda parte de la objeción, que se refiere a la predecibilidad, la cuestión se vuelve más complicada, pero se contesta siguiendo, en parte, lo antes dicho. Es importante aclarar que el principio de uniformidad o legalidad de la naturaleza en una idea regulativa de la razón. En efecto, en la *segunda analogía* no se establece tal resultado y ni siquiera se argumenta a su favor. La concepción de una explicabilidad y predecibilidad completa de las acciones humanas (el que puedan ser subsumidas bajo leyes que las incluyen) es meramente una idea regulativa, requerida por la investigación científica de la conducta humana. Como meramente regulativo, este principio permite la posibilidad de apelar a una idea regulativa diferente (libertad trascendental) para la concepción del agente y de la imputación de las acciones.[79]

Si concedemos al modelo de ley todo lo que ésta incluye en su estatus meramente regulativo, queda todavía el hecho de que en la segunda analogía Kant sostiene que todo evento tiene una causa o una condición antecedente a partir de la cual se sigue invariablemente "de acuerdo con una regla". Así pues, el concepto de libertad práctica parece estar amenazado por la segunda analogía.

Para responder a esta complicación es necesario aludir a una teoría de los móviles que incluya la consideración del acto de la incorporación del móvil. Por causa de un acto prácticamente libre se entiende su móvil (*Triebfeder*). Kant reconoce, por supuesto, que en la explicación y predicción de las acciones humanas entran otros factores causales y condiciones establecidas, tales como el medio ambiente y la educación. Sin embargo, estos factores juegan un papel subordinado, ya que su función es explicar por qué el móvil dado, tal como el deseo de riqueza o fama, podría haber llevado a un individuo particular a actuar de cierta manera en una situación dada. Así pues, la causa directa o primordial de una acción, el principal factor al que

---

[79] Beck y Allison parecen encontrarse en este punto. Para el primero, es en la *Crítica del juicio* donde la segunda analogía de la experiencia en la primera *Crítica*, que da lugar a la antítesis de la tercera antinomia es interpretada como una máxima o postulado metodológico y, por ende, la compatibilidad es posible; para el segundo; en la tercera *Crítica* parece abierto el camino para una solución del conflicto entre determinismo causal y libertad en la primera *Crítica* análoga a la solución que Kant proporciona en la tercera *Crítica* para el conflicto entre mecanismo y teleología.

se apela en su explicación, en su móvil. Señalar su móvil es señalar la razón de la acción.[80]

Kant aborda esta temática al comienzo mismo de su explicación en la *Dialéctica*, donde destaca que, al considerar una acción libre, estamos obligados a considerar su causa como determinante, no de modo que excluya una causalidad de nuestra voluntad.[81] Sin duda, es muy oscura esta caracterización de la causa como "no determinante". Sin embargo, Allison considera que es razonable que Kant esté apelando aquí a un aspecto esencial de su teoría del obrar, a saber, el principio según el cual un móvil puede determinar un agente para obrar sólo en la medida en que el agente incorpore ese móvil en su regla o en su máxima de acción.[82]

Por lo tanto, cuando consideramos que un acto es libre, es decir, cuando lo imputamos a un agente, no negamos que este acto tiene una causa antecedente o móvil; además, afirmamos que el móvil conduce el acto solamente a través de la adopción, por parte del agente, de una regla de acción según la cual el móvil puede servir como razón para el acto en cuestión.

Este acto de incorporación es lo que Kant entiende por causalidad de la razón. Es, además, elemento de espontaneidad que constituye el ingrediente (no empírico) esencial en la concepción de la libertad práctica y que requiere de una apelación a la idea trascendental de libertad (en su función regulativa como modelo).

Puesto que esta concepción de la libertad no niega la necesidad de una causa antecedente para la acción libre (su móvil) y tampoco niega la posibilidad de explicar la acción en términos de esta causa (la cual es asignada al carácter empírico del agente), no se opone a la segunda analogía.

---

[80] Kant no niega que las acciones libres tienen móviles. Al contrario, insiste en esto en toda su obra, incluso en la *Crítica de la razón práctica*. En este tema la diferencia relevante entre las dos *Críticas* es únicamente que, en la segunda, se plantea la cuestión de si la ley moral en sí misma puede ser práctica; en cambio, en la primera, únicamente se plantea la cuestión de cómo ha de ser concebida la conexión entre un móvil (cualquiera que este sea) y un *arbitrium liberum*. Cfr. H. E. Allison, *Idealism and Freedom. Essays on Kant´s Theoretical and Practical Philosophy*, p. 493.

[81] KrV A: 534/ B: 562.

[82] En RGV Kant resalta que el fundamento del mal radica más bien en la regla de que el albedrío se forma él mismo para el uso de su libertad, esto es, en una máxima. RGV AA: 06:20. *Religión en los límites de la mera razón*, F. Martínez Marzoa, trad., Madrid, Alianza, 1969.

Simplemente requiere de un factor adicional, el acto de la incorporación que no forma parte de una explicación empírica de la conducta humana. Este factor adicional es, sin duda, no sensible y, por lo tanto, es concebido en conexión con el carácter inteligible del agente. Pero esto no implica ninguna afirmación dogmática acerca de la naturaleza "real" de algún agente nouménico inaccesible. En primer lugar, al igual que en el caso de la apercepción, tenemos conciencia, pero no experiencia de esta capacidad. En segundo lugar, ya que esta conciencia es suficiente para establecer nuestra libertad práctica y, por lo tanto, nuestra espontaneidad relativa al menos, esta conciencia no establece nuestra espontaneidad absoluta o libertad trascendental; sin embargo, nos obliga a usar la idea trascendental como modelo.[83]

1.2.6. Respuesta a 1.1.6. El peligro de una postura ficcionalista

Cuando se argumenta que la libertad trascendental es regulativa, se puede caer en un ficcionalismo dogmático que afirme que, en realidad, los hombres no son libres, sino que en la práctica se debe pensar y actuar como si lo fueran.

Para Allison el estatus regulativo está destinado a captar la naturaleza problemática y la función meramente regulativa, no el estatus ficticio de la idea transcendental de la libertad. En otras palabras, no es que se niegue la realidad a la libertad trascendental; la cuestión es, más bien, que no es necesario establecer esta realidad a fin de salvar la "libertad práctica". Todo lo que se requiere es la concebibilidad de la libertad trascendental, lo cual hace que sea posible usar la idea trascendental de manera regulativa como un modelo para la concepción del obrar y la imputación de las acciones a los agentes.

---

[83] Otra de las objeciones sobre la caracterización de la libertad trascendental y que se contesta en función de la tesis según la cual tanto la uniformidad de la naturaleza como la libertad trascendental son principios regulativos y que, por ende, la distinción trascendental aplica sólo cuando estamos realmente obligados a pensar en un tipo de causalidad que no puede ser caracterizada en términos empíricos, es aquella que subraya que asumir la libertad del hombre nouménico supone ahorcar al hombre fenoménico. *Cfr.* L. W. Beck, "Five concepts of Freedom in Kant", pp. 42-43.

Beck insiste en que tal ficcionalismo presupone el determinismo mecánico como una verdad metafísica y no como principio regulativo. El intérprete sostiene que hay tanto, y tan poco, terreno para mantener todos los postulados como ficciones. Son un pie de igualdad y, en diferentes esferas de experiencia, igualmente ineludibles; su verdad no es absoluta porque se limitan mutuamente. Su verdad está en el contexto de su respectivo empleo definido y justificado; fuera de los contextos respectivos no existen criterios para su correcta aplicación.[84]

Después de lo dicho por Beck y Allison respecto a esta objeción, nos parece importante decir que el principal argumento para evitar una postura ficcionalista de la libertad se encuentra en la segunda *Crítica*:[85] "La idea de libertad es la única, entre todas las ideas de la razón especulativa, cuya posibilidad *conocemos* (*wissen*) *a priori* sin todavía *comprenderla* (*einzusehen*), porque ella es la condición de la ley moral, ley que nosotros conocemos".[86] La cita anterior podría leerse también de la siguiente manera: si conocemos la ley moral es porque es posible que seamos libres, pues un mandato que no se puede cumplir, deja de ser una obligación. Si la ley moral obliga, es porque podemos cumplirla (aunque sea a la manera de seres racionales finitos).

---

[84] Para Beck, cuando aceptamos esta revisión de la teoría kantiana trascendental, podemos considerar el ámbito de la práctica como un aspecto de nuestra experiencia en general, en virtud de otros postulados y conceptos, que aparece como el real de la naturaleza. Es casi lo mismo mantener el concepto causal de la segunda analogía como regulativo para la investigación de la naturaleza y sostener que el concepto práctico de libertad es constitutivo para lo real de las acciones humanas, como lo es para Kant en la metodología de la primera *Crítica*, según la cual la causalidad natural es un concepto constitutivo y la causalidad libre una idea regulativa. La teoría más madura, hacia la cual cree que se estaba moviendo incluso antes de la *Crítica del juicio*, sostiene que cada uno es regulativo, o cada uno es constitutivo de su propio reino. Según Kant, sabemos que un cambio es un evento objetivo sólo bajo la condición de que sabemos que tiene una causa; análogamente, sabemos que el evento humano es una acción sólo bajo la condición de que sabemos que tiene razones y no meramente causas. Cada una de estas condiciones de definición depende de los postulados metodológicos en uso. *Cfr.* L. W. Beck, "Five concepts of Freedom in Kant", pp. 45-46.

[85] Lo que en la primera *Crítica* era una posibilidad, en la *Crítica de la razón práctica* se afirma como real a través del *Faktum* de la ley moral, así el uso práctico se conecta con los elementos del uso teórico. *Cfr.* KpV [4]. Lo que muestra la ley moral es qué libertad existe en el ser humano, no cómo es posible ésta.

[86] KpV [4]. Es importante distinguir los términos: *wissen*, que se refiere al verbo conocer, y *einsehen*, que se refiere al comprender. No terminamos de comprender la libertad, pero sí podemos conocer que existe a través de la ley moral.

Es cierto que tampoco somos capaces de comprender en su totalidad cómo es posible esta libertad ni en los otros ni en nosotros mismos, ni en el mundo; por tanto, es necesario reconocer el límite de nuestra razón teórica para comprender en su totalidad lo que acontece como nouménico dentro del propio sujeto; y es en este contexto de limitaciones de la razón en donde la libertad como postulado adquiere su respectiva función, pero no sin haber dicho que la ley moral ha mostrado la existencia de la libertad en el ser humano, aunque no la podamos comprender ni podamos responder cómo es ésta posible.

La función del concepto de la libertad como postulado es facilitar el uso arquitectónico de la razón, proporcionando inteligibilidad a las acciones, sin aludir necesariamente una explicación de cómo es posible la existencia de la libertad. Lo que se propone es un modelo regulativo respecto a la idea de libertad trascendental. Hasta aquí las respuestas a las objeciones.

1.3. Una propuesta sistemática de la doctrina kantiana de la libertad en el derecho

Kant no hace explícito un criterio para los distintos conceptos de la libertad. Lo que sí podemos encontrar es la alusión a "sentidos" en la idea de libertad y la aclaración de que el más estricto de éstos es el "sentido trascendental". De los cinco conceptos de Beck, consideramos que el sentido común a todos éstos es la idea de espontaneidad.

El debate filosófico sobre la libertad en el siglo XVIII[87] se articula, en gran medida, por la alternativa entre una comprensión de la libertad como determinación o como indeterminación.[88] Kant presenta una postura que

---

[87] Una explicación detallada del camino que Kant recorre en dirección a un concepto trascendental de libertad se encuentra en Thomas Sören Hoffmann, "El concepto teórico de libertad según Kant y la tradición de las *libertas spontaneitatis*", *Revista de Estudios Kantianos*, vol. 4, núm. 1, 2019, pp. 1-20.

[88] La discusión en torno al debate de la libertad como determinación o indeterminación se puede rastrear desde la postura racionalista en el contexto moderno. Hutter expone el hilo conductor de la discusión desde Spinoza. Para Spinoza sólo la sustancia absoluta es llamada "libre" como aquella que existe únicamente por la necesidad de su naturaleza y que está determinada por sí misma a actuar; todo lo finito, en cambio, es "forzado"

pretende escapar de una noción de libertad indiferente o indeterminada, "porque la libertad no consiste en la aleatoriedad (*Zufälligkeit*) de la acción (que no está determinada en absoluto por razones), es decir, no en el indeterminismo [...], sino en la absoluta espontaneidad".[89] El descarte en la definición de la libertad como indiferente es un punto de partida impostergable para una propuesta sistemática de la noción de libertad en su filosofía.

¿Por qué es tan importante para él no entender la libertad inteligible del hombre como libertad de elección para el bien y para el mal, aunque concede al hombre esta libertad de elección en el plano sensible? La respuesta es: si la libertad inteligible fuera también una libertad para hacer el mal, esto socavaría la concepción de autonomía de Kant. El ser racional puro no estaría necesariamente determinado en su querer por la ley moral, sino que se decidiría de forma completamente arbitraria por una u otra acción. La libertad, como señala Klemme, ya no sería entonces autonomía, sino arbitrariedad, anarquía y libertad indiferente, la "madre del caos y la noche".[90]

---

porque está "determinado por otro a existir de una manera determinada y regulada o a efectuar algo" (*Ethica*, parte I, Def. 7, 7). El "camino cierto y regulado" de la realidad es llevado al concepto por Leibniz en el universal "principio de la razón suficiente", "según el cual nada sucede sin que exista una causa o al menos una razón determinante" (*Theodicée*, § 44, Übers, 273). Dentro de los límites de la proposición de la razón, se puede conceder al hombre una espontaneidad condicionada, pero ésta queda determinada de manera "automática": "Todo se determina así en el hombre, como en todas partes, de antemano, y el alma humana es así una especie de autómata espiritual" (*Theodicée*, § 52, Übers, 283). El enfoque de Leibniz es continuado por Wolff (*Cfr.* Wolff, *Metaphysik*, § 142 u. 145). En este contexto, Crusius afirma críticamente que en un mundo en el que la frase de la razón suficiente es sin excepción válida, sólo se puede pensar en una espontaneidad secundaria o subalterna, pero no en una verdadera libertad. Contrasta la "libertad imperfecta" de determinismo con una "libertad perfecta" como "libertas indifferentiae" (*Cfr.* Crusius, *Anleitung vernünftig leben*, § 49 y ss.). *Cfr.* Alex Hutter, "Freiheit", en *Kant-Lexikon Studienausgabe*, M. Willascheck *et al.* (eds.), Berlín, De Gruyter, 2015, p. 633.

[89] *Den Begriff der Freiheit mit der Idee von Gott, als einem nothwendigen Wesen, zu vereinigen, hat gar keine Schwierigkeit: weil die Freiheit nicht in der Zufälligkeit der Handlung (daß sie gar nicht durch Gründe determinirt sei), d. i. nicht im Indeterminism (daß Gutes oder Böses zu thun Gott gleich möglich sein müsse, wenn man seine Handlung frei nennen sollte), sondern in der absoluten Spontaneität besteht.* (RGV AA: 06: 50: nota). La discusión entre Wolf y Crusius, así como el modo en que Kant toma postura, es abordada por Klemme en "Moralisches Sollen, Autonomie und Achtung. Kants Konzeption der libertas indifferentiae zwischen Wolff und Crusius", pp. 215-228.

[90] KrV A X. En el contexto de las ciencias, Kant también quiere evitar un indiferentismo.
Jetzt, nachdem alle Wege (wie man sich überredet) vergeblich versucht sind, herrscht Überdruß und gänzlicher Indifferentism, die Mutter des Chaos und der Nacht, in Wissenschaften, aber doch zugleich der Ursprung, wenigstens das Vorspiel einer nahen Umschaffung und Aufklärung derselben, wenn sie durch Übel angebrachten Fleiß dunkel, verwirrt und unbrauchbar geworden.

Un ser puro de la razón no actuaría entonces "prácticamente necesariamente" según la ley moral. Por el contrario, también podría decidir a favor del mal moral sin violar por ello su propia naturaleza de razón. Pero si el mal es compatible con la razón, entonces no habría ninguna razón primordial para que cualquier ser racional actúe moralmente bien. Esto, sin embargo, invalidaría la ecuación de la razón, la autonomía y la dignidad del hombre como persona, que es decisiva para toda la filosofía moral de Kant.[91] No obstante a esto, quiere prevenirse de caer en un determinismo que anularía el carácter propio de la libertad de elección.

Es por ello que Kant advierte que la libertad práctica se da en la experiencia, pero no se define conforme a ésta. La libertad implica la referencia a sus propias leyes. Es desde estas coordenadas de la espontaneidad absoluta con la que Kant caracteriza a la libertad trascendental no sólo como independencia, sino también como capacidad.

Dicho esto, que funciona como punto de partida y a la vez, de llegada, en tanto que conforma la definición misma de la libertad, y, a la vez, su ideal regulativo; procedemos en la exposición de los criterios para una visión sistemática y, de alguna manera, arquitectónica de la idea de libertad. Estos criterios pueden ser vistos como distintos niveles de la exposición o, si se me permite utilizar la metáfora, como criterios que se miran en un espejo para determinarse en distintos contextos temáticos.

El primer criterio tiene como punto de partida concebir la libertad como causalidad. De esta manera se advierte la condición de posibilidad de la imputabilidad tanto práctica como moral y jurídica. La idea trascendental de la libertad, entendida como absoluta espontaneidad, tiene su primer referente en una teoría de la libertad desde las coordenadas de que puede ser causa de una serie de efectos en el mundo. En la *Metafísica de las costumbres* encontramos que Kant advierte que la imputación, en sentido moral, se define como el juicio por medio del cual alguien es considerado como autor (*causa libera*) de una acción, que entonces se llama acto (*factum*) y está

---

91 Heiner F. Klemme, "Moralisches Sollen, Autonomie und Achtung. Kants Konzeption der libertas indifferentiae zwischen Wolff und Crusius", p. 223.

sometida a leyes; si el juicio lleva consigo a la vez las consecuencias jurídicas del acto, es una imputación judicial.

El segundo criterio de la libertad se encuentra en la distinción de uso negativo y positivo. En su sentido negativo, como independencia, esto es, a no estar determinada por las condiciones empíricas, y en su sentido positivo, como capacidad de iniciar por sí misma una serie de acontecimientos,[92] esto es, como condición incondicionada. Aquí encontramos la idea de libertad trascendental de la agencia racional en la primera *Crítica*.

Este criterio, aunque con diferencias como hemos explicado, también se utiliza para la valoración moral de la libertad práctica. En su sentido negativo, se trata de "la independencia de su determinación por impulsos sensibles". En sentido positivo, ésta se refiere a la capacidad de autodeterminación que supone la autonomía moral: "La facultad de la razón pura de ser por sí misma práctica [...]. Esto no es posible más que sometiendo la máxima de cada acción a las condiciones de aptitud para convertirse en ley universal".[93] La libertad puede ser entendida, pues, no sólo como la indeterminación del arbitrio respecto del influjo de causas empíricas, sino también como la facultad de la razón de dictarse a sí misma las reglas o principios que determinan la acción.[94]

Desde esta clasificación podríamos encontrar dos principales expresiones en la doctrina del derecho kantiano. El sentido positivo estaría relacionado con la *autodeterminación* que suponen la idea de voluntad general y su idea de contrato originario, y el sentido negativo con la *independencia* que supone del derecho innato a la libertad exterior.

Los usos positivo y negativo de la libertad en el contexto de la doctrina del derecho se dan en función del contexto de la teoría de la acción jurídica, pero también desde los principios de legitimidad del derecho. No es la misma independencia y autodeterminación en su sentido jurídico que la genuinamente moral; no obstante, el derecho innato a la libertad y la alusión a

---

[92] KrV B: 582.

[93] MS AA: 06: 214

[94] Ileana P. Beade, "En torno a dos concepciones diversas en la libertad en la filosofía político-jurídica kantiana", p. 141.

la voluntad general en el principio universal del derecho nos permiten encontrar estos dos significados. Kant define la libertad innata como "la independencia del arbitrio del otro", y la entiende como "el único derecho original al que todo ser humano tiene derecho en virtud de su humanidad", en la medida en que "puede coexistir con cualquier otra libertad de acuerdo con una ley general". El criterio para la coexistencia de libertades se encuentra justamente en este principio formal específicamente jurídico.

La referencia a la libertad sin ley (*gesetzlose Freiheit*) es esencial para una visión sistemática. Kant alude a ésta en, al menos, cuatro sentidos: la libertad de voluntad, la creación de bellas obras de arte, el estado político de la naturaleza y las relaciones intergubernamentales.

Si bien "la libertad sin ley" no es jurídica, es indispensable como punto de partida para comprender la expresión de la libertad desde las coordenadas de la voluntad general y de la noción de pacto (social y constitucional). Kant alude a ésta para subrayar que, en un estado de libertad exterior sin ley, los hombres se encuentran en un Estado no jurídico, es decir, en un estado de indeterminación jurídica en el que nadie está seguro de lo suyo frente a la violencia.[95] En este sentido se trata, según el filósofo de Königsberg, de una libertad salvaje o sin ley[96] (*wilde, gesetzlose Freiheit*) en la que los hombres forman pueblos, pero no Estados.[97]

El tercer criterio, también explícito en la *Metafísica de las costumbres*,[98] es el de libertad en su uso externo (ejercicio externo del arbitrio) y en su uso interno (puede ser del ejercicio externo e interno del arbitrio). Se relaciona, aunque no es idéntico, con la distinción entre la legalidad y la moralidad de GMS. Este criterio caracteriza las leyes jurídicas y las leyes éticas. Las leyes jurídicas son aquellas que afectan sólo acciones meramente externas y a su conformidad con la ley; mientras que las éticas exigen también que ellas mismas (las leyes) deban ser los fundamentos de determinación de las acciones.

---

[95]   MS AA: 06: 307-308.

[96]   MS AA: 06: 316.

[97]   MS AA: 06: 343.

[98]   MS AA: 06: 214.

El cuarto criterio se refiere a la libertad como postulado y como ideal regulativo. En lo que se refiere a su uso como postulado no puede encasillarse en los anteriores en tanto que es la condición de posibilidad epistémica, tanto del uso positivo (autodeterminación) como del negativo (independencia), así como del tipo de adhesión al deber (interna o externa).[99]

La teoría del postulado de la libertad nos dice lo que debemos hacer para ejecutar la función de un observador científico, un agente o un juez:

a) *Postulado para la explicación científica de las acciones humanas*: las ciencias naturales siempre buscan causas naturales y no admiten causas no naturales en la explicación de los fenómenos naturales (incluidas las acciones humanas).

b) *Postulado para decisiones éticas y prácticas*: actúa como si la máxima de la propia voluntad fuera suficiente para determinar el terreno para la acción emprendida.

c) *Corolario* (postulado para la evaluación normativa de la acción de otro): juzgar como si la máxima de la voluntad fuera suficiente para determinar el motivo de la acción en cuestión.

La ley universal del derecho funciona también como postulado; asimismo en la discusión de lo mío y lo tuyo, el postulado de la razón práctica funciona para explicar el concepto de posesión jurídica. No hay ningún objeto exterior que pueda escapar al arbitrio humano. A diferencia de la posición de Achenwall, no existe *res nullius*, porque la libertad del arbitrio humano es ilimitada frente a los objetos externos.

El postulado jurídico de la razón práctica dice: es posible tener como mío cualquier objeto exterior de mi arbitrio; es decir, es contraria al derecho,

---

[99] Nos parece que esta noción de libertad como postulado nos conecta con el concepto de *condición epistémica* de Allison. Para él, la interpretación del idealismo trascendental debe ser entendida desde la conexión con las tesis kantianas referentes a las condiciones del conocimiento humano. Allison la caracteriza como aquella condición necesaria para la representación de un objeto o de un estado objetivo de cosas. Así pues, también podría ser llamada *condición objetivante*, pues en virtud de tales condiciones nuestras representaciones se refieren a objetos, o, dicho en términos kantianos, nuestras representaciones tienen "realidad objetiva". *Cfr.* H. E. Allison, *El idealismo trascendental de Kant: una interpretación y defensa*, p. 40.

una máxima según la cual, si se convirtiera en ley, un objeto del arbitrio tendría que ser en sí (objetivamente) un objeto sin dueño (*res nullius*).

En lo que se refiere al ideal regulativo, en el contexto de la primera *Crítica* funciona como idea trascendental, y en la segunda *Crítica*, por tratarse de la valoración de los actos morales, la autonomía sería el ideal regulativo de la libertad práctica. Como expondremos a detalle en el capítulo tercero, la doctrina del derecho natural a la libertad tiene, respecto al derecho estatutario, una función regulativa.

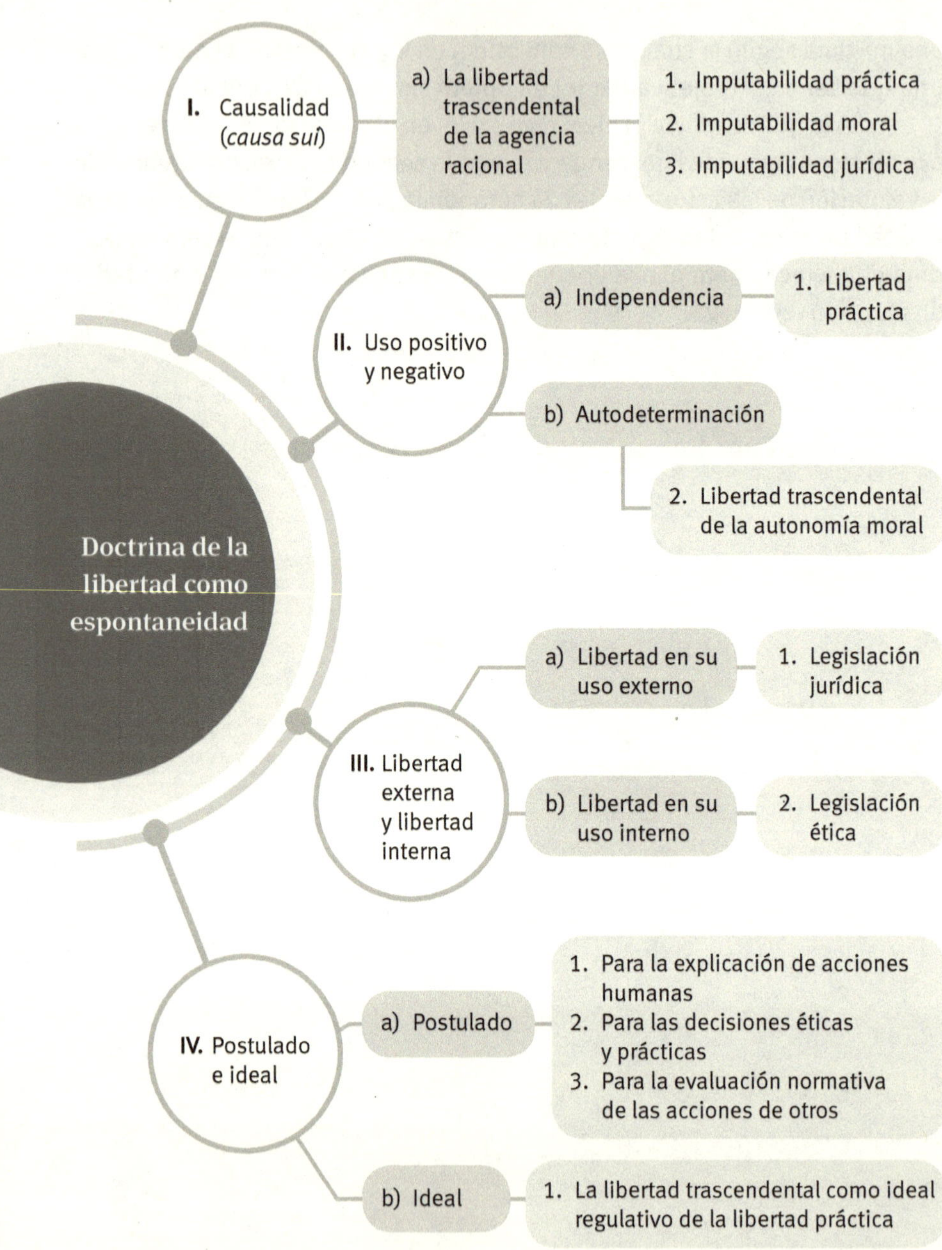
Doctrina de la libertad como espontaneidad
I. Causalidad (causa sui)
a) La libertad trascendental de la agencia racional
1. Imputabilidad práctica
2. Imputabilidad moral
3. Imputabilidad jurídica
II. Uso positivo y negativo
a) Independencia
1. Libertad práctica
b) Autodeterminación
2. Libertad trascendental de la autonomía moral
III. Libertad externa y libertad interna
a) Libertad en su uso externo
1. Legislación jurídica
b) Libertad en su uso interno
2. Legislación ética
IV. Postulado e ideal
a) Postulado
1. Para la explicación de acciones humanas
2. Para las decisiones éticas y prácticas
3. Para la evaluación normativa de las acciones de otros
b) Ideal
1. La libertad trascendental como ideal regulativo de la libertad práctica

Doctrina de la libertad en la doctrina del derecho
I. Causalidad (causa sui)
a) Imputabilidad práctica
b) Imputabilidad moral
c) Imputabilidad jurídica
II. Uso positivo y negativo
a) Independencia
1. Independencia del arbitrio del otro
b) Autodeterminación jurídica
2. Voluntad general-idea de contrato originario
III. Libertad externa y libertad interna
a) Libertad en su uso externo
1. Legislación jurídica
b) Libertad en su uso interno
2. Legislación ética
IV. Postulado e ideal
a) Postulado
1. Para la evaluación normativa
2. Principio universal del derecho
3. Postulado jurídico de la razón práctica
4. Postulado del derecho público
b) Ideal
1. La doctrina del derecho natural a la libertad
2. Idea del contrato originario

Conclusiones

En el contexto de la distinción entre las leyes éticas y las leyes jurídicas, la libertad en su uso externo del arbitrio es una peculiaridad —nota esencial— de la doctrina del derecho kantiana, aunque, como veremos, no la única. La legislación jurídica se presenta como externa al pretender, coercitivamente, únicamente la adhesión externa a los deberes jurídicos. La legislación jurídica busca regular externamente las relaciones mutuas entre los individuos (entre sus arbitrios).

Podría pensarse que la libertad, en el uso externo del arbitrio, se encuentra desarticulada de la libertad del ámbito interno; sin embargo, el que Kant sostenga que la legislación propiamente jurídica no puede pedir una adhesión interna a los deberes jurídicos (pero, sí viceversa) se debe propiamente a un argumento genuinamente moral, en tanto que, si el derecho pidiera adhesión interna (eticidad/moralidad) y no sólo la conformidad (adhesión externa/legalidad), iría en contra de la autonomía moral. En realidad, se trata de una defensa de la libertad del ámbito interno y un fomento de la libertad en su uso externo bajo el principio de la coexistencia de las libertades.

La libertad en la doctrina del derecho requiere aludir al concepto de una libertad práctica (*Willkür*) —caracterizada por Beck como comparativa, psicológica y práctica—, pues ésta es esencial en el ámbito jurídico para la justificación de la imputabilidad y la declaración del veredicto (inocente/culpable). Paradójicamente lo que nos permite deliberar sobre la libertad empírica de un sujeto en un contexto jurídico específico, es postular una dimensión inteligible en el obrar humano que posibilite la imputación. Es aquí donde encontramos el primer fundamento trascendental de la doctrina del derecho.

El primer fundamento trascendental del derecho debe buscarse en la radical postura sobre lo que implica la idea de libertad en la tercera antinomia,[100]

---

[100] En el apartado IV del Prólogo de la *Metafísica de las costumbres* titulado "Conceptos preliminares de la metafísica de las costumbres (*Philosophia practica universalis*)", Kant resume el recorrido por el que pasa la idea de libertad desde la defensa de su posibilidad en la primera *Crítica* hasta la afirmación de su existencia a través de la ley moral en la *Crítica de la razón práctica*: "El concepto de libertad es un concepto puro de la razón que, precisamente por ello, es transcendente para la filosofía teórica, es decir, es un concepto tal que no puede ofrecerse para él ningún ejemplo adecuado en cualquier experiencia posible; por tanto, no constituye

es decir, desde su sentido trascendental. En ésta, Kant alude la libertad sin una consideración moral; esto nos permite vislumbrar el concepto de libertad trascendental que se predica de la decisión del obrar humano general. La imputabilidad desde este pasaje no puede ser interpretada meramente como moral, sino que puede aplicarse al obrar humano en general. Se trata de una imputabilidad práctica que está en la base de la moral y la jurídica.

Desde la razón especulativa es la *Stein des Anstoßes* (piedra de escándalo) de la filosofía, pero a la vez, es la *Schlußstein* (piedra angular)[101] de toda construcción de un sistema de razón pura; la libertad es un problema para la razón especulativa que funciona como principio de todo el sistema del pensamiento kantiano.

El que la libertad humana sea *Stein des Anstoßes* (piedra de escándalo) le viene por lo que supone: la posibilidad de afirmar una causalidad incondicionada en el sentido causal (su dimensión de espontaneidad); pues, como se expone en la *Antítesis* de la *Tercera antinomia*, admitir una causalidad incondicionada como la libertad, es decir, *una facultad capaz de iniciar por sí misma una serie de cosas o estados sucesivos*, es romper con el hilo conductor de lo que nos es dado en la experiencia. En el contexto de la doctrina del derecho, libertad es la piedra con la que tropiezan los empiristas, quienes no pueden dar cuenta de la imputación y la responsabilidad (tanto moral como jurídica) de un agente.

Asimismo, Kant expone en el contexto de la *Crítica de la razón práctica* que la realidad de la libertad queda demostrada mediante la ley moral de la razón práctica. Todas las demás ideas (Dios e inmortalidad del alma) se unen en la idea de libertad y adquieren en ésta y por esta consistencia y realidad objetiva. En este sentido, la libertad es también *Schlußstein:* la

---

objeto alguno de un conocimiento teórico posible para nosotros, y no puede valer en modo alguno como un principio constitutivo de la razón especulativa, sino únicamente como uno regulativo y, sin duda, meramente negativo; pero en el uso práctico de la razón prueba su realidad mediante principios prácticos que demuestran, como leyes, una causalidad de la razón pura para determinar el arbitrio e independencia de todos los condicionamientos empíricos (de lo sensible en general), y que demuestran en nosotros una voluntad pura, en la que tienen su origen los conceptos y leyes morales". AA: 06: 221.

[101] KpV [3].

piedra angular de toda construcción de un sistema de razón pura,[102] incluso de la especulativa.[103]

La *Metafísica de las costumbres* la asume en su discurso y la caracteriza como una causalidad de la razón pura para determinar el arbitrio de todas las condiciones empíricas (de lo sensible en general), que demuestra en nosotros una voluntad pura (*Wille*) en la que tienen su origen los conceptos y leyes morales.[104]

La libertad es y será un problema para la razón especulativa (por su elemento de espontaneidad) pero, a la vez, funciona como principio de la racionalidad en su uso especulativo y práctico. Ésta contiene una consideración trascendental que permite un miramiento del acto y de la decisión humana desde una perspectiva distinta (dimensión inteligible), es decir, considerándolos no como la secuencia de meros efectos naturales ni como una continuación de los mismos.[105]

Para Kant, el ser humano es un agente capaz de responder sobre sus actos y, en este sentido, defenderá la posibilidad de que le sean imputables sus acciones. La única manera en que la persona puede ser capaz de responder sobre sus actos y, por ende, ser susceptible de imputación[106] (personalidad moral), es considerándola como un agente que es y debe ser libre.[107] En este sentido, la persona no sólo es libre, sino que tiene la tarea de afirmar su libertad en los distintos ámbitos del obrar humano.

Asumir como piedra angular la idea de libertad como eje del discurso de los *Principios metafísicos del derecho* se traduce en la posibilidad de concebir la praxis humana no sólo desde sus elementos psicológicos,

---

[102] KpV [3-4].

[103] En este sentido, la libertad es precisamente el puente que une la *Crítica de la razón pura* con la *Crítica de la razón práctica*.

[104] MS AA: 06: 221.

[105] Aunque el suceso sigue estas causas naturales, no se sigue de ellas. *Cfr.* KrV B: 478-479.

[106] Imputación (*imputatio*) en sentido moral es el juicio por medio del cual alguien es considerado como autor de una acción, que entonces se llama acto y está sometida a leyes; si el juicio lleva consigo a la vez las consecuencias jurídicas del acto, es una imputación judicial. MS AA: 06: 227.

[107] Es por eso que Kant expone que una cosa es algo que no es susceptible de imputación. Todo objeto del libre arbitrio, carente él mismo de libertad, se llama, por tanto, cosa (*res corporalis*). MS AA: 06: 223.

fisiológicos, biológicos o históricos, los cuales son muy importantes y el propio Kant dedica tiempo y esfuerzo en estudiarlos.[108] De hecho, en la consideración de la imputabilidad jurídica son elementos en la deliberación. El matiz viene en que la libertad es un tipo de causalidad que despliega una legalidad *sui generis* irreductible a una explicación de corte naturalista, pero con capacidad de ser efectiva en el mundo y, por ende, capaz de *comenzar* series casuales en éste. Sin embargo, al ser su último fundamento trascendental, su *origen,* aunque no su *comienzo,* es irreductible a los parámetros de la experiencia.[109]

La distinción entre noúmeno y fenómeno a la que Kant alude en la primera *Crítica* para dar solución a la tercera antinomia, y que defiende la postura del idealismo trascendental, atraviesa la explicación de la acción humana.[110] Es porque la libertad puede pensarse efectivamente práctica que la acción humana puede contemplarse desde estas dos perspectivas: sensible e inteligible. Las mismas acciones que al ser consideradas como fenómenos se conectan con otros fenómenos según leyes empíricas, pueden considerarse también prescindiendo de este punto de vista y puede concebirse que tienen fundamentos que no son fenoménicos.

---

[108] Véase los distintos tratados de antropología a los que Kant les dedicó horas de estudio e impartió cursos continuamente sobre la materia.

[109] Aquella distinción entre origen y comienzo que utiliza Kant para distinguir entre el conocimiento empírico y puro adquiere sentido también en la racionalidad práctica. La espontaneidad se da en el conocimiento y en el obrar humano: "Todo nuestro conocimiento comienza con la experiencia. Según el tiempo, pues, ningún conocimiento precede en nosotros a la experiencia y todo conocimiento comienza con ella. Mas si bien todo nuestro conocimiento comienza con la experiencia, no por eso se origina todo él en la experiencia". La facultad práctica que supone la capacidad de la decisión y del acto libre es eficaz en tanto que puede *comenzar* en la experiencia una serie causal de efectos naturales, pero su último *origen* no procede de los efectos naturales. KrV B: 1-2.

[110] Reinhard Brandt lo expone de la siguiente manera: "Se muestra como algo esencial seguir la idea kantiana de que la distinción posibilitada en la Estética trascendental de la *Crítica de la razón pura*, la distinción obligada de cosa en sí y fenómeno, es la base también de su teoría política. Esta constatación se encontrará raramente en la literatura porque la teoría política de Kant se reviste de una simpatía general al favorecer a la paz y se menciona la separación entre cosa en sí y fenómeno sólo como una curiosidad de carácter metafísico, comprendiéndola incorrectamente casi siempre en el sentido de Shopenhauer. Kant era de otra opinión. La fundamentación de su filosofía del derecho y de su estética, de su filosofía de la historia y de su teoría política no puede mantenerse sin la distinción metafísica de *mundus sensibilis* y del *mundus intelligibilis*". Reinhard Brandt, *Immanuel Kant. Política, derecho y antropología*, pp. 128-129.

En este sentido, el método trascendental,[111] en el contexto de la *Metafísica de las costumbres*, es aquella doctrina que nos permite pensarnos no sólo desde un punto de vista empírico, sino que nos abre la posibilidad de que el sujeto se piense libre y capaz de una relación moral y jurídica con otras personas, siguiendo leyes prácticas (emanadas de la idea de libertad).

La distinción trascendental es esencial; sólo desde ésta se pueden concebir los distintos usos de la libertad en la doctrina del derecho kantiano y la imputabilidad jurídica. Nos permite un modelo del obrar humano, incluso en el contexto de la interminable discusión de la relación entre ética y derecho. Kant advierte que es un deber ético incorporar a su legislación los deberes jurídicos y no al revés. Esto es así precisamente por la tesis de la idealidad de la idea trascendental de la libertad, y porque sería una contradicción con este mismo ideal de libertad que el deber jurídico pidiera también eticidad y no sólo legalidad. La incorporación de la máxima del respeto a la ley por la ley misma es un acto que debe ser individual y constituye el ideal del cumplimiento del deber humano.

A diferencia de la legislación ética, el derecho afecta sólo la relación externa y ciertamente práctica de una persona con otra;[112] en tanto que sus acciones, como hechos, pueden influirse entre sí. No atiende al fin que cada cual se propone con el objeto que quiere (materia del arbitrio). Sólo se pregunta por la forma en la relación de los arbitrios, en la medida en que se consideran libres, y si con ello su actuar puede conciliarse con la libertad del otro según una ley universal.

---

[111] En el "Estudio preliminar" de Adela Cortina, la autora dice: "En este sentido se habla en la *Grundlegung* de la posibilidad de contemplar la acción humana desde dos perspectivas: una sensible y una inteligible, y en este sentido podemos interpretar el método trascendental como el tránsito desde un punto de vista empírico al nivel en que el sujeto cognoscente se pone como un 'yo pienso', que produce *a priori* una constelación cognoscitiva para sus objetos, posibilitando con ello la experiencia, o bien al nivel en el que el sujeto se pone como un 'yo quiero', desde el que puede entrar en una relación moral y jurídica con otras personas y con cosas, siguiendo leyes prácticas". Adela Cortina, "Estudio Preliminar", en Immanuel Kant, *Metafísica de las costumbres*, Madrid, Tecnos, 2008, p. xxx.

[112] La distinción entre ética y derecho encuentra, en parte, sus raíces en RezHufeland: "Recensión del ensayo sobre el principio del derecho natural de Gottlieb Hufeland", *Estudios Kantianos, Marília*, vol. 2, núm. 1, Macarena Marey, trad., enero-junio, 2014, pp. 107-124.

En este sentido, el derecho no es una regla o una ley, sino el conjunto de condiciones empíricas y racionales bajo las cuales el arbitrio de uno puede conciliarse con el arbitrio del otro según una ley universal de la libertad. A partir de esta definición, Kant enuncia el principio universal del derecho: "Una acción es conforme a derecho (*recht*) cuando permite, o cuando su máxima permite a la libertad del arbitrio de cada uno, coexistir con la libertad de todos según una ley universal".[113]

Esta ley que alude a la libertad permite la síntesis adecuada de los enunciados jurídicos para preservar un horizonte abierto y, en cierto sentido, esta idea mantiene una función reguladora. La ley general (universal) de derecho es, por lo tanto, el horizonte de significado y el propósito de todas las leyes particulares de derecho, así como la ley moral universal es el horizonte de significado y el propósito de todos los deberes morales particulares.[114]

Se trata de un criterio racional para la coexistencia de libertades en la sociedad: si mi acción, o en general mi estado, puede coexistir con la libertad de cada uno, según una ley universal, me ofende aquel que me lo impide; porque ese obstáculo (esa resistencia) no puede coexistir con la libertad, según leyes universales.

La libertad en el contexto del principio universal del derecho debe ser entendida como la independencia con respecto al arbitrio constrictivo de otro, en la medida en que puede coexistir con la libertad de cualquier otro según una ley universal. Para lograr esta coexistencia de libertades, Kant utiliza el test de la universalización: todo lo contrario al derecho (*unrecht*) es un obstáculo a la libertad, según leyes universales. La función de la ley universal de todo derecho, llamado por algunos la formulación jurídica del imperativo categórico,[115] es servir como un criterio racional para el principio de la coexistencia de libertades.

---

[113] MS AA: 06: 230.

[114] "Das allgemeine Rechtsgesetz ist l sei Sinn- und Sollenshorizont aller besonderen Rechtsgesetze, so wie das allgemeine Sittengesetz der Sinn- -und Sollenshorizont konkreter moralischer Pflichten (deberes) ist". Thomas Sören Hoffmann, "Kritische Vernunftrechtslehre als Grenzgang zwischen natürlichem und l seine Recht: Zur Konstitution des Rechtssatzes nach Kant", Grenzen und Grenzüberschreitungen. XIX. Deutscher Kongreß für Philosophie, 23-27 de septiembre en Bonn, Hogrebe Wolfram (ed.), Bonn, 2002, p. 64.

[115] Otfried Höffe, *Justicia política*, Madrid, Paidós, 2003, p. 84.

Razonar desde este principio sólo es posible bajo una perspectiva trascendental: la clave es afirmar nuestra racionalidad y resistir los impulsos egoístas para adoptar una perspectiva de la libertad que supone inaugurar una nueva relación jurídica entre las personas. El test de universalización del principio universal del derecho supone trascender la unilateralidad de los intereses privados y acceder a una voluntad común, a una voluntad multilateral o general.

El derecho se identifica con la facultad de coaccionar para defender el principio de la coexistencia de libertades. El fundamento de la legitimidad de las condiciones restrictivas del ejercicio de la libertad, por parte de instancias exteriores, debe buscarse en el reconocimiento, por parte de la razón, de su sujeción a las condiciones que expresa la ley universal de todo derecho.[116]

Siendo así, la doctrina del derecho en Kant puede leerse, también, como el despliegue de la libertad en su sentido jurídico desde el enfoque de hacerla efectiva en una comunidad de personas, es decir, se trata de delimitar las condiciones para hacerla posible en las relaciones con otros.

Hacer efectiva la libertad exterior en relación con los otros nos exige trascender la unilateralidad de los intereses privados y acceder al concepto de una voluntad común.[117] Es desde este aspecto que la noción de contrato, en sus distintas acepciones, adquiere su respectivo sentido y legitimidad como principio del derecho; pero también supone una afirmación de la libertad no sólo en un sentido negativo, sino también positivo, esto es como autodeterminación jurídica.

---

[116] *Cfr.* Alejandro Vigo, "La concepción kantiana del derecho natural", en *Moral y derecho. Doce ensayos filosóficos*, D. M. Granja y T. Santiago (eds.), México, Suprema Corte de la Justicia de la Nación/Universidad Autónoma Metropolitana, 2011, pp. 317-349.

[117] *Cfr.* Adela Cortina, "Estudio preliminar", en Immanuel Kant, *Metafísica de las costumbres*, apartado IV: Quid iuris?

Capítulo 2

Las relaciones entre
el derecho, la moral y la ética

De la ley en general

Tenemos imperativos de habilidad bajo la condición de que quiero un fin problemático; imperativos de prudencia o imperativos pragmáticos, que ordenan bajo la condición del bienestar, e imperativos morales categóricos que ordenan sin más. El imperativo moral se opone al pragmático y ejerce su imperio de manera diferente. Se confunden con frecuencia los imperativos morales con los pragmáticos, lo que ya sucedía tanto entre los antiguos como hoy en día entre los modernos [...] Los imperativos pragmáticos son meros *consilia*; los morales o *motiva*, reglas de virtud, o *leges*, reglas de derecho [...] Las *leges* determinan en sentido estricto. Pero con los motiva tienen lugar siempre excepciones. El derecho es el conjunto de todos nuestros deberes de coacción (*legum strictarum*). La ética es el conjunto de todos los deberes libres de coacción. La ética se dirige a las acciones que suceden por deber y, por ello, a todos los deberes; por el contrario, el derecho apunta a las acciones externas.[1]

Las relaciones entre el derecho y la moral son la materia central de la filosofía jurídica. El problema medular de la polémica sobre el concepto del derecho consiste en el tipo de postura que adoptemos al respecto. En definitiva, se trata de una cuestión digna de atenderse; de su respuesta dependen el tipo de contenido normativo (fundamento) de las leyes jurídicas, el diseño

---

[1] *Vom Gesetz überhaupt*
Wir haben Imperative der Geschicklichkeit unter der Bedingung, dass ich einen problematischen Zweck will: Imperative der Klugheit oder pragmatische Imperative, die unter der Bedingung der Wohlfahrt gebieten, und categorische oder moralische Imperative, die schlechthin gebieten. Der Moralische Imperativ ist dem pragmatischen entgegengesetzt und imperirt auf verschiedene Weise. Man confundirt sehr oft pragmatische und moralische Imperative mit einander welches so wol bei den Alten als auch noch itzt bei den Neuern geschieht ob sie gleich himmelweit unterschieden sind. Die Pragmatische Imperative sind blosse consilien, die moralische entweder motiva, Tugendregeln oder leges Rechts Gesetze [...] Die leges determinieren stricte. Bei den motivis aber finden immer Ausnahmen statt. Recht ist der Inbegriff aller unserer Zwangspflichten (legum strictarum). Ethic ist der Inbegriff aller zwangsfreien Pflichten. Lecciones de filosofía moral Mrongovius II, Alba Jiménez Rodríguez, trad. y ed., edición bilingüe, Salamanca, Sígueme, 2017, pp. 79-80.

del sistema jurídico de un Estado, el modo de aplicación de justicia y su eficacia social, así como el tipo de relación entre el actuar ético y el legal en el ámbito interno de la persona.

Ante la pregunta ¿qué es la justicia?, el estudioso del derecho suele aludir a la famosa definición de Ulpiano: "La constante y perpetua voluntad de dar (conceder) a cada uno lo que le corresponde"; sin embargo, aun atendiendo a este principio del derecho romano, la cuestión es más compleja; en la realidad histórica y concreta nos preguntamos cómo debemos responder a la pregunta: qué es lo justo (*recht*), qué le corresponde a cada quien (*rechtlich*) y en función de qué criterio se "reparte". ¿Es el derecho positivo de un tiempo y un lugar determinado el único que legítimamente puede responder a esta problemática?, ¿es lo que es de derecho (*rechtens*) suficiente para responder a tan complicada demanda? y, si así lo hiciera, ¿podría contestar sin aludir razones morales? De las respuestas a estas interrogantes resultan horizontes de compresión con gran repercusión práctica.

Entre los comentadores de la filosofía kantiana, la discusión en torno a la relación entre la ética y el derecho gira alrededor de los partidarios de la tesis de la independencia (*Unabhängigkeitsthese*) como son Ebbinghaus,[2] Willascheck,[3] Geismann,[4] Wood[5] y quienes defienden la tesis de la dependencia

---

[2] La tesis de la independencia (*Unabhängigkeitsthese*) defendida por Ebbinghaus tiene como punto de partida la tesis en la RL, en la que Kant fundamenta la normatividad del derecho únicamente desde un concepto negativo de libertad. Esto implica postular la independencia de la doctrina del derecho respecto a la filosofía crítica y en general, de su idealismo trascendental. *Cfr.* Julius Ebbinghaus, *Philosophie der Freiheit. Praktische Philosophie 1955-1972*, vol. 2, Bonn, Bouvier Verlag, 1988.

[3] Marcus Willascheck, "Recht ohne Ethik? Kant über die Gründe, das Recht nicht zu brechen", en *Kant im Streit der Fakultäten*, V. Gerhardt y Th. Meyer (eds.), Berlín, 2005, pp. 188-204.

[4] Georg Geismann, "Recht Und Moral in Der Philosophie Kants", *Jahrbuch Für Recht Und Ethik / Annual Review of Law and Ethics*, vol. 14, 2006, pp. 3-124.

[5] Allen Wood, "The Final Form of Kant's Practical Philosophy", en *Kant's Metaphysics of Morals interpretative Essays*, Mark Timmons (ed.), Oxford, Oxford University Press, 2002, pp. 1-22.

(*Abhängigkeitsthese*) Kersting,[6] Brandt,[7] B. Ludwig[8] y Höffe.[9] Las distintas posturas discuten en qué medida hay o no una vinculación entre la filosofía moral kantiana y su doctrina del derecho, llegando incluso a postular cuál sería la posible respuesta kantiana al derecho nacionalsocialista[10] y a las injusticias que en esos tiempos se cometieron en "nombre de la ley".

Nuestra postura tiene como punto de partida que es innegable que Kant advierte una relación necesaria entre derecho y moral, pues ambos pertenecen al sistema de la metafísica de las costumbres y, por ende, suponen el ejercicio de la racionalidad práctica. La caracterización de los deberes éticos y de los deberes jurídicos supone una vinculación de recíproca significación, es decir, se definen aludiendo uno al otro. La distinción que hace Kant entre *Tugendlehre* (TL) y la *Rechtslehre* (RL) es que los deberes éticos son imperfectos, amplios, sintéticos, dirigidos a los fines que son a la vez deberes; mientras que los segundos son perfectos, estrictos y no se dirigen a los fines, sino a las máximas de las acciones que son conformes al deber, es decir, se deja al arbitrio de cada uno decidir qué fin quiere proponerse para su acción, aunque la máxima de la misma está determinada *a priori*: la máxima

---

[6] Kersting responde en contra de la tesis de la independencia (*Unabhängigkeitsthese*) exponiendo que los defensores de Ebbinghaus derivan falsamente de la independencia de la realización práctica del derecho, respecto de la filosofía moral la independencia teorética de la obligatoriedad de su filosofía moral. Los momentos consustanciales del derecho como la exterioridad, la independencia respecto a la intención moral y la coercibilidad del mismo no pueden entenderse como elementos de la independencia de la validez del derecho respecto de su filosofía moral. *Cfr.* Wolfgang Kersting, "Neuere Interpretationen der Kantischen Rechtsphilosophie", *Zeitschrift für Philosophische Forschung*, vol. 37, núm. 2, 1983, pp. 282-298.

[7] Reinhard Brandt, *Immanuel Kant. Política, derecho y antropología*, México, Plaza y Valdés, 2001.

[8] Bernd Ludwig, "Positive und negative Freiheit'bei Kant? - Wie begriffliche Konfusion auf philosophi(ehistori)sche Abwege führt", *Jahrbuch Für Recht Und Ethik / Annual Review of Law and Ethics*, vol. 21, 2013, pp. 271-305.

[9] Otfried Höffe, "Antropología y metafísica en el concepto categórico del derecho de Kant: una interpretación de los parágrafos B y C de la teoría del derecho", *Eunomía. Revista en Cultura de la Legalidad*, núm. 5, 2013, pp. 3-16.

[10] Ebbinghaus, por un lado, defiende que el sistema de la libertad política en Kant sólo puede garantizarse con un sistema legal positivo; por otro, y frente al positivismo jurídico, advierte los límites de la dominación política en la ley de la humanidad. Las consecuencias normativas de dicho derecho se ponen de manifiesto en caso de injustica extrema, cuyo ejemplo paradigmático lo ofrece la Alemania nacionalsocialista. A partir de la ley de la humanidad, Ebbinghaus postula una justificación kantiana del concepto de delitos de lesa humanidad. Cfr. Julius Ebbinghaus, "La ley de la humanidad y los límites del poder estatal", *Con-Textos Kantianos. International Journal of Philosophy*, núm. 6, Cristina Gómez Baggethun y Óscar Cubo Ugarte, trads., diciembre, 2017, pp. 355-365.

según la cual la libertad del agente ha de poder coexistir con la libertad de cualquier otro agente, siguiendo una ley universal.

La noción de justicia[11] en la doctrina del derecho kantiana debe también interpretarse desde la idea de tránsito de lo mío y lo tuyo en el estado de naturaleza, a lo mío y lo tuyo en el Estado jurídico (*Übergang von dem Mein und Dein im Naturzustande zu dem im rechtlichen Zustande überhaupt*), esto es, según el párrafo §41.[12] Ahí Kant presenta, en gran medida, las piezas claves para la articulación de su teoría de justicia, así como la idea de una justicia pública (*öffentliche Gerechtigkeit*) como condición de posibilidad para un Estado jurídico.

Aquí, "público" (*öffentlich*) se opone, por un lado, a lo "privado" (*privat*) y, por otro, a lo "secreto" (*geheim*). Bajo el gobierno de una justicia pública, las opiniones privadas sobre lo que es correcto ya no son autoritarias (como lo eran en el estado de naturaleza) y los logros de la justicia pública no son secretos, sino que se revelan abiertamente. La justicia pública se opone así a la justicia privada (*iustitia privata*).[13]

La justicia pública (*öffentliche Gerechtigkeit*) es el principio formal de la posibilidad de un Estado jurídico (*rechtliche Zustand*), considerado según la idea de una voluntad legislativa general (*nach der Idee eines allgemein gesetzgebenden Willen*). Kant caracteriza como Estado jurídico (*rechtliche Zustand*) aquella relación de los hombres entre sí que contiene las condiciones bajo las cuales sólo cada uno participa de su derecho. Desde la idea de justicia pública (*öffentliche Gerechtigkeit*) y su relación con la posibilidad, la realidad

---

[11] Kant utiliza el término "justicia" en el sentido de virtud: "La virtud del comandante supremo como tal es la justicia". *Die Tugend des obersten Befehlshabers / seines solchen ist die Gerechtigkeit* (VAMS AA: 23: 354). Así como aludiendo a una regla de acción correcta: "Todas las acciones que son buenas para otro, son meritorias en la medida en que no tengo ninguna obligación para ello, y les corresponde necesariamente un premio (de acuerdo con reglas de justicia). De ahí que Dios mismo agregue el *supplementum* a aquello que los hombres no pueden lograr para alcanzar el mérito". *Alle handlungen, die einem andern Gut seyn, sind verdienstlich, so fern ich keine schuldigkeit dazu habe, und ihnen kommt nothwendig (nach regeln der Gerechtigkeit) eine Belohnung zu. Daher Gott supplimentum.* Véase *Reflexiones sobre filosofía moral*, José G. Santos Herceg, trad., Salamanca, Ediciones Sígueme, 2004, p. 160 (*Refl.* 7105, AA: 19: 249-250).

[12] MS AA: 06: 305-306.

[13] *Cfr.* Joachim Hruschka, "Gerechtigkeit", en *Kant-Lexikon Studienausgabe*, M. Willascheck, Jürgen Stolzenberg, Georg Mohr; Stefano Bacin unter Mitarbeit von Thomas Höwing, Florian Marwede, Ste Schadow in Verbindung miteckart Förster, Heiner Klemme, Christian Klotz, Bernd Ludwig, Peter McLaughlin, Eric Watkins (eds.), Berlín, De Gruyter, 2015.

o la necesidad de la posesión de los objetos, surge una tríada de leyes, así como las formas de concebir la noción de justicia[14] en la doctrina del derecho kantiano:[15]

1. La justicia protectora (*iustitia tutatrix*) es la ley que enuncia en primer lugar qué comportamiento es internamente justo (*recht*) según la forma (*lex iusti*).

2. La justicia conmutativa (*iustitia commutativa*) enuncia lo que, según la materia, es también exteriormente legalizable (*lex iuridica*), es decir, aquello cuyo estado de posesión es jurídico (*rechtlich*).

3. La justicia distributiva[16] (*iustitia distributiva*) enuncia aquello que, y a partir de lo cual, la sentencia de un tribunal, en un caso

---

[14] La interpretación de las tres formas de justicia como instituciones se puede encontrar en B. Sharon Byrd y Joachim Hruschka: "La *iustitia tutatrix* es la institución del derecho público, que promulga leyes disponibles para todos. Estas leyes protegen nuestros derechos a través de la promulgación positiva, creando así la posibilidad de poseer objetos de nuestra elección de acuerdo con la ley. Este tipo de justicia corresponde a la *lex iusti*, que contiene los derechos de la ley natural que tenemos, ahora positivizados a través de la iustitia tutatrix. La *iustitia commutativa* es la institución del mercado público, que, como mercado ordenado en un Estado jurídico, hace realidad nuestros derechos en la medida en que podemos ejercerlos en la adquisición, intercambio o venta de objetos de nuestra elección, transfiriendo así los derechos que tenemos a poseer esos objetos, como personas concretas dedicadas al comercio. La *iustitia commutativa* se corresponde con la *lex iuridica* porque ambos conceptos se refieren a la naturaleza jurídicamente relevante de las situaciones concretas de interacción de derechos. La *iustitia distributiva* es la institución del poder judicial que hace de nuestros derechos una necesidad, reconociéndolos en casos de litigio y adoptando decisiones definitivas y vinculantes en relación con esos derechos. La *iustitia* distributiva se corresponde con la *lex iustitiae*, o el ordenamiento jurídico que tenemos cuando nos sometemos a las decisiones de un juez en un Estado Jurídico". Sharon Byrd B. y Joachim Hruschka, "Iustitia tutatrix, iustitia commutativa, and iustitia distributiva and their differences", en *Kant's Doctrine of Right: A Commentary*, Cambridge, Cambridge University Press, 2010, 76. [La traducción es mía.]

[15] Tanto Pinzani (Allesandro Pinzani, "Der Systematische Stellenwert Der Pseudo-Ulpianischen Regeln in Kants Rechtslehre", *Zeitschrift Für Philosophische Forschung*, vol. 59, núm. 1, 2005, pp. 71-94) como B. Sharon Byrd y Joachim Hruschka (Sharon Byrd B. y Joachim Hruschka, "Lex Iusti, Lex Iuridica und Lex Iustitiae in Kants Rechtslehre", *ARSP: Archiv Für Rechts-Und Sozialphilosophie / Archives for Philosophy of Law and Social Philosophy*, vol. 91, núm. 4, 2005, pp. 484-500) han propuesto el modo en que estas tres leyes y formas de justicia se articulan con las reglas de Ulpiano y pueden conformar sistemáticamente la doctrina del derecho en general.

[16] Respecto a la función de la justicia distributiva y el modo en que se incorpora en la doctrina del derecho hay posiciones encontradas. Höffe considera que, de los distintos tipos de justicia que se han distinguido desde Aristóteles, Kant no trata ni la justicia distributiva ni la justicia correctiva (equilibradora), sino sólo la justicia de la reciprocidad, la justicia del intercambio. *Cfr.* Otfried Höffe, "Der kategorische Rechtsimperativ", en *Immanuel Kant: Metaphysische Anfangsgründe der Rechtslehre*, Otfried Höffe (ed.), Berlín, Akademie Verlag, 2010, 54. Por su parte, Sharon B. Byrd y Hruschka Joachim exponen que en realidad Kant distingue entre justicia conmutativa y distributiva, pero de modo distinto a la tradición escolástica, sino más bien como moderno.

particular, bajo una ley dada, es adecuado a ésta; es decir, es de derecho (*das ist rechtens ist*) y corresponde a la *lex iustitiae*. A este tribunal se le denomina también la justicia de un país, y se puede plantear la pregunta sobre si existe o no una justicia semejante como la más importante de las cuestiones jurídicas.

Como veremos, nuestra interpretación parte de que para Kant sí hay una corrección crítica del contenido del derecho en el caso de las leyes injustas, pero ésta se da desde las coordenadas de una función regulativa. La responsabilidad de promulgar leyes más justas que corrijan el derecho estatutario le corresponde al poder legislativo. En lo que refiere a los ciudadanos y estudiosos del tema, ellos tienen una participación activa en el planteamiento de propuestas a través del ejercicio del uso público[17] de la razón,[18] el cual puede dirigirse, tanto a objetar críticamente al sistema vigente como a postular las recomendaciones para el ejercicio correcto y moral del poder político en sus distintos niveles.

De esta manera, Kant presenta desde el ejercicio público de la razón su propia postura.[19] No obstante, desde la razón en su uso privado se debe

---

Según su interpretación, Hobbes no sólo proporciona el marco de referencia para las definiciones de Kant de la justicia conmutativa y distributiva, sino que también formula una versión temprana de lo que para Kant se convierte más tarde en el postulado del derecho público con su dictado de pasar a un Estado jurídico. Kant perfecciona los conceptos de Hobbes y finalmente adopta un tercero —la justicia protectora— cuando escribe la doctrina del derecho. *Cfr.* Sharon Byrd B. y Joachim Hruschka, "Iustitia tutatrix, iustitia commutativa, and iustitia distributiva and their differences", pp. 71-76.

[17] "Contestación a la pregunta: ¿Qué es la Ilustración?", en *¿Qué es la Ilustración? y otros escritos de ética, política y filosofía de la historia*, Concha Roldán, M. Francisco Pérez López, Roberto Rodríguez Aramayo, trads., y Roberto Rodríguez Aramayo, ed., Madrid, Alianza, 2013 (WA AA: 08: 37).

[18] Se trata, como expone Oscar Cubo, de una "resistencia negativa" que implica, según Kant, el derecho a la crítica pública de las leyes, así como a la legítima protesta moral y no violenta frente a las presuntas leyes injustas, resistencia que siempre debe desarrollarse de una manera pacífica. Esta ausencia de violencia es la *conditio sine qua non* de la legítima desobediencia civil de los ciudadanos frente a determinadas leyes jurídicas-positivas. Únicamente dicha resistencia negativa no se encuentra en contradicción con el mandato incondicionado de obedecer las leyes con arreglo a los dictámenes de la propia razón.
Oscar Cubo, "La doble naturaleza del derecho en Kant", en *Los rostros de la razón: Immanuel Kant desde Hispanoamérica. II Filosofía moral, política y del derecho*, Gustavo Leyva Álvaro Peláez y Pedro Stepanenko (eds.), México, Anthropos/Siglo XXI, 2018, p. 189.

[19] En el contexto de la discusión de la filosofía del derecho actual, el ejercicio crítico de la razón supondría que el ejercicio del poder supone criterios morales. Véase especialmente la postura de MacCormick que afirma que

obedecer el derecho, incluso si éste es injusto, pues el imperativo moral manda categóricamente el deber de obedecer la ley.

Entre los partidarios de la tesis de la independencia (*Unabhängigkeitsthese*) y la tesis de la dependencia (*Abhängigkeitsthese*), una de las principales cuestiones del disenso es si el derecho es o no una derivación del imperativo categórico (IC).[20] Esto, como se puede ir entreviendo, supone una forma de articular la doctrina del derecho de la *Metafísica de las costumbres* y las obras de carácter moral como son la segunda *Crítica* y la *Fundamentación*. El debate surge desde las siguientes interrogantes: ¿qué tipo de relación existe entre la doctrina del derecho y el IC?, y ¿es todo el derecho una ética aplicada, o más bien, el derecho tiene su respectivo campo y no puede derivarse del IC?

Vinculado a esta polémica, se discute sobre el tipo de motivos por los que Kant alude la necesidad de la "salida del estado de naturaleza" para constituir un Estado propiamente jurídico y la función específica del derecho natural. Estas dos últimas cuestiones las abordaré en el tercero y cuarto capítulo, respectivamente.

Por ahora, la cuestión es: qué tipo de relación existe entre el derecho y el imperativo categórico. Nuestra postura es que la *relación es necesaria pero no directa*. Después de exponer esto, propondremos que la cuestión sobre la relación entre el derecho y ética debe incluir distinguir entre los sentidos amplios y estrictos de "ética" y "moral". Incluiremos algunos sentidos que apodamos de *transición*. Como se puede vislumbrar, la discusión se tensa, especialmente en los sentidos estrictos de moral y ética, no obstante, incluir en la discusión las distintas acepciones de los términos "ético" y "moral" enriquece las posibles formas de articular la relación entre la ética, la moral y derecho.

---

el discurso de los principios para el correcto ejercicio de los poderes públicos supone reconocer que el ejercicio de poder también implica criterios morales. Neil MacCormick, "En contra de la ausencia del fundamento moral", en *Derecho y moral. Ensayos sobre un debate contemporáneo*, Rodolfo Vázquez (comp.), Barcelona, Gedisa, 2003, pp. 160-161.

[20]   Utilizaremos IC para abreviar imperativo categórico.

A continuación, se muestran los principales argumentos en contra de una derivación del derecho a partir del imperativo categórico.

2.1. Objeciones[21] en contra de una derivación del derecho a partir del imperativo categórico

2.1.1. Objeción de la congruencia. No toda la doctrina del derecho es compatible con el imperativo categórico

Las interpretaciones que consideran que es posible derivar el derecho *de facto* del ic tienen fuertes conflictos para mantener su posición, pues implica que ic podría ser utilizado para evaluar el estatus moral de un cuerpo legal positivo. Si la ley pasa la prueba, es como debería ser, y si no, la ley es moralmente defectuosa y debe ser cambiada. El problema es que, en las normas del derecho positivo, Kant introduce diferentes principios que no son compatibles con el ic. Encontramos, al menos, algunos casos controvertidos en los que no parece haber una verdadera aplicación del imperativo categórico: la distinción entre ciudadanos activos y pasivos[22] en la que los primeros tendrían más derechos que los segundos, la pena de muerte,[23] la ley del talión como principio *a priori* del derecho penal, el no derecho a la resistencia,[24] y el controvertido infanticidio materno por el nacimiento de un hijo fuera del matrimonio.[25]

---

[21] En la exposición de las objeciones sigo especialmente a Christophn Horn. *Cfr.* Christoph Horn, "¿Qué es erróneo de una interpretación moral de la filosofía política de Kant?", en *Forzados a ser libres. Kant y la teoría republicana del derecho*, Juan Ormeño Karzulovic, trad., y Miguel Vatter y Juan Ormeño Karzulovic (eds.), Santiago de Chile, fce, 2017, pp. 67-96.

[22] MS AA: 06: 314-315.

[23] MS AA: 06: 333-334.

[24] MS AA: 06: 370-372.

[25] MS AA: 06: 335-337.

2.1.2. Objeción del alcance. Las limitaciones de la ley fundamental del derecho[26]

La norma jurídica universal tiene un alcance limitado; Kant no entiende por derecho más que la compatibilización regulada de la libertad de elección de todos los agentes y, por tanto, no tiene un alcance muy amplio; con ello no se refiere a todos los seres humanos (como con el imperativo categórico), sino meramente a los miembros de la comunidad jurídica y a los ciudadanos del Estado. Además, Kant distingue entre ciudadanos activos y pasivos, de modo que, aunque los atributos de libertad e igualdad se aplican a todos, el grado de participación política y, por tanto, de ciertos derechos, como el derecho al voto, corresponden exclusivamente a los hombres y ciudadanos activos que poseen independencia civil. En este sentido, la aplicación efectiva de la norma jurídica universal haría diferencias en cuanto a los derechos de hombres, mujeres y funcionarios, cosa que no ocurre con el imperativo categórico.[27]

---

[26]   *Cfr.* Christoph Horn, "¿Qué es erróneo de una interpretación moral de la filosofía política de Kant, pp. 70-71.

[27]   "[L]a distinción entre ciudadano activo y pasivo, aunque el concepto de este último parece estar en contradicción con la definición del concepto de ciudadano en general [...] Los siguientes ejemplos pueden servir para resolver esta dificultad: el mozo que trabaja al servicio de un comerciante o un artesano; el sirviente (no el que está al servicio del Estado); el menor de edad (*naturaliter vel civiliter*); todas las mujeres y, en general, cualquiera que no puede conservar su existencia (su sustento y protección) por su propia actividad, sino que se ve forzado a ponerse a las órdenes de otros (salvo a las del Estado), carece de personalidad civil y su existencia es, por así decirlo, sólo de inherencia". MS AA: 06: pp. 314-315.
[D]er Unmündige (naturaliter vel civiliter); alles Frauenzimmer und überhaupt jedermann, der nicht nach eigenem Betrieb, sondern nach der Verfügung Anderer (außer der des Staats) genöthigt ist, seine Existenz (Nahrung und Schutz) zu erhalten, entbehrt der bürgerlichen Persönlichkeit, und seine Existenz ist gleichsamnur Inhärenz. - Der Holzhacker, den ich auf meinem Hofe anstelle, der Schmied in Indien, der mit seinem Hammer, Ambos und Blasbalg in die Häuser geht, um da in Eisen zu arbeiten, in Vergleichung mit dem europäischen Tischler oder Schmied, der die Producte aus dieser Arbeit als Waare öffentlich feil stellen kann; der Hauslehrer in Vergleichung mit dem Schulmann, der Zinsbauer in Vergleichung mit dem Pächter u. dergl. sind blos Handlanger des gemeinen Wesens, weil sie von anderen Individuen befehligt oder beschützt werden müssen, mithin keine bürgerliche Selbstständigkeit besitzen.

2.1.3. Objeción del objeto (tipo de resorte motivacional)[28]

El ic tiene su punto decisivo en la motivación moral, entonces no puede corresponderle ninguna importancia en la formulación concreta de un orden jurídico-político. Pues el derecho se limita a regular relaciones externas entre individuos y sus ámbitos de libertad; el aspecto moral de las motivaciones es dejado totalmente de lado.[29] Las normas jurídicas no pueden ser construidas directamente a partir del ic. Si lo anterior fuera posible, debería ser separado de su momento central el aspecto motivacional o bien el sistema jurídico debería de ser moralizado. Ambas alternativas para Kant son ciertamente inaceptables.

Los contenidos puramente morales no juegan ningún rol al interior de un orden estatal y jurídico. La asimetría es radical entre los deberes jurídicos y los deberes de virtud. Como consecuencia, las cuestiones relativas a la motivación intrínsecamente moral no juegan ningún rol en la filosofía del derecho o en la filosofía política. En la Introducción a la *Metafísica de las costumbres*[30] se afirma una asimetría entre los deberes morales (internos), que obligan al agente tanto a una acción adecuada a la norma como también al resorte motivacional adecuado a la misma, y los deberes externos (jurídicos), que vinculan al agente sólo según el contenido, pero cuyo resorte motivacional puede permanecer puramente exterior, con lo que se alude al motivo coercitivo o del temor a la sensación que sufren de un orden jurídico estatal.

La asimetría consiste en que las leyes externas obligan, también, moralmente (es decir, según la motivación interna), en tanto una legislación ética no puede ser encarnada en un orden jurídico (pues su base reside en una motivación moral interior, que no puede ser forzada). Por tanto, el centro de

---

[28]   *Cfr.* Christoph Horn, "¿Qué es erróneo de una interpretación moral de la filosofía política de Kant?", p. 78.

[29]   El fundamento de esto es la condición de externalidad, según la cual en el derecho, a diferencia de la ética, no se pueden considerar los motivos de la conducta, sino sólo la fáctica y exigible conformidad con el derecho. De ahí que, para Willascheck, Kant en el § E dice que el derecho no sólo está unido con una facultad de coerción, sino que "derecho y facultad de coerción son [...] idénticos" (6: 232). *Cfr.* Marcus Willascheck, "Recht ohne Ethik? Kant über die Gründe, das Recht nicht zu brechen", pp.188-204.

[30]   MS AA: 06: 219.

lo moral carece, en cierto modo, de importancia para el orden jurídico externo. Dicho de otro modo: aquellos contenidos que, según Kant, deben estar regidos por un orden jurídico, pueden vincularnos, además, moralmente; pero los contenidos puramente morales no juegan ningún rol al interior de un orden estatal y jurídico.[31]

2.1.4. El principio universal del derecho (PUD)[32] es un postulado

El principio central de la doctrina del derecho es el principio universal del derecho (PUD), éste es introducido como un "postulado incapaz de prueba ulterior" (*Postulat, welches gar keines Beweises weiter fähig ist*), a diferencia del IC, el PUD, para Ripstein, no está pensado para ser un incentivo para la acción; en cambio, se identifica con la autorización para usar la coacción. La caracterización del mismo como postulado aparece inmediatamente después de la afirmación de que no es equivalente al imperativo categórico. El principio universal del derecho no es un principio para la autolegislación.[33]

Se dice que está "construido" a partir de "intuiciones *a priori*". El énfasis en la coacción parece distanciar el PUD del IC; hablar de intuiciones *a priori* parece invitar a la comparación con la *Crítica de la razón pura* en lugar de la *Crítica de la razón práctica*.[34] Ripstein, partidario de esta interpretación, advierte que el derecho tiene que ver con la libertad externa, y las intuiciones son necesarias para construirlo precisamente porque el derecho gobierna las relaciones entre los seres libres y racionales que ocupan el espacio. Así como los rasgos *a priori* que debe tener todo objeto de experiencia posible no pueden derivarse de las formas puras de juicio (o de cualquier otra cosa puramente conceptual), así también los rasgos *a priori* de las relaciones de derecho entre los seres racionales que ocupan el espacio no pueden derivarse del imperativo categórico. La diferencia entre la voluntad interior y

---

[31] Christoph Horn, "¿Qué es erróneo de una interpretación moral de la filosofía política de Kant?", p. 78.

[32] Abreviaré el principio universal del derecho con las siglas PUD.

[33] Arthur Ripstein, *Force and Freedom: Kant's Legal and Political Philosophy*, Cambridge, Harvard University Press, 2009, p. 359.

[34] *Ibid.*, p. 355.

la libertad exterior es, según Ripstein, para Kant, la distinción paralela entre lo intelectual y lo sensible, trascendental y no meramente lógica.[35]

2.1.5. La autorización para la coacción está vinculada de forma analítica al concepto de derecho y no a la teoría moral[36]

Esta objeción se puede rastrear en varios comentadores. La discusión se centra especialmente en el diálogo que se ha sostenido entre, por un lado, Paul Guyer[37] y, por otro, Allen Wood[38] y Marcus Willascheck.[39] Wood desacredita la idea de una derivación de los principios del derecho de moralidad al declarar que el principio de derecho, a diferencia del principio de moralidad, es analítico; y Willascheck secunda añadiendo que la afirmación de Kant de la ley universal del derecho es un postulado que es incapaz de una prueba ulterior (*Postulat, welches gar keines Beweises weiter fähig ist*).[40]

El principal argumento contra la interpretación tradicional, según Willascheck, se refiere a la "autorización para usar la coacción", que, de acuerdo con Kant, está analíticamente vinculada al concepto de derecho. Según la interpretación tradicional, esta autorización tendría que ser moral, basada en última instancia en el imperativo categórico. Pero, de hecho, es imposible derivar tal autorización del imperativo categórico. Para Willascheck la autorización para usar la coerción es independiente de un argumento moral. La legitimidad de la coacción que —según Kant— está implícita analíticamente en cualquier derecho, no puede derivarse ni del valor absoluto de la autonomía moral (tesis de Paul Guyer) ni de la fórmula del fin en sí mismo

---

[35]   *Ibid.*, pp. 358-359.

[36]   *Cfr.* Marcus Willascheck, "Right and Coercion: Can Kant's Conception of Right be Derived from his Moral Theory?", *International Journal of Philosophical Studies*, vol. 17, núm. 1, 2009, pp. 49-70.

[37]   Paul Guyer, "Kant's Deductions of the Principles of Right", en *Kant's System of Nature and Freedom: Selected Essays*, Oxford, Oxford University Press, 2005, pp. 198-242.

[38]   Allen Wood, "The Final Form of Kant's Practical Philosophy".

[39]   Marcus Willascheck, "Right and Coercion: Can Kant's Conception of Right be Derived from his Moral Theory?", pp. 49-70.

[40]   *Cfr.* Paul Guyer, "Kant's Deductions of the Principles of Right", p. 200.

del imperativo categórico, ni de la fórmula de la ley universal del imperativo categórico.[41]

Atendiendo a lo anterior, exponemos nuestra exégesis. Ésta, como veremos, se desarrolla en función del objeto y alcance de la doctrina del derecho. En cierto sentido, incluye la tesis de que el derecho no es una mera derivación de la moral o una transferencia tautológica, sin embargo, esto no quiere decir que no esté vinculado esencialmente con ella, pues como pretendemos argumentar, la relación entre el IC y el derecho es *necesaria pero no directa*.

2.2. Relación entre el imperativo categórico y la doctrina del derecho[42]

Nuestra propuesta de interpretación supone que, en efecto, el derecho no es una mera derivación del imperativo categórico, ni la doctrina del derecho una simple aplicación de su teoría moral, sin embargo, esto no excluye una *relación necesaria pero indirecta*. Para explicar esto, se requiere responder en qué sentido necesaria y cómo, si es necesaria, no es directa.

La conexión es necesaria a modo de un concepto preliminar a la *Metafísica de las costumbres*. Kant incluye un apartado titulado "Vorbegriffe zur Metaphysik der Sitten" en el que se exponen los conceptos comunes a

---

[41] Marcus Willascheck, "Right and Coercion: Can Kant's Conception of Right be Derived from his Moral Theory?", p. 55.

[42] Uno de los principales exponentes de que la ley fundamental del derecho supone una formulación jurídica del imperativo categórico es Höffe. Para él, la *Rechtslehre* puede ser interpretada desde las coordenadas de una ética del derecho en tanto que comienza con un principio de justicia de la libertad que puede ser asumida universalmente: "La primera parte, la ética del derecho, comienza con un principio moral del derecho, el principio de justicia de la libertad que puede ser asumida universalmente [...] Kant parte del hecho elemental de que la mayoría de los seres humanos comparten el mismo espacio vital, por lo que se limitan en su mutua libertad de obrar. Esta limitación inevitable puede darse de dos modos: en forma natural, por la medida del poder de cada uno, de donde puede seguirse opresión y explotación. O, por el contrario, el imperativo categórico del derecho protesta y declara como principio moral del derecho: el derecho es el conjunto de las condiciones bajo las cuales pueden reunirse según una ley universal el albedrío de uno y el albedrío de otro. A una comunidad que se somete a este principio se le puede adscribir una libre voluntad. Pero en este caso no son determinadas personas, por ejemplo, los políticos, quienes son libres, sino la constitución del orden de derecho y del Estado". Otfried Höffe, "La libertad y el imperativo categórico. Acerca de la moral en la época de las ciencias naturales", *Signos Filosóficos*, vol. VIII, núm. 15, enero-junio, 2006, pp. 19-20.

las dos partes de la MS. Ahí Kant advierte que el concepto de obligación es: la necesidad de una acción libre bajo un imperativo categórico de la razón[43] (*Verbindlichkeit ist die Nothwendigkeit einer freien Handlung unter einem kategorischen Imperativ der Vernunft*).

El imperativo categórico y el concepto de deber[44] se encuentran inmersos como puntos de partida en el proyecto de la *Metafísica de las costumbres* (como sistema de deberes). En esto seguimos la lectura tradicional. En la sistemática kantiana,[45] la moral, entendida como la doctrina de las costumbres, se divide en dos partes: derecho y ética. Ambas se relacionan con el imperativo categórico en tanto fuente común de la obligatoriedad moral. La doctrina de la virtud pide obedecer moralmente al derecho, aunque este último no pueda (ni deba) coaccionar una obediencia ética al derecho.

Así, el imperativo categórico otorga el carácter categórico a la obediencia de la ley y, por ende, la convierte en obligación. Si los mandatos jurídicos fuesen imperativos hipotéticos, entonces valdrían sólo para aquellos que efectivamente persiguen el fin, para el cual el imperativo prescribe un medio necesario. La obligatoriedad de la ley no se deriva de la antropología, tampoco del concepto de felicidad ni es resultado de una teoría del contrato social que hace de la noción del Estado el garante de mi vida o felicidad.

---

[43]   MS AA: 06: 222.

[44]   Son parte de "Los conceptos preliminares de la metafísica de las costumbres" (MS AA: 06: 222-228).

[45]   Un argumento de naturaleza más bien intuitiva; la conexión conceptual entre ética y derecho es, precisamente, la estructura de la *Metafísica de las costumbres*. Kant la divide en dos: la doctrina del derecho (*Rechtslehre*) y la doctrina de la virtud (*Tugendlehre*). Independientemente de cuál es el tipo de relación entre éstas, se podría intuir, en primera instancia, que se trata de una propuesta sistemática cuya pretensión apunta a leerse distinguiendo entre los dos apartados, pero con una visión de conjunto y, por ende, articulada. A partir de este argumento se postula que la legislación jurídica, en su génesis, es concebida por referencia a los principios básicos de la moralidad. Desde estas consideraciones, Alejandro Vigo argumenta que, desde el contexto de un proyecto de una filosofía práctica universal, tanto la ética como el derecho pertenecen a la esfera de la moral, entendida como un "sistema de obligaciones" o "deberes" (*System der Pflichten*). *Cfr.* Alejandro Vigo, "Ética y derecho según Kant", *Tópicos*, núm. 41, diciembre, 2011, pp. 105-158. Desde este argumento se reviste de sentido el apartado de la *Metafísica de las costumbres* titulado "Conceptos preliminares de la metafísica de las costumbres (*Philosophia practica universalis*)". En éste, Kant expone los conceptos comunes a las dos partes de la *Metafísica de las costumbres*.

La conexión es *necesaria* en función de que el imperativo moral es una proposición que manda el deber de obedecer la ley,[46] y a partir de ésta puede desarrollarse después la facultad de obligar a los otros, es decir, el concepto de derecho (*aus welchem nachher das Vermögen, andere zu verpflichten, d. i. der Begriff des Rechts, entwickelt werden kann*).[47] La relación del mandato de obedecer al derecho y el imperativo categórico se refiere, en primer lugar, al concepto de *deber* de obedecer lo que dicta el primero y éste sí implica que la observancia de la ley es un imperativo moral: debo obedecer la ley sin ninguna excepción en provecho de mi inclinación; porque obedecer en función del provecho de ésta no puede ser susceptible de convertirse en una ley universal, pues destruiría la posibilidad del derecho mismo. La obligatoriedad de la ley incondicionada surge desde la razón práctica[48] que, a través del imperativo moral, dicta la necesidad de obedecerla. Con esta tesis Kant hace de la obediencia del derecho un deber incondicionado que surge de un mandato categórico.

No obstante, esta relación es a la vez *indirecta* por las siguientes razones. La primera, por ser el PUD y su ley fundamental (LFD) los que regulan lo que *debería ser* derecho legítimo (*recht*) y no directamente el IC. La segunda, la ley fundamental del derecho (LFD)[49] es un postulado. La tercera, porque hay deberes jurídicos que pueden ser incorporados a la legislación ética como deberes indirectos[50] (*indirekt-ethische Pflichten*) que se añaden a aquellos otros que

---

[46] MS AA: 06: 214.

[47] MS AA: 06: 239.

[48] La exposición detallada de la facultad práctica, y de si hay una razón pura práctica, corresponden a la segunda *Crítica*, así como la investigación y asiento del principio supremo de la moralidad a la *Fundamentación*. El camino recorrido por Kant en la *Metafísica de las costumbres* supone que, al aplicarse al ser humano, la filosofía moral, le da, como al ser racional, leyes *a priori* (GMS: 4:389). Éstas requieren, expone Kant, un juicio bien templado y acertado por la experiencia para saber distinguir en qué casos tienen aplicación y en cuáles no, y para procurarles acogida en la voluntad del hombre y energía para su realización; pues el hombre, afectado por tantas inclinaciones, aunque es capaz de concebir la idea de una razón pura práctica, no puede hacerla eficaz tan fácilmente *in concreto* en el curso de su vida (GMS: 4: 390).

[49] Abreviaré la "ley fundamental del derecho" con las siglas LFD.

[50] Ciertamente, la ética tiene también sus deberes peculiares (por ejemplo, los deberes para consigo mismo), pero, no obstante, tiene también deberes comunes con el derecho, aunque no el modo de obligación. Porque realizar acciones sencillamente porque son deberes, y convertir en móvil suficiente del arbitrio el principio del deber mismo, venga éste de donde viniere, es lo específico de la legislación ética. Hay, pues, ciertamente,

en su origen responden, de modo directo, a la propia legislación ética, y que, en atención a tal diferencia, Kant denomina los "deberes éticos directos" (*direkt-ethische Pflichten*). Por último, porque lo que *es de derecho* (*rechtens*) no se reduce sus principios racionales (*principium diudicationis*), como serían el IC o el PUD, que le otorgan legitimidad si no incluye la necesidad de condiciones empíricas que le otorgan facticidad (*principium executionis*).

Tomando en cuenta estas consideraciones, responderemos las objeciones.

2.2.1. Respuesta a 2.1.1. Objeción de la congruencia. No toda la doctrina del derecho es compatible con el imperativo categórico

En primer lugar, no es el imperativo categórico,[51] sino el principio universal del derecho (PUD) el criterio para determinar lo que debería ser el derecho legítimo. De manera análoga al modo como el principio supremo de la virtud lo hace con los deberes de virtud en la TL.[52] El PUD y la ley universal del derecho están dirigidos a responder una pregunta más concreta: ¿cómo regular el ejercicio de la libertad de seres racionales y finitos en el mundo? De esta

---

muchos deberes éricos-directos, pero la legislación interior hace también de todos los restantes deberes éticos-indirectos. MS AA: 06: 220-221.

[51] Kant no usa la expresión "imperativo categórico del derecho", pero Höffe considera que podemos encontrarlo en la *Rechtslehre* de tres formas diferentes: primero en indicativo, como concepto general del derecho (§ B); después también en indicativo, como principio general del derecho (§ C; Cf. "Apéndice": VI 371, 20 y ss.); finalmente en forma imperativa como ley general del derecho (§ C). De esta manera, tanto el concepto como el principio del derecho surgen del imperativo categórico y, por ende, la argumentación de éste es genuina y necesariamente moral. *Cfr.* Otfried Höffe, "Antropología y metafísica en el concepto categórico del derecho de Kant: una interpretación de los parágrafos B y C de la teoría del derecho", pp. 3-16.

[52] La formulación del principio supremo de la virtud como imperativo, en segunda persona, con el mismo carácter de interpelación inmediata e incondicional de las tres formulaciones clásicas del imperativo categórico, con alusión a la ley y a la universalidad exigidas por la razón práctica pura también en el imperativo moral fundamental, podría llevarnos a considerar el principio de la virtud como una formulación más del imperativo categórico. Sin embargo, el propio Kant establece este principio a un nivel distinto, de alguna manera subordinado al imperativo categórico fundamental que expresa la ley moral, más concreto que él, atenido a rasgos de la naturaleza humana finita, y ya propositivo en términos de fines. *Cfr.* Vicente de Haro, *Deber, virtud y razón práctica en la Metafísica de las costumbres de Immanuel Kant*, México, Universidad Panamericana, 2012, p. 98.

manera, se advierte la conexión necesaria, pero no que el PUD y su ley sean equivalentes al IC.[53]

La LFD regula el libre arbitrio externo entre personas en una legislación exterior, sin contradecir el ejercicio propio de la libertad práctica-externa, más bien posibilitándolo.[54] El modo es precisamente la cláusula de que sea concordante según leyes universales. Éste puede interpretarse como un test (fórmula) que arroja un criterio racional-normativo. En este sentido, funciona como la pieza que conecta el imperativo categórico[55] con el derecho.

No se trata de una *conexión necesaria* al modo de que la ley que no pasara el test respecto de la ley fundamental del derecho no sería derecho, y, por

---

[53] Ripstein, partidario de la tesis de la independencia (*Unabhängigkeitsthese*), advierte que existe un problema textual si el principio universal del derecho no puede conectarse de ninguna manera al proyecto más amplio de la moralidad kantiana, pues tanto en la introducción de la *Metafísica de la costumbres* como en la *Doctrina de la virtud*, Kant dice que todos los deberes del derecho son indirectamente deberes de la virtud, es decir, que hay una obligación de la virtud de actuar sobre los principios del derecho, de hacerlos sus propios principios de acción. Si eso es correcto, debe existir alguna forma de ponerlos al alcance de la doctrina de la virtud que no sea al mismo tiempo una manera de hacer que el derecho dependa de la virtud. En este sentido, expone: "El Principio Universal de Derecho realmente se desprende del imperativo categórico, pero no es equivalente a él". *Cfr.* Arthur Ripstein, *Force and Freedom. Kant´s Legal and Political Philosophy*, p. 358.

[54] Faviola Rivera, por ejemplo, considera que la ley fundamental del derecho es un principio subsidiario del imperativo categórico que responde a una pregunta específica de actuar humano: en su interpretación, el principio supremo de la virtud y el principio universal de derecho deben entenderse también en términos prácticos: son normativos porque resuelven dos fundamentales problemas de acción que surgen para la voluntad libre, específicamente humana. Esto no significa que la voluntad humana tenga tres principios fundamentales, sino que los dos últimos son principios subsidiarios con relación al imperativo categórico. Estos dos principios subsidiarios resuelven dos problemas más específicos que surgen para el ejercicio de la voluntad humana, la cual, estrictamente, no debe regirse por el imperativo categórico directamente, sino por estos dos principios. *Cfr.* Faviola Rivera, *Virtud y justicia en Kant*, México, Fontamara, 2003, pp. 42-45.

[55] El principal exponente de que la ley fundamental del derecho supone una formulación jurídica del imperativo categórico es Höffe. Para él, la *Rechtslehre* puede ser interpretada desde las coordenadas de una ética del derecho en tanto que comienza con un principio de justicia de la libertad que puede ser asumida universalmente: "La primera parte, la ética del derecho, comienza con un principio moral del derecho, el principio de justicia de la libertad que puede ser asumida universalmente [...] Kant parte del hecho elemental de que la mayoría de los seres humanos comparten el mismo espacio vital, por lo que se limitan en su mutua libertad de obrar. Esta limitación inevitable puede darse de dos modos: en forma natural, por la medida del poder de cada uno, de donde puede seguirse opresión y explotación. O, por el contrario, el imperativo categórico del derecho protesta y declara como principio moral del derecho 'El derecho es el conjunto de las condiciones bajo las cuales pueden reunirse según una ley universal el arbitrio de uno y el albedrío de otro'. A una comunidad que se somete a este principio se le puede adscribir una libre voluntad. Pero en este caso no son determinadas personas, por ejemplo, los políticos, quienes son libres, sino la constitución del orden de derecho y del Estado". Otfried Höffe, "La libertad y el imperativo categórico. Acerca de la moral en la época de las ciencias naturales", pp. 19-20.

ende, no tendríamos que obedecerla, porque si fuera así, bastaría el elemento racional *a priori* para crear derecho y la especificidad de éste se disolvería.

La LFD representa el elemento *a priori* y racional de los enunciados jurídicos, sin embargo, el derecho no sólo se refiere a las consideraciones respecto a su legitimidad (*recht*) desde el punto de vista de un derecho meramente racional, también requiere de elementos empíricos del contexto específico que se busque regular, así como de un derecho estatutario que suponga a su vez, un *factum*, esto es, la toma de poder (*Bemächtigung*),[56] como condición para la efectividad del derecho.[57]

La obediencia al derecho, en el uso privado de la razón, es necesaria. Su obligatoriedad es categórica, de manera tal que incluso la obediencia al derecho injusto tiene en la RL un argumento que puede también leerse desde premisas morales. Kant advierte la imposibilidad de un derecho a la revolución ante un soberano tirano o una constitución injusta:[58] "Si el pueblo se considerara legitimado para oponerse violentamente a esta constitución, aunque todavía defectuosa, y a la autoridad suprema, se creería con derecho a poner la violencia (*Gewalt*) en el lugar de la legislación (*Gesetzgebung*) que prescribe de modo supremo todos los derechos; lo cual daría como resultado una voluntad suprema que se destruye a sí misma".[59]

Los *principios metafísicos del derecho* (*Metaphysische Anfangsgründe der Rechtslehre*) funcionan también como criterios regulativos y evaluativos, es decir, presentan una función normativa para hacer más compatibles las libertades externas; sin embargo, por las propias características del derecho, las pautas normativas que surjan de éstos serán efectivas (reales) hasta que sean promulgadas en el contexto específico (empírico) por la vía jurídica (poder legislativo).

---

[56]   MS AA: 06: 371.

[57]   En este sentido, Wolfgang Bartuschat expone que la legislación positiva del derecho no es externa al concepto de derecho, pues sólo allí donde se promulgan las leyes jurídicas puede el derecho cumplir la tarea de una regulación efectiva de las expresiones de la acción que le corresponde. *Cfr.* Wolfgang Bartuschat, "Der Moralische Begriff des Rechts in Kants Rechtstheorie", *Jahrbuch Für Recht Und Ethik / Annual Review of Law and Ethics*, vol. 16, 2008, pp. 25-41.

[58]   MS AA: 06: 353.

[59]   MS AA: 06: 372.

Podríamos decir que lo que *es de derecho* como enunciado jurídico es resultado de una *Rechtssynthesis* de elementos *a priori* y empíricos. Eliminar la necesidad de los primeros, sería un derecho empírico, pero "ciego" sobre el criterio de lo justo y sustraer los elementos empíricos, sería un derecho *a priori* "vacío" de realidad y, por ende, aplicabilidad. De manera análoga al adagio de la primera *Crítica*: "Los pensamientos sin contenido son vacíos; las intuiciones sin conceptos son ciegas. Por ello es tan necesario hacer sensibles los conceptos como hacer inteligibles las intuiciones".[60] Así también, en la doctrina del derecho, la manera de hacer efectivos los derechos en el mundo requieren de un Estado jurídico y de su respectiva legislación jurídica. Kant en este punto no es ingenuo. Por lo que, en cierto sentido, lo que el derecho es *de facto* expresado en las leyes de un contexto particular no es ni una normatividad puramente moral ni sólo principios *a priori*. Es por eso que insistimos en que, por la propia naturaleza de la doctrina, el derecho no puede (ni debe ser) una mera derivación del ic.

Esto no impide señalar que existen errores en la aplicación del criterio de la ley fundamental del derecho en algunos apartados de la doctrina del derecho, y en este sentido, las objeciones dirigidas a la incompatibilidad de éste con algunas posturas como son: la distinción entre ciudadanos activos y pasivos,[61] en la que los primeros tendrían más derechos que los segundos (esto incluye su postura respecto a los derechos de las mujeres), la pena de muerte[62] y el infanticidio materno por nacimiento de un hijo fuera del matrimonio,[63] que nos parecen pertinentes y, por ende, lo correcto sería decir que en estos casos se trata de un error de juicio del filósofo del Königsberg. Sin embargo, de estas faltas que pueden ser resultado de los prejuicios de la propia época, no se sigue que en la propuesta kantiana no exista una *pretensión* de congruencia entre la ley fundamental del derecho y el derecho empírico. Desde las coordenadas de aludir a lo que implica lfd es posible advertir y corregir estos prejuicios. Hasta aquí respecto a la objeción 2.1.1.

---

[60]   KrV B: 76/A51.

[61]   MS AA: 06: 314-315.

[62]   MS AA: 06: 333-334.

[63]   MS AA: 06: 335-337.

2.2.2. Respuesta a 2.1.2. Objeción del alcance
Las limitaciones de la ley fundamental del derecho

La idealidad de la normatividad del derecho surge de la razón pura, aunque su ámbito normativo está dirigido a una comunidad de personas en continua e irremediable interacción. La peculiaridad de la doctrina del derecho es que su normatividad se dirige al contexto de una comunidad de personas; por lo que respecto a la objeción (2.2.2.), estaríamos de acuerdo en decir que la LFD sí tiene un alcance limitado,[64] o si prefiere más concreto, en tanto que busca regular la coexistencia de libres arbitrios en una comunidad de personas.

El PUD, como principio del derecho y la LFD como la ley que surge de éste, aparecen en el apartado C; éstos se articulan en función de dos apartados anteriores: "A. ¿Qué es la doctrina del derecho?", y "B. ¿Qué es el derecho?". La doctrina del derecho (*Ius*) es definida como el conjunto de leyes para las que *es* posible una legislación exterior (*äußere Gesetzgebung möglich*), pues ésta no puede (*ni debe*) inmiscuirse en el ámbito interno de los fines del agente racional. Esto último le corresponde a la legislación ética, que legisla los deberes de virtud que Kant caracteriza como los *fines que son a la vez deberes*.

El quid de la cuestión es precisamente responder ¿qué le corresponde legislar sin contradecirse? Por un lado, debe respetar los límites de la autonomía individual (la legislación interna de los fines individuales), y por otro, conservar su especificidad como derecho que coacciona extrínsecamente.

En el apartado B, titulado: "¿Qué es el derecho?", Kant delimita el ámbito jurídico y señala el concepto moral del derecho (*der moralische Begriff desselben*)[65] como la obligación que le corresponde al derecho. Es a este

---

[64] En este sentido, podríamos estar de acuerdo con la posición de Christoph Horn, quien arguye que el alcance de la moral se refiere a todos los seres racionales, mientras que el alcance del derecho a los seres humanos. *Cfr.* Christoph Horn, "Kant's Political Philosophy as a Theory of Non-Ideal Normativity", *Kant-Studien*, vol. 107, núm. 1, 2016, pp. 89-110.

[65] *Der Begriff des Rechts, sofern er sich auf eine ihm correspondirende Verbindlichkeit bezieht, (d.i. der moralische Begriff desselben) betrifft erstlich nur das äußere und zwar praktische Verhältnis einer Person gegen eine andere, sofern ihre Handlungen als Facta aufeinander (unmittelbar oder mittelbar) Einfluß haben können. Aber zweitens bedeutet er nicht das Verhältniß der Willkür auf den Wunsch (folglich auch auf das bloße*

nivel conceptual que el ámbito jurídico se determina ya como específicamente distinto al ético.

El concepto moral del derecho puede interpretarse como la tipificación del modo en que el derecho tiene la facultad de obligar y las tres condiciones que se advierten pretenden limitar, pero a la vez, determinar la legislación jurídica respecto a la legislación ética: *a) condición de practicidad*: sólo la relación externa y práctica (*das äußere und zwar praktische Verhältnis*) de una persona con otra, en tanto que sus acciones, como hechos, pueden influirse entre sí. Ésta, siguiendo a Höffe, implica que el concepto moral del derecho concierne, en primer lugar, a la intersubjetividad en la reciprocidad;[66] *b) condición de externalidad*: no significa la relación del arbitrio con el deseo del otro, por tanto, con la mera necesidad (*Bedürfniß*), como en las acciones benéficas o crueles, sino sólo con el arbitrio del otro; *c) condición de universalidad*: en esta relación recíproca del arbitrio (*wechselseitigen Verhältniß der Willkür*) no se atiende en absoluto a la materia del arbitrio, es decir, al fin que cada cual se propone con el objeto que quiere, sino que sólo se pregunta por la forma en la relación del arbitrio de ambas

---

Bedürfniß) des Anderen, wie etwa in den Handlungen der Wohlthätigkeit oder Hartherzigkeit, sondern lediglich auf die Willkür des Anderen. Drittens, in diesem wechselseitigen Verhältniß der Willkür kommt auch gar nicht die Materie der Willkür, d. i. der Zweck, den ein jeder mit dem Object, was er will, zur Absicht hat, in Betrachtung, z. B. es wird nicht gefragt, ob jemand bei der Waare, die er zu seinem eigenen Handel von mir kauft, auch seinen Vortheil finden möge, oder nicht, sondern nur nach der Form im Verhältniß der beiderseitigen Willkür, sofern sie bloß als frei betrachtet wird, und ob durch die Handlung eines von beiden sich mit der Freiheit des andern nach einem allgemeinen Gesetze zusammen vereinigen lasse.
Das Recht ist also der Inbegriff der Bedingungen, unter denen die Willkür des einen mit der Willkür des andern nach einem allgemeinen Gesetze der Freiheit zusammen vereinigt werden kann (MS AA: 06 :230).

El concepto de derecho, en tanto que se refiere a una obligación que le corresponde (es decir, el concepto moral del mismo), afecta, en primer lugar, sólo a la relación externa y ciertamente práctica de una persona con otra, en tanto que sus acciones, como hechos, pueden influirse entre sí (inmediata o mediatamente). Pero, en segundo lugar, no significa la relación del arbitrio con el deseo del otro (por tanto, con la mera necesidad (*Bedürfniß*), como en las acciones benéficas o crueles, sino sólo con el arbitrio del otro. En tercer lugar, en esta relación recíproca del arbitrio no se atiende en absoluto a la materia del arbitrio, es decir, al fin que cada cual se propone con el objeto que quiere; por ejemplo, no se pregunta si alguien puede beneficiarse también o no de la mercancía que me compra para su propio negocio; sino que sólo se pregunta por la forma en la relación del arbitrio de ambas partes, en la medida en que se considera únicamente como libre, y si con ello la acción de uno o de ambos puede conciliarse con la libertad del otro según una ley universal. Por tanto, el derecho es el conjunto de condiciones bajo las cuales el arbitrio de uno puede conciliarse con el arbitrio del otro, según una ley universal de la libertad (MS AA: 06: 230).

66 Otfried Höffe, "Der kategorische Rechtsimperativ", pp. 41-62.

partes, en la medida en que se considera únicamente como libre, y si con ello la acción de uno de ambos puede conciliarse con la libertad del otro, según una ley universal. Ésta exige de una norma jurídica que ella pueda llegar a ser expresada en una ley universal, por consiguiente, que no sólo valga para un destinatario singular de la norma, sino, de igual manera, para todos.

A todo esto hay que agregar un elemento más. La peculiaridad de la idealidad del derecho no se entiende sin aludir a la necesidad intrínseca entre crítica y sistema, pues esto implica incluir el desarrollo de los conceptos de las *Críticas*. Ese *desarrollo no es una mera repetición tautológica*. La pregunta qué es el derecho y cuáles son sus deberes específicos abre los horizontes de la razón práctica y, por ende, los conceptos de la *Fundamentación* y la segunda *Crítica* adquieren, en el desarrollo del sistema de deberes, nuevos matices en función del objeto de la doctrina del derecho. El proyecto de la MS es una obra en la que se puede palpar el esfuerzo de pasar de la crítica al sistema, en esto radica su riqueza y sus respectivas limitantes. La doctrina del derecho vislumbra en su arquitectónica condición empírica y *a priori* que no se encuentra en obras anteriores.

Los conceptos que no se dan en el vacío son generados por necesidades sistemáticas.[67] La razón es por naturaleza arquitectónica. El PUD y su respectiva ley (LFD) adquieren su estatus de "universales" (*allgemeine*) en función de lo que "sistematizan" (ordenan); es decir, desde la pretensión sistemática que supone una doctrina del derecho. Para Kant ésta estará incompleta como sistema, pues el concepto de derecho es *puro* pero *enfocado a la praxis* (a la aplicación de los casos que se presentan en la experiencia), y por tanto, un sistema metafísico del mismo tendría que atender también, en su división, la multiplicidad empírica de los casos, para completar la división (*lo cual es una exigencia ineludible para construir un sistema de la razón*), pero la división perfecta de lo empírico es imposible, por lo que propiamente hablando sólo la expresión de principios metafísicos de la doctrina

---

[67] Ulises Schmill, "Diálogo en Marburgo entre Hermann Cohen y Hans Kelsen", *Doxa. Cuadernos de Filosofía del Derecho*, núm. 26, noviembre, 2003, pp. 583-608. Disponible en ‹https://doxa.ua.es/article/view/2003-n26-dialogo-en-marburgo-entre-hermann-cohen-y-hans-kelsen›.

del derecho (*Metaphysische Anfangsgründe der Rechtslehre*) será adecuada para la primera parte de la *Metafísica de las costumbres*.[68]

En lo que no estamos de acuerdo de la objeción 2.2.2. es que la doctrina del derecho sólo está dirigida estrictamente a los miembros de la comunidad jurídica particular y a los ciudadanos activos del Estado (varones con independencia económica).[69] Kant advierte la necesidad de pensar la doctrina del derecho desde las coordenadas de un derecho cosmopolita con vistas a lograr el fin final de la RL, es decir, la paz.

La alusión a un fin final (*Endzweck*)[70] requiere retomar la distinción entre "fines esenciales" y "fin final" de la primera *Crítica*: "Los fines esenciales no son todavía los supremos. Sólo uno de ellos en una completa unidad sistemática de la razón (*bei vollkommener systematischer Einheit der Vernunft*) puede serlo. De ahí que, o bien constituyan el fin último (*Endzweck*), o sean fines subalternos (*subalterne Zwecke*) que, en cuanto medios, forman necesariamente parte del primero. Este no es otro que el destino entero del hombre (*die ganze Bestimmung des Menschen*) y la filosofía relativa al mismo se llama *moral*".[71]

En efecto, si queremos hacer justicia a la arquitectónica kantiana debemos remitirnos a su teleología. El *fin final* de la doctrina del derecho es la paz perpetua, y ésta, en parte, supone la consideración de los seres humanos bajo leyes morales (leyes de libertad). Y esto dentro de los *límites de la mera razón* porque el estado de paz es el único en el que está garantizado —mediante

---

[68] MS AA: 06: 205.

[69] Como expusimos en la respuesta a la objeción (2.2.1), las diferencias no congruentes con el principio universal del derecho, en lo que se refiere a los atributos de libertad e igualdad, obedecen a un error de aplicación del principio, es decir, la correcta interpretación (aplicación) de la ley fundamental del derecho; éste nos dejaría ver que la distinción entre ciudadanos pasivos y ciudadanos activos que niega, por ejemplo, los derechos políticos a las mujeres, es ilegítima. Esto, como hemos expuesto, obedece a un error de aplicación del principio.

[70] Las referencias al *fin final* en la filosofía kantiana son varias. La constitución civil como el grado más alto de desarrollo de la humanidad hasta su propósito final (Anth, AA: 07: 327), el "sentido racional" de todas las religiones (Anth, AA: 07: 192) y el propósito final de "todo el conocimiento" en la filosofía (Anth, AA: 07:280, nota). La "disputa de facultades" se dirige hacia un "propósito final común" (SF, AA: 07:35); incluso el juego de los niños debe ser coordinado con un propósito final (Päd, AA: 09:468).

[71] KrV B: 868.

leyes— lo mío y lo tuyo, en un conjunto de hombres vecinos entre sí, por tanto, que están reunidos en una constitución.

Ahora bien, la paz perpetua como fin final de la doctrina del derecho es irreductible a una legislación jurídica, aunque, como veremos, sea un deber aproximarnos a éste, por eso Kant lo incluye en el apartado de la Conclusión de la doctrina del derecho, porque funciona como elemento que *concluye (teóricamente) la serie ascendente de medios y fines superiores* en la doctrina del derecho. Sin embargo, esto no significa que no pueda traducirse en regulaciones entre los Estados, así como a disposiciones de carácter jurídico y político que deben ser implementadas para lograr la paz. El núcleo de *Hacia la paz perpetua* está estructurado como un proyecto de tratado de paz.[72]

Clausurar el alcance de la doctrina del derecho a sólo los miembros de la comunidad jurídica y a los ciudadanos del Estado, sería suprimir el plano internacional y cosmopolita de la comprensión kantiana del derecho y la política. A Kant le interesa el plano de relaciones entre los ciudadanos en el interior de una comunidad particular, esto es, de Estados individuales (derecho del Estado); y en segundo plano, también se ocupa de la relación entre los diversos Estados particulares en el interior de una comunidad jurídica y política supranacional, esto es, internacional (derecho de gentes o derecho internacional), así como la dimensión que comprende la relación que mantienen los ciudadanos o individuos en particular con respecto a Estados particulares de los cuales ellos no son miembros (derecho cosmopolita).[73]

En pocas palabras, sería dejar sin sentido o propósito el proyecto que supone obras tan importantes como lo son: *Zum ewigen Frieden* y *Über den Gemeinspruch: Das mag in der Theorie richtig sein, taugt aber nicht für die Praxis*. Hasta aquí respecto a la objeción 2.1.2.

---

[72] Gustavo Leyva, "Estudio preliminar: Hacia la paz perpetua", en *Hacia la paz perpetua*, México, FCE, 2018, p. xi.
[73] *Idem*.

2.2.3. Respuesta a 2.1.3. Objeción del objeto (tipo de resorte motivacional)

Si bien la legislación jurídica sólo puede exigir la conformidad externa al derecho, el matiz respecto a la objeción 2.2.3 sería decir que de esto *no se sigue*, que el ic y/o la teoría moral no tiene ninguna formulación concreta en un orden jurídico-político. Esto, al menos, por dos razones.

En la primera, como la evidencia textual nos deja ver, Kant recurre en la *Doctrina del derecho* al imperativo categórico en la argumentación de los principios teóricos de libertad de lo mío y tuyo,[74] el concepto de adquisición por contrato y por qué cumplir la promesa que surge de éste,[75] la concepción de un Estado de máxima concordancia entre la constitución y los principios jurídicos,[76] la "salida del estado de naturaleza" (segundo deber jurídico); incluso, advierte que la ley penal es un imperativo categórico.[77]

La *Metafísica de las costumbres* y, en específico, en los pasajes de la *Doctrina de derecho* en los que Kant incluye la referencia al imperativo categórico, éste no se refiere exclusivamente a las máximas propiamente éticas o a la necesidad de una motivación moral, sino que se trata del *mandato racional que debe obedecerse* independientemente si conlleva o no una motivación propiamente moral del agente. Esta forma de recurrir al imperativo categórico (en ocasiones, imperativo moral) hace referencia más bien a la obligación incondicionada de una acción en tanto que es independiente de las condiciones empíricas.[78]

---

[74] MS AA: 06: 249-252.

[75] MS AA: 06: 273.

[76] MS AA: 06: 318.

[77] MS AA. 06. 331.

[78] Dulce María Granja distingue dos sentidos en los que debemos de comprender el imperativo categórico. Es necesario distinguir entre el sentido amplio o general y otro restringido o específicamente ético. El imperativo categórico es un precepto de acción independiente de condiciones empíricas, pero que no entraña la distinción entre acción externa y determinación interna de la voluntad; es una obligación incondicionada indiferente a la distinción entre doctrina del derecho y doctrina de la virtud, toda vez que deja abierta la cuestión de si la prescripción de la máxima es moral o simplemente legal. Así pues, hay que distinguir dos sentidos: *a)* el imperativo en sentido amplio o general significa la obligación incondicionada de una acción, y *b)* el imperativo, en sentido estricto o específicamente ético, significa una obligación incondicionada referida a los principios

En segundo lugar, que la legislación jurídica se limite a regular a través de la coacción externa las relaciones externas entre individuos y ámbitos de libertad, no implica que el aspecto moral de la motivación no tenga su respectiva función en la doctrina del derecho vista desde su conjunto. Como ya hemos apuntado, el *fin final* (*Endzweck*) de la doctrina del derecho es el establecimiento universal y duradero de la paz:

> La cuestión no es ya la de saber si la paz perpetua es algo o es un absurdo, y si nos engañamos en nuestro juicio teórico si suponemos lo primero; sino que hemos de actuar con vistas a su establecimiento como si fuera algo que a lo mejor no es, y elaborar la constitución que nos parezca más idónea para lograrla (tal vez el republicanismo de todos los Estados sin excepción) y acabar con la terrible guerra, que es el fin al que, como su fin principal, han dirigido hasta ahora todos los Estados sin excepción sus disposiciones internas. Y aunque esto último —lo que concierne al cumplimiento de este propósito— quedara como un deseo irrealizable, no nos engañaríamos ciertamente al aceptar la máxima de obrar continuamente en esta dirección; porque esto es un deber; pero tomar como engañosa a la ley moral en nosotros mismos despertaría el repugnante deseo de preferir hallarse privado de razón y verse sometido,

---

autónomos de la voluntad (máximas). En lo que toca al derecho, el imperativo categórico sólo vale en su sentido amplio. En contraste, en lo que toca a la ética (la doctrina de la virtud), el imperativo vale en su sentido específico. Así pues, el concepto moral de derecho significa un derecho puramente racional, es decir, un derecho según la naturaleza de la razón, el cual es el criterio último de la justicia política y el supremo principio normativo y crítico de todo derecho positivo. Dulce María Granja "La vinculación entre derecho y moral en la filosofía kantiana", en *Moral y derecho. Doce ensayos filosóficos*, D. M. Granja y T. Santiago (eds.), México, Suprema Corte de la Justicia de la Nación/Universidad Autónoma Metropolitana, 2011, p. 376. Esta distinción no siempre es subrayada en la discusión; en el caso, por ejemplo, de Willascheck, los preceptos jurídicos no pueden ser imperativos categóricos porque, aunque satisfacen la condición de universalidad, puesto que, al no presuponer ningún fin contingente, valen, como dice Kant, "para todo ser racional", sin embargo los imperativos categóricos como expresión de prescripciones jurídicas fallan en la condición de externalidad. Ésta indica que, legalmente, sólo es relevante la conducta "externa", pero no la actitud "interna"; más precisamente: jurídicamente sólo es relevante que se cumpla la ley, pero no a partir de cuál *fundamento* o *motivo* se cumple. *Cfr.* Marcus Willascheck, "Recht ohne Ethik? Kant über die Gründe, das Recht nicht zu brechen", pp. 188-204.

según sus principios, junto con las restantes clases de animales, al mismo mecanismo de la naturaleza.[79]

En *Vorarbeit zur Metaphysik der Sitten* (VAMS), Kant presenta la idea de la paz como aquella que hace posible la transición de los deberes jurídicos a los deberes de la virtud, en la medida en que

la paz bien fundada en el mayor coexistir de los hombres entre sí es aquella idea por la cual sólo se hace posible la transición de los deberes de la ley a los deberes de la virtud, en cuanto que cuando las leyes aseguran exteriormente la libertad de las máximas para gobernarse interiormente según las leyes, y viceversa, éstas a su vez facilitan con sus actitudes la influencia de la compulsión legal, de modo que el comportamiento pacífico según las leyes públicas y las actitudes pacíficas (también para poner fin a la guerra interior entre principios e inclinaciones), es decir, la legalidad y la moralidad, encuentran en el concepto de paz el punto de apoyo de la doctrina del derecho a la doctrina de la virtud. En el concepto de paz, por tanto, la legalidad y la moralidad encuentran el punto de apoyo en el paso de la doctrina del derecho a la doctrina de la virtud.

Pero para llegar a esta paz asegurada por las leyes públicas (*status iustificus*), no es necesario pasar primero de la virtud a la obligación legal, sino al revés (*si vis pacem, para bellum*) de las leyes jurídicas a la de la virtud, es decir, no dar enseñanzas de sabiduría a los reyes como

---

[79] *Also ist nicht mehr die Frage: ob der ewige Friede ein Ding oder Unding sei, und ob wir uns nicht in unserem theoretischen Urtheile betrügen, wenn wir das erstere annehmen, sondern wir müssen so handeln, als ob das Ding sei, was vielleicht nicht ist, auf Begründung desselben und diejenlge Constitution, die uns dazu die tauglichste scheint (vielleicht den Republicanism aller Staaten sammt und sonders) hinwirken, um ihn herbei zu führen und dem heillosen Kriegführen, worauf als den Hauptzweck bisher alle Staaten ohne Ausnahme ihre innere Anstalten gerichtet haben, ein Ende zu machen. Und wenn das letztere, was die Vollendung dieser Absicht betrifft, auch immer ein frommer Wunsch bliebe, so betrügen wir uns doch gewiß nicht mit der Annahme der Maxime dahin unablässig zu wirken; denn diese ist Pflicht; das moralische Gesetz aber in uns selbst für betrüglich anzunehmen, würde den Abscheu erregenden Wunsch hervorbringen, lieber aller Vernunft zu entbehren und sich seinen Grundsätzen nach mit den übrigen Thierclassen in einen gleichen Mechanism der Natur geworfen anzusehen.* MS AA: 06: 354.

sabios descarados ("entrometidos") (lo que incluye la frase: que las cosas sólo serían buenas para las naciones si los reyes filosofaran o los filósofos fueran reyes).[80]

Este *fin final* (*Endzweck*) está a su vez conectado con el apartado dedicado a los conceptos preliminares de la *Metafísica de las costumbres*, en tanto que constituye, en parte, el propósito final no sólo de la doctrina del derecho, sino de la razón práctica: que es el hombre bajo las leyes morales. El derecho también forma parte de una filosofía política encaminada al ideal de la paz perpetua y el cosmopolitismo: *el establecimiento universal y duradero de la paz no constituye sólo una parte, sino la totalidad del fin final de la doctrina del derecho*. Este ideal es regulativo y surge de un mandato de la razón práctica-moral.

La razón práctico-moral expresa en nosotros su veto irrevocable: no debe haber guerra, ni guerra entre tú y yo en el estado de naturaleza, ni guerra entre nosotros como Estados que, aunque se encuentran internamente en un Estado legal, sin embargo, exteriormente (en su relación mutua) se encuentran en un Estado sin ley.[81]

Kant expone la paz como *fin final* (*Endzweck*) de la RL en el apartado de la conclusión.[82] Aunque también alude a éste en el contexto de un derecho

---

[80] *Der fest gegründete Frieden bey dem größern Verkehr der Menschen unter einander ist diejenige Idee durch welche allein der Überschritt von den Rechts- zu den Tugendpflichten möglich gemacht wird, indem wenn die Gesetze äußerlich die Freyheit sichern die Maximen aufleben können sich auch innerlich nach Gesetzen zu regieren und umgekehrt diese wiederum dem gesetzlichen Zwange durch ihre Gesinnungen den Einflus erleichtern so daß friedliches Verhalten unter öffentlichen Gesetzen und friedfertige Gesinnungen (auch den inneren Krieg zwischen Grundsätzen und Neigungen abzustellen) also Legalität u. Moralität in dem Friedensbegriffe den Unterstützungspunct des Überschritts von der Rechtslehre zur Tugendlehre antreffe.*
Aber zu diesem durch öffentliche Gesetze gesicherten Frieden (status iustificus) zu gelangen ist es nicht erst der Schritt von der Tugend= zur Rechtspflicht überzuschreiten sondern vielmehr umgekehrt (si vis pacem, para bellum) von den Rechtsgesetzen zu dem der Tugend fortzuschreiten mithin nicht als vorwitzige (naseweise) Klüglinge Königen Weisheitslehren zu geben (wozu der Satz gehört: daß es nur dann gut um die Völker stehen würde wenn entweder die Könige philosophirten oder die Philosophen Könige wären). VAMS AA: 23:353. [La traducción es mía.]

[81] *Nun spricht die moralisch=praktische Vernunft in uns ihr unwiderstehliches veto aus: Es soll kein Krieg sein; weder der, welcher zwischen mir und Dir im Naturzustande, noch zwischen uns als Staaten, die, obzwar innerlich im gesetzlichen, doch äußerlich (in Verhältniß gegen einander) im gesetzlosen Zustande sind.* MS AA: 06: 354.

[82] MS AA: 06: 354-355.

político de los pueblos (*ius gentium*) o un derecho cosmopolita (*ius cosmopoliticum*) y lo caracteriza como la idea racional de una comunidad pacífica universal.

La noción de progreso del derecho está vinculada a la realización gradual y, por ende, histórica de una comunidad cosmopolita fundada en el ideal de la paz. El bien supremo político es la paz global a través del derecho. Esta tesis, si bien no se encuentra desarrollada del todo en la Doctrina del derecho de la *Metafísica de las costumbres*, aunque sí mencionada, más bien se encuentra esbozada en *La paz perpetua*; es aquí donde Kant desarrolla su propuesta de un orden jurídico global. En estas reflexiones se puede intuir una convicción fundamental: la posibilidad de una regulación pacífica de los conflictos en los distintos tipos de relaciones que se dan entre individuos como entre Estados, así como entre los individuos de un Estado y los Estados extranjeros por medio del derecho. Este fin no puede considerarse como amoral;[83] se trata de una tesis irrenunciable: el *fin final* de la filosofía jurídica-política es la progresiva consecución del bien supremo.[84]

---

[83] Kant entendía el cosmopolitismo en diferentes dimensiones: moralidad, política, derecho y economía comercial. En cierto sentido, la filosofía de Kant tiene un carácter cosmopolita porque todos sus esfuerzos —ya sea en el ámbito de la filosofía teórica o práctica, en el de la estética o en el de la religión, así como en el de la historia— se orientan a la reflexión sobre las condiciones de posibilidad del establecimiento de un mundo compartido por todos los seres humanos en el ámbito del pensamiento, la acción y el juicio. Tanto Höffe como Gustavo Leyva defienden la necesidad de considerar un cosmopolitismo moral en el contexto de la filosofía del derecho. Höffe advierte que Kant desarrolla una filosofía cosmopolita para los elementos más importantes de toda la cultura: el saber, la moral y el derecho para la educación, el *sensus communis*, el arte, la unidad de los dos mundos (naturaleza y libertad) y la historia. El cosmopolitismo kantiano es rico en matices, pero tiene su vínculo unificador en la moral. *Cfr.* Otfried Höffe, "Cosmopolitismo universal. Sobre la unidad de la filosofía de Kant", en *Cosmopolitismo: democracia en la era de la globalización*, Dulce María Granja y Gustavo Leyva (eds.), Barcelona/México, Anthropos/Universidad Autónoma Metropolitana, 2009, pp. 39-59.

Por su parte, Leyva expone que el objetivo de la filosofía cosmopolita de Kant se basa en una concepción jurídico-política inmanente del bien supremo, vinculada al progreso del derecho en la dirección de la realización histórica de una comunidad cosmopolita. El bien supremo es *Zum ewigen Frieden*, el bien político supremo de la paz global a través del derecho. Es aquí sobre todo en donde Kant desarrolla esta propuesta de un orden jurídico global. Las reflexiones de Kant parecen estar impregnadas de una convicción central fundamental, a saber, la de la posibilidad de una regulación pacífica de los conflictos —tanto entre individuos como entre Estados, así como entre los individuos de un Estado y los Estados extranjeros— por medio del derecho. *Cfr.* Gustavo Leyva, "Filosofía en sentido cosmopolita. Reflexiones sobre el cosmopolitismo en la filosofía con énfasis en la propuesta kantiana", en *Cosmopolitismo: democracia en la era de la globalización*, pp. 279-343.

[84] Para Garsón Valdez no es arriesgado argumentar que toda la filosofía práctica de Kant es una propuesta de paz entre los pueblos, dentro de una nación y entre los Estados a nivel internacional. Con respecto al problema de

Kant advierte que este mandato surge de la razón práctica-moral, y aunque pueda ser irrealizable, no nos engañaríamos al aceptar la máxima de obrar continuamente en esta dirección (*frommer Wunsch bliebe, so betrügen wir uns doch gewiß nicht mit der Annahme der Maxime dahin unablässig zu wirken*).[85] ¿Puede ser esta máxima (a manera de continua búsqueda) susceptible de coacción externa?, ¿es éste un deber meramente externo?, ¿es un deber perfecto? En realidad no, sin embargo, es una máxima tanto ética como jurídica dirigida tanto a los ciudadanos como a los legisladores, así como a los que se proponen desde el uso público de la razón la corrección del derecho estatutario.

La legislación jurídica es el conjunto de leyes para las que es posible una legislación exterior y el *fin final* (*Endzweck*) de ésta es la paz. Este ideal regulativo puede ser expresado progresivamente en la historia. La intención de Kant es que en esta búsqueda constante para lograr la paz se promulguen mejores leyes jurídicas, y que éstas puedan ser susceptibles de coacción externa, pues de esta manera la doctrina del derecho avanzará en su cometido; no obstante, este *fin final* (*Endzweck*) no puede comprenderse sin aludir a una consideración que, también, es propiamente ética.

Kant ha dejado al poder legislativo la responsabilidad de la promulgación de leyes que contribuyan a la consecución de la paz. Este ideal regulativo debe guiar su acción tanto respecto al pueblo que representa como a las relaciones con los otros Estados (entendidos como personas morales). En este sentido, la propuesta de la filosofía del derecho sí tiene máximas éticas para la redacción de mejores leyes. Éstas se dirigen especialmente a los legisladores y políticos.

Asimismo, advierte, desde criterios que aluden la justicia, el principio de publicidad de las leyes: "Son injustas todas las acciones que se refieren

---

la paz, Kant formula el derecho cosmopolita y propone la consolidación de los regímenes republicanos para un continuo acercamiento a la paz perpetua; en este sentido, la paz es un ideal normativo y moral que surge de la razón práctico-moral que expresa en nosotros su veto irrevocable. Ernesto Garzón Valdés, "Siete pecados capitales kantianos", en *Forzados a ser libres. Kant y la teoría republicana del derecho*, Juan Ormeño Karzulovic y Miguel Vatter (eds.), Santiago, FCE, pp. 41-45.

[85] MS AA: 06: 355.

al derecho de otros hombres cuyos principios no soportan ser publicados". Este principio es ético y jurídico porque afecta al derecho de los hombres y se tiene como punto de partida la justicia: "Un principio que no puede ser manifestado en voz alta sin arruinar al mismo tiempo mi propio propósito, un principio que, por lo tanto, debe permanecer en secreto para prosperar y que no puedo confesar públicamente sin provocar indefectiblemente la oposición de todos, tal principio sólo puede obtener esta reacción universal y necesaria de todos contra mí, cognoscible *a priori*, por la injusticia que amenaza a todos". Si bien este principio no se encuentra explícito en la Doctrina del derecho, esbozada en la *Metafísica de las costumbres*, sí constituye parte medular de la filosofía del derecho de Kant.[86]

La consecución de la paz para Kant no sólo refiere al Estado concebido de manera aislada, sino que requiere aludir a la relación con otros Estados, que desde estas coordenadas serán considerados como personales morales en la medida en que también son sujetos de imputación. Esta tesis es, como sostiene Teresa Santiago,[87] la *conditio sine qua non* para que rindan cuentas de sus actos y decisiones. Por lo tanto, existe una analogía entre el Estado y la persona y, por lo tanto, las relaciones en el derecho interestatal también pueden considerarse desde el punto de vista moral.

A partir de estas consideraciones, tres máximas del derecho interestatal están dotadas de significado moral en el contexto del discurso expuesto en *Hacia la paz perpetua*: *a)* La no intervención en los asuntos internos de los Estados. Si el Estado puede ser considerado como una persona moral, debe ser respetado en su autonomía. De acuerdo con esta concepción, así como cada individuo tiene derecho a elegir los planes de vida que considere dignos de realizarse; de igual manera, cualquier Estado puede darse el estatus político que considere adecuado. Por lo tanto, una aplicación

---

[86] A esto respecto, Dulce María Granja expone que lo básico del derecho público es lo universal, es decir, la forma misma de la publicidad que caracteriza todo lo jurídico. La publicidad es "el atributo formal" del derecho público. Por eso la justicia sólo puede ser pensada como *públicamente manifestada* y toda pretensión conforme a derecho debe tener la posibilidad de ser publicada. *Cfr.* Dulce María Granja, Capítulo II. "El principio de publicidad en la teoría kantiana de la acción", en *Cosmopolitismo. Democracia en la era de la globalización*, pp. 61-106.

[87] *Cfr.* Teresa Santiago Oropeza, "Kant: la guerra y el progreso moral", *Revista de Filosofía Open Insight*, vol. VII, núm. 11, enero-junio, 2016, pp. 11-33.

coherente de los principios liberales a la política internacional debe contener el respeto a la autonomía estatal. *b)* El colonialismo. Con motivo de la independencia de las colonias americanas, Kant expresó públicamente su satisfacción por la eliminación de los lazos coloniales. El colonialismo era una de las manifestaciones más crueles de las relaciones internacionales, que hacía imposible un comercio moralmente aceptable. *c)* El rechazo de una autoridad mundial suprema.

Hasta aquí respecto a la objeción 2.1.3.

2.2.4. Respuesta a 2.1.4. El principio universal del derecho es un postulado

Kant advierte que el principio universal del derecho es un "postulado incapaz de prueba ulterior" (*Postulat, welches gar keines Beweises weiter fähig ist*). Esto significa que impone al sujeto una obligatoriedad (*Verbindlichkeit*), pero ésta no puede esperar ni mucho menos exigir que, sólo en virtud de tal obligatoriedad, el propio sujeto debe limitar él mismo su libertad a las condiciones que la misma ley establece, como sería el caso si se tratara de una ley moral, en el sentido estricto del término. Por ello, Kant explica que en el caso de la ley universal del derecho se trata, en rigor, de un "postulado" (*Postulat*) de la razón, según el cual ésta se reconoce a sí misma como sujeta, en su propia idea, a tales condiciones limitativas y, con ello, como sujeta también a la posibilidad de ser limitada por vía de hecho y por parte de otros (*von anderen*).[88]

Para responder a esta objeción seguimos la interpretación de Guyer. Siguiendo la analogía con los postulados matemáticos, el intérprete advierte que Kant podría incluso querer decir que un postulado de la razón práctica con respecto a un derecho es la construcción de las condiciones bajo las cuales el derecho puede realizarse. Tal construcción podría ser práctica más que teórica, en virtud de demostrar que hay una idea consistente del uso de la libertad que realizaría tal derecho en lugar de probar que tal uso de la libertad

---

[88] *Cfr.* MS AA: 06: 231.

se ha realizado, se realiza actualmente o se realizará en el futuro. Pero la *idea clave* no sería que el principio de derecho no pueda derivarse por sí mismo de un principio moral más fundamental, sino que hay que demostrar que las condiciones de su realización son posibles.[89]

Aun en el caso, continua Guyer, que no se entienda por postulado de la razón práctica, respecto a un derecho, una proposición que afirme la posibilidad de la realización del derecho, sino el *principio o el mandato del derecho mismo*; si su uso, en este caso, ha de ser análogo al de la segunda *Crítica*, al llamar postulado a tal principio no querría decir que no es derivable de una ley moral más fundamental, sino precisamente que lo es del mismo modo que el postulado de la necesidad moral del sumo bien[90] se deriva de la aplicación del principio supremo de la moral a la persecución humana de los fines. Tal principio podría seguir llamándose postulado porque el principio del que se deriva no es demostrable por medios teóricos, sino sólo prácticos. En este sentido, un principio de derecho podría derivarse del principio fundamental de la moral y, sin embargo, seguir llamándose postulado.[91]

2.2.5. Respuesta a 2.1.5. La autorización para la coacción está vinculada de forma analítica al concepto de derecho y no a la teoría moral

Una acción es legítima (*recht*), si en virtud de ella, o bien de su máxima, la libertad del arbitrio de una persona dada puede coexistir con la libertad de cualquier otra, según una ley universal. En términos jurídicos, allí donde una acción es conforme al principio de coexistencia de libertades según una ley universal, su impedimento resulta, por la misma razón, ilícito. De aquí se sigue, a su vez, la licitud del impedimento de sentido inverso, vale decir, del

---

[89] *Cfr.* Paul Guyer, "Kant's Deductions of the Principles of Right", en *Kant´s System of Nature and Freedom: Selected Essays*, pp. 198-242.

[90] Propiamente hablando, la necesidad moral del sumo bien no es un postulado. Los postulados en la *Crítica de la razón práctica* son: la inmortalidad del alma y la existencia de Dios.

[91] *Cfr.* Paul Guyer, "Kant's Deductions of the Principles of Right", en *Kant´s System of Nature and Freedom: Selected Essays*, p. 217.

correspondiente acto de coacción (*Zwang*), cuyo objetivo no es otro, justamente, que el de imposibilitar tal (ilícito) impedimento de la libertad (*Verhinderung eines Hindernisses der Freiheit*).[92]

La facultad de coaccionar está ligada al concepto de derecho desde las premisas de no obstaculizar la libertad, sino asegurarla. De tal manera que la coacción sea *un obstáculo para no obstaculizar la libertad* (*ein Hinderniß des Hindernisses derselben*). El argumento puede leerse desde las premisas que supone la doble negación y el principio de no contradicción:

La resistencia que se opone a lo que obstaculiza un efecto fomenta ese efecto y concuerda con él. Ahora bien, todo lo contrario, al derecho (*unrecht*) es un obstáculo a la libertad según leyes universales: pero la coacción es un obstáculo o una resistencia a la libertad. Por tanto, si un determinado uso de la libertad misma es un obstáculo a la libertad según leyes universales [es decir, contrario al derecho (*unrecht*)], entonces la coacción que se le opone, en tanto que obstáculo frente a lo que obstaculiza la libertad, concuerda con la libertad según leyes universales; es decir, es-conforme al derecho (*recht*): por consiguiente, al derecho está unida a la vez la facultad de coaccionar a quien lo viola, según el principio de contradicción.[93]

Por ello, Kant advierte que una de las características esenciales del principio jurídico supremo (*oberste Rechtsprinzip*), a diferencia del principio supremo de la virtud, es precisamente que se trata de una *proposición analítica que sólo requiere* el concepto de libertad para comprenderlo. La noción de analiticidad es utilizada para indicar que los principios apriorísticos del derecho se siguen de modo inmediato del principio de la libertad:

---

[92]   *Cfr.* Alejandro Vigo, "La concepción kantiana del derecho natural, en *Moral y derecho. Doce ensayos filosóficos*, D. M. Granja y T. Santiago (eds.), México, Suprema Corte de la Justicia de la Nación/Universidad Autónoma Metropolitana, 2011.

[93]   MS AA: 06: 231.

Que la coacción externa, en la medida en que es una resistencia que se opone a lo que obstaculiza la libertad externa concordante según leyes universales (un obstáculo que se opone al obstáculo de la misma), puede coexistir con fines en general, está claro según el principio de contradicción y yo no debo ir más allá del concepto de libertad para comprenderlo; cada uno puede proponerse el fin que quiera. Por tanto, el principio jurídico supremo es una proposición analítica.[94]

La *coacción externa* funciona para darme un derecho que a la vez es un deber. La idea clave aquí es que se trata de *un obstáculo para no obstaculizar la libertad*. El carácter analítico de los principios jurídicos no hace superflua su deducción a partir de los correspondientes principios de la moralidad, pues ésta debe proveer la debida justificación. No se trata de justificar cualquier coacción externa, sino aquella que posibilita el principio de coexistencia de libertades. Los principios del derecho fluyen directamente de la exigencia moral fundamental de que usemos nuestra libertad sólo de manera universalmente aceptable.[95]

La ley moral también coacciona para posibilitar la autonomía moral, pero se trata de una autocoacción. El concepto de coacción es común a las dos doctrinas, en la legislación jurídica es externa y en la ética es interna (autocoacción). El énfasis en la objeción de que la coacción parece distanciar el PUD del IC no alcanza a distinguir que la coacción en el derecho es externa-jurídica, y se dirige a evitar la obstrucción del uso de la libertad externa en el mundo y, en este sentido, también es moral.

Por otro lado, que exista la posibilidad de leer la doctrina del derecho desde conceptos de la primera *Crítica*, no significa negar su conexión con la filosofía moral. La *Metafísica de las costumbres* es un lugar común para

---

[94]   *Daß der äußere Zwang, so fern dieser ein dem Hindernisse der nach allgemeinen Gesetzen zusammenstimmenden äußeren Freiheit entgegengesetzter Widerstand (ein Hinderniß des Hindernisses derselben) ist, mit Zwecken überhaupt zusammen bestehen könne, ist nach dem Satz des Widerspruchs klar, und ich darf nicht über den Begriff der Freiheit hinausgehen, um ihn einzusehen; der Zweck, den ein jeder hat, mag sein, welcher er wolle. - Also ist das oberste Rechtsprincip ein analytischer Satz.* MS AA: 06: 396.

[95]   *Cfr.* Paul Guyer, "Kant's Deductions of the Principles of Right", en *Kant´s System of Nature and Freedom: Selected Essays*, p. 218.

el desarrollo de los conceptos del sistema crítico; en realidad, encontramos conceptos de las tres críticas.

2.3. Separación, pero no desvinculación

La formulación de la ley fundamental del derecho (LFD) y el imperativo categórico (IC) comparten rasgos comunes como la continua dinámica entre el yo y los otros, entre lo particular y lo universal, entre lo que es y debería de ser. Se expresan con el mandato "obra" y refieren a un test de racionalidad de nuestra libertad. Consideramos que sí existe una vinculación conceptual entre la doctrina del derecho y la moral, sin embargo, esta vinculación no debe de perder de vista que el derecho no puede (ni debe) ser visto como una mera derivación del IC: esto es, no es suficiente para explicarlo.

Una manera de plantear la relación entre IC y la doctrina del derecho es aludir la noción de *Rechtssynthesis*.[96] Cuando nos referimos al concepto de síntesis estamos pensando en las condiciones de posibilidad que suponen la construcción de un enunciado propiamente jurídico. Tanto desde el punto de vista de una teoría del conocimiento en el que el sujeto cognoscente ("yo pienso") produce *a priori* una constelación cognoscitiva para sus objetos, posibilitando con ello la experiencia, así como desde la perspectiva de una teoría normativa, donde el sujeto moral ("yo quiero") puede ser en el mundo a través de su libertad, conformando relaciones morales y jurídicas con otras personas y consigo mismo. De esta manera, lo que el derecho es involucra tanto elementos racionales como empíricos en ambos planos.

La fortaleza de la exégesis de la tesis de la independencia (*Unabhängigkeitsthese*) consiste en resaltar las diferencias entre ética y derecho, esto es resaltar la peculiaridad de la normatividad jurídica; pero sus limitantes se

---

[96] Esta noción es acuñada por Thomas Sören Hoffmann para explicar las condiciones de posibilidad de una proposición jurídica desde la filosofía del derecho kantiana. *Cfr.* Thomas Sören Hoffmann, "Kritische Vernunftrechtslehre als Grenzgang zwischen natürlichem und positivem Recht: Zur Konstitution des Rechtssatzes nach Kant", Grenzen und Grenzüberschreitungen. XIX. Deutscher Kongreß für Philosophie, 23-27 de septiembre en Bonn, Wolfram Hogrebe (ed.), Bonn, 2002, pp. 63-72.

encuentran, por un lado, en la evidencia textual y también en que imposibilitan una visión sistemática. Dicha postura puede llevarnos a excluir cualquier tipo de valoración de la motivación interna, la intención o la conciencia como móvil y, por ende, no termina de explicar el papel que juegan los deberes jurídicos-internos (éticos) en la doctrina del derecho. Para esto es necesario diferenciar entre lo que puede ser susceptible de una legislación jurídica y lo que aun siendo justo (*recht*) es irreductible a una legislación jurídica. Por su parte, una exégesis que haga del derecho una mera derivación de la teoría moral tiene el peligro de no distinguir lo peculiar de la normatividad jurídica.

La RL está relacionada, como hemos dicho, con la condición formal de la libertad externa [97] (*formalen Bedingung der äußeren Freiheit*), y sus leyes jurídicas se refieren a leyes formales de la libertad en el uso del arbitrio en el mundo.[98] Estas leyes para la libertad externa se desarrollan en tres registros de lo que es derecho (*Recht*): lo que nos es legítimo (*recht*), lo jurídico (*rechtlich*) y lo que es de derecho (*rechtens*), según la sentencia del tribunal en una comunidad de personas.

La discusión de la relación entre ética y derecho se enriquece desde la consideración del primer deber jurídico como la honestidad jurídica; esto es, el afirmar nuestro valor en relación con el otro: "No te conviertas en un simple medio para los demás, sino que sé para ellos a la vez fin"[99] ("Mache dich anderen nicht zum bloßen Mittel, sondern sei für sie zugleich Zweck"). Este deber se debe comprender como la obligación surgida del derecho de

---

[97]   MS AA: 06: 380.

[98]   El derecho a la libertad innata adquiere sus límites en función de una ley universal (MS AA: 06: 237), el postulado jurídico de la razón jurídica: es posible tener como mío cualquier objeto exterior de mi arbitrio; es decir, es contraria al derecho una máxima según la cual, si se convirtiera en ley, un objeto del arbitrio tendría que ser en sí (objetivamente) un objeto sin dueño (*res nullins*). En efecto, un objeto de mi arbitrio es algo cuyo uso está físicamente en mi poder. Pero si no pudiera estar de ninguna manera en mi poder jurídicamente, es decir, si usarlo no fuera compatible con la libertad de cualquier otro según una ley universal, entonces la libertad se privaría a sí misma de usar su arbitrio con relación a un objeto del mismo, al imposibilitar el uso de objetos utilizables, es decir, al anularlos desde el punto de vista práctico y convertirlos en *res nullius*, aunque el arbitrio en el uso de las cosas coincidiera *fornialiter* con la libertad exterior de cada uno, según leyes universales. MS AA: 06: 245.

[99]   MS AA: 06: 236.

la humanidad (*Recht der Menschheit*) en mi propia persona y, por ende, lo retomaremos en el capítulo destinado a la idea de dignidad jurídica.

Por ahora, basta decir que se trata de un deber jurídico pero interno. Éste no pertenece propiamente a una legislación jurídica, sin embargo, funciona como una fórmula (*Formeln*) para la división sistemática de deberes. Se ubica más bien en el registro de lo legítimo (*recht*) y no se entiende sin aludir la formulación de la humanidad del ic. Esto nos significa que sea equivalente, sin embargo, advierte una específica conexión con la idea de una dignidad jurídica, y al ser también un deber interno, se trata de un deber que propiamente no se puede coaccionar externamente, sino que requiere un acto de la decisión: el ejercer mi deber (en primera persona) de afirmar mi carácter de fin (dignidad) en el mundo. En este sentido, esta conexión necesaria también puede encontrarse desde el punto de vista del *derecho de la humanidad en mi propia persona*. De esta manera, como veremos en el capítulo 4, la dignidad jurídica también es una tarea.

¿Qué tienen en común el deber de la honestidad jurídica, el fin final de la paz y el principio de publicidad como principio ético-jurídico? Se trata de principios que no pueden ser indiferentes a criterios morales. En este sentido, perderían su sentido si la rl se desvincula de la teoría moral.

Hay un elemento que suele pasar inadvertido, los que asumen la tesis de la separación entre el ic y el derecho enfatizan un sentido estricto de ética y de libertad propiamente moral que no permite una visión sistemática de la doctrina del derecho; mientras que los que abogan por la vinculación suelen aludir a un sentido amplio de estos términos. En realidad, las posiciones se acercan cuando se advierte sobre la comprensión de estos conceptos. Esto es, cuando la teoría moral incluye tanto la esfera de la ética como la del derecho.

Nuestra postura advierte que en el fondo de la discusión se encuentra, también, un modo de comprender los términos "ética" y "moral", y que esclareciendo éstos podemos reforzar nuestra propia postura: la *separación, pero no la desvinculación*, así como subrayar que las dos posiciones no están tan alejadas como pareciera. En el fondo, plantear la cuestión desde las coordenadas de la tríada: ética, moral y derecho, nos permite explorar las fructíferas y dinámicas relaciones que se dan cuando se entiende la problemática desde esta óptica.

2.4. Ética, moral y derecho

Un indicio para advertir la utilidad de esta distinción entre ética y moral se encuentra en vAMS: "La moral se compone de la doctrina del derecho (*doctrina iusti*) y de la doctrina de la virtud (*doctrina honesti*). Esta última se llama también *ius* en sentido general, la última ética en sentido especial (pues de otro modo ética significa también toda la moral)".[100]

En la filosofía kantiana los conceptos de "moral" y "ética" tienen varios sentidos, y la *Metafísica de las costumbres* es el lugar idóneo para observarlos. Es útil distinguir en la discusión el tipo de relación entre el derecho y la moral, y por otro, entre el derecho y la ética. Si entendemos, por ejemplo, "ética" como doctrina de la virtud y "moral" como lo relacionado con leyes de libertad, el tipo de relación adquiere un matiz distinto. Según lo que hemos visto, la primera articulación (moral-derecho), como se puede vislumbrar, es más evidente que la segunda (ética-derecho).

La semejanza que comparten estos dos términos es que aluden la libertad en términos racionales, ya sea aludiendo sus leyes o presentando las condiciones de posibilidad para su ejercicio. Los distintos usos de los términos "ética" y "moral" se nutren de una raíz común: la racionalidad práctica que supone el ejercicio de la libertad y sus leyes.

La comprensión de lo "moral" y lo "ético", desde sus distintos usos, puede ayudarnos a defender la tesis de la separación, pero no la de la desvinculación, pues esta propuesta tiene la ventaja de servir como clave hermenéutica para identificar en esta discusión en qué tipo de acepción (sentido) se apoyan los comentadores que discuten sobre si Kant es o no partidario de la tesis de la vinculación entre la ética y el derecho.

---

[100] *Die Moral besteht aus der Rechtslehre (doctrina iusti) und der Tugendlehre (doctrina honesti) jene heißt auch ius im allgemeinen Sinne, diese Ethica in besondrer Bedeutung (denn sonst bedeutet auch Ethic die ganze Moral.* VAMS AA: 23:386.

El método que seguimos para llegar a las conclusiones que formulamos, es decir, a una propuesta de interpretación de los términos de "ética" y "moral" en el contexto de la RL, fue analizar en cada párrafo de la *Metafísica de las costumbres* los sentidos (modos) en que Kant utiliza los conceptos "ética" y "moral", y proponer acepciones (significados) que pudieran subsumir los distintos sentidos en que Kant los utiliza, pues éstos dependen del tema que se esté abordando.[101]

Ahora bien, el sentido estricto de lo "moral" es la moralidad (*Moralität*) y de lo "ético" es la eticidad (*Sittlichkeit*). Estos términos coinciden al suponer una libertad que se autolegisla a sí misma y, en este sentido, la relación se vuelve tensa y más bien se trata de una característica esencial en la delimitación entre la RL y la TL.

El término de "Sitten", que en español traducimos como "costumbres", en inglés como "morals" y cuya traducción latina sería "mores", no tiene aún un significado propiamente moral o ético. Kant se refiere a éstas en la GMS como "las costumbres mismas" (*die Sitten selber*), y advierte que están expuestas a toda suerte de corrupciones sin el hilo conductor y norma suprema de exacto enjuiciamiento que es precisamente la ley moral. La función de la filosofía es exponer en ciencias separadas lo que el conocimiento vulgar concibe sólo mezclado y confundido, pues esa mezcla de los principios menoscaba la pureza de las costumbres y labora en contra de su propio fin.[102]

En este sentido, la discusión sobre la relación entre moral y derecho dirige su mirada más bien a las coordenadas de una moral crítica y no positiva, entendiendo por "positiva", en este contexto, las costumbres que de

---

[101] Derivado de la complejidad que supone este análisis, dividí el criterio de búsqueda en dos apartados; en el primero revisé cuáles podrían ser las acepciones que Kant le da a los conceptos "moral" y "ética" en la primera parte de la *Metafísica de las costumbres*; y en el segundo hice el mismo ejercicio, pero en la Doctrina de la virtud. Por motivos de extensión dicho apéndice se puede consultar en el acervo bibliográfico de la UAM Iztapalapa. Véase María Guadalupe Martínez Fisher, *Límites y alcances de la fundamentación metafísica del derecho en Kant*, México, UAM, 2023, el apartado titulado Apéndice. Sentidos de los conceptos ética y moral en la *Metafísica de las costumbres*.

[102] *Cfr.* GMS AA: 04: 390.

hecho son aceptadas (sin consideraciones morales) por una sociedad en particular.[103]

Tomando en cuenta el recorrido de los criterios descritos en el análisis de estos conceptos, consideramos que en la *Metafísica de las costumbres*, podemos encontrar las siguientes acepciones y que éstas pueden ayudarnos a pensar las fructíferas relaciones que existen entre el derecho, la moral y la ética. Como veremos, el término "moral" suele ser utilizado de manera más amplia; mientras que "ética" suele referirse al sentido más estricto de comprender la moralidad.

Cuadro 2.1.

Moral	Ética
En sentido amplio	
1. Leyes morales como leyes de libertad (*moralische Gesetze als Gesetze der Freiheit*).	1. Ética como deber (*Ethik als Pflicht*).
2. Moral como facultad: la relación de correspondencia del deber con el derecho como facultad moral (*Moral als Befugniß: die Korrespondenz zwischen Pflicht und Recht als moralische Befugniß*).	
3. Moral (doctrina de las costumbres): sistema de deberes y derechos que surgen de la idea de la libertad (*Moral [Sittenlehre] System von Pflichten und Rechten, die sich aus der Idee der Freiheit ergeben*).	

---

[103] La discusión sobre la relación entre ética y derecho también hace la distinción entre moralidad crítica y moralidad positiva. Para la posición a favor de la conexión entre derecho y moral desde estos dos sentidos, véase Ernesto Garzón Valdés, "Derecho y moral", en *Derecho y moral. Ensayos sobre un debate contemporáneo*, México, Gedisa, 2003, p. 19-55; y para la posición en contra de dicha conexión, Eugenio Bulgyn, "¿Hay vinculación necesaria entre derecho y moral?", en *Derecho y moral. Ensayos sobre un debate contemporáneo*, Rodolfo Vázquez (comp.), México, Gedisa, 2003, pp. 214-223.

Moral	Ética
En sentido estricto	
4. Moral como moralidad (*die Moral als Moralität*).	2. Ética como doctrina de los fines de la razón práctica (*Ethik auch als das System der Zwecke der reinen praktischen Vernunft definirt werden*). La doctrina de los deberes de virtud (*Tugendpflichten*) en tanto existen fines que son a la vez deberes.
5. Conciencia moral como conciencia de la obligación: disposición originaria, intelectual y moral (porque es una representación del deber) (*Das als Bewußtsein der Verbindlichkeit: ursprüngliche intellectuelle und [weil sie Pflichtvorstellung ist] moralische Anlage, Gewissen genannt*) Esta acepción de lo moral no es el resultado de ningún acto en específico del sujeto, sino la conciencia del tribunal interno (*inneren Gerichtshofes*).	3. Legislación ética (*ethische Gesetzgebung*).
6. Fin moral: un fin tal que la máxima de proponérselo es un deber (*Moralischen Zweck: Zweck ausfindig zu machen, der zugleich Pflicht ist*).	4. Obligación ética (*obligatio ethica*): se refiere a la disposición virtuosa (*tugendpflichten Gesinnung*) del respeto por la ley en general (*die Achtung vor dem Gesetze überhaupt*) como fundamento subjetivo de la determinación de cumplir el propio deber (*subjetiver Bestimmungsgrund seine Pflicht zu erfüllen*).
	5. Doctrina de la virtud (sistema): ética como división que esboza la razón práctica (formal y material); la relación subjetiva de los que están obligados con el que obliga, según la materia; el otro que representa la relación objetiva de las leyes éticas con los deberes en general en un sistema, según la forma (*Tugendlehre [System]Die Eintheilung, welche die praktische Vernunft zu Gründung eines Systems ihrer Begriffe in einer Ethik entwirft (die architektonische), kann nun nach zweierlei Principien, einzeln oder zusammen verbunden, gemacht werden: das eine, welches das subjective Verhältniß der Verpflichteten zu dem Verpflichtenden der Materie nach, das andere, welches das objective Verhältniß der ethischen Gesetze zu den Pflichten überhaupt in einem System der Form nach vorstellt*).

Moral	Ética
Transición	
7. Capacidad moral (*sittliche Vermögen*) para adecuarse y actuar conforme a la ley que manda categóricamente (*Sittliche Vermögen, sich anzupassen und in Übereinstimmung mit dem Gesetz zu handeln, das kategorisch befiehlt*).	6. Ética como metodología de la razón práctica moral (*Ethik, als Methodenlehre der moralisch=praktischen Vernunft*) Doctrina ética de método: doctrina de la virtud, pero tiene un matiz, incluye la dimensión didáctica (pedagógica) de la ética.

Fuente: elaboración propia.

2.4.1. Las acepciones de la moral

1. *Leyes morales como leyes de libertad (moralische Gesetze als Gesetze der Freiheit)*. Las leyes de la libertad (*Gesetze der Freiheit*) se distinguen de las leyes de la naturaleza (*Naturgesetzen*). Su validez depende de que sean *a priori* y necesarias.[104] Determinan el arbitrio con independencia de condicionamientos empíricos y su origen está en la voluntad pura. Estas leyes morales (*moralische Gesetze*) son para nosotros (seres racionales finitos) imperativos categóricos.[105]

En este primer sentido, la relación con el derecho se da en función de una razón práctica de la que surgen los conceptos, leyes y principios[106] de ambas doctrinas. Esta relación supone comprender el proyecto de una metafísica de las costumbres como la doctrina que versa sobre las leyes de la libertad para el ejercicio del arbitrio.

Las leyes morales (*moralische Gesetze*) entendidas desde esta acepción, es decir, como leyes de libertad (*Gesetze der Freiheit*), se distinguen por el tipo de uso de libertad a la que aluden:

Estas leyes de la libertad (*Gesetze der Freiheit*), a diferencia de las leyes de la naturaleza (*Naturgesetzen*), se llaman morales (*moralisch*). Si

---

[104]   MS AA: 06: 214-215.

[105]   MS AA: 06: 221.

[106]   Cuando Kant habla de principios morales se refiere a principios *a priori* y, por ende, no fundados en la experiencia, pero que deben aplicarse a ésta (MS AA: 06: 217).

afectan sólo a acciones meramente externas (*auf Bloße aüßere Handlungen*) y a su conformidad (*Gesetzmäßigkeit*) con la ley, se llaman jurídicas; pero si exigen también que ellas mismas (las leyes) deban ser los fundamentos de determinación de las acciones, entonces son éticas, y se dice, por tanto: que la coincidencia con las primeras es la legalidad (*Legalität*). La coincidencia con las segundas, la moralidad de la acción (*Moralität*). La libertad a la que se refieren las primeras leyes sólo puede ser la libertad en el ejercicio externo del arbitrio, pero aquella a la que se refieren las últimas puede ser la libertad tanto en el ejercicio externo como en el interno del arbitrio, en tanto que está determinado por leyes de la razón (*Vernunftgesetze*).[107]

La doctrina del derecho (*ius*) es el conjunto de leyes para las que es posible (*möglich*) una legislación exterior.[108] Estas leyes no son de la naturaleza, son leyes de la libertad, sólo que su peculiaridad radica en que se dirigen a las acciones externas, pero sin olvidar que se trata de acciones (*Handlungen*). De lo contrario, no tendría sentido hablar de leyes para la libertad[109] en el derecho.

---

[107] La cita continúa con una analogía a la filosofía teórica, en la que encontramos que Kant compara la ética con el tiempo y al derecho con el espacio: "En la filosofía teórica se dice: en el espacio están sólo los objetos del sentido externo, pero en el tiempo están todos, tanto los objetos del sentido externo como los del interno, porque las representaciones de ambos son sin duda representaciones y, en esta medida, pertenecen en su totalidad al sentido interno. De igual modo, consideremos la libertad en el uso externo o interno del arbitrio; sus leyes, como leyes puras prácticas de la razón para el arbitrio libre, tienen que ser a la vez fundamentos internos de determinación del mismo, aunque no siempre sea posible considerarlas bajo este aspecto" (MS AA: 06: 214). Kant lo explica por medio de una comparación con el rol que juegan tiempo y espacio en la primera *Crítica* como formas puras de la intuición. Como forma del sentido externo, el espacio posee validez para todos los fenómenos externos, pero, a la vez, también sólo para ellos. El tiempo, en cambio, como forma del sentido interno, posee validez para todos los fenómenos, en general, y no sólo para los internos, pues, en su calidad de representaciones, también los fenómenos externos se nos aparecen necesariamente a través del sentido interno y, con ello, bajo la forma de la temporalidad. Algo análogo ocurre también en el ámbito práctico, en la medida en que las leyes de la libertad, como leyes de la razón práctica, deben cumplir siempre, al mismo tiempo, la función de fundamentos internos de determinación del arbitrio libre. *Cfr.* Alejandro Vigo, "Ética y derecho según Kant", pp. 105-158.

[108] MS AA: 06: 229.

[109] En esta misma línea expone Vigo: "La sutil formulación kantiana 'exterior y, más precisamente, práctica' contiene en sí la tensión constitutiva de la consideración específicamente jurídica de las acciones, la cual debe centrarse en el aspecto meramente exterior de éstas, pero sin perder por ello de vista su carácter de acciones,

No es posible un ejercicio de la libertad absolutamente exteriorizada porque se destruye la posibilidad de hablar de actos en el derecho; hay una determinación interna[110] a actuar conforme o en contra de la legalidad, y ésta es condición de posibilidad para la imputabilidad de las acciones.

"Moral", desde la acepción de leyes de libertad, es una forma de hablar de libertad y de razón práctica. En este sentido, las leyes jurídicas son leyes de la libertad para el uso externo del arbitrio, en esto consiste su carácter de racionales. La división de los distintos tipos de deberes y derechos, así como la relación entre la RL y la TL, dependen del tipo de relación que se articule entre el agente, el deber y la ley; es por eso que derecho y moral no se distinguen tanto por el contenido de sus deberes, sino por el tipo de motivación que conllevan.

El punto de partida para una metafísica de las costumbres es la idea de libertad, porque es la fuente de todas las leyes morales y, por lo tanto, de todos los derechos y deberes.[111] Kant señala que "conocemos" esta libertad[112] por el imperativo moral que manda el deber, y a partir de la cual puede desarrollarse

---

que, como tales, deben responder siempre a una determinada motivación interior, puesto que para una consideración completamente exteriorizada ya no habría propiamente, como se dijo, acción alguna que pueda ser identificada como tal". Alejandro Vigo, "Ética y derecho según Kant", p. 122.

[110] Kant advierte en algunos casos la consideración moral del estado de ánimo en las acciones jurídicas "en la imputación el estado de ánimo marca una diferencia, que tiene consecuencias: si el sujeto ha realizado el acto apasionadamente o con reposada premeditación". MS AA: 06: 228.

[111] "[¿P]or qué damos usualmente a la doctrina de las costumbres (moral) el título de doctrina de los deberes (sobre todo *Cicerón*), y no también doctrina de los derechos, puesto que unos se refieren a otros? La razón es la siguiente: sólo conocemos nuestra propia libertad (de la que proceden todas las leyes morales), por tanto, también todos los derechos, así como los deberes a través del imperativo moral, que es una proposición que manda el deber y a partir de la cual puede desarrollarse después la facultad de obligar a otros, es decir, el concepto de derecho". MS AA: 06: 239. *Warum wird aber die Sittenlehre (Moral) gewöhnlich (namentlich vom Cicero) die Lehre von den Pflichten und nicht auch von den Rechten betitelt? da doch die einen sich auf die andern beziehen-Der Grund ist dieser: Wir kennen unsere eigene Freiheit (von der alle moralische Gesetze, mithin auch alle Rechte sowohl als Pflichten ausgehen) nur durch den moralischen Imperativ, welcher ein pflichtgebietender Satz ist, aus welchem nachher das Vermögen, andere zu verpflichten, d.i. der Begriff des Rechts, entwickelt werden kann.*

[112] Tesis que encontramos en el Prefacio de *Crítica de la razón práctica*: libertad es la *ratio essendi* de la ley moral y la ley moral es la *ratio cognoscendi* de la libertad, puesto que, si la ley moral no fuera primeramente pensada con claridad en nuestra razón, nunca podríamos estar autorizados para admitir algo así como lo que es la libertad (aun cuando ésta no sea contradictoria). Pero si no hubiera libertad, la ley moral no podría de ninguna manera encontrarse en nosotros. *Cfr.* KpV [4], nota.

después la facultad de obligar a otros, es decir, el concepto de derecho. El delicado matiz de la distinción es que, aunque la legislación jurídica no puede (ni debe) exigir la conciencia de la obligación en cada caso para su aplicación, ésta *debe* poder encontrarse desde el ejercicio racional.[113]

La conciencia de la obligación se encuentra en la razón. Cuando es imposible encontrar la racionalidad de una ley estatutaria, ésta debe ser analizada desde el ejercicio del uso público de la razón para presentar las razones de la irracionalidad de tal norma o su respectiva injusticia, y el poder legislativo tendrá el deber moral de modificarla para promulgar su respectiva corrección. Mientras que no ocurra la reforma que conlleva dicha corrección, debemos obedecer esa ley, aunque sea injusta.

2. *Moral como facultad: la relación de correspondencia del deber con el derecho como facultad*. Esta acepción es una pieza clave para la relación y conexión entre derecho y moral: "A todo deber corresponde un derecho considerado como una facultad (*facultas moralis generatim*), pero no a todos los deberes corresponden derechos por parte de otro (*facultas iuridica*) a coaccionar a alguien, sino que éstos se llaman específicamente deberes jurídicos"[114]. Siendo así, los deberes jurídicos son a los que les corresponden derechos por parte de otro (*facultas iuridica*) a coaccionar a alguien.

Un deber jurídico es, consiguientemente, una obligación "a cuya realización uno puede ser coaccionado",[115] en la medida en que otros agentes tienen un derecho correspondiente. La obligatoriedad (*Verbindlichkeit*) del concepto del derecho nos pide que actuemos conforme a lo estipulado en la norma; como hemos dicho, si lo hacemos convencidos o por medio a la coacción no es algo que pueda ser susceptible de una legislación exterior y, por

---

[113] Sobre el asunto de qué se entiende por racional (argumento válido) en el derecho, nos parece que, al menos, hay dos principales alternativas: como el resultado del consenso o como lo que dicta la razón independientemente del consenso. Se trata de una cuestión compleja, pues encontramos pasajes en los que parece que la postura de Kant apunta a las dos opciones. Esta es la cuestión que divide a los que consideran a Kant un teórico de la razón discursiva procedimental o los que consideran que el consenso no es esencial. Unida a esta cuestión está la discusión del motivo contractual en la RL que abordaremos más específicamente en el cuarto capítulo. Por ahora, me parece que es importante destacar que racional es lo que dicta la razón y, por ser así, puede y debe alcanzar el consenso.

[114] MS AA: 06: 383.

[115] MS AA: 06: 220.

ende, tampoco puede ser motivo para eximirnos de la coacción. La igualdad innata (*Die angeborne Gleichheit*), que surge del derecho a la libertad, consiste en no ser obligado por otros sino aquello a lo que también, recíprocamente, podemos obligarles.[116] La exigencia de esta correspondencia es la facultad moral de obligar jurídicamente y, por ende, de coaccionar extrínsecamente.

3. *Moral (doctrina de las costumbres) como la doctrina de deberes y derechos que surgen de la idea de la libertad.* Esta acepción implica un concepto de deducción. "Moral" es el sistema de la metafísica de las costumbres, entendido como la división de deberes (jurídicos y éticos) que surgen de la consideración de que somos libres (agentes morales) y poseedores de una conciencia moral de la que emanan deberes y derechos.[117] El proyecto de una metafísica de las costumbres busca leerse distinguiendo sus dos *doctrinas*, pero desde una visión sistemática. El derecho y la moral se relacionan por referirse a deberes que surgen de la idea de libertad en el mundo y en relación con el arbitrio humano. La estructura de la *Metafísica de las costumbres* sigue esta acepción. Los dos apartados de la MS: la doctrina del derecho (*Rechtslehre*) y la doctrina de la virtud (*Tugendlehre*) forman parte de lo que Kant concibe como una filosofía práctica universal.[118]

Las acepciones de "moral", en sentido amplio, aluden a concebir las leyes morales que conforman los dos apartados de la MS como leyes de la libertad; su carácter de acepciones amplias se refiere, específicamente, a que "moral" no necesariamente incluye la determinación interna (virtuosa) de actuar conforme y por el deber. Las acepciones que ahora presentaremos tienen como punto de partida esta última característica, por lo que se refieren a acepciones con un sentido estricto. Estos significados funcionan como los que delimitan propiamente las fronteras entre la legislación jurídica y la legislación ética.

---

[116] MS AA: 06: 238.

[117] MS AA: 06: 239.

[118] A partir de este argumento se postula que la legislación jurídica, en su génesis, es concebida por referencia a los principios básicos de la moralidad. Desde estas consideraciones algunos autores argumentan que, desde el contexto de un proyecto de una filosofía práctica universal (*Philosophia practica universalis*), tanto la ética como el derecho pertenecen a la esfera de la moral, entendida como un "sistema de obligaciones" o "deberes" (*System der Pflichten*). *Cfr.* Alejandro Vigo, "La concepción kantiana del derecho natural".

4. *Moral como moralidad*. Se trata de la acepción que hace referencia a la cualidad de lo moral, es decir, a la coincidencia de la máxima de la acción con la ley: la *moralidad de la acción* (*die Moralität der Handlung*). Esta acepción supone que el sentido estrecho del término "moral" se refiere estrictamente cuando se actúa conforme y por el deber.[119] Desde este sentido, la relación entre la moral y el derecho se vuelve especialmente tensa, pues la legislación jurídica, como hemos dicho, no exige (y es esencial que no lo haga) un actuar motivado por el deber. Esta acepción puede considerarse como sinónimo de la noción de ética, en sentido estricto. La exigencia de actuar conforme y por el deber es una exigencia ética y no jurídica. La obediencia virtuosa del deber es un acto irreductible a una legislación externa como la del derecho y supone, en este sentido, un acto más puro que la mera legalidad.

5. *Conciencia moral como conciencia de la obligación*. En la MS encontramos la siguiente definición: disposición originaria (*ursprüngliche Anlage*), intelectual y moral[120] (porque es una representación del deber).[121] Esta acepción de lo moral no es el resultado de ningún acto en específico del sujeto[122]

---

119 *Man nennt die Bloße Übereinstimmung oder Nichtübereinstimmung einer Handlung mit dem Gesetze ohne Rücksicht auf die Triebfeder derselben die Legalität (Gesetzmäßigkeit), diejenige aber, in welcher die Idee der Pflicht aus dem Gesetze zugleich die Triebfeder der Handlung ist, die Moralität (Sittlichkeit) derselben.* MS AA: 06: 219.

120 A partir de este significado el sentimiento moral se vuelve relevante. Kant quiere que "todo hombre como ser moral" esté originalmente dotado de este sentimiento (MS AA: 06: 399-401). El sentimiento moral puede entenderse como íntimamente relacionado con la disposición moral, ya que también se describe en la como una predisposición-receptividad del placer o del disgusto que surge en la conciencia de la coincidencia o discrepancia entre nuestra acción y la ley del deber (MS AA: 06: 399-401). Este sentimiento es relevante en el contexto de la RL. Kant recurre a éste para condenar la ejecución formal de los monarcas, y advierte que el sentimiento que surge de esta atrocidad es moral, ya que implica la inversión absoluta de todos los conceptos jurídicos (MS AA: 06:320). Para Kant el respeto a la ley, que se califica subjetivamente como sentimiento moral, es idéntico a la conciencia del propio deber. Precisamente por eso, el respeto del hombre como ser moral (que estima mucho su deber) es también en sí mismo un deber que los demás le deben, así como un derecho al que no puede renunciar (MS AA: 06: 464). El respeto del hombre se puede interpretar también desde estas coordenadas (MS AA: 06: 466).

121 *Diese ursprüngliche intellectuelle und (weil se Pflichtvorstellung ist) moralische Anlage, Gewissen genannt.* MS AA: 06:437-438.

122 *Jeder Mensch hat Gewissen und findet sich durch einen inneren Richter beobachtet, bedroht und überhaupt im Respect (mit Furcht verbundener Achtung) gehalten, und diese über die Gesetze ihm wachende Gewalt ist nicht etwas, was er sich selbst (willkürlich) macht, sondern es ist seinem Wesen einverleibt.* Todo hombre tiene conciencia moral y un juez interno le observa, le amenaza, le mantiene en el respeto (respeto unido al miedo), y este poder, que vela en él por las leyes, no es algo que él se forja (arbitrariamente), sino que está incorporado a su ser. MS AA: 06: 437-438.

y representa la *ratio cognoscendi* de toda la filosofía moral. Ésta no puede ser exigida ni coaccionada, como hemos dicho, por una legislación exterior como la jurídica.

La conciencia moral como conciencia de la obligación es una manera de significar la moral. En ella se halla el lugar originario de la identidad en sentido moral y práctico y, junto con ella, también el lugar originario de mi conciencia de la libertad. Es el fundamento de la obligación de ambas legislaciones y permite incorporar el giro copernicano moral en la construcción del sistema de los deberes y derechos que conforman la *Metafísica de las costumbres*. Ella es, como expone Hoffmann: "El único lugar donde dispongo de una autoconciencia práctica pura de mi obrar y no de uno ajeno".[123] En este sentido, el origen de la normatividad surge desde la razón, pero la legislación jurídica no debe ni puede pedir la conciencia de la obligación en las acciones conforme al derecho.

6. *Fin moral*. Un fin tal que la máxima de proponérselo es un deber.[124] La doctrina del derecho está relacionada con la condición formal de la libertad externa (la concordancia consigo misma cuando su máxima se convertía en ley universal), es decir, con el derecho. Por el contrario, para Kant, la ética ofrece todavía una materia (un objeto del arbitrio libre), un fin de la razón pura que al mismo tiempo se presenta como un fin objetivamente necesario, es decir, como un deber para el hombre. Porque ya que las inclinaciones sensibles nos conducen a fines (como materia del arbitrio), que pueden oponerse al deber, la razón legisladora no puede defender su influencia sino a su vez mediante un fin moral contrapuesto que tiene, por tanto, que estar dado a priori, con independencia de las inclinaciones.[125]

La ética convierte en sagrada la obediencia al derecho; en este sentido, lo transforma en *fin moral*. Su estatus de *sacralidad* se adquiere por su referencia a la doctrina de la virtud. En esto radica la obediencia irrestricta no sólo al derecho natural *a priori*, sino al que proviene del acto del legislador,

---

[123] Thomas Sören Hoffmann, "El giro copernicano de Kant en el concepto de la conciencia moral", *Philosophia*, vol. 76, núm. 1, 2006, pp. 52-53.

[124] MS AA: 06: 354.

[125] MS AA: 06: 380-381.

es decir, al estatutario (procedente de la voluntad del legislador y, por ende, adquirido) y, por lo tanto, con el peligro de ser injusto. Tenemos el deber moral de obedecer el derecho al grado tal que la obediencia al legislador es *irreprochable*, al ejecutivo *irresistible* y al juez *inapelable*.

Esta obediencia no es ciega ni ilimitada, pero nos lleva a la siguiente cuestión: ¿qué sucede cuando una ley es injusta o ilegítima en su promulgación, ejecución o adjudicación? Cabe aquí destacar que Kant advierte una cláusula en el apartado de la Conclusión de la RL, sin darnos muchas pistas de cómo interpretarlo, que "obedeced a la autoridad que tiene poder sobre vosotros (en todo lo que no se oponga a lo moral interno), es la proposición escandalosa que se pone en tela de juicio" (*Gehorchet der Obrigkeit [in allem, was nicht dem inneren Moralischen widerstreitet], die Gewalt über euch hat, ist der anstößige Satz, der in Abrede gezogen wird*).[126]

Una manera de interpretar esta tensión entre moral y derecho es señalar que es precisamente en el ejercicio propiamente ético, es decir, en el ejercicio del ámbito interno que supone hacer de una máxima un fin tal que la máxima de proponérselo es un deber, que saldrán a la luz las correcciones que deban hacerse a la legislación vigente; ahora bien, esto no implica que podamos desobedecer, pero sí proponer, a través del ejercicio público de la razón, las correcciones pertinentes para que el poder legislativo promulgue las reformas correspondientes. De esta manera, la relación de tensión habilita la función de corrección progresiva del derecho con miras a una república[127] perfecta, a una paz perpetua y a leyes más justas.

Entre el sentido amplio y el sentido estricto, también encontramos sentidos que apodamos de *transición*, pues supone la referencia a que "moral" también se dice del proceso mismo de moralización. Podría parecer que

---

[126] MS AA: 06: 317.

[127] Si bien es cierto que Kant incluye en su filosofía jurídica un modelo republicano, no figura como uno de los principales referentes de la tradición republicana. El republicanismo kantiano no se puede encasillar fácilmente, sino que supone, desde su propia génesis, una forma nueva de plantear la cuestión. El filósofo de Königsberg no consideró que el republicanismo estuviese ligado a la capacidad directa y activa por parte de los ciudadanos de tener un involucramiento substancial e imprescindible en la toma de decisiones dentro de la comunidad política. *Cfr.* Eduardo Charpenel, "El republicanismo kantiano y la normatividad legal", *Eidos*, núm. 32, 2020, pp. 135-164.

estas acepciones no tienen que ver con la doctrina del derecho, sin embargo, como veremos en el capítulo dedicado a la noción de contrato original, Kant otorga una función moralizante a la constitución jurídica.

7. Capacidad moral[128] *(sittliches Vermögen) para adecuarse y actuar conforme a la ley que manda categóricamente.* Aquí podemos encontrar la dimensión pedagógica de la moralidad. Este significado nos permite interpretar la filosofía moral kantiana desde su dimensión pedagógica, así como desde las coordenadas que aluden a la idea regulativa del progreso.

El desarrollo de la capacidad de ajustarse a la ley y, por tanto, de actuar de acuerdo con el deber, podría implicar una capacidad racional de moralización, aunque no moral en sentido estricto. El papel del sentimiento moral, el catecismo, la instrucción y la formación moral adquieren su respectivo lugar en el sistema.

Es innegable el interés de Kant por la educación moral y el papel pedagógico de la obediencia al derecho. Los significados de perfección y progreso moral tienen sentido a partir de estas acepciones de transición, así como la tarea regulativa y, en cierto sentido, también pedagógica, de acercarnos paulatinamente a los ideales de la razón práctica como la paz, la justicia y la constitución perfecta.

2.4.2. Acepciones de ética

Pasemos a las acepciones de "ética".

1. Ética como deber. El sentido *más amplio* de ética se refiere a todos los *deberes* en general, aunque su legislación esté fuera de la legislación ética: "Todos los deberes, simplemente por ser deberes, pertenecen a la ética (*Hieraus ist zu ersehen, daß alle Pflichten blos darum, wiel sie Pflichten sind*); pero no por eso su legislación (*Gesetzgebung*) está siempre contenida en la ética, sino que la de muchos de ellos está fuera de ella".[129]

---

[128] MS AA: 06: 403-405.
[129] MS AA: 06: 219.

El derecho y la ética se relacionan porque ambos contienen deberes (*Pflichten*), los cuales surgen de la razón práctica. Los deberes jurídicos devienen éticos por un acto del ánimo que los incorpora a una legislación propiamente ética; de hecho, la ética exige que sea así. El ejemplo que Kant utiliza es el de cumplir las promesas (en el contexto de un contrato); este deber es un deber jurídico (no de benevolencia) al que podemos ser coaccionados en el caso de que no cumplamos con lo establecido en éste. Kant advierte que si se diera la circunstancia en que no fuera posible la coacción externa, la ética exige que lo cumplamos, pues *la sola idea de deber sirve como móvil*. Como deberes, aunque sean deberes jurídicos y se generen típicamente en procedimientos de establecimiento de normas legales, tienen, sin embargo, un significado ético, en la medida en que la ética exige que se cumplan sin coacción externa.[130]

La posibilidad de conciliar la coacción externa propia del derecho y la autocoacción propiamente moral se dan en el ejercicio de la libertad interna, es decir, en la determinación interna de los móviles (*Triebfeder*). Es únicamente el ejercicio de la libertad interna de la persona el que puede convertir un acto legal en moralmente bueno:

> Ahora bien, puesto que el hombre es un ser libre (moral), el concepto de deber no puede contener más que la autocoacción (únicamente por la representación de la ley), si consideramos la determinación interna de la voluntad (los móviles), porque sólo así es posible conciliar aquella coerción (incluso si fuera exterior) con la libertad del arbitrio; con lo cual entonces el concepto de deber deviene ético.[131]

---

[130]   *Cfr.* Luca Fonnesu, "Ethik", en *Kant-Lexikon Studienausgabe.*

[131]   *Da aber der Mensch doch ein freies (moralisches) Wesen ist, so kann der Pflicht-begriff keinen anderen als Selbstzwang (durch die Vorstellung des Gesetzes allein) enthalten , wenn es auf die innere Willensbestimmung (die Triebfeder) angesehen ist, denn dadurch allein wird es möglich jene Nötigung (selbst wenn sie eine äußere wäre) mit der Freiheit Willkür zu vereinigen, wobei aber alsdann der Pflichtbegriff ein ethischer sein wird, wenn es auf die innere Willensbestimmung (die Triebfeder) angesehen ist, denn dadurch allein wird es möglich jene Nötigung (selbst wenn sie eine äußere wäre) mit der Freiheit Willkür zu vereinigen, wobei aber alsdann der Pflichtbegriff ein ethischer sein wird. MS AA: 06: 380.*

En este *convertir*, el rol de la libertad del sujeto y el modo como se relaciona con la ley se vuelven esenciales. La libertad es la piedra angular (*Schlußstein*) que funciona como el principio sobre el que se sostienen todas las leyes morales (éticas y jurídicas), pero también es la piedra de prueba (*Probierstein*) de las caracterizaciones de la pureza de los deberes en la *Metafísica de las costumbres*. Los deberes éticos se distinguen de los deberes jurídicos por la facultad de autocoaccionarse por la razón pura práctica, que rechaza mediaciones (*welche alle diese Vermittelung verschmäht*), y por ello se eleva sobre el deber jurídico (*erhebt sich dadurch über die Rechtspflicht*): en que por ella se establecen fines, de los que abstrae el derecho, en general.[132]

En sentido estricto, encontramos las siguientes acepciones:

2. *Ética como doctrina de los fines de la razón práctica.* Otra acepción de ética es la que se refiere a la doctrina de los deberes de virtud (*Tugendpflichten*) en tanto existen fines que son a la vez deberes; ninguna legislación exterior puede lograr que alguien se proponga un fin (porque es un acto interno del ánimo).[133] Esta acepción supone una relación tensa, pues la doctrina del derecho no exige el acto propiamente virtuoso al cumplir el deber. Sin embargo, lo anterior no es necesario, porque la obediencia virtuosa al derecho es un fin que a la vez es deber para la ética, es decir, la TL sí exige el cumplimiento virtuoso de los deberes jurídicos.

La ética, a diferencia del derecho, tiene que ver con un objeto de libre arbitrio, que está determinado por la finalidad objetiva, que a su vez es una obligación. Esta peculiaridad de la ética —que puede ser entendida como un sistema de fines— explica también por qué la ética no puede ser forzada y el derecho sí: sólo yo puedo hacer que algo sea mi propio fin.[134]

3. *Legislación ética (ethische Gesetzgebung).* Toda la legislación prescribe acciones internas o externas; éstas, bien *a priori*, mediante la mera

---

[132] MS AA: 06: 396.

[133] MS AA: 06: 381.

[134] *Idem.*

razón, o bien mediante el arbitrio ajeno. La legislación comprende dos elementos:

a) Primero, una ley que representa objetivamente como necesaria la acción que debe suceder, es decir, que convierte la acción en deber.

b) Segundo, un móvil que liga subjetivamente con la representación de la ley el fundamento de determinación del arbitrio para la realización de esa acción; por tanto, el segundo elemento consiste en que la ley hace del deber un móvil.

Por medio del primer elemento, la acción se representa como deber, lo cual es un conocimiento meramente teórico de la posible determinación del arbitrio, es decir, de la regla práctica; por medio del segundo, la obligación de obrar de este modo se une en el sujeto con un fundamento de determinación del arbitrio en general. Por consiguiente, atendiendo los móviles, la legislación puede ser diferente (aunque pueda concordar con otra legislación en lo que respecta a la acción a la que convierte en deber, por ejemplo, las acciones pueden ser externas en todos los casos). La legislación que hace de una acción un deber y de ese deber, a la vez, un móvil, es ética. Pero la que no incluye al último en la ley y, por tanto, admite también otro móvil distinto de la idea misma del deber, es jurídica.[135]

En sentido más estricto, la acepción de ética refiere a un *modo de obligación* (*Art der Verpflichtung*) y, por ende, a un *tipo de legislación*, que consiste en convertir en móvil suficiente del arbitrio al deber mismo y, por ende, se trata de un acto propio de la libertad interna.[136] Desde este sentido, la relación entre la ética y el derecho se vuelve especialmente tensa, pues el derecho no exige (y es esencial que no lo haga) un actuar motivado por el deber, sólo conforme al deber.

---

[135] MS AA: 06: 218-219.
[136] MS AA: 06: 219.

4. *Obligación ética (obligatio ethica)*.[137] Se refiere a la disposición virtuosa (*tugendpflichten Gesinnung*) del respeto por la ley en general (*die Achtung vor dem Gesetze überhaupt*) como fundamento subjetivo de la determinación de cumplir el propio deber (*subjektiver Bestimmungsgrund seine Pflicht zu erfüllen*), disposición que se extiende también sobre los deberes jurídicos.

Kant advierte que la obligación ética es distinta al deber de virtud. La diferencia radica en que la primera refiere a la disposición virtuosa (*tugendhafte Gesinnung*) que supone el respeto por la ley en general (*die Achtung vor dem Gesetze überhaupt*), y ésta no fundamenta un fin como deber, como es el caso de un deber de virtud. No obstante, es la obligación ética el fundamento subjetivo de la determinación de cumplir el propio deber (jurídico y ético).

La disposición virtuosa del respeto por la ley en general se extiende tanto a los deberes virtuosos como a los deberes jurídicos; sin embargo, al no fundamentar un fin como deber (definición del deber de virtud), no convierte los deberes jurídicos en virtuosos, pero sí, en cierto sentido, en éticos. Desde esta distinción se puede entender mejor por qué Kant advierte que en sentido amplio[138] todos los deberes, simplemente por ser deberes, pertenecen a la ética.

5. *Ética como doctrina de la virtud (sistema)*. Se entiende "ética" como la división que esboza la razón práctica (formal y material): la relación subjetiva de los que están obligados con el que obliga, según la materia; el otro que representa la relación objetiva de las leyes éticas con los deberes en general en un sistema, según la forma.[139] Como parte del sistema de filosofía

---

[137] MS AA: 06: 410-411.

[138] *Hieraus ist zu ersehen, daß alle Pflichten blos darum, wiel sie Pflichten sind, mit zur Ethik gehören; aber ihre Gesetzgebung ist darum nicht allemal in der Ethik enthalten, sondern von vielen derselben außerhalb derselben.* MS AA: 06: 219.

[139] *Die Eintheilung, welche die praktische Vernunft zu Gründung eines Systems ihrer Begriffe in einer Ethik entwirft (die architektonische), kann nun nach zweierlei Principien, einzeln oder zusammen verbunden, gemacht werden: das eine, welches das subjective Verhältniß der Verpflichteten zu dem Verpflichtenden der Materie nach, das andere, welches das objective Verhältniß der ethischen Gesetze zu den Pflichten überhaupt in einem System der Form nach vorstellt. - Die erste Eintheilung ist die der Wesen, in Beziehung auf welche eine ethische Verbindlichkeit gedacht werden kann; die zweite wäre die der Begriffe der reinen ethisch praktischen Vernunft, welche zu jener ihren Pflichten gehören, die also zur Ethik, nur so fern sie Wissenschaft sein soll, also zu der methodischen Zusammensetzung aller Sätze, welche nach der ersteren aufgefunden worden, erforderlich sind* (MS AA: 06: 412-413).

práctica que debe seguir a la *Crítica de la razón práctica*, la doctrina de la ética como virtud tiene una cierta posición sistemática y una cierta relación con *Rechtslehre* como otra parte *a priori* del sistema de filosofía práctica.[140]

La acepción que apodamos de transición (*Übergang*) está también en el análisis del concepto. La apodamos así porque se refiere al método que ha de seguirse y representa la referencia a una mediación.

6. *Ética como metodología de la razón práctica moral*.[141] La doctrina ética de método como doctrina de la virtud tiene un matiz, pues incluye la dimensión didáctica (pedagógica de la ética), así como el método que se dirige a ejercitar la facultad de juzgar para aplicar una máxima a casos particulares. Se puede decir que se trata de la metodología para propiciar la capacidad moral.

Kant advierte que en la doctrina del derecho no es necesaria una doctrina del método,[142] pues ésta trata de deberes estrictos; por su naturaleza, ha de ser rigurosamente determinante (precisa) y no necesita un método para saber cómo proceder al juzgar, sino que lo verifica en la acción. En cambio, la ética, al contener deberes imperfectos que conducen a preguntas que exigen a la facultad de juzgar, estipula cómo ha de aplicarse una máxima en los casos particulares.[143] El cumplimiento de las normas jurídicas y el establecimiento de una constitución jurídica corresponden, en parte, a una forma de moralizar a la humanidad.

La división (arquitectónica) que esboza la razón práctica para fundar un sistema de sus conceptos en una ética puede hacerse, pues, según dos principios tomados por separado o unidos: uno que representa la relación subjetiva de los que están obligados con el que obliga, según la materia; el otro que representa la relación objetiva de las leyes éticas con los deberes en general en un sistema, según la forma. [...] La primera división es la de los seres con respecto a los cuales puede concebirse una *obligación ética*; la segunda sería la de los conceptos de la razón pura práctica-ética que forman parte de los deberes de aquella y que, por tanto, son necesarios para la ética sólo en la medida en que deba ser ciencia; por tanto, que son necesarios para la conexión metódica de todas las preposiciones que se derivan de la primera.

[140]   *Cfr*. Luca Fonnesu, "Ethik", en *Kant-Lexikon Studienausgabe*.

[141]   MS AA: 06: 411-412.

[142]   MS AA: 06: 411.

[143]   En cierto sentido, la práctica de los deberes jurídicos puede "prepararnos" el terreno para la auténtica moralidad de nuestras acciones. Kant advierte en sus Lecciones de pedagogía que para fundar el carácter moral de los niños hay que observar los deberes para con los demás. Debemos enseñar al niño desde muy pronto la veneración y respeto al derecho de los hombres y procurar que lo ponga en práctica. *Cfr*. Päd AA: 09: 489-489.

Conclusiones

El asunto de la relación entre ética y derecho es sumamente complejo; no sólo por la larga tradición que antecede a este problema, sino porque encontramos en la literatura posturas que parecen encontradas sobre la posición kantiana al respecto.

Hemos seguido los principales argumentos sobre la relación entre el ic y el derecho desde la discusión entre la tesis de la independencia (*Unabhängigkeitsthese*) y la tesis de la dependencia (*Abhängigkeitsthese*). La exégesis que hemos esbozado presenta una relación articulada en términos de una *conexión necesaria, pero indirecta*. Esto es, me distancio de postular al derecho como mera derivación de la moral, pero también de pensarlo desvinculado de su teoría moral.

El debate no se ha quedado sólo en manos de los comentadores de la filosofía kantiana. Hay que sumar la discusión, en parte anacrónica, de cuál sería la postura del filósofo de Königsberg respecto al derecho nacionalsocialista, así como la interpretación que la filosofía del derecho actual hace de la postura kantiana. Ahondar sobre el modo en que se ha incorporado la doctrina del derecho kantiana en el contexto de la filosofía del derecho actual es un tema que por razones de extensión del trabajo no podemos tratar con la profundidad que se requiere.

La novedad de la propuesta kantiana es que la obediencia irrestricta al derecho es un deber ético. Kant no es partidario de una teoría jurídica que justifique la revolución o la desobediencia civil ante un tirano o una ley injusta, es más bien un pensador reformador. El no derecho a la revolución o desobediencia se articulan desde un argumento tanto moral como jurídico, como veremos en los siguientes capítulos, sin embargo, la razón práctica puede y debe distinguir entre una ley justa y otra que no lo es.

La propuesta kantiana sí incluye una corrección de la moral al derecho estatutario, pero ésta se da de modo *regulativo*; ésta tiene lugar en la reflexión sobre el derecho estatutario y la necesidad de un criterio que surge de la razón para distinguir lo justo y lo injusto. Aquí entran en juego los ideales regulativos proporcionados por la razón práctica como son la paz y una constitución jurídica perfecta.

De la interacción entre derecho estatutario y derecho racional surge una nueva *Rechtssynthesis* que da como resultado una ley o un derecho que asume tanto elementos *a priori* (principios metafísicos del derecho) como elementos empíricos (contexto, poder, tiempo, lugar, país). En este sentido, los enunciados jurídicos suponen, en su misma formulación, una mediación entre estos dos elementos.

La comprensión de "moral" y "ético" desde los sentidos propuestos puede ayudarnos a sostener la tesis de la separación, pero no su desvinculación; simultáneamente, esto tiene la ventaja de ser una clave hermenéutica que permite identificar en qué connotación (sentido) se privilegian los partidarios de la tesis de la independencia (*Unabhängigkeitsthese*), así como los que defienden la dependencia (*Abhängigkeitsthese*).

Los partidarios de la tesis de la dependencia (*Abhängigkeitsthese*) recurren a los conceptos amplios de moral para subrayar su conexión, expandiendo así el criterio hermenéutico de los términos y permitiendo una visión sistemática en la que la moral proporciona los elementos de legitimidad al derecho; los partidarios de la tesis de la independencia (*Unabhängigkeitsthese*) subrayan en cambio los términos de manera estricta, así como los pasajes en los que Kant destaca la dimensión real y fáctica del derecho.

La relación entre la ética, la moral y el derecho nos permite, de nuevo, constatar que la mayoría de los conceptos más importantes de la filosofía kantiana suelen tener distintos sentidos y que la *Metafísica de las costumbres* es un lugar privilegiado para ver el desarrollo de estos conceptos. Una lectura atenta permite percatarse de que la doctrina del derecho no es una repetición tautológica de la teoría moral, pero tampoco una propuesta desarticulada.

De los distintos significados consideramos que, aunque moral y ética en ocasiones son sinónimos, pensamos que en sentido general el primero es más amplio que el segundo. Kant advierte que es así en los trabajos preparatorios para la *Metafísica de las costumbres*.[144] A partir de dicha distinción, propusimos separar con fines metodológicos los términos para después interpretarlos en continua interacción, y así explicar lo posible, lo real y lo necesario del derecho. Algunas de las principales funciones que surgen del método que seguimos son las siguientes.

Las funciones de lo "moral" en la *Rechtslehre*:

1. *La racionalidad, la posibilidad de concebir las leyes jurídicas como leyes de la razón práctica.* El vínculo entre racionalidad y moral se da precisamente porque las leyes morales-jurídicas tienen como punto de partida leyes para el uso de la libertad externa en el mundo. Desde el vínculo entre racionalidad y moral se configuran: *a)* las leyes para la libertad en el ejercicio de la libertad jurídica, *b)* los principios morales y racionales *a priori* para que el derecho sea racional y legítimo y *c)* las pautas evaluativas que funcionan como criterios regulativos de corrección al derecho y que posibilitan el ejercicio crítico del derecho estatutario, así como los principios morales-racionales que deben regular las relaciones entre los Estados. Aquí, como veremos en los siguientes capítulos, encontraremos la idea de contrato originario y el derecho natural a la libertad.

2. *La facultad de obligar como facultad moral.* De esta manera adquiere sentido decir: *a)* el imperativo moral es una proposición que manda el deber de obedecer la ley y a partir de ésta puede desarrollarse después la facultad de obligar a los otros, es decir, el concepto de derecho; y *b)* el fundamento de la coacción como un obstáculo para no obstaculizar la libertad, que implica la idea de leyes jurídicas que posibilitan el principio de coexistencia de libertades. No se trata del monopolio del uso de la fuerza coercitiva ilegítima y sin límites, sino racional y conforme al derecho.

Las funciones de la ética en la *Rechtslehre*:

1. *La sacralidad del derecho.* La obediencia ética al derecho, al modo que, si perece la justicia, carece ya de valor que vivan hombres sobre la tierra.

2. *El deber ético de cumplir el deber jurídico de manera virtuosa.* Esto implica la posibilidad de convertir los deberes legales en éticos (en sentido

---

[144] VAMS AA: 23: 386.

estricto) a través de una motivación propiamente ética, así como el deber de cumplir virtuosamente lo que exige la legislación jurídica. El principio del deber jurídico es: *debo actuar como si mis máximas fueran vistas por todos, así como por Dios. No puedo aprovechar la ventaja que tiene mi corazón al estar cerrado. Si uno pudiera ser visto en el corazón por cualquiera, tendría que adoptar buenas máximas.*[145]

---

[145] *Das principium der rechtlichen Pflicht ist: ich muß so handeln, als wenn meine maximen eben so von jedermann wie von Gott gesehen würden. Ich kann mir des Vortheils nicht bedienen, daß mein Herz Fensterladen hat. Würde einem jeden ins Herz gesehen werden können, so müßte er gute maximen annehmen. Reflexionen zur Rechtsphilosophie.* Refl. 7822 AA: 19: 525.

Capítulo 3

La crítica kantiana al derecho natural

La virtud, y con ella, la sabiduría humana en su entera pureza, son ideas. Pero el sabio (del estoico) es un ideal, es decir, un ser humano que existe meramente en el pensamiento, pero que es enteramente congruente con la idea de la sabiduría. Así como la idea suministra la regla, así el ideal, en ese caso, sirve de modelo para la determinación completa de la copia; y no tenemos otra norma de nuestras acciones que la conducta de este hombre divino [que llevamos] en nosotros, con la que nos comparamos, nos juzgamos, y con ello nos hacemos mejores, aunque nunca podamos alcanzarla. Aunque no se les otorgue nunca realidad objetiva (existencia), no por eso estos ideales se tienen que tomar por quimeras, sino que suministran una norma indispensable de la razón; ésta precisa el concepto de aquello que es completo en su especie, para apreciar y medir por él el grado y las carencias de lo incompleto.[1]

El filósofo de Königsberg no figura entre los representantes más importantes del iusnaturalismo moderno ni es considerado un continuador del iusnaturalismo clásico. Su filosofía es una síntesis original de las discusiones de su tiempo y su propuesta filosófica difícilmente se puede catalogar dentro las corrientes de su época.

La propuesta kantiana de racionalidad práctica permea y condiciona la fundamentación última de la obediencia, tanto de la ética como del derecho; es la razón de manera autónoma la que manda de forma categórica obedecer la ley y son las personas como sujetos racionales-morales a las que

---

[1] *Tugend und mit ihr menschliche Weisheit in ihrer ganzen Reinigkeit sind Ideen. Aber der Weise (des Stoikers) ist ein Ideal, d. i. ein Mensch, der bloß in Gedanken existirt, der aber mit der Idee der Weisheit völlig congruirt. So wie die Idee die Regel giebt, so dient das Ideal in solchem Falle zum Urbilde der durchgängigenBestimmung des Nachbildes; und wir haben kein anderes Richtmaß unserer Handlungen, als das Verhalten dieses göttlichen Menschen in uns, womit wir uns vergleichen, beurtheilen und dadurch uns bessern, obgleich es niemals erreichen können. Diese Ideale, ob man ihnen gleich nicht objective Realität (Existenz) zugestehen möchte, sind doch um deswillen nicht für Hirngespinnste anzusehen, sondern geben ein unentbehrliches Richtmaß der Vernunft ab, die des Begriffs von dem, was in seiner Art ganz vollständig ist, bedarf, um darnach den Grad und die Mängel des Unvollständigen zu schätzen und abzumessen.* KrV A: 569-570 [B: 597-598].

163

esta ley está dirigida. Es asumiendo esta tesis que se puede interpretar el sentido y el lugar del motivo iusnatural en la doctrina del derecho kantiana.

Tanto la tradición del iusnaturalismo como del contractualismo adquieren su lugar sistemático en la medida que se articulan con la racionalidad práctica. Esto es, en tanto que funcionan como preceptos para construir un sistema que surja de la razón (*aus der Vernunft hervorgehendes System*) como el que Kant le exige a la doctrina del derecho como primera parte de la *Metafísica de las costumbres*.

El derecho natural contiene principios de enjuiciamiento (*diuudicationis*), no de ejecución.[2] ¿Qué puede enjuiciar (evaluar) el derecho natural? La legitimidad de lo que debería legislarse jurídicamente entre personas, entre ciudadanos y entre Estados. Esto incluye la argumentación de lo que no debe legislarse.

Kant fue un lector de los debates de su tiempo y uno de los más importantes era precisamente las fuentes de la legitimación del derecho. La crítica kantiana a las doctrinas del derecho natural radica en su imprecisión por determinar el lugar de la *jure naturae* en la filosofía práctica a partir de principios. Éstas, según él, no han sabido indicar los límites entre moral y derecho natural. De ahí que las proposiciones de ambas ciencias se confundan.[3] La pretensión es delimitar sus fronteras, por lo tanto, presentar la doctrina

---

[2]   VNR/Feyerabend, AA: 27: 1337. Utilizamos la versión en italiano-alemán: *Lezioni sul diritto naturale* (*Naturrecht Feyerabend*), Hinske N. y Sadun Bordoni, G., Bompiani, trads. y eds., edición bilingüe, Milán, 2016. Si bien, "Las lecciones de derecho natural" no son escritas por Kant, sino que se refieren a los apuntes de Feyerabend, sabemos que Kant impartió, al menos, 11 veces el curso de derecho natural y probablemente 12, desde los años 1766/1767 hasta 1788, cuyo hilo conductor era el *Ius Naturae* de Achenwall (1767). *Cfr.* Adela Cortina, "Estudio preliminar", en Immanuel Kant, *Metafísica de las costumbres*, Madrid, Tecnos, 2008, XVII. Para el tema que nos ocupa en este capítulo las consideramos una referencia significativa.

[3]   VNR/Feyerabend, AA: 27:1321. En este sentido, como advierte el estudio crítico elaborado por Macarena Marey y Nuria Sánchez Madrid: "La 'Introducción' de *Naturrecht Feyerabend* presenta una crítica [...] la imputación a la tradición del derecho natural de una doble incapacidad para determinar con exactitud las líneas demarcatorias entre naturaleza y libertad, por un lado, y entre ética y derecho, por el otro. Kant resalta que ubicar con precisión el lugar del derecho natural en la filosofía práctica es condición necesaria para poder definir el concepto mismo del derecho". Macarena Marey y Nuria Sánchez Madrid, "Estudio crítico", en "La 'Introducción' a las 'Lecciones sobre derecho natural' de Kant anotadas por Feyerabend, *Con-textos Kantianos. International Journal of Philosophy*, núm. 3, junio, 2016, p. 394.

kantiana del derecho natural debe tener en la mira los límites formulados por el propio Kant, a manera de críticas, a los profesores de derecho natural.[4]

El primer límite es que *a)* el fundamento propio del derecho no debe mezclarse con cuestiones éticas[5] ni con consideraciones teleológicas, pues la libertad que fundamenta el derecho natural no se puede confundir con la libertad para perseguir la felicidad (*Glückseligkeit*) o la perfección (*Vollkommenhedit*). Esta crítica se dirige contra el argumento iusnaturalista que compromete la observancia del deber jurídico en función de la capacidad instrumental de una ley para conducir a la felicidad (eudemonismo político).[6]

Desde ésta surge la segunda crítica, esta es, *b)* la dificultad básica para ubicar correctamente el derecho natural en el sistema de la filosofía moral radica en una concepción errónea de la relación entre libertad humana y ley, y la diferencia que esto implica con las leyes de la naturaleza. Éste es el punto neurálgico de la discusión.[7] Independientemente de si Kant logra su cometido, su pretensión es presentar un sistema en el que la libertad sea ella misma su ley (*Sie muß sich selbst Gesetz seyn*), y se presenta sin someterla a legislaciones fundadas en los principios de perfección o la felicidad. La restricción de la libertad en el derecho no puede encontrar su último fundamento en leyes de la naturaleza: "Las leyes son o leyes naturales o leyes de la libertad. Si ha de estar bajo leyes, la libertad tiene que dar ella misma las leyes [...] Si la libertad está sometida a una ley de la naturaleza, entonces no es libertad. Ella tiene que ser, por eso, ella misma ley. Parece ser difícil

---

[4] Las críticas al derecho natural son un tópico común en la filosofía práctica kantiana. Kant alude a éstas o las asume en distintas obras como: *Las lecciones de derecho natural de Feyerabend* (1784), *Recensión del ensayo sobre el principio del derecho natural de Gottlieb Hufeland* (1786) y *En torno al tópico: tal vez eso sea correcto en teoría, pero no sirve para la práctica* (1793). Estas críticas son punto de partida necesario para comprender la doctrina del derecho natural de la RL.

[5] Aquí se trata del sentido estricto de ético, según lo que vimos en el capítulo 2.

[6] Se trata de la tesis en oposición al eudemonismo político, es decir, a la idea de que el derecho y el Estado se justifican instrumentalmente por su capacidad de garantizar la felicidad de los individuos. *Cfr.* Macarena Marey y Nuria Sánchez Madrid, "Estudio crítico", p. 394.

[7] La crítica fundamental al derecho natural tradicional es precisamente el no haber comprendido la distinción necesaria entre leyes de la naturaleza y leyes de la libertad. *Cfr.* Gianluca Sadun Bordoni, "Kant e il diritto naturale. L'Introduzione al Naturrecht Feyerabend", *Rivista internazionale di filosofia del diritto*, núm. 2, 2007, pp. 201-282.

comprender esto y todos los profesores del derecho natural erraron el punto, que, de todos modos, nunca hallaron".[8]

Si el fundamento del derecho es pragmático y, por ello, hipotético, entonces no se trata de leyes de la libertad; esta es una de las principales razones por las que la teoría kantiana se separa de la de Hobbes. La terminología y la misma estructura del *Leviatán* nos llevan a afirmar que se trata casi enteramente de un tratado de antropología y su punto de partida es un imperativo racional, pero pragmático. El fundamento del derecho y el Estado se encuentra en leyes que condenan la actuación del ser humano a sólo un beneficio propio e hipotético.[9] Esto implica una noción de razón que para Kant se agota en cálculo de los apetitos, beneficios, premios y castigos.

El tercer límite se refiere *c)* al afán en la precisión[10] de la coacción jurídica.[11] Kant crítica que los autores del derecho natural no precisan las leyes a cuya observancia uno puede ser coaccionado y cuál es la coacción que no es contraria al deber. De esta crítica surgirá una distinción conceptual que se puede deducir desde el segundo capítulo, pero que preferimos apuntar en éste. Derivado del afán de precisión que Kant le exige a la coacción jurídica, el derecho podrá ser entendido desde su sentido amplio y desde un

---

[8] *Die Gesetz sind entweder Naturgesetze, oder Gesetze der Freyheit. Die Freiheyt muß, wenn sie unter Gesetzen seyn soll, sich selbst die Gesetze geben. Nehme die Gesetze aus der Natur, so wäre sie nicht frei. Wie kann Freyheit sich selbst ein Gesetz seyn? Ohne Gesetze läßt sich keine Ursache, mithin kein Willen denken, da Ursache das ist, worauf etwas nach einer beständigen Regel folgt. Ist Freiheit einem Gesetz der Natur unterworfen, so ist sie keine Freiheit. Sie muss sich daher selbst Gesetz seyn. Das einzusehen, scheint schwer zu seyn, und alle Lehrer des Naturrechts haben um den Punkt geirret, den sie aber nie gefunden haben.* VNR/Feyerabend, AA: 27:1322-1323.

[9] "[L]a recompensa y el castigo (mediante los cuales cada nexo y cada miembro vinculado a la sede de la soberanía es inducido a ejecutar su deber) son los nervios que hacen lo mismo en el cuerpo natural; anudando al trono de la soberanía cada articulación y cada miembro, de tal manera que todos sean movidos a realizar su tarea". Thomas Hobbes, *Leviatán*, Antonio Escohotado, trad., Madrid, Editora Nacional, 1980, 117.

[10] Como expone Höffe: "El reino del derecho es también comparable a las matemáticas porque las leyes ('Doctrina del derecho') deben determinar a cada uno lo que es legalmente suyo, 'con precisión matemática', lo que 'no se puede esperar' en el reino de la virtud" (líneas 19-21). Otfried Höffe, en "Der kategorische Rechtsimperativ", en *Immanuel Kant: Metaphysische Anfangsgründe der Rechtslehre*, Otfried Höffe (ed.), Berlín, Akademie Verlag, 2010, p. 58. [La traducción es mía.]

[11] Esta dificultad se encuentra en RezHufeland AA: 08: 129 y VNR/Feyerabend, AA: 27:1334.

sentido estricto (*ius strictum*).[12] De esta manera, el primero se refiere al derecho libre de coerción y el segundo al derecho coercitivo.[13] Así, la división del derecho puede ser también entre uno coercitivo (*Zwangsrecht*) y un derecho libre de coacción (*Zwangsfreyes Recht*).

El derecho, en su sentido *estricto*, es el que exige observancia sólo con las disposiciones públicamente declaradas.[14] Es un deber perfecto, pues podemos determinarle con precisión una coacción jurídica. El derecho, en sentido amplio, es el que está mezclado con alguna consideración ética, pero a la vez justa y, por ende, se trata de un deber imperfecto porque no podemos determinar una coacción jurídica ni el modo preciso en que debe ser legislado. Esto no significa que sea un deber de benevolencia; el matiz es que, por su propia naturaleza, según Kant, es difícil de determinar.[15]

La máxima metodológica de la precisión nos permite observar dos formas de entender el derecho: derecho en sentido estricto (*ius estrictum*), coercitivo y perfecto, y derecho en sentido amplio (*ius latum*), no coercitivo e imperfecto.

Uno de los ejemplos que Kant expone en distintas partes[16] es la equidad. El término en latín usado por Kant es *Aequitas* y en alemán *Billigkeit*. En la RL advierte que este último y el derecho de necesidad (*Nothrecht*) son derechos equívocos[17] (*Ius aequivocum*); aunque son auténticos derechos, tenemos que separarlos de la Doctrina del derecho propiamente dicha con

---

[12] A partir de esta diferencia, Enrique Serrano advierte que al yuxtaponer la distinción entre derecho estricto-derecho amplio, y esta división general, tenemos que el derecho natural y el derecho innato forman parte del derecho en sentido amplio; mientras que el derecho positivo y el derecho adquirido, constituyen el derecho en sentido estricto. *Cfr.* Enrique Serrano Gómez, *La insociable sociabilidad. El lugar y la función del derecho y la política en la filosofía de Kant*, Madrid, Anthropos, 2004, p. 79.

[13] VNR/Feyerabend, AA: 27: 1334.

[14] *Idem.*

[15] El juez no tiene otra opción según el derecho estricto [pero habla según la equidad]. Sin embargo, no puedo obligar a nadie sobre la base de la equidad. No obstante, la equidad podría tenerse en cuenta en la legislación y se podrían hacer leyes que armonizaran con la equidad. Pero en la administración de las leyes, la equidad no tiene lugar. VNR/Feyerabend, AA: 27: 1370.

[16] VNR/Feyerabend AA: 27: 1334, 1359, 1360, 1370. MS AA: 06: 234.

[17] Kant separa la equidad y el derecho de la necesidad del derecho estricto por falta de precisión matemática. Cuando la cuestión no puede determinarse con precisión, para Kant, no se puede hablar de justo e injusto obligatorios. Otfried Höffe, "Der kategorische Rechtsimperativ", p. 58. [La traducción es mía.]

el fin de que sus vacilantes principios no influyan en los firmes principios de ésta.[18]

La cuarta crítica se dirige a *d)* descartar que el principio del derecho puede basarse en una relación de concordancia con la voluntad divina.[19] Ante esta crítica, Kant contrapone su propio principio del derecho, basado en la idea de concordancia de las libertades externas.

Las críticas esbozadas son a la vez los límites en donde se deben ubicar las fronteras del derecho natural y sus específicas funciones; éstas tienen como punto de partida el modo en que la libertad desde una doctrina del derecho natural debe ser principio. De esto depende cómo se articulan las relaciones en la tríada conceptual: doctrina del derecho natural, moral y el derecho positivo (estatutario). Las funciones del derecho natural se encuentran en ese "espacio" de lo que es legítimo exigir en una legislación jurídica que promulga derechos positivos susceptibles de coacción externa.

Debemos de agregar un ingrediente a la complejidad de la temática: la tradición de la doctrina del derecho natural es profunda y rica en matices;[20]

---

[18]   MS AA: 06: 233.

[19]   VNR/Feyerabend, AA: 27: 1329.

[20]   Dentro de la historia de la filosofía del derecho existen distintos tipos de iusnaturalismos que suelen estar asociados a las distintas etapas de la historia, aunque en algunas ocasiones refieren autores específicos. La caracterización es complicada porque sus representantes abordan con sus respectivos matices. Algunos estudiosos actuales del derecho natural como Massini advierten que hay cinco tipos de iusnaturalismos: uno de corte clásico, cuyas raíces se encuentran en las tradiciones filosóficas representadas por Aristóteles y santo Tomas de Aquino; un iusnaturalismo empirista, contractualista, que tiene como principal representante a Hobbes; el propio de la Escuela Moderna del derecho natural teniendo a Grocio y Pufendorf a la cabeza; un iusnaturalismo de corte marxista, explicado fundamentalmente por Ernest Bloch; y uno kantiano. *Cfr.* Javier Saldaña, *Derecho natural, tradición, falacia naturalista y derechos humanos*, México, UNAM-Instituto de Investigaciones Jurídicas, 2012. Algunos otros, como Carpintero, parecen inclinarse a distinguir sólo tres tipos: el clásico, el moderno y uno actual que surge de las ideas decimonónicas, aunque en algunos momentos de su caracterización tienda a considerar el iusnaturalismo clásico como el "verdadero modelo". Francisco Carpintero, "Los tres iusnaturalismos", *ARS IURIS Revista del Instituto de Documentación e Investigación Jurídicas de la Facultad de Derecho de la Universidad Panamericana*, vol. 12, 1994, pp. 87-106. La propuesta de la filosofía del derecho kantiana ha sido interpretada también desde premisas iusnaturalistas. Para Massini, por ejemplo, la doctrina del derecho kantiana es iusnaturalista y tiene como punto de partida una concepción deontológica de la justicia; en este sentido, defiende que la concepción kantiana del derecho es *inequívocamente* iusnaturalista y consideran al filósofo de Königsberg fundador de un tipo peculiar de iusnaturalismo: "Kant acepta la existencia de principios a la vez jurídicos y no positivos, es decir, naturales, afirmación que no es sino la quintaesencia del iusnaturalismo". *Cfr.* Carlos Massini, "La concepción deontológica de la justicia: el paradigma kantiano", *Anuario de Facultade de Dereito da Universidade da Coruña*, núm. 3, 1999, p. 353.

es importante explicitar las premisas mínimas para que, partiendo de éstas, podamos responder a la pregunta: ¿qué rol juega ésta en la filosofía del derecho kantiana? Pues es un hecho que la incluye, la pregunta es cómo se articula sistemáticamente, respetando las propias críticas que Kant hace al iusnaturalismo.

Lo peculiar de una doctrina iusnaturalista es que se inspira en la noción de ley natural como una de las fuentes del derecho e incluye la referencia, al menos, a un derecho natural. Tiene dos premisas:[21] hace alusión a un conjunto de normas, criterios y principios jurídicos racionales que se derivan de la naturaleza humana o de la naturaleza específica de la razón humana y, por ende, defiende que el último criterio de legitimidad de éstos no es sólo el derecho positivo. Es especialmente por esta segunda característica que el iusnaturalismo forma parte del grupo de teorías que se agrupan

---

Otro de los estudiosos de la historia de la filosofía del derecho que Kant considera iusnaturalista, pero que resalta la novedad en su planteamiento, es Truyol: "Dado el nuevo papel de la razón en la filosofía de Kant, aparece como 'derecho racional', por cuanto no se trata de extraer de la naturaleza un orden de conducta humana, sino de desplegar la actividad formalizadora de la razón. El derecho racional, *a priori*, es el objeto propio de la filosofía, quedando reservada a los juristas a la consideración del derecho positivo". Antonio Truyol y Serra, *Historia de la filosofía del derecho y del Estado: del Renacimiento a Kant*, vol. 2, Madrid, Alianza, Universidad Textos, 1988, p. 392.

[21] Para Finnis los principios de la ley natural son: "i) una serie de principios prácticos básicos que muestran las formas básicas de realización humana plena como bienes que se han de perseguir y realizar, y que son usados de una manera u otra por cualquiera que reflexiona acerca de qué hacer, sin importar cuán erróneas sean sus conclusiones; y ii) una serie de exigencias metodológicas básicas de razonabilidad práctica (siendo ésta una de las formas básicas de la realización humana plena) que distinguen el pensamiento práctico correcto respecto del incorrecto, y que, cuando se hacen todas operativas, proporcionan los criterios para distinguir entre actos que son (siempre o en circunstancias particulares) razonables consideradas todas las cosas (y no simplemente en relación a un objetivo particular) y actos que son irrazonables consideradas todas las cosas, i.e., entre modos de obrar que son moralmente rectos o moralmente desviados, haciendo posible formular una serie de pautas morales [....] los principios de la ley natural, así entendidos, se hacen presentes no solamente en la ética o filosofía moral y en la conducta individual, sino también en la filosofía política y en la teoría del derecho". John Finnis, *Ley natural y derechos naturales*, Buenos Aires, Abeledo-Perrot, 2000, p. 58. Para Finnis, la formulación del imperativo categórico kantiano contiene una de las exigencias básicas de la razonabilidad práctica: el respeto a todo valor básico en todo acto. *Ibid.*, p.151. Para Massini "el iusnaturalismo se caracterizará también por dos tesis: i) la 'tesis de las fuentes racionales', según la cual las fuentes sociales (positivas) de las normas jurídicas pueden ser valoradas racionalmente en cuanto a la validez de sus contenidos; en otras palabras, esta tesis mantiene que a lado de (y en un cierto sentido, sobre) las fuentes sociales del Derecho Normativo, existe una fuente racional de contenidos normativo-jurídicos; y ii) la 'tesis de la relación', conforme a la cual existe una relación constitutiva entre el derecho y la ética". Carlos Ignacio Massini-Correas, "Iusnaturalismo e interpretación", *Jurídica. Díkalón*, vol. 19, núm. 2, diciembre, 2010, pp. 399-425.

dentro de las posturas no positivistas que sostiene la *tesis de la vinculación* (*Verbindungsthese*) entre el derecho y la moral.

La teoría moral y la doctrina del derecho natural se vinculan desde las funciones específicas que Kant le otorga al segundo. Las funciones del derecho natural en la *Rechtslehre*, como precepto sistemático (*systematischer Lehren*) son regulativas y evaluativas del derecho positivo, y desde estas coordenadas integra el elemento racional del concepto de derecho, pero, también, implican un derecho como facultad moral (*moralischer Vermögen*); en tanto para Kant el derecho innato a la libertad corresponde a cada uno por naturaleza, con independencia de todo acto jurídico (*welches unabhängig von allem rechtlichen Act jedermann von Natur zukommt*).[22]

La doctrina kantiana del derecho natural se incorpora al sistema de la filosofía práctica, por un lado, desde la tesis de que la libertad es el único derecho nativo, y por otro, según los límites señalados y formulados como críticas a los profesores de derecho natural. Tomando en cuenta lo anterior, la cuestión del tercer capítulo es cuál es la función del derecho natural en la filosofía del derecho kantiano, y cómo se articula éste dentro de la propuesta sistemática del filósofo de Königsberg.

Presentaremos las principales objeciones a la exégesis de la doctrina del derecho kantiana como un modelo jurídico-racional que se legitima en función de la idea del derecho nativo a la libertad. En un segundo apartado responderemos las objeciones, a la par que expondremos nuestra propuesta. En un tercer apartado, señalaremos las intersecciones temáticas que el derecho natural evalúa y regula; de esta manera, en el cuarto apartado mostraremos sus principales funciones.

Por último, a manera de conclusión, propondremos que existen presupuestos que pueden ser interpretados en clave de una argumentación iusnaturalista en la doctrina del derecho. De entre éstos, podemos apuntar la posibilidad del ejercicio crítico del derecho estatutario desde la consideración de una "ley natural"; sin embargo, aquí "natural", como veremos, debe concebirse como una ley de la racionalidad práctica. Dicho esto,

---

[22]   *Cfr.* MS AA: 06: 237.

consideramos que el rechazo explícito de Kant sobre la posibilidad de una fundamentación del deber, desde premisas del iusnaturalismo, introduce una forma crítica-trascendental de comprender el derecho natural y que, por ende, es necesario admitir matices;[23] precisamente en éstos se encuentra la originalidad de la propuesta de la doctrina kantiana del derecho natural.

3.1. Objeciones a un modelo jurídico-racional desde la implementación de la idea del derecho innato a la libertad

El conjunto de estas objeciones suele estar conectado con la tesis de la independencia (*Unabhängigkeitsthese*) que abordamos en el segundo capítulo, sin embargo, en éste expondremos las objeciones que surgen al considerar la filosofía jurídica-política de Kant desde un modelo en el que la legitimidad del derecho y del Estado se encuentren en función de la implementación (*Umsetzung*) del derecho a la libertad. Nos interesa esclarecer la cuestión de la legitimidad del derecho y del Estado en relación con el derecho a la libertad. Esto, a su vez, nos remite al tipo de motivos de la salida del estado naturaleza (*exeundum*) para la conformación de un Estado jurídico; pues si es posible interpretar la filosofía jurídica-política kantiana desde las coordenadas de su legitimación en función de hacer posible la libertad, esto nos debe llevar a decir que el *exeundum* para constituir un estado civil es, en este sentido, también, un mandamiento moral. Respecto a la discusión más detallada del tipo de contractualismo kantiano, así como el debate sobre los motivos para la salida del estado de naturaleza dedicaremos el capítulo 5.

Tomando en cuenta lo anterior, esbozo la primera objeción que apodo como "matriz" y dos objeciones que la secundan; las tres objeciones que

---

[23] Véase el artículo de Roberto Rodríguez Aramayo y su interpretación sobre el tema del formalismo kantiano en el derecho. "El dilema kantiano entre antropología y ética ¿acaso representa los dictámenes jurídicos-penales de Kant en una concreción casuística del formalismo ético". Roberto Rodríguez Aramayo y Faustino Oncina (comps.), *Ética y antropología: un dilema kantiano*, Granada, Comares, 1999.

esbozaré giran en torno a la cuestión de si el derecho a la libertad puede funcionar como criterio de legitimidad del Estado y del derecho.

3.1.1. La filosofía jurídica-política no es una teoría de la implementación (*Umsetzung*) del derecho a la libertad[24]

El Estado, según esta exégesis, existiría para implementar y asegurar los derechos de libertad de todos los seres humanos, en cuanto esos derechos son protegidos a través de instituciones jurídicas efectivas. En este sentido, el Estado puede ser considerado como garante cabal de los derechos individuales de libertad. El derecho a la vida, a la integridad física y psíquica, los derechos de libertad política, profesional y religiosa (las especificaciones del derecho originario a la libertad de Kant) logran su valor completo o justo sólo cuando son implementados al interior de un orden jurídico estatal, con una justicia en funciones y una capacidad sancionatoria eficiente.

Esta interpretación haría al filósofo de Königsberg un precursor de una *teoría consecuencialista*, y Kant no es ningún consecuencialista. Por ello, la circunstancia de que el Estado ofrezca un marco realmente favorable para la realización del derecho originario a la libertad no puede ser un argumento moral a su favor. Además, ni el establecimiento del Estado ni su manutención evidencian un balance integral moralmente absoluto, pues ambas cosas requieren hacer uso de violencia extrema —también de violencia injusta— para su establecimiento o su estabilización.

Si la interpretación moral de la doctrina del derecho kantiana, basada en la libertad, fuese correcta, entonces su filosofía política se apoyaría sobre un cálculo de consecuencias, que estaría dirigido a las circunstancias más favorables para la realización del originario derecho a la libertad. Luego, el Estado sería un eficiente aval de un alto nivel de la libertad para cada individuo en relación con todos los demás. Sin embargo, desde la óptica kantiana, el derecho originario a la libertad debería valer independientemente

---

[24] Sigo las objeciones que Horn advierte. *Cfr.* Christoph Horn, "¿Qué es erróneo de una interpretación moral de la filosofía política de Kant?", en *Forzados a ser libres. Kant y la teoría republicana del derecho*, Juan Ormeño Karzulovic, trad., y Miguel Vatter y Juan Ormeño Karzulovic (eds.), Santiago, FCE, 2017, pp, 67-96.

de la cuestión de su realización más eficiente posible. A ello se agrega que el Estado no tiene ningún balance moral óptimo que exhibir, sino uno que, en todo caso, es sólo relativamente favorable. Para reforzar esta objeción se utilizan dos argumentos principales.

3.1.2. El no derecho a la resistencia

Si el derecho a la libertad es la idea que legitima al derecho y al Estado, tendríamos que conceder que cuando haya una violación a ésta, se podría justificar su desobediencia. Aquí surge, para Horn, una imagen de conjunto de la filosofía política de Kant, profundamente ambivalente: por un lado, Kant se muestra como un republicano demócrata radical que quiere someter toda legislación al test de la legitimación de la voluntad unida del pueblo; por otro, su intención principal parece excluir el derecho de resistencia ciudadana en el Estado (tanto la desobediencia civil, la revolución, como reformas radicales).

En la "Conclusión" de la doctrina del derecho, Kant rechaza el derecho de resistencia. El texto suministra una justificación para la prohibición del derecho de resistencia precisamente desde la perspectiva de la intangibilidad de cualquier constitución, una vez establecida. Sin embargo, la posición de Kant resulta insatisfactoria. Uno debería preguntarse, por lo menos, si los defectos de una constitución no podrían ser tan evidentes como para que la resistencia al poder del Estado constituyese una alternativa moralmente preferible. Pero dado que Kant no es un teórico de la implementación, en el sentido antes descrito, no puede conceder este punto.

3.1.3. Las limitaciones de la ley fundamental de derecho (objeción del alcance)

Esta objeción se encuentra ya esbozada en el capítulo segundo, se refiere al alcance limitado de la norma jurídica universal; no sólo por el hecho de que se refiere a regular las libertades externas de seres humanos, sino que ésta sólo se refiere meramente a los miembros de la comunidad jurídica y a los ciudadanos del Estado. En este sentido, la aplicación efectiva de la norma jurídica universal haría diferencias en cuanto a los derechos de hombres, mujeres y funcionarios. En el contexto de la discusión que ahora nos ocupa, esto supondría que la idea de libertad no puede funcionar como ideal regulativo-moral, porque el derecho a la libertad no está dirigido a todos los seres humanos que viven en comunidad, sino sólo a algunos privilegiados.[25]

3.2. Respuesta a las objeciones

3.2.1. Respuesta a 3.1.1. La filosofía jurídica-política no es una teoría de la implementación del derecho a la libertad

El argumento de la implementación del derecho a la libertad supone que se legitime al Estado en términos de su eficiencia (argumento consecuencialista); mirado desde esta óptica, Kant tendría que argumentar la necesidad del derecho y el Estado en función de la eficiencia y en relación con los destinatarios. A esto hay que agregar la posición kantiana de la obediencia irresistible a la autoridad (objeción 3.1.2.) y las limitaciones del principio fundamental del derecho (objeción 3.1.3.).

---

[25] Zotta enfatiza desde una visión crítica de la postura de la propiedad privada kantiana que en realidad el derecho a la libertad que Kant busca proteger es especialmente el de la propiedad privada, y que ésta se dirige a los varones que hayan adquirido tierras. "Para Kant es *a priori* razonable que el pueblo se coloque bajo un monopolio estatal de la fuerza, y que este monopolio de la fuerza proteja el derecho más elemental de la libertad del hombre: la propiedad privada o, como la llama Kant, 'lo mío y lo tuyo'. Puesto que son los propietarios privados los que se unen bajo el monopolio de la fuerza, es también a ellos a quienes Kant concede el único derecho de voto. Los propietarios no tienen el deber de asegurar la igualdad social. Todo aquel que haya adquirido legalmente propiedad privada le pertenece sin restricciones. El Estado sólo protege lo que ya se ha adquirido legalmente en la condición preestatal. Al mismo tiempo, la constitución civil asegura las leyes razonables que los propietarios deciden por sí mismos y, por tanto, también para todos los demás. Esto incluye a Kant sobre todo en las leyes que regulan la libre circulación de mercancías o que se refieren a la actividad legal de los propietarios como participantes en el mercado". [La traducción es mía.] Franco Zotta, "Die Unausdenkbarkeit der Verzweiflung", *Zeitschrift für kritische Sozialtheorie und Philosophie*, vol. 1, núm. 1, 2014, pp, 179-180. El trabajo más completo sobre las críticas que hace Zotta se puede apreciar en: Franco Zotta, *Immanuel Kant. Legitimität und Recht. Eine Kritik seiner Eigentumslehre, Staatslehre und seiner Geschichtsphilosophie*, Friburgo/München, Verlag Karl Alber, 2000.

Tomar postura sobre si la libertad puede funcionar como el elemento normativo-evaluativo del derecho y del Estado es sin duda una cuestión álgida,[26] pues en el fondo se trata también de si en la doctrina kantiana del derecho hay o no límites para el poder estatal, así como para el derecho estatutario que éste promulga.

Tomando en cuenta lo anterior procedamos a responder, paso a paso, exponiendo a la par, nuestra propia postura del asunto.

a) Teoría de la mediación (*Vermittlung*) según la idea de transición (*Übergang*)

La posición kantiana, más que ser una teoría de la implementación (*Umsetzung*), debe ser comprendida desde las coordenadas de una teoría de la mediación (*Vermittlung*). Esa mediación supone aludir a la idea de transición (*Übergang*), concepto utilizado recurrentemente por Kant en la doctrina del derecho y en general en su filosofía. El concepto de *transición* (Übergang) a diferencia de *implementación* (*Umsetzung*) expresa de mejor manera el modo en que Kant concibe la relación entre el derecho innato a la libertad y la legitimación del Estado y el derecho.

La relación entre el ideal del derecho y el derecho real estatutario nos lleva a la cuestión que los comentadores ubican desde el término griego *methexis*, entre lo que dicta la razón a través del derecho natural y el derecho estatutario. Brandt considera que se trata del problema entre el platonismo y el empirismo en el contexto jurídico. Aquí se distingue entre, al menos, tres posibles respuestas a la cuestión. En primer lugar, encontramos

---

[26] Se trata de una de las objeciones más importantes. Pues si esto es así, la libertad del ámbito jurídico-estatal no puede ser el elemento normativo-evaluativo que legitime al derecho y, por ende, al Estado. Esta objeción (3.1.1.) reivindica la tesis de la independencia de la doctrina del derecho respecto a la filosofía crítica moral. Ahora bien, si llevamos a sus últimas consecuencias la tesis de la independencia, no queda claro la referencia en la filosofía jurídica-política a ideales regulativos que cumplan la función de evaluar y corregir, como es el caso del derecho a la libertad, pues asumir un criterio regulativo para el derecho implica retomar, en cierto sentido, la tesis de la dependencia.

la determinación del derecho como una idea (pura y *a priori*);[27] en segundo lugar, se advierte su dependencia a una doctrina empírica del derecho (*empirische Rechtslehre*) que contiene, en su formulación, aunque sea limitadamente, la referencia a esa idea, y en tercer lugar, una doctrina del derecho meramente empírica (*bloß empirische Rechtslehre*) que se orienta irreflexivamente sólo por la experiencia. Esta división corresponde justamente al esquema de *i)* derecho, *ii)* política como doctrina ejecutiva del derecho (*ausübende Rechtslehre*) y *iii)* una política meramente empírica (*bloß empirische Politik*) en la que "lo" político se libera de la razón.[28]

La posición kantiana, más que ser una teoría de la implementación, debe ser comprendida desde las coordenadas de una teoría de la transición (Übergang) que se sitúa entre los dos extremos, es decir, entre la idea meramente racionalista de construir el derecho sólo con ideas *a priori* y la posición de una doctrina meramente empírica y estatutaria. De esta manera, Kant es crítico tanto de las doctrinas del derecho natural como de un positivismo jurídico.

Si no se quiere caer en una *interpretación unilateral* (*Interpretation einseitig*) y, por ende, reduccionista, de la postura kantiana, se debe decir que tanto el derecho natural como el derecho positivo (estatutario) son dos elementos necesarios; y esto es así, precisamente, porque ambos *hacen posible el libre arbitrio en la esfera jurídica*. El concepto jurídico de voluntad general requiere de ambos para su legitimidad y eficacia.[29]

---

[27] Nos parece que, en cierto sentido, en esta primera respuesta estaría Dulckeit, quien interpreta la doctrina del derecho natural no sólo con validez ideal que alude a la justicia y legitimada, sino que, además, implica necesariamente una validez real y obligatoria; pues el derecho natural tiene capacidad para fundar obligatoriedad jurídica a diferencia del derecho positivo. Para él, la concordancia (empírica y contingente) con el derecho natural otorga obligatoriedad verdadera al derecho positivo. *Cfr.* Gerhard Dulckeit, *Naturrecht und positives Recht bei Kant*, Leipzig, 1932. Esta interpretación respecto a la postura de Dulckeit la encontramos en Fiorella Tomassini, *Kant y el derecho natural*, FILO/UBA, 2018, p. 3.

[28] Reinhard Brandt, *Immanuel Kant. Política, derecho y antropología*, México, Plaza y Valdés, 2001, pp. 130-131.

[29] La complejidad de este dinamismo la encontramos en la reciente obra de Martin Heuser: "Pues tanto una ley natural subjetivista como un positivismo jurídico sin sujeto jurídico se basan internamente en una oposición conceptual del libre albedrío contra la voluntad legislativa general, pero por lo tanto no en su necesaria unidad e identidad, sino en su incomprensible unidad en su identidad y por lo tanto finalmente también en una dualidad de ambas que es realmente incomprensible en sí misma. Mientras que un positivismo jurídico sin sujetos jurídicos entiende que la voluntad general legislativa del Estado no está compuesta por la idea puramente

b) El paradigma de la justicia pública en el Estado jurídico

Dicho lo anterior, debemos agregar que para Kant el Estado y su constitución jurídica (aunque deficiente) son ya una expresión (aunque imperfecta) de esa mediación (*Vermittlung*) del derecho natural y el derecho estatutario, al implicar la idea de la transición (Übergang) de la justicia privada en el estado de naturaleza a la justicia pública (öffentliche *Gerechtigkeit*) que supone un Estado jurídico.

Esto significa que, a pesar de ser deficientes e imperfectos, el derecho y el Estado empíricos deben ser vistos como expresiones del derecho a la libertad. El ser humano, para Kant, en el estado civil no ha sacrificado su libertad exterior innata, sino que ha abandonado la libertad salvaje y sin ley (*wilde, gesetzlose Freiheit*) para encontrar de nuevo su libertad en general en la dependencia legal (*gesetzlichen Abhängigkeit*); es decir, en un Estado jurídico que a través de una justicia pública pone fin a la indeterminación normativa en el estado de naturaleza.[30]

Kant no es un relativista moral; no es porque seamos incapaces de determinar nuestro deber que sea mejor optar por un positivismo jurídico,

---

práctica del contrato original de los sujetos jurídicos individuales con el Estado, sino que de este modo pone la libre voluntad de los sujetos jurídicos individuales en las leyes estatales en contraste con esta voluntad general, que en sí misma está entonces determinada por la voluntad, y por lo tanto debe negar la libre voluntad en y para sí misma, una ley natural subjetivista establece el libre albedrío para sí mismo en la relación externa de los seres humanos entre sí como un donante de ley, incluso independientemente de la voluntad general de las leyes, de modo que la legislación de Derecho Natural-privado de una voluntad individual está en un contraste profundo y en última instancia irrevocable con la legislación de una voluntad general en el estado de la sociedad civil. Por lo tanto, para el positivismo jurídico sin sujeto jurídico sólo existe el Derecho Positivo, y por lo tanto este punto de vista conduce a la completa negación del concepto prepositivo de ley natural, y por lo tanto también del concepto general de ley, de modo que este pensamiento jurídico unilateral se anula como tal de manera negativa, porque de acuerdo con esto, precisamente la ley positiva ya no puede ser entendida como ley en términos de concepto jurídico, sino que debe aparecer al sujeto jurídico individual como una obligación sin concepto jurídico". Martin Heuser, *Zur Positivität des Rechts in der kritischen Naturrechtslehre Immanuel Kants. Eine Studie zum metaphysischen Begriff des provisorisch-rechtlichen Besitzes*, Berlín, Dunker Humboldt, 2020, p. 668. [La traducción es mía.]

[30] Como expone Óscar Cubo, la situación de tener que averiguar lo que en cada caso es conforme a la justicia es el gran déficit del estado de naturaleza, y este déficit sólo puede ser solventado con la entrada en vigor de un ordenamiento jurídico positivo. Oscar Cubo, "La doble naturaleza del derecho en Kant", en *Los rostros de la razón: Immanuel Kant desde Hispanoamérica*. II Filosofía moral, política y del derecho, Gustavo Leyva Álvaro Peláez y Pedro Stepanenko (eds.), México, Anthropos/Siglo XXI, 2018, p. 205.

sin embargo, para evitar el absurdo de la indeterminación jurídica, el juez debe seguir el paradigma de la justicia pública y el ciudadano obedecer. De esta manera, se pone en juego el juicio de la razón del derecho natural contra las coerciones de la regulación estatal y constata (como Antígona) una contradicción que no puede ser superada. El ciudadano tiene que seguir el orden positivo del derecho y, sin embargo, no puede negar jamás su juicio originario opuesto sobre lo que es justo en sí mismo.[31]

Brandt advierte que, aunque Kant reconoce la importancia de la política para la transición efectiva del derecho y la función del ejercicio crítico de la razón, no expone que exista algún tipo de "cuarto poder" que vigilara el cumplimiento de esta transición, porque esto supondría una contradicción con la idea de autoridad suprema. Esto lo veremos más a detalle en el capítulo 5.

Más bien el ejercicio crítico de la razón en el ámbito de la filosofía tendría que observarlo y los legisladores tendrían el deber moral de vigilar esta transición a partir de reformas. Respecto a los juristas, como funcionarios de Estado,[32] designados institucionalmente para impartir justicia, no son los que deben interpretar el derecho natural como idea. El jurista rastrea las leyes que han de garantizar lo mío y lo tuyo (procediendo como debe en cuanto funcionario del Estado), no en su razón, sino en el código hecho público (öffentlich gegebenen) y sancionado por las más altas instancias (höchsten Orts sanctionirten Gesetzbuch):

---

[31] Reinhard Brandt, *Immanuel Kant. Política, derecho y antropología*, p. 134.

[32] A partir de esto se comprende mejor este pasaje: "Protágoras de Abdera empezaba su libro con las palabras: "Sobre si existen o no dioses, nada sé decir". Los atenienses le expulsaron por ello de la ciudad y de sus tierras y sus libros fueron quemados ante la asamblea pública (*Quinctliani Inst. Orat.* lib. 3 cap. I). En esto los jueces de Atenas, como hombres, actuaron muy injustamente con él; pero como funcionarios del Estado y como jueces, procedieron de un modo totalmente legal y consecuente; porque ¿cómo se habría podido prestar un juramento si no estuviera prescrito pública y legalmente por la autoridad superior (*de par le Sénat*): que hay dioses?". MS AA: 06: 486.
*Protagoras von Abdera fing sein Buch mit den Worten an: "Ob Götter sind, oder nicht sind, davon weiß ich nichts zu sagen"). Er wurde deshalb von den Atheniensern aus der Stadt und von seinem Landbesitz verjagt und seine Bücher von der öffentlichen Versammlung verbrannt (quinctiliani Inst. Orat. lib. 3. Cap. 1). - Hierin thaten in die Richter von Athen als Menschen zwar sehr unrecht; aber als Staatsbeamte und Richter verfuhren sie ganz rechtlich und consequent; denn wie hätte man einen Eid schwören können, wenn es nicht öffentlich und gesetzlich von hoher Obrigkeit wegen (de par le Senat) befohlen wäre: daß es Götter gebe**).*

No sería justo exigirle comprobar la verdad y legitimidad de dichas leyes, ni tampoco encargarle su defensa contra las objeciones interpuestas por la razón. Pues, dando por sentado que los reglamentos establecen aquello que es justo, el cuestionarse si los propios reglamentos lo son es algo que debe ser rechazado de inmediato por los juristas como algo absurdo. Resultaría ridículo pretender dejar de obedecer a una voluntad externa y suprema por la mera suposición de que ésta no viene a coincidir con la razón. Ya que en eso se cifra precisamente el ascendiente del gobierno, en no dejar a los súbditos la libertad de juzgar sobre lo justo y lo injusto según su propio criterio, sino conforme a la prescripción del poder legislativo.[33]

En este sentido, los jueces para Kant no son, ni deben ser, filósofos.[34] La justicia propia del Estado jurídico tiene un elemento esencial, debe ser "pública". Si se quisiera encontrar qué tipo de positivismo defendería Kant, parece ser aquel que considera que la aplicación de la ley y la promulgación de ésta debe ser precisa y no dejar incertidumbre sobre qué se debe hacer. El afán de precisión y exactitud es esencial y, por esta razón, de las distintas formas de concebir la justicia optará por la idea de una justicia pública (*öffentliche Gerechtigkeit*) como paradigma del Estado jurídico.

Los deberes del derecho estricto son perfectos a diferencia de los de la ética. Por lo que a Kant le interesa que el juez, como funcionario de Estado,

---

[33] *Der schriftgelehrte Jurist sucht die Gesetze der Sicherung des Mein und Dein (wenn er, wie er soll, als Beamter der Regierung verfährt) nicht in seiner Vernunft, sondern im öffentlich gegebenen und höchsten Orts sanctionirten Gesetzbuch. Den Beweis der Wahrheit und Rechtmäßigkeit derselben, ingleichen die Vertheidigung wider die dagegen gemachte Einwendung der Vernunft kann man billigerweise von ihm nicht fordern.*
Denn die Verordnungen machen allererst, daß etwas recht ist, und nun nachzufragen, ob auch die Verordnungen selbst recht sein mögen, muß von den Juristen als ungereimt gerade zu abgewiesen werden. Es wäre lächerlich, sich dem Gehorsam gegen einen äußern und obersten Willen darum, weil dieser angeblich nicht mit der Vernunft übereinstimmt, entziehen zu wollen. Denn darin besteht eben das Ansehen der Regierung, daß sie den Unterthanen nicht die Freiheit läßt, nach ihren eigenen Begriffen, sondern nach Vorschrift der gesetzgebenden Gewalt über Recht und Unrecht zu urtheilen (SF AA: 07: 25).

[34] Para la discusión en la filosofía del derecho actual véase Ronald Dworkin, "¿Deben nuestros jueces ser filósofos? ¿Pueden ser filósofos?", *Isonomia*, núm. 32, Leonardo García Jaramillo, trad., abril, 2010, pp. 7-29.

al dar su veredicto, no acuda a juicios privados sobre lo que es justo para él, sino en función de lo que está promulgado (legislado).

A Kant le interesa defender una postura en que la necesidad de la idea de derecho y del Estado no dependan de si se logra, efectivamente y a cabalidad, con los presupuestos de una teoría consecuencialista en la que se justifique, por una alusión al modo de una justicia natural, regresar a través de la violencia a un Estado sin ley. El filósofo de Königsberg es enfático en considerar que la inversión de todos los conceptos jurídicos se da cuando hay una revolución que asesina a su monarca.

¿Cómo, entonces, debemos de concebir la posición kantiana respecto el elemento evaluativo-regulativo de la libertad en el derecho positivo y en la política? El delicado matiz consiste en interpretar a Kant como pensador reformador (*Reformdenker*) que considera que el derecho a la libertad constituye un elemento evaluativo y regulativo del derecho estatutario y que, para *transitar* a un mejor reconocimiento de éste, se debe optar por *reformas*, no por *revoluciones* armadas. Reformas[35] que no suponen regresar a un Estado de violencia y sin ley, sino que lograrían promulgar, paulatinamente, una constitución más justa, pues el Estado y el derecho estatutario empíricos, aunque imperfectos, implican ya la idea de transición (Übergang) entre una libertad sin ley (*gesetzlose Freiheit*) en el estado de naturaleza y un Estado jurídico.

Compartimos en parte la objeción según la cual Kant no es un teórico consecuencialista al modo que una doctrina iusnaturalista supondría, ya sea desde la vertiente clásica como moderna. Su postura se ubica en comprender la doctrina del derecho como transición (*Übergang*) entre el derecho natural y el derecho estatutario, en la que los perceptos regulativos-evaluativos del primero son necesarios tanto para responder a la cuestión sobre la legitimidad del derecho y del Estado, como para señalar que el derecho y el Estado empíricos deben ser vistos como expresiones de la racionalidad jurídica.

---

[35] MS AA: 06: 322,355.

c) La relación entre lo fenoménico y lo nouménico en la doctrina del derecho

Dicho lo anterior, debemos articular la doctrina del derecho desde la idea de transición (*Übergang*) —en lugar de implementación (*Umsetzung*)—, así como asumir la idea que se sigue de esta consideración; esto es, pensar los cambios desde las reformas —en lugar de revoluciones— para la promulgación de leyes más justas.

La referencia a la idea de transición (*Übergang*) y al papel de la reforma dentro de la filosofía del derecho se encuentra, al menos, en las ideas de: *i)* una constitución justa y de *ii)* una república pura. Aquí la metáfora de la letra (*Buchstabe*) y espíritu (*Geist*) se pueden interpretar como lo fenoménico y nouménico.

La reflexión del Estado y del derecho sí requiere una referencia a una teoría moral que tiene el cometido de hacer efectivo y real el derecho natural a la libertad en la legislación jurídica positiva. Sin esta consideración no se entiende la relación entre lo nouménico y lo fenoménico en el ámbito de la promulgación de mejores leyes y en la conformación de mejores formas de gobierno. Esto implicaría saltarnos arbitrariamente todo párrafo en el que Kant alude a un criterio regulativo del derecho y de la política.

i) El poder constituyente en la transición de la letra (*Buchstabe*) al espíritu (*Geist*) de las leyes

La transición es posible propiamente en la legislación, concepto utilizado tanto para explicar el tribunal de la razón pura y que, a su vez, le corresponde, en el contexto del derecho, un poder fáctico (real) para promulgar nuevas leyes.

Esta transición entre el derecho natural (racional) y el derecho estatutario (positivo) es explicada por Kant a través de la metáfora de la *letra* (*Buchstabe*) y el *espíritu* (*Geist*) de las leyes. Las formas del Estado representan sólo la *letra* (*Buchstabe*) de la legislación originaria del estado civil y, por ende, pueden permanecer mientras se consideren necesarias para la maquinaría de la constitución política (*Maschinenwesen der Staatsverfassung*), por tanto, subjetivamente. Es precisamente el espíritu del pacto originario (*anima pacti originarii*) el que implica "la obligación, por parte del poder constituyente, de adecuar la forma de gobierno a aquella idea, por tanto, si no puede hacerlo de una vez, la obligación de ir cambiándola paulatina y continuamente hasta que concuerde, en cuanto a su efecto, con la única constitución legítima".[36]

ii) Lo "nouménico" y lo "fenoménico" en el republicanismo kantiano

¿En qué consiste una constitución legítima? Kant advierte que se trata de una *república pura* (*reinen Republik*) en la que aquellas antiguas formas empíricas (estatutarias), que sólo servían para conseguir la sumisión del pueblo, se resuelvan en la originaria (racional), que sólo tiene como principio la libertad, e incluso como condición de toda coacción necesaria para una constitución jurídica en el sentido propio del Estado, y que conducirá a este resultado finalmente también según la *letra*:

> Esta es la única constitución política estable, en la que la ley ordena por sí misma y no depende de ninguna persona particular; éste es el fin último de todo derecho público, aquel estado en que a cada uno puede atribuírsele lo suyo perentoriamente; por el contrario, mientras aquellas formas de Estado, según la letra, tengan que ser representadas por otras tantas personas morales investidas del poder supremo, sólo puede admitirse un derecho interno provisional y no un estado de la sociedad civil absolutamente jurídico.[37]

---

[36] *[E]nthält die Verbindlichkeit der constituirenden Gewalt, die Regierungsart jener Idee angemessen zu machen und so sie, wenn es nicht auf einmal geschehen kann, allmählich und continuirlich dahin zu verändern, daß sie mit der einzig rechtmäßigen Verfassung* (MS AA: 06: 340).

[37] *Dies ist die einzige bleibende Staatsverfassung, wo das Gesetz selbstherrschend ist und an keiner besonderen Person hängt; der letzte Zweck alles öffentlichen Rechts, der Zustand, in welchem allein jedem das Seine peremtorisch zugetheilt werden kann; indessen daß, so lange jene Staatsformen dem Buchstaben nach eben so viel verschiedene mit der obersten Gewalt bekleidete moralische Personen vorstellen sollen, nur ein provisorisches inneres Recht und kein absolut=rechtlicher Zustand der bürgerlichen Gesellschaft zugestanden werden kann* (MS AA: 06: 341).

La identidad entre el espíritu y la letra en las leyes sería el ideal; es precisamente esta idea de transición de las formas estatutarias a la forma originaria (racional) la que le permite a Kant aludir a dos categorías del idealismo trascendental (lo nouménico y fenoménico), pero ahora desde el punto de vista político-jurídico de su teoría republicana:

La idea de una constitución en consonancia con el derecho natural de los hombres, a saber, que quienes obedecen a la ley también deben ser al mismo tiempo, mancomunadamente, legisladores, se halla a la base de todas las formas políticas, y la comunidad que es pensada conforme a esa idea mediante conceptos de la razón pura se denomina un ideal platónico (*respublica noumenon*), el cual no es una vana quimera, sino la eterna norma para cualquier constitución civil en general distante de toda guerra. Una sociedad civil organizada conforme a ella supone su representación gráfica según leyes de la libertad a través de un ejemplo en la experiencia (*respublica phaenomenon*) y sólo puede ser conquistada penosamente tras múltiples hostilidades y guerras; pero su constitución, una vez que se ha obtenido a grandes trazos, se cualifica como la mejor entre todas para mantener alejada a la guerra, destructora de todo lo bueno; por lo tanto, ingresar en una sociedad así constituye un deber, pero provisionalmente (como eso no tendrá lugar tan de repente) supone un deber de los monarcas el gobernar republicanamente (no democráticamente), aunque manden autocráticamente, es decir, supone un deber provisional para los monarcas el tratar al pueblo según principios que sean conformes a las leyes de la libertad (tal como las que un pueblo se autoprescribiría en la madurez de su razón), aun cuando no se le pida literalmente su consentimiento para ello.[38]

---

[38] *Die Idee einer mit dem natürlichen Rechte der Menschen zusammenstimmenden Constitution: daß nämlich die dem Gesetz Gehorchenden auchzugleich, vereinigt, gesetzgebend sein sollen, liegt bei allen Staatsformen zum Grunde, und das gemeine Wesen, welches, ihr gemäß durch reine Vernunftbegriffe gedacht, ein platonisches Ideal heißt (respublica noumenon), ist nicht ein leeres Hirngespinnst, sondern die ewige Norm für alle bürgerliche Verfassung überhaupt und entfernt allen Krieg. Eine dieser gemäß organisirte bürgerliche Gesellschaft ist die Darstellung derselben nach Freiheitsgesetzen durch ein Beispiel in der Erfahrung (respublica phaenomenon) und kann nur nach mannigfaltigen Befehdungen und Kriegen mühsam erworben werden;*

Dicho lo anterior, tanto las objeciones 3.1.2. y 3.1.3., que ya hemos tratado en el segundo capítulo, se pueden mirar desde otras coordenadas. Desde la distinción entre implementación (*Umsetzung*) y transición (*Übergang*), podemos decir que el no derecho a la revolución adquiere un matiz nuevo. Aludir a una revolución con violencia sería regresar, no sólo en idea, sino de *factum* a un estado de libertad sin ley (*gesetzlose Freiheit*) contradictorio con el mismo concepto de derecho y, por esto mismo, como veremos con más detalle en el capítulo 5, sería para Kant también un atentado contra el derecho de la humanidad.

El ejercicio crítico del derecho estatutario desde la idea del derecho natural es, como ya hemos apuntado, de uso público de la razón y le corresponde, especialmente, a la filosofía. En este sentido, en el filosofar está también el espíritu de reformar el derecho estatutario.

Lo mismo podemos decir de la objeción 3.1.3. Las limitaciones de la ley fundamental de derecho (objeción del alcance), en cierto sentido, sin negar el error de Kant que ya hemos señalado en lo que respecta a la distinción de ciudadanos activos y pasivos, así como la exclusión de los derechos de las mujeres; cabe resaltar que, en principio, será el papel de la filosofía, a través del ejercicio crítico de la razón, alumbrar al derecho estatutario para que sean elaboradas reformas en las que paulatinamente no se hagan este tipo de distinciones, pues éstas se contradicen con el mismo concepto de derecho.

---

ihre Verfassung aber, wenn sie im Großen einmal errungen worden, qualificirt sich zur besten unter allen, um den Krieg, den Zerstörer alles Guten, entfernt zu halten; mithin ist es Pflicht in eine solche einzutreten, vorläufig aber (weil jenes nicht so bald zu Stande kommt) Pflicht der Monarchen, ob sie gleich autokratisch herrschen, dennoch republicanisch (nicht demokratisch) zu regieren, d.i. das Volk nach Principien zu behandeln, die dem Geist der Freiheitsgesetze (wie ein Volk mit reifer Vernunft sie sich selbst vorschreiben würde) gemäß sind, wenn gleich dem Buchstaben nach es um seine Einwilligung nicht befragt würde (SF AA: 07: 90-91).

3.3. El derecho natural y sus intersecciones temáticas

Las funciones del derecho natural en la *Rechtslehre* se encuentran entrelazadas con las siguientes temáticas:[39]

1. *La relación entre el derecho natural y el derecho estatutario (positivo)*. El derecho natural proporciona al derecho el elemento apriorístico que posibilita su conocimiento sistemático. Es de la doctrina del derecho natural (*ius naturae*) que el jurisconsulto debe tomar los principios inmutables para toda legislación positiva.[40] Se ubica dentro los preceptos sistemáticos de la doctrina cuyo fundamento es *a priori*, a diferencia de los preceptos del derecho positivo (estatutario) que proceden de la voluntad de un legislador. Se trata de un elemento necesario en la RL, sin aludir a éste y pretender una legislación exterior que contuviera sólo leyes positivas, y en el que quedaría sin justificarse la autoridad del legislador (es decir, la facultad de obligar a otros simplemente mediante su arbitrio).[41]

Tomando en cuenta esta distinción se puede comprender mejor la noción de ley natural, en el sentido práctico-moral, a diferencia de la ley positiva. Existen leyes externas con carácter de obligatoriedad dentro de la legislación jurídica que proceden de una voluntad externa al sujeto, pero también, existen otras leyes cuya obligatoriedad se puede reconocer *a priori* (mediante la razón) independientemente de una correspondiente legislación exterior. En este sentido, podemos decir que se trata de leyes externas que deben de considerarse como "leyes naturales",[42] en el sentido de ser racionales.

---

[39] Fiorella Tomassini expone las siguientes: "La idea de derecho natural en Kant: (i) el vínculo de la ética kantiana con las doctrinas iusnaturalistas, (ii) la relación del derecho natural con el derecho positivo, (iii) la libertad como único derecho innato o natural (el derecho natural como una potestad o facultad moral innata) [...] (iv) la concepción kantiana del concepto de voluntad general". Fiorella Tomassini, *Kant y el derecho natural*, pp. 1-2.

[40] MS AA: 06: 229.

[41] Óscar Cubo, "La legitimación iusnaturalista del derecho positivo en I. Kant", *Revista de Estudios Kantianos*, vol. 5, núm. 1, 2020, pp. 192-209.

[42] Alejandro Vigo, "La concepción kantiana del derecho natural", en *Moral y derecho. Doce ensayos filosóficos*, D. M. Granja y T. Santiago (eds.), México, Suprema Corte de la Justicia de la Nación/Universidad Autónoma Metropolitana, 2011; y Dulce María Granja, "La vinculación entre derecho y moral en la filosofía kantiana", en *Moral y derecho. Doce ensayos filosóficos*, pp. 351-379.

Estas leyes, que deben ser tomadas como "leyes naturales", obligan de modo apriorístico e incondicionado a través de nuestra propia razón, cuyo contenido no puede ser representado como originado meramente a partir de la voluntad de ningún legislador, ni siquiera la de un legislador supremo (Dios), que fuera su autor. Lo propio de este tipo de leyes reside en el hecho de que su carácter universalmente obligatorio tiene que poder ser reconocido, sin más, a través de la razón.

Conceptos como constitución y república requieren aludir a estas leyes de la razón desde el registro de la distinción de lo nouménico y fenoménico, de tal manera que lo "fenoménico" es su posible expresión imperfecta pero necesaria.

2. *La discusión sobre la libertad como el único derecho innato como punto de partida en las discusiones de la legitimidad del Estado y el derecho.* La libertad es, en la doctrina del derecho natural, el único derecho nativo. Esta tesis, como comenta Vigo, marca el punto de inserción de la recepción kantiana de la noción del derecho natural. Kant, siguiendo a Rousseau,[43] asevera categóricamente: éste es el derecho único, originario, que corresponde a todo hombre en virtud de su humanidad. Es imposible un contrato en que el ser humano ceda la libertad de manera absoluta y, por ende, es imposible perderla contractualmente.

El derecho a la libertad es el derecho natural por excelencia; por ende, es un precepto sistemático cuyo fundamento es *a priori* y, también, una facultad (*Vermögen*) no adquirida que corresponde a cada uno por naturaleza con independencia de todo acto jurídico.[44] Éste es el que posibilita la honestidad jurídica señalada en la RL como el primer deber jurídico interno: el ejercicio del derecho de la humanidad en nuestra persona.

---

[43] "Renunciar a la libertad es renunciar a la cualidad de hombres, a los derechos de humanidad e incluso a los deberes. No hay compensación posible para quien renuncia a todo. Tal renuncia es incompatible con la naturaleza del hombre, e implica arrebatar toda moralidad a las acciones el arrebatar la libertad a la voluntad". Jean-Jacques Rousseau, *El contrato social*, Fernando de los Ríos, trad., Barcelona, Austral, 2007, p. 41.

[44] MS AA: 06: 237.

A partir de la defensa al derecho nativo a la libertad se fundamentan otros importantes derechos (facultades)[45] como son: la igualdad innata, la de ser un hombre íntegro porque no se ha cometido injusticia alguna con anterioridad a todo acto jurídico y la facultad de hacer a otros lo que no les perjudica en lo suyo. Todo el sistema del derecho remite, en su fundamento apriorístico último, a un único derecho nativo a la libertad en la medida en que su ejercicio resulte efectivo, según el principio de coexistencia de libertades.

3. *La vinculación del derecho natural y la idea* a priori *de voluntad general*. Kant concibe el estado de naturaleza no como un hecho histórico, sino como una idea que le permite, por un lado, fundamentar la necesidad racional de "salir" de éste para conformar un estado civil, y por otro, defender la existencia de ciertos derechos naturales con el estatuto de provisionales.

El estado de naturaleza, en oposición al estado civil, supone la existencia de libertades según leyes naturales, en el cual la realización de la libertad posee un carácter autosupresivo. En este sentido, un derecho natural sin el reconocimiento de una ley pública no es todavía propiamente derecho, en sentido estricto; le falta un elemento esencial: su efectividad. El derecho natural del estado de naturaleza fundamenta la necesidad de un derecho público externo. En este sentido, el concepto de derecho estatutario (positivo) puede argumentarse, también, desde el derecho natural.

El estado de naturaleza, en su misma definición, alude a la necesidad de salir de éste. Se trata de una situación en que la libertad se ve reducida al estatuto de "libertad natural" o "libertad sin ley" (*gesetzlose Freiheit*), que por sus propias características no es compatible con la ley universal del derecho y, por ende, no funda derecho. La libertad sin ley (*gesetzlose Freiheit*) es Incompatible con la idea de una voluntad general. La libertad en la que se funda el derecho tiene, pues, necesariamente, el carácter de una autorrestricción por parte del ser racional y libre.[46]

---

[45]   MS AA: 06: 237-238.

[46]   *Cfr.* Alejandro Vigo, "La concepción kantiana del derecho natural", en *Moral y derecho. Doce ensayos filosóficos*, pp. 317-349.

4. *La discusión sobre el concepto de lo tuyo y lo mío.* El asunto de la legitimidad del Estado y la propiedad privada es interpretado de distintas maneras entre los comentadores de Kant, tanto desde una interpretación en donde se sugiere que la legitimidad misma de la normativa del monopolio sobre la violencia coactiva debe buscarse especialmente en la discusión de lo tuyo y lo mío,[47] como desde una interpretación desde las coordenadas de un liberalismo que justifica el derecho a la propiedad, así como el papel garante del Estado.[48] Se trata de una cuestión que ha sido tanto valorada[49] como criticada.[50]

Si bien para Kant en el estado de naturaleza no existe propiamente derecho, esto no impide que esta misma idea no esté vinculada al reconocimiento de ciertos derechos naturales bajo el estatuto de ser "provisionales"[51]

---

[47] "Kant encierra gran parte de su respuesta a esta pregunta en los detalles más minuciosos de su argumentación en lugar de declararlo de forma más explícita. Su 'respuesta' está esencialmente contenida no en el material introductorio, sino en dos densos párrafos de la sección del derecho privado: §8 y §9. Estos párrafos contienen las bases de su razonamiento. Equivale a: la inaceptabilidad de la *res nullius* (objetos tratados como si no fueran capaces de ser propiedad) para los seres racionales, y la afirmación de que un poder legislativo público es el "único" modo (como dice en el título del §8) de asegurar dicha posesión inteligible (o *possessio noumenon*)". Robert B. Pippin, "4. Dividing and Deriving in Kant's Rechtslehre", en *Immanuel Kant: Metaphysische Anfangsgründe der Rechtslehre*, Otfried Höffe (ed.), Berlín, Akademie Verlag, 2010, p. 615.

[48] "Kant proporciona los fundamentos de un liberalismo coherente, en el que tanto la regulación pública de la propiedad como la libertad de pensamiento y de conciencia de la regulación pública se basan en el derecho innato a la libertad: el Estado necesita regular la adquisición y acumulación de la propiedad a la luz de una concepción de la justicia porque sólo bajo esa condición sus súbditos podrían acordar libremente la institución de la propiedad, pero está excluido de la regulación, el pensar y opinar en cualquier circunstancia que no sea especial, porque cualquier regulación de este tipo sería una intrusión injustificada en la libertad de sus súbditos que, una vez más, es el deber de un estado moralmente aceptable y necesario de preservar y promover". Paul Guyer, *Kant on Freedom, Law, and Happiness*, Cambridge, Cambridge University Press, 2000, p. 261. [La traducción es mía.]

[49] Para Kersting sólo unos pocos han reconocido hasta ahora que Kant ha logrado una hazaña filosófica final con su justificación trascendental de la propiedad. *Cfr.* Wolfgang Kersting, *Wohlgeordnete Freiheit. Immanuel Kants Rechts- und Staatsphilosophie*, Berlín/Nueva York, Walter de Gruyter, 1984, p. x (Quellen und Studien zur Philosophie, vol. 20).

[50] Véase, por ejemplo: Franco Zotta, "Die Unausdenkbarkeit der Verzweiflung", pp. 179-180; y Christoph Horn, "¿Qué es erróneo de una interpretación moral de la filosofía política de Kant?", pp. 67-96.

[51] Desde la interpretación de Adela Cortina, la alusión de Kant a que en el estado de naturaleza puede haber un mío y un tuyo exterior real provisional, no convertiría a Kant en iusnaturalista: "Ahora bien, puesto que semejante estado no es histórico ni metafísico, sino una idea de la razón, y puesto que el derecho lo es con tal de que proceda de la voluntad del legislador, no puede decirse que Kant sea iusnaturalista, pero tampoco que el derecho positivo constituye el último criterio jurídico. Por el contrario, el legislador se ve confrontado con el canon del derecho racional". Adela Cortina, "Estudio preliminar", en Immanuel Kant, *Metafísica de las costumbres*, p. xlv. Sin embargo, la tesis de que el legislador se vea, como dice Cortina, confrontado con el canon

y, de alguna manera, preexistentes potencialmente al estado civil; tal es el caso de la explicación sobre la propiedad, la usucapión,[52] la herencia[53] o el testamento[54] en el que el Estado, en su constitución civil, tiene la obligación de asegurar, más que determinar o fijar.

Dichos derechos se encuentran íntimamente relacionados con la libertad. En específico, la fundamentación de la propiedad nos deja ver otra forma de defensa de la libertad del arbitrio humano, considerada como ilimitada frente a los objetos externos. En la discusión de lo tuyo y lo mío, Kant expone la noción de justicia distributiva y la vincula al derecho natural. El razonamiento es el siguiente: si por derecho natural entendemos sólo el no estatutario, por tanto, únicamente el derecho cognoscible *a priori* por la razón de todo hombre también pertenecerá al derecho natural; no sólo la justicia vigente entre las personas en su comercio recíproco (*iusticia commutativa*), sino también la justicia distributiva (*iusticia distributiva*), tal como puede conocerse *a priori*, según su ley, que tiene que dictar su sentencia (*sententia*).

En este sentido, podemos decir que pertenece al derecho natural la ley que surge del ejercicio racional en el que tomamos como punto de partida para la legitimidad de una posesión no la voluntad privada de cada uno (en el estado de naturaleza), sino sólo como sería juzgada ante un tribunal en el Estado surgido por la voluntad universal unida (en un estado civil). En el fondo, se trata de una consideración racional de lo que en justicia nos es debido y presenta dos tesis del derecho natural congruentes con la ley universal de todo derecho; por un lado, la propiedad "provisional" en el estado de naturaleza, y por otro, la necesidad de legitimación en el estado civil a través del principio de la justicia distributiva.

En estas dos tesis del derecho natural se encuentra la alusión a la idea de un *pactum unionis civilis* cuyo fundamento descansa sobre la posibilidad del trascendentalismo, es decir, en la capacidad de abandonar los intereses

---

del derecho racional supone la función regulativa de la doctrina del derecho natural y que, por ende, el motivo *iusnatural* sí tiene importancia dentro de la doctrina del derecho en Kant.

[52] MS AA: 06: 364.

[53] MS AA: 06: 366.

[54] MS AA: 06: 294.

unilaterales y adoptar en la acción la perspectiva universal de la razón práctica. Es esta capacidad de adoptar una perspectiva universal la que dota a la moral y al derecho racionales de una cierta intocabilidad que antiguamente poseían la moral religiosa y el derecho enraizado en la tradición o en la religión.[55]

3.4. Principales funciones del derecho natural

La tesis de que el derecho nativo a la libertad funciona como criterio evaluativo-regulativo del derecho[56] habilita de mejor manera la comprensión de otros apartados. Existe una conexión entre la defensa del derecho nativo a la libertad y la ley fundamental del derecho, cuyo punto de conexión es el principio de la coexistencia de libertades. La mayoría de los comentadores que suscriben en este argumento proponen que el sistema del derecho kantiano remite, en su fundamento apriorístico último, a un único (*einziges*) derecho nativo (*angeborenes Recht*) de todo individuo humano, en virtud de su propia humanidad (*kraft seiner Menschheit*), que no es otro que la libertad misma en el sentido de la independencia respecto de la constricción procedente del arbitrio de otros, y en la medida en que, desde el punto de vista de su ejercicio efectivo, resulte posible su coexistencia con la libertad de otros, según una ley universal.[57]

El matiz se encuentra precisamente en pensar la libertad de la esfera jurídica como una posible expresión de una doctrina kantiana de libertad articulada.[58] La limitación de la libertad tiene sentido en función de garantizar las condiciones de coexistencia universal de su uso. El postulado del derecho

---

[55] *Cfr.* Adela Cortina, "Estudio preliminar", en Immanuel Kant, *Metafísica de las costumbres*, p. lxv.

[56] Es una tesis compartida por varios comentadores de la filosofía del derecho kantiana: Alejandro Vigo, "La concepción kantiana del derecho natural"; Dulce María Granja, "La vinculación entre derecho y moral en la filosofía kantiana", pp. 351-379; Faviola Rivera, *Virtud y justicia en Kant*, México, Fontamara, 2003; y Otfried Höffe, "Antropología y metafísica en el concepto categórico del derecho de Kant: una interpretación de los parágrafos B y C de la teoría del derecho", *Eunomía. Revista en Cultura de la Legalidad*, núm. 5, 2013, pp. 3-16.

[57] Alejandro Vigo, "La concepción kantiana del derecho natural", pp. 317-349.

[58] En esta línea podemos encontrar, por ejemplo, a Guyer, quien argumenta que Kant deriva tanto el principio universal del derecho como el derecho innato a la libertad directamente desde el concepto elemental de su teoría moral, que es precisamente el concepto de libertad. Paul Guyer, *Kant on Freedom, Law, and Happiness*, p. 5.

privado se argumenta desde el principio universal del derecho y el postulado del derecho público se deriva del postulado del derecho privado.

La base del argumento que presenta una visión sistemática de las conexiones es precisamente *la idea de libertad en sus distintos usos*. En este sentido, aludir a la idea de un derecho innato a la libertad puede ser interpretado según el ejercicio individual, así como desde la perspectiva de la idea de la libertad que se constituye para posibilitar la relación propiamente jurídica con otras personas en un Estado de derecho, esto es, desde un uso negativo pero también positivo, en el sentido jurídico, pues implica no sólo una independencia del arbitrio, sino también una autodeterminación jurídica del arbitrio según la idea de voluntad general.

El argumento de la conexión, basado en la premisa de la libertad como criterio normativo-evaluativo del concepto del derecho, ha inspirado varias interpretaciones y corrientes de pensamiento.[59] La fuerza argumentativa de esta tesis reside en lo que apodaremos su poder explicativo (*Erklärungskraft*); es decir, a partir de esta tesis se comprenden mejor otros conceptos de la doctrina del derecho a los que hemos aludido como son: *a)* las leyes de la libertad (morales y jurídicas), *b)* la justificación de la coacción-obligación y *c)* el rechazo al paternalismo.

3.4.1. Las leyes de libertad como leyes morales-jurídicas y leyes morales-éticas

Kant concibe las leyes morales como aquellas que gobiernan el ejercicio de la libertad.[60] El principio de coexistencia de las libertades formulado en la ley fundamental de todo derecho supone un criterio para el ejercicio de la libertad externa y, en este sentido, las normas jurídicas forman parte de la esfera moral

---

[59] Uno de los principales exponentes de este razonamiento es Höffe, quien considera que el principio de coexistencia de libertades es, en definitiva, el principio moral del derecho y no tiene reparo en decir que Kant nos proporciona, con su *Metafísica de las costumbres*, una ética del derecho. *Cfr.* Otfried Höffe, "Antropología y metafísica en el concepto categórico del derecho de Kant: una interpretación de los parágrafos B y C de la teoría del derecho", p. 3-16.

[60] Faviola Rivera, *Virtud y justicia en Kant*, p. 42.

en tanto que éstas suponen una formulación específica y comunitaria de la cuestión "¿qué debo hacer?". Este argumento adquiere sentido si se analiza la caracterización de las leyes morales en la *Metafísica de las costumbres*; éstas son descritas como emanadas de la libertad y, por ende, distintas a las de la naturaleza.[61] De esta manera, la doctrina del derecho natural se ubica en el sistema de la filosofía moral, por contener leyes para la libertad (morales) desde los límites de lo que una legislación jurídica puede exigir.

3.4.2. Sobre el concepto de obligación jurídica y la coacción en la doctrina del derecho

Una de las principales tareas de la doctrina del derecho es justificar la legitimidad de la obligación jurídica y la coacción. Este cometido es posible en la medida en que se argumente que son compatibles con la autonomía individual de quienes estarán sujetos a ellas, es decir, en la medida que consideremos a las personas como agentes autónomos[62] a las que les imputamos acciones.

En lo que se refiere a la posición kantiana sobre el derecho penal, aunque controvertida, advierte una dimensión moral en la pena. Son dos posibles juicios que surgen de las formas de imputación, el que se refiere al sujeto considerado como agente y causa libre del hecho, y el juicio para imputar el hecho como meritorio o demeritorio. Kant advierte el carácter moral de la justificación del "castigo judicial" y lo distingue del "castigo natural" (*poena naturalis*) que el crimen mismo eventualmente pueda traer aparejado, en calidad de consecuencia natural, a quien lo comete (p. ej. pesares, remordimientos, males físicos, etcétera).[63]

En el caso del castigo judicial, Kant recalca la exigencia de justicia que debe satisfacer todo castigo. La consecuencia inmediata es que éste nunca puede ser empleado como un mero medio para lograr, a través de él, algún otro bien diferente, ya que, en tal caso, la persona castigada no sería tratada

---

[61] MS AA: 06: 214.

[62] Faviola Rivera, *Virtud y justicia en Kant*, p. 155.

[63] Alejandro Vigo, "Ética y derecho según Kant", *Tópicos*, núm. 41, diciembre, 2011, pp. 105-158.

al mismo tiempo como un fin, según lo exige su carácter nativo de persona. A juicio de Kant, sólo la referencia a lo que el sujeto merece, en virtud de la transgresión de la ley, permite conservar el carácter originariamente moral de la institución jurídica del castigo: el sujeto tiene que haber sido juzgado previamente como merecedor de castigo y, por lo mismo, como acreedor a la pena que se le impone, antes de considerar si del castigo mismo pueden derivarse eventualmente también determinados beneficios para el propio sujeto o para sus conciudadanos.

En tal sentido, explica Kant, la "ley penal" (*Strafgesetz*) tiene la forma de un "imperativo categórico" (*ein kategorischer Imperativ*), cuya validez incondicionada quedaría abolida de un solo golpe, allí donde se intentara manipularla con el fin de obtener determinadas ventajas, internándose en las "sinuosidades serpentinas" (*Schlangenwindungen*) de la "doctrina de la felicidad". En tal sentido, resulta, en principio, irrelevante, a juicio de Kant, si dicha manipulación apunta a favorecer al reo mismo, a otra persona o bien a la sociedad en su conjunto, según la engañosa pretensión del principio fariseo: "Es preferible que muera un solo hombre, y no que perezca el pueblo entero", puesto que, si se suprime la justicia, tampoco tendrá ya valor alguno la vida de los hombres sobre la tierra.[64]

La argumentación de la coacción y la obligación requiere analizarse desde una doble perspectiva, en primer lugar, desde el argumento de que la coacción surge de la ley fundamental del derecho, y por otro, desde la legitimidad de la autoridad política responsable de coaccionar.

Kant deduce la coacción de la ley universal del derecho.[65] Esta ley es propuesta como un postulado (*Postulat*) que impone al sujeto cierta obligatoriedad (*Verbindlichkeit*). Se trata, como hemos apuntado, de un "postulado"[66] de la razón, según el cual ésta se reconoce a sí misma como sujeto, en su propia idea (*in ihrer Idee*), a tales condiciones limitativas y, con ello, como sujeta también a la posibilidad de ser limitada por vía de hecho (*tätlich*) y

---

[64] *Ibid.*, pp. 142-143.

[65] MS AA: 06: 230-231.

[66] MS AA: 06: 230.

por parte de otros (*von anderen*). El argumento para mostrar la conexión entre el derecho y coacción es moral, alude al principio de coexistencia de las libertades; se trata de "frenar" para "afirmar" (posibilitar) el ejercicio efectivo de la libertad como derecho nativo de todos los hombres. El razonamiento puede ser reconstruido en los siguientes términos:[67]

1. A partir de la tesis del principio de la coexistencia de libertades y de la ley fundamental de todo derecho, Kant advierte que, desde el punto vista estrictamente jurídico, una acción es legítima (*recht*) si en virtud de ella, o bien de su máxima, la libertad del arbitrio de una persona dada puede coexistir con la libertad de cualquier otra, según una ley universal.

2. Es por eso que cuando la acción (*Handlung*) o el estado (*Zustand*) de una persona puede efectivamente coexistir con la libertad de los demás según una ley universal, resulta, por lo mismo, ilegítimo (*unrecht*) cualquier impedimento (*Hindernis*) u oposición (*Widerstand*) exterior a tal acción o estado: al afectar (o pretender afectar) negativamente la acción o el estado del sujeto, tal impedimento u oposición ya no satisface la condición básica de hacer posible la coexistencia de libertades, según una ley universal.

3. Por tanto, el impedimento exterior de una acción legítima resulta él mismo, al menos, en primera instancia, ilegítimo.

4. Pero de aquí se sigue, a su vez, explica Kant, la legitimidad del impedimento de sentido inverso, vale decir, del correspondiente acto de "coacción" (*Zwang*), cuyo objetivo no es otro, precisamente, que el de impedir dicho ilegítimo impedimento de la libertad.

5. Así considerada, la conexión entre derecho y coacción es analítica, pues, como indica el propio Kant, el enlace de ambas nociones tiene lugar según el principio de no contradicción (*nach dem Satze des Widerspruches*).

---

[67] Alejandro Vigo, "Ética y derecho según Kant", pp. 137-138.

En el párrafo E titulado: "El derecho estricto puede representarse también como la posibilidad de una *coacción recíproca universal*, concordante con la libertad de cada uno según leyes universales" (*Das stricte Recht kann auch als die Möglichkeit eines mit jedermanns Freiheit nach allgemeinen Gesetzen zusammenstimmenden durchgängigen wechselseitigen Zwanges vorgestellt werden*)[68] se excluye explícitamente la esfera ética[69] como parte del derecho: "Podemos establecer inmediatamente el concepto de derecho sobre la posibilidad de conectar la coacción recíproca universal con la libertad de cada uno"; conviene apuntar que la tesis: el derecho estricto es "puro" implica dirigir nuestra atención a que su fundamento está en la posibilidad de una coacción recíproca universal concordante con la libertad de cada uno, según leyes universales (principio universal del derecho); el derecho estricto, en cierto sentido, es el derecho natural a la libertad y la coacción recíproca es otra forma de expresar la ley fundamental del derecho, ley que tiene su sede en la razón práctica.

El derecho estricto no es ético y es "puro", porque si pidiera una coacción interna (prescripción virtuosa), traspasaría los límites de su legislación. No puede, ni debe hacerlo; la coacción jurídica no debe de recurrir a la conciencia como móvil para su validez jurídica, pero ésta se fundamenta en la conciencia de la obligación según la ley. El ejemplo que utiliza Kant es el siguiente:

Cuando se dice: un acreedor tiene derecho a exigir el pago de la deuda a su deudor, esto no significa que pueda persuadirle de que su propia razón le obliga al pago, sino que una coacción, que obliga a todos a hacer esto, puede muy bien coexistir con la libertad de cada cual, por tanto, también con la suya, según una ley externa universal: derecho y facultad de coaccionar significan, pues, una y la misma cosa.[70]

---

[68] MS AA: 06: 232.

[69] Aquí el "elemento ético", como vimos en el capítulo 2, debe ser interpretado a los ojos de una teoría de la motivación, es decir, se refiere a la exigencia de la *eticidad* que supone una teoría de la virtud.

[70] *Wenn also gesagt wird: ein Gläubiger hat ein Recht von dem Schuldner die Bezahlung seiner Schuld zu fordern, so bedeutet das nicht, er kann ihm zu Gemüthe führen, daß ihn seine Vernunft selbst zu dieser Leistung*

De esta manera, Kant advierte que la ley de una coacción recíproca, que concuerda necesariamente con la libertad de todos bajo el principio de la libertad universal, es, en cierto modo, la construcción de aquel concepto; es decir, la exposición del mismo en una intuición pura *a priori*, siguiendo la analogía de la posibilidad de los movimientos libres de los cuerpos bajo la ley de la igualdad de la acción y la reacción.

Como veremos con mayor detalle en el capítulo dedicado a la noción de contrato, la argumentación de la coacción y la obligación jurídica puede seguir un camino paralelo, el matiz se encuentra en la noción de la voluntad común que implica la autoridad política.[71] El punto central es que esta voluntad común tiene la autoridad para decirnos qué debemos hacer, es decir, para legislar deberes y, por tanto, para coaccionarnos con el fin de asegurar su cumplimiento. En este sentido, podemos decir que tiene la autoridad para obligarnos a hacer lo que debemos hacer cuando nuestra voluntad individual se inclina a no hacerlo. La coacción que el representante de la voluntad común ejerce es compatible con la autonomía de las personas en la medida en que proviene de la voluntad de las personas mismas, y esto es justamente lo que sucede cuando proviene de una voluntad común establecida en un acuerdo.[72]

Dulce María Granja expone que el Estado de derecho es, efectivamente, una respuesta a una necesidad racional, pues nos permite hacer compatible la coacción con la autonomía individual en la medida en que tal Estado se basa en un contrato. En efecto, únicamente una voluntad común tiene la

---

verbinde, sondern ein Zwang, der jedermann nöthigt dieses zu thun, kann gar wohl mit jedermanns Freiheit, also auch mit der seinigen nach einem allgemeinen äußeren Gesetze zusammen bestehen: Recht und Befugniß zu zwingen bedeuten also einerlei. MS AA: 06: 232.

[71] Faviola Rivera enfatiza la justificación moral de la coacción desde estas premisas. Para Kant "exigir externamente" implica el empleo de la coacción para asegurarnos de que los demás efectivamente se comporten de ciertas maneras. Para ella, los deberes de justicia son, precisamente, aquéllos para cuya observancia podemos legítimamente ser coaccionados. En este sentido, todos los deberes de justicia resultan ser jurídicos porque Kant también sostiene que el empleo legítimo de la coacción no puede ser unilateral, sino que debe provenir de una autoridad reconocida como representante de la voluntad común de los ciudadanos, esto es, del poder político. Por ello, todos los deberes de justicia son legislados por el poder político y son, en consecuencia, jurídicos. Faviola Rivera, *Virtud y justicia en Kant*, pp. 40-41.

[72] *Ibid.*, pp. 169-170.

autoridad para ejercer la coacción y ninguna de esas personas tiene esa autoridad de manera individual. La voluntad común puede actuar en la medida en que designemos un representante legítimo de la misma; en realidad, se trata de nuestra propia autoridad delegada en un representante. La coacción que el representante de la voluntad común ejerce es compatible con la autonomía de las personas en la medida en que proviene de la voluntad de tales personas. Así pues, la legislación externa o legislación jurídica, en la medida que proviene de una voluntad común, es perfectamente compatible con la autonomía o autolegislación moral de las personas.[73]

La legitimidad del Estado se basa en la idea de un contrato originario, su tarea es legislar y hacer valer los derechos individuales mediante el poder coactivo otorgado por los ciudadanos, en la medida en que se le reconoce como representante legítimo de la voluntad común establecida en el contrato originario. Antes del establecimiento de la voluntad común, la coacción es unilateral y, por ende, ilegítima. Sólo una voluntad común, es decir, colectiva-universal y poderosa puede servir de ley coactiva para todos.[74]

3.4.3. El rechazo al paternalismo[75]

El que el fundamento último del derecho sea la libertad y no un contenido específico de la felicidad supone, también, una forma de concebir la acción del gobierno, pues "nadie me puede obligar a ser feliz a su modo (tal como él se imagina el bienestar de otros hombres), sino que es lícito a cada uno buscar su felicidad por el camino que mejor le parezca, siempre y cuando no cause prejuicio a la libertad de los demás pretender un fin semejante".[76]

---

[73]   Dulce María Granja, "La vinculación entre derecho y moral en la filosofía kantiana", pp. 366-367.

[74]   *Ibid.*, pp. 367.

[75]   Faviola Rivera, *Virtud y justicia en Kant*, p. 37.

[76]   *Niemand kann mich zwingen auf seine Art (wie er sich das Wohlsein anderer Menschen denkt) glücklich zu sein, sondern ein jeder darf seine Glückseligkeit auf dem Wege suchen, welcher ihm selbst gut dünkt, wenn er nur der Freiheit Anderer, einem ähnlichen Zwecke nachzustreben, die mit der Freiheit von jedermann nach einem möglichen allgemeinen Gesetze zusammen bestehen kann, (d. i. diesem Rechte des Andern) nicht Abbruch thut.* TP AA: 08: 290-291.

Kant agrega la siguiente cláusula: "siempre y cuando no cause prejuicio a la libertad de los demás". Ésta puede interpretarse como una cláusula moral; un gobierno que pretende obligarme a través de un sistema de normas a optar por una forma para alcanzar mi felicidad supone que me considera como incapaz para lograrlo por mí mismo (va en contra del deber de la ilustración) y clausura de manera despótica un ámbito del ejercicio de mi libertad.

Un gobierno, expone en *Teoría y práctica*,[77] que se constituyera sobre el principio de la benevolencia para con el pueblo, al modo de un padre para con sus hijos, esto es, un gobierno paternalista (*imperium paternale*) en el que los súbditos —como niños menores de edad, incapaces de distinguir lo que les es verdaderamente beneficioso o perjudicial— se ven obligados a comportarse de manera meramente pasiva, aguardando sin más del juicio del jefe de Estado cómo deben ser felices y esperando simplemente de su bondad que éste también quiera que lo sean, un gobierno así es el mayor despotismo imaginable (se trata de una constitución que suprime de toda libertad a los súbditos, los cuales no tienen, entonces, absolutamente ningún derecho).

En conclusión, existen, al menos, cuatro funciones[78] del derecho natural en la *Rechtslehre*:

1. Desde el punto de vista doctrinal, la noción derecho natural proporciona el elemento *a priori* y racional que posibilita la idea de sistema en la doctrina del derecho. Evita que la ciencia del derecho caiga en una tautología.
2. Proporciona el sistema de derechos o facultades que surgen del derecho natural a la libertad.
3. Tomando en cuenta la distinción entre el derecho natural y el derecho positivo, el primero tendrá una función regulativa (pauta de enjuiciamiento) al presentar un criterio *a priori* y racional que debería ser respetado por el ordenamiento jurídico y estatal. En

---

[77] TP AA: 08: 291.

[78] *Cfr. Idem.*

este sentido, el derecho natural es una pauta, no la única, de enjuiciamiento en el criterio de legitimación del derecho.

4. La función regulativa que tiene el derecho natural habilitará el ejercicio racional del juicio reflexionante que supone la cuestión de la transición (*Übergang*) entre derecho natural y el derecho positivo o estatutario. La tarea del juicio reflexionante consistirá en delinear y definir con precisión las condiciones de realización y expresión exterior de los principios del derecho puro, su especificación concreta en el marco de un contexto histórico, tal como éstos proceden del primigenio derecho a la libertad, bajo condiciones restrictivas que prescribe el principio de coexistencia de libertades, contenido en la ley universal de todo derecho. Esta importantísima tarea será una tarea de reflexión personal y social que nos lleva a tomar progresiva conciencia de nuestros deberes y derechos, de su grado de reivindicación en el derecho estatutario y de la eficacia o ineficiencia de las leyes positivas en la medida en que están respaldadas o no por nuestro compromiso como agentes.[79]

Conclusiones: ¿en qué sentido Kant es iusnaturalista?

El derecho natural funciona como pieza doctrinal que permite la transición de la crítica al sistema que surge de la razón, pero también el camino de reversa, esto es, el análisis crítico del sistema mismo.

Tomando en cuenta los límites con los que Kant dibuja las fronteras del derecho natural, la moral y el derecho estatutario se pueden comprender las funciones del primero en conexión con el concepto de un agente racional, pues actuar conforme a la razón jurídica es actuar racionalmente.

La discusión sobre en qué medida la naturaleza humana puede ser fuente de la obligación, puede ser iluminada trayendo al discurso los dos elementos de la legislación: la *ley* objetiva y el *móvil* que liga subjetivamente el

---

[79] *Cfr.* Dulce María Granja, "La vinculación entre derecho y moral en la filosofía kantiana", p. 371.

fundamento de determinación del arbitrio con la representación para la realización de esa acción. La ley objetiva podría estar conectada con una ley natural, siempre y cuando se aclare que por "natural" nos referimos a la legalidad que surge de las leyes para el ejercicio de la libertad de seres racionales, según principios *a priori* de la razón. En lo que se refiere al móvil, éste sólo puede explicarse desde la antropología, porque la ley moral para el ser humano es un imperativo que ordena categóricamente y requiere una constricción. Su voluntad no es santa, puede incluir máximas contrarias al deber.

En el orden de la razón práctica, las leyes son del deber ser, por ende, sólo pueden dirigirse a seres racionales capaces de obrar según representación. En la fundamentación de la ética y del derecho es necesario suponer, en las personas que interactúan, una racionalidad práctica capaz de actuar por fines y determinar su arbitrio en las condiciones limitativas que exige el ámbito ético y jurídico. En esto se justifica la imputabilidad de una acción.

La persona es capaz de actuar conforme a leyes prácticas que descubre a través de su razón. En esto consiste la posibilidad de suponer un carácter inteligible para el ejercicio efectivo de la libertad en el mundo. ¿Supone esto una argumentación iusnaturalista? Si por "ley natural" entendemos un conjunto de principios que puede extraerse del conocimiento de la naturaleza humana en su conjunto, Kant no es iusnaturalista porque la naturaleza humana en su complejidad no puede conocerse sino empíricamente y un conocimiento empírico carece de normatividad teórica y práctica.[80]

Kant adopta una actitud crítica con las teorías de la ley natural inspiradas en la tesis que apela a las inclinaciones naturales para fundamentar el actuar humano, pues el itinerario de la fundamentación del deber es incompatible con esa clase de referencias a la naturaleza del ser humano. La postura kantiana explícita respecto a la relación de la naturaleza humana y la *Metafísica de las costumbres* es que ésta toma como objeto la naturaleza peculiar del hombre cognoscible por la experiencia para mostrar las consecuencias de los principios morales universales, sin disminuir, por ello, la

---

[80] *Cfr.* Adela Cortina, "Estudio preliminar", en Immanuel Kant, *Metafísica de las costumbres*, p. xliv.

pureza de éstos.[81] No obstante, su planteamiento debe mirarse con mayor detenimiento.

En primer lugar, es importante recordar la tesis de que la *ratio essendi* de la moralidad es la libertad, pero la *ratio cognoscendi* es la ley moral. En este sentido, ésta es el punto de partida del despliegue de la racionalidad práctica.[82] La conciencia moral "dentro" del ser humano es la que "nos conduce" a la libertad. Por ende, es de ésta desde la que el agente es consciente de su sujeción a las exigencias de la ley moral. Es por esto que Kant expone que la filosofía práctica, cuyo objeto es la libertad del arbitrio, presupone y requiere una metafísica de las costumbres. Para Kant, poseer una tal metafísica es en sí mismo un deber, y cada hombre la tiene en sí mismo, aunque por lo común de modo oscuro.[83] El ser humano se constituye como tarea; requiere, por un lado, de una ley universal *a priori* que esclarezca su actuar, pero, también, para que ésta pueda aplicársele, es necesario suponer que la posea dentro de sí mismo.

En segundo lugar, es importante destacar, como hemos visto, las funciones que Kant le otorga al derecho natural, pues éstas pueden ser interpretadas como la manera en que Kant incluye la discusión del iusnaturalismo moderno en su propio pensamiento. Para el filósofo prusiano, el derecho natural tiene una función regulativa y constituye una de las pautas de enjuiciamiento en el criterio de legitimación del derecho, ya que proporciona el elemento *a priori* y racional que posibilita la idea de sistema en la doctrina del derecho, evitando que el derecho caiga en tautología. Kant, además, advierte que el derecho nativo a la libertad corresponde a cada uno por naturaleza, con independencia de todo acto jurídico.

Esto podría sugerir una referencia a una postura racionalista historicista en el que las reformas son los medios adecuados para ir "mejorando" el derecho estatutario. En su elemento regulativo recogerá, también, como

---

[81]   *Cfr.* MS AA: 06: 217.

[82]   Esta tesis es el punto de conexión entre la *Crítica de la razón pura* y la *Crítica de la razón práctica*, pues en el terreno de la primera crítica, la libertad no había quedado demostrada asertóricamente, y en la segunda crítica, es afirmada a través del *Faktum* de la conciencia moral.

[83]   *Cfr.* MS AA: 06: 216.

veremos en el capítulo 5, las ideas de Rousseau respecto a la libertad, el pacto originario y la voluntad general.

En el contexto de la *Rechtslehre*, el derecho natural funciona como elemento racional que nos permite reflexionar sobre los principios jurídicos para los seres racionales como los humanos. Esto abre la cuestión de cómo se articula la relación entre la naturaleza racional como fin en sí misma (la idea de dignidad) con la doctrina del derecho kantiana. En el siguiente capítulo abordaremos esta cuestión.

CAPÍTULO 4

La dignidad en la doctrina del derecho kantiana

Sé un hombre honesto (*honeste vive*). La honestidad jurídica (*honestas iuridica*) consiste en esto: en afirmar el propio valor como hombre en la relación con otro, deber que se expresa en la proposición: «No te conviertas en un simple medio para los demás, sino sé para ellos a la vez un fin». Este deber se esclarecerá en lo que sigue como obligación surgida del Derecho de la Humanidad en nuestra propia persona (*Lex iusti*).[1]

De nuestra comparación sincera y precisa con la ley moral (con su santidad y rigor) tiene que seguirse inevitablemente una verdadera humildad: pero del hecho de que seamos capaces de tal legislación interna, del hecho de que el hombre (físico) se sienta obligado a venerar al hombre (moral) en su propia persona, tiene que seguirse a la vez la elevación y la suprema autoestima, como sentimiento del propio valor (valor) interno, según el cual el hombre no puede venderse por ningún precio (*pretium*) y posee una dignidad que no puede perder (dignitas interna), que le infunde respeto (*reverentia*) por sí mismo.

Este deber, referente a la dignidad de la humanidad en nosotros, y que es, por tanto, también un deber hacia nosotros mismos, puede hacerse más o menos visible en los siguientes ejemplos. No os convirtáis en esclavos de los hombres: no permitáis que vuestro derecho sea pisoteado impunemente por otros.[2]

---

[1] *Sei ein rechtlicher Mensch (honeste vive). Die rechtliche Ehrbarkeit (honestas iuridica) besteht darin: im Verhältniß zu Anderenseinen Werth als den eines Menschen zu behaupten, welche Pflicht durch den Satz ausgedrückt wird: "Mache dich anderen nicht zum bloßen Mittel, sondern sei für sie zugleich Zweck". Diese Pflicht wird im folgenden als Verbindlichkeit aus dem Rechte der Menschheit in unserer eigenen Person erklärt werden (Lex iusti).* MS AA: 06: 236.

[2] *Aus unserer aufrichtigen und genauen Vergleichung mit dem moralischen Gesetz (dessen Heiligkeit und Strenge) muß unvermeidlich wahre Demuth folgen: aber daraus, daß wir einer solchen inneren Gesetzgebung fähig sind, daß der (physische) Mensch den (moralischen) Menschen in seiner eigenen Person zu verehren sich gedrungen fühlt, zugleich Erhebung und die höchste Selbstschätzung, als Gefühl seines inneren Werths (valor), nach welchem er für keinen Preis (pretium) feil ist und eine unverlierbare Würde (dignitas interna) besitzt, die ihm Achtung (reverentia) gegen sich selbst einflößt.*
Mehr oder weniger kann man diese Pflicht in Beziehung auf die Würde der Menschheit in uns, mithin auch gegen uns selbst in folgenden Beispielen erkennbar machen. Werdet nicht der Menschen Knechte; - laßt euer Recht nicht ungeahndet von Anderen mit Füßen treten. MS AA: 06:436.

La tesis que encontramos en la *Fundamentación* respecto a considerar al ser racional como fin en sí mismo y, por ende, con dignidad, adquiere su sentido y novedad también en la doctrina del derecho natural. Esta cuestión nos llevará a tomar postura sobre si es posible una teoría del valor (postura axiológica) en la filosofía kantiana.[3] No podremos abordarla con la extensión que se debiera, retomaremos esta cuestión en la medida que es necesaria para el objetivo de este capítulo; esto es, dilucidar ¿qué rol juega la dignidad como precepto sistemático en la doctrina del derecho?

En la RL no son numerosas las referencias a la noción de dignidad y, por ende, no siempre se presenta explícitamente el vínculo entre el argumento de la naturaleza racional como fin en sí mismo y la noción de dignidad en la doctrina del derecho. Con excepción del primer deber de Ulpiano (*Mache dich anderen nicht zum bloßen Mittel, sondern sei für sie zugleich Zweck*)[4] y la teoría del derecho penal, ocurre que en la RL la tesis de la condición de ser fin en sí mismo y la dignidad que sobreviene a dicha idea se trata de una tesis asumida como fundante más que explícita en la narrativa.

Algunos comentadores como Pfordten han optado por interpretar que en realidad la noción de dignidad carece de importancia en el derecho y la política.[5] Sin embargo, nos parece que ese no es el caso. Desde el punto de vista de Kant, tenemos obligaciones morales con los seres con dignidad y sólo con ellos. Aunque nuestras obligaciones para con los seres con dignidad también implican auténticas limitaciones sobre cómo podemos tratar a los seres que carecen de dignidad, no tenemos obligaciones para con esos seres y, en este sentido, tampoco ellos tienen derechos.

---

[3] Un grupo de comentadores postulan la tesis de que el imperativo categórico no es una norma autolegitimadora, sino un principio cuya normatividad depende del atractivo ineludible de un valor objetivo. Entre ellos se encuentran: Paul Guyer, *Kant on Freedom, Law, and Happiness*, Cambridge, Cambridge University Press, 2000; Rae Langton, "Objective and Unconditioned Value", *The hilosophical Review*, vol. 116, núm. 2, 2007, pp. 157-185; y Luigi Caranti, "The Ultimate Ground of Morality (and Law) in Naturrecht Feyerabend", *Kants Naturrecht Feyerabend*, Margit Ruffing, Annika Schlitte y Gianluca Sadun Bordoni (eds.), Berlín/Boston, De Gruyter, 2019, pp. 131-144.

[4] MS AA: 06: 236.

[5] Dietmar von der Pfordten, "On the Dignity of Man in Kant", *Philosophy*, vol. 84, núm. 329, Cambridge, Royal Institute of Philosophy/Cambridge University Press, 2009, pp. 371-391.

Los seres con dignidad, las personas, pueden estar obligados y pueden obligar a otros. En términos de Kant, son capaces de obligar pasiva y activamente, pueden poseer, en la terminología contemporánea, un "estatus moral" activo y pasivo.[6] En este sentido, tener estatus moral es tener alguna obligación con alguien o ser tal que alguien tenga alguna obligación con uno.

En la teoría moral de Kant, la obligación implica una relación entre seres de un determinado tipo, es decir, entre seres dotados de una predisposición a la personalidad. Cada uno de estos seres posee un estatus moral: su existencia impone restricciones y exigencias racionales sobre la forma en que ellos y los demás pueden actuar hacia sí mismos y hacia los demás.[7] En este sentido, decimos que la dignidad en la doctrina del derecho es una tesis fundante de la RL, aunque en ocasiones no sea explícita.[8]

Para este capítulo echaremos mano de algunos pasajes de las "Lecciones de derecho natural" de Feyerbend[9] y, en específico, las ideas de *naturaleza racional como fin en sí misma*[10] y de dignidad que ahí se desarrollan.

---

[6] Patrick Kain, "Kant's Defense of Human Moral Status", *Journal of the History of Philosophy*, vol. 47, núm. 1, 2009, pp. 59-60.

[7] *Ibid.*, p. 100.

[8] Klemme advierte que Kant más bien sustituyó la palabra "dignidad" por la palabra "derecho" en lo que se refiere al ámbito de la acción humana capaz de legislación externa y jurisdicción pública. Heiner F. Klemme, "Der Transzendentale Idealismus und die Rechtslehre. Kant über den Zusammenhang von moralischer Verbindlichkeit, Recht und Ethik bei Kant", en *Kants Metaphysik der Sitten in der Diskussion. Ein Arbeitsgespräch an der Herzog August Bibliothek Wolfenbüttel*, Werner Euler y Burkhard Tuschling (eds.), Berlín, Dunker and Humboldt, 2009, pp. 43-54 (Philosophische Schrifften, vol. 79).

[9] El curso sobre derecho natural a partir del manual de Gottfried Achenwall, *Ius naturae in Usum Auditorium*, que nos ha llegado en las notas del alumno Gottfried Feyerabend, fue dictado por Kant en el verano de 1784. Por su datación, es inevitable asociar esta fuente con la *Fundamentación* de la *Metafísica de las costumbres*, publicada en 1785. La *Metafísica de las costumbres* es la obra en la que Kant publica la forma final de su filosofía práctica como un todo sistematizado en el marco de la organización que presenta la filosofía moral. Allí, la doctrina del derecho y la doctrina de la virtud mantienen entre sí la misma relación que vincula conceptualmente la *Vorlesung Naturrecht Feyerabend*, y la *Fundamentación. Cfr.* Macarena Marey y Nuria Sánchez Madrid, "Estudio crítico", en "La 'Introducción' a las 'Lecciones sobre derecho natural' de Kant anotadas por Feyerabend", *Con-textos kantianos. International Journal of Philosophy*, núm. 3, junio, 2016, pp. 391-414.

[10] Caranti expone: "En este texto Kant pasa de la afirmación de una propiedad ontológica (somos fines en nosotros mismos) a una norma moral sobre la imposibilidad de tratar a los humanos como meros medios, con feliz desprecio de la prohibición general de pasar de afirmaciones de 'es' a afirmaciones de 'debe'. Y, obviamente, uno podría ver este mismo movimiento como una indicación de que, por problemático que pueda parecer, así es como debemos enmarcar ciertos pasajes clave en el argumento general de la segunda crítica, que lleva

Ahí, encontramos dos tesis que nos interesan: *a)* la concepción del ser humano como fin en sí mismo y nunca meramente medio, usarlo como cosa, sería contrario a su naturaleza (*Der Mensch ist Zweck an sich selbst, und nie Mittel bloss; das ist wider seine Natur*); y *b)* la postura de que la libertad no sólo es la condición suprema, sino también suficiente para revelarnos como fines en sí mismos.

La dignidad encuentra eco en la doctrina del derecho desde la idea del derecho de la humanidad. La condición de fin en sí mismo y la dignidad que sobreviene a esta condición deben interpretarse en la doctrina del derecho natural kantiano desde las coordenadas de un derecho de la humanidad en nuestra propia persona (*Das Recht der Menscheit in unserer eigenen Person*) que supone el deber interno y jurídico de afirmar mi libertad en el mundo y no dejarme tratar meramente como medio por los demás. Esto es, hay un deber de afirmar nuestro valor en relación con el otro: "No te conviertas en un simple medio para los demás, sino que sé para ellos a la vez fin"[11] (*Mache dich anderen nicht zum bloßen Mittel, sondern sei für sie zugleich Zweck*).

Este deber jurídico pero interno que surge del derecho de la humanidad no pertenece propiamente a una legislación jurídica (no es legislable, en sentido estricto, pues requiere de un acto interno del ánimo al que no puedo ser obligado), sin embargo, funciona como una fórmula (*Formeln*) para la división sistemática de deberes. Se ubica más bien en el registro de lo legítimo (*recht*), pues no se entiende sin aludir a la formulación de la humanidad del ɪᴄ y, al ser también interno, se trata de un deber que propiamente no se puede coaccionar externamente; no obstante, advierte algo bastante revolucionario[12] de la filosofía del derecho kantiana: la idea de que conquistar

---

a la conclusión de que la razón pura puede ser práctica". Luigi Caranti, "The Ultimate Ground of Morality (and Law) in Naturrecht Feyerabend", pp. 131-132. [La traducción es mía.]

[11] MS AA: 06: 236.

[12] El deber de la honestidad jurídica, para Höffe, es evidentemente moral. Con éste, Kant introdujo un deber tanto novedoso como sorprendente. Aquí se muestra, de nuevo, el potencial crítico. Quien se niega a la humillación y degradación fundamental-jurídica no sólo reclamará, sino que también realizará para sí un espacio de libertad propio. Esto no excluye un reconocimiento adicional de los otros, pero para Höffe lo primordial es el reconocimiento propio. Otfried Höffe, "El derecho innato es sólo uno. ¿Tiene Kant una filosofía de los derechos humanos?", en *Los rostros de la razón Immanuel Kant desde Hispanoamérica*, II. Filosofía moral, política y del derecho, Gustavo Leyva, Álvaro Peláez y Pedro Stepanenko (eds.), México, Anthropos, 2018, pp. 198-199.

nuestros derechos es también negarnos a la instrumentalización por parte de otros. La dignidad de la persona jurídica es también una tarea de nuestra libertad.[13]

Tomando en cuenta que son pocas las referencias al concepto de dignidad y de la condición de fin en sí mismo en la RL, puede ser de utilidad acudir a las VNF.[14] En estas *Lecciones* se presenta un argumento interesante en el que se vincula la idea de fin en sí mismo (*Zweck an sich selbst seyn*) con la de bien en sí mismo (*Bonum a se*). El argumento evoca al razonamiento básico que surge del análisis de las series causales que nos recuerdan las vías tomistas, pero en lugar de tener como cometido la prueba de la existencia de Dios, tiene como objetivo presentar la necesidad de un ser como fin en sí mismo (*Zweck an sich selbst seyn*). El razonamiento se encuentra en la introducción de la VNR/Feyerabend[15] y se compone de las siguientes premisas:

---

[13] Para Pippin el deber de la honestidad jurídica no corresponde de forma clara con el principio del derecho natural o innato. Incluso, advierte que, por sus mismas características, éste sería más bien un deber de virtud y no jurídico. La idea, según Pippin, no es: tengo un derecho exigible a no ser tratado como un medio, sino: tengo el deber de no tratarme como un medio. Y, lo que es más importante, mi deber hacia mí mismo no puede obligar a otro y, por tanto, no puede ser un deber jurídico (*Rechtspflicht*). Se trata de un deber ambiguo. Kant parece afirmar simplemente: no te conviertas activamente en un medio; no te rebajes o humilles. Robert B. Pippin, "Dividing and Deriving in Kant's Rechtslehre", en *Immanuel Kant: Metaphysische Anfangsgründe der Rechtslehre*, Berlín, Otfried Höffe, Akademie Verlag, 2010, pp. 69-70. Esto hace sentido en tanto que su propia postura asume la tesis de la independencia como punto de partida en la interpretación de la filosofía jurídica kantiana, es decir, asumir un deber interno jurídico es asumir una conexión necesaria.

[14] Es interesante que se trata de un texto que ha pasado inadvertido por varios comentadores. Sensen, por ejemplo, en el análisis de las 111 veces que aparece la noción de dignidad en los escritos publicados de Kant, sólo hace referencia a los párrafos 1319-1322, sin presentar su análisis minucioso de éstos. Oliver Sensen, "Kant's Conception of Human Dignity", *Kant-Studien*, vol. 100, núm. 3, 2009, pp. 309-331.

[15] VNR/Feyerabend, AA: 27: 1321. Utilizo la traducción a la Introducción que hicieron Macarena Marey y Nuria Sánchez Madrid. Macarena Marey y Nuria Sánchez Madrid, "Estudio crítico", en "La 'Introducción' a las 'Lecciones sobre derecho natural' de Kant anotadas por Feyerabend" pp. 391-414. En las citas que no pertenecen al apartado de la introducción utilizo la versión bilingüe (italiano-alemán): *Lezioni sul diritto naturale (Naturrecht Feyerabend)*, N. Hinske y G. Sadun Bordoni, trads., y eds., Milán, Bompiani, 2016. Cabe resaltar que este importante pasaje, VNR/Feyerabend, AA: 27: 1321, no es analizado en específico por Sensen. *Cfr.* Oliver Sensen, "Kant's Conception of Human Dignity", pp. 309-331. En este artículo expone que la concepción de la dignidad de Kant es comúnmente mal entendida, pues los estudiosos suelen atribuir a Kant una visión de la dignidad como un valor interior absoluto que todos los seres humanos poseen. Según Sensen, la concepción kantiana de dignidad es más bien estoica.

1. *Presentación de la analogía*: "El que alguna cosa tenga que existir como fin en sí mismo (*Zweck an sich selbst seyn*) y que no todas puedan existir meramente como medios es algo tan necesario en el sistema de los fines (*System der Zwecke*) como el que en la serie de las causas eficientes (*Reihe der wirkenden Ursachen*) tenga que haber un ser por sí [*Ens a se*]".

2. *Vínculo entre fin en sí mismo y bien en sí mismo.* Una cosa que sea en sí misma fin es un *bien en sí* [*Bonum a se*]. (*Ein Ding, das an sich selbst Zweck ist ein Bonum a se.*)

3. "Necesidad de un ser que sea un fin en sí mismo en el sistema fines". Aquello que puede considerarse meramente como medio (*bloß als Mittel*) tiene sólo valor como medio cuando es usado como tal. Por esto, tiene que existir un ser que sea fin en sí mismo (*Zweck an sich selbst seyn*). En la naturaleza, cada cosa es un medio para otra y así sucesivamente, y es necesario pensar en el último término de la serie una cosa que sea ella misma fin. De otra manera, la serie no tendría fin.

4. "Cierre de la analogía". En la serie de causas eficientes (*Reihe der wirkenden Ursachen*) todo ente es por otro [*ens ab alio*], pero finalmente tengo que dar con un *ser por sí*.

El argumento gira en torno a una analogía. Así como en la serie de causas eficientes (*Reihe der wirkenden Ursachen*) se requiere aludir a una idea de un ser por sí, así también es necesario para un sistema de fines (*System der Zwecke*), pensar un ser que sea un fin en sí mismo (*Zweck an sich selbst seyn*). Este giro, es decir, el de tener como cometido presentar al ser humano como fin en sí mismo (*Zweck an sich selbst seyn*) es el que permite concebir la naturaleza entera sometida a la voluntad del ser humano: "Contempladas desde la razón, las cosas en la naturaleza sólo pueden ser consideradas como medios para fines, pero el ser humano es el único que puede ser considerado propiamente como fin".[16]

---

[16]   VNR/Feyerabend, AA: 27: 1319.

Este punto es medular para la explicación del derecho privado en la RL; la posibilidad de tener como mío cualquier objeto externo de mi arbitrio[17] se debe precisamente a que, propiamente hablando, no hay objetos sin dueño (*res nullius*). Todo lo que existe en la naturaleza pertenece al ser humano como fin en sí mismo. Esta tesis es necesaria para la idea de toda posesión adquirida. La libertad del arbitrio es ilimitada frente a los objetos externos. Esta idea es común tanto para la RL y como VNR/Feyerabend.

Aún con los límites que supone la propia génesis de VNR/Feyerabend, estas *Lecciones* aportan elementos valiosos para presentar una posible interpretación de la idea de que el ser humano es fin en sí mismo (*Zweck an sich selbst seyn*) en el contexto de la doctrina del derecho natural kantiana, especialmente el apartado *Einleitung*.[18]

La tesis fundamental con la que abre la narrativa de VNR/Feyerabend es: "El ser humano no puede ser considerado sólo como medio, sino siempre como fin en sí mismo",[19] y un párrafo después expone: "El ser humano es fin en sí mismo y nunca meramente medio; esto sería contrario a su naturaleza" (*Der Mensch ist Zweck an sich selbst, und nie Mittel bloß; das ist wider seine Natur*).[20] Es evidente que estas *Lecciones* retoman algunas de las

---

[17] MS AA: 06: 246.

[18] Heinrich P. Delfosse, Norbert Hinske y Gianluca Sadun Bordoni (eds.), "Kant-Index. Band 30: Stellenindex und Konkordanz zum Naturrecht Feyerabend. Teilband 1: Einleitung des Naturrechts Feyerabend", Stuttgart-Bad Cannstatt, Frommann-Holzboog, 2010, p. ix.

[19] *Für den Willen des Menschen ist die ganze Natur unterworfen, soweit seine Macht nur reichen kann, außer andre Menschen und vernünftige Wesen. Die Dinge in der Natur durch Vernunft betrachtet, können nur als Mittel zu Zwecken angesehen werden, aber bloß der Mensch kann als Zweck selbst angesehen werden. Ich kann mir bei andern Dingen keinen Werth denken, als wenn ich sie als Mittel zu andern Zwecken betrachte (...) Das Deseen der unvernünftigen Dinge hat keinen Werth, wenn nichts da ist, das sich dessen bedienen kann d:i: wenn kein vernunftiges Wesen sie als Mittel gebraucht.*
"La naturaleza entera —nunca otros seres humanos y seres racionales— está sometida a la voluntad del ser humano, hasta donde la fuerza de éste lo permita. Contempladas desde la razón, las cosas en la naturaleza sólo pueden ser consideradas como medios para fines, pero el ser humano es el único que puede ser considerado propiamente como fin. A propósito de otras cosas, no se me ocurre ningún valor distinto del que les atribuyo cuando las considero como medios para otros fines [...] La existencia de las cosas no racionales carece de valor si no hay nada que pueda servirse de ellas, esto es, si ningún ser racional las usa como medios". VNR/Feyerabend, AA: 27: 1319.

[20] VNR/Feyerabend, AA: 27: 1321.

tesis sobre la dignidad[21] y la libertad[22] que encontramos en la *Fundamentación*, el matiz que las vuelve interesantes y motivo de traer a colación algunos pasajes es que éstas son un lugar privilegiado para observar una posible interpretación de la tesis de la naturaleza racional como fin en sí misma en el contexto de la doctrina del derecho.

Para los fines que perseguimos en este capítulo, la pregunta sobre cómo se podría entender este "contranatura" es sugerente, pues nos conecta con dos preguntas medulares: ¿cómo se debe asumir el principio de la naturaleza racional como fin en sí misma y la noción de dignidad en la doctrina kantiana del derecho natural?, ¿qué significa actuar en contra de la condición de fin en sí mismo del ser humano en el derecho?

Un antecedente importante de la idea de la instrumentalización en el contexto del derecho lo expone Kant en la *Fundamentación*; ahí Kant advierte que quien vulnera de algún modo los derechos de otra persona, se está valiendo de ella como mero medio, sin someter a consideración que como seres racionales deben ser estimados siempre a la vez como fines.[23] En este sentido, podemos constatar que ya desde la GMS el filósofo de Königsberg postulaba una conexión entre la idea de dignidad y el derecho.

En la doctrina de la virtud encontramos que lo "contranatural" está relacionado con la violación de la humanidad en la propia persona y en la del otro.[24] De esta manera, actuar *contranatura* en el contexto de la doctrina del derecho natural podría estar emparentado como todo aquello que imposibilite mi libertad y la de los otros en el mundo. En este sentido, el derecho de la humanidad —en mi propia persona y de la humanidad en sí misma— es el que dota de significación los alcances del derecho innato a la libertad.

---

[21]   VNR/Feyerabend, AA: 27: 1319.

[22]   VNR/Feyerabend, AA: 27: 1320-1322.

[23]   GMS AA: 04: 430.

[24]   Kant advierte que el uso contranatural de las facultades sexuales viola el deber consigo mismo, oponiéndose en sumo grado a la moralidad. En este caso, el hombre renuncia, según Kant, a su personalidad al usarse como medio para satisfacer los impulsos animales. Tal vicio es su carácter contranatural; supone un alto grado de violación de la humanidad en la propia persona. *Cfr.* MS AA: 06: 425.

A su vez, esto nos conecta con el debate sobre quién, al ser fin en sí mismo, merece el estatus de ser digno y, por ende, debemos de respetar su libertad y los derechos que de ésta surgen. Esto es, con la discusión sobre el estatus moral de las personas.

Pareciera que es suficiente responder a la cuestión, asumiendo que se trata del ser humano sin más consideraciones, sin embargo, esto no hace justicia a la complejidad del tratamiento del tema. Encontramos tres posibles exégesis a esta cuestión:[25] *a)* inclusiva: quienes declaran que el estatuto moral humano se debe aplicar a todos los seres humanos;[26] *b)* restrictiva: sólo se aplica a un cierto número de seres racionales, y *c)* pragmática: quienes piensan que el concepto de estatuto moral es aplicado al ser humano a través de una decisión pragmática.[27] El asunto ha generado polémica entre los comentadores kantianos. Del amplio debate al respecto, elegimos la cuestión de quién es sujeto de dignidad y, por ende, de personalidad moral.

---

[25] Patrick Kain, "Kant's Defense of Human Moral Status", pp. 59-101. Dulce María Granja también alude a esta clasificación para la discusión. *Cfr.* Dulce María Granja, "El pensamiento de Kant en torno al concepto de dignidad humana", en *Dignidad. Perspectivas y aportaciones de la filosofía moral y la filosofía política*, Carmen Trueba Atienza y Sergio Pérez Cortés (eds.), Barcelona/México, Anthropos/Universidad Autónoma Metropolitana, 2018, p. 125.

[26] Patrick Kain argumenta que la investigación de Kant sobre los orígenes de la libertad revela que la ley moral ancla, desde el punto de vista práctico, la afirmación adicional y crucial de que la libertad debe ser considerada como una dotación o predisposición esencial de cualquier ser que pueda poseerla. Tomados en conjunto, estos elementos del sistema de Kant dan lugar a una defensa del estatus moral humano universal significativamente más basada en principios de lo que la interpretación pragmática de la decisión nos hacía esperar. Cuando las doctrinas biológica y psicológica de Kant se combinan con los fundamentos prácticos para considerar que la libertad es una predisposición esencial de todos aquellos capaces de poseerla, queda poco espacio para una decisión pragmática arbitraria o meramente "vagamente guiada". Dentro de la teoría de Kant, la existencia como miembro vivo de la especie humana se toma como indicación suficiente del estatus moral básico porque la pertenencia a esa especie indica la presencia, en un ser perceptible, de la predisposición a la personalidad que fundamenta el estatus. *Cfr.* Patrick Kain, "Kant's Defense of Human Moral Status", p. 100.

[27] Derivado de que los conceptos morales kantianos son ideales, se abre una brecha infranqueable entres estos y los casos concretos. Por ello es necesario usar criterios pragmáticos para aplicarlos. Christine Korsgaard ha argumentado que los conceptos morales son precisos en ellos mismos, pero carecen de una aplicación determinada a las cosas que encontramos en el mundo, ya que los conceptos morales son ideales. Sin embargo, no podemos evitar emplear conceptos morales porque no hacerlo sería evadir la moralidad. Para ella debemos asumir la libertad y el estatuto moral para nosotros obligatoriamente porque la ley moral impera categóricamente y reconocemos que podemos hacer lo que debemos, y debemos asumir esto en nosotros y en los demás como obligados, puesto que de otra manera el deber quedaría sin contenido ni aplicación. *Cfr.* Dulce María Granja, "El pensamiento de Kant en torno al concepto de dignidad humana", p. 171.

La dignidad como ciudadano no es la misma que la dignidad como ser moral (disposición), y ésta, aunque intrínsecamente relacionada, no es la equivalente a la dignidad del acto moralmente bueno (autónomo). No podemos pensar que la dignidad que Kant le confiere al Estado o a ciertos miembros de éste sea la misma que la dignidad como ser moral. Para explicar esto, utilizaremos la referencia de los tres paradigmas de dignidad expuestos por Oliver Sensen,[28] sin embargo, nos separaremos de su interpretación respecto a la dignidad kantiana en el contexto que especialmente nos interesa, es decir, en la doctrina del derecho.

Tomando en cuenta lo anterior, en un primer apartado expondré de manera general la postura que advierte que la noción de dignidad no es inclusiva, esto es, que excluye que todos los seres humanos son personas. Tomaré como referencia a Gutmann[29] y Sensen, cuyas interpretaciones implican una objeción a la posibilidad de pensar un estatus moral inclusivo. En un segundo apartado responderé con los inconvenientes de una postura restrictiva de dignidad; expondré que hay distintas nociones de dignidad en Kant y no todas tienen los mismos atributos, no obstante esto, la dignidad del ser humano como ser moral debe ser inclusiva para todos los seres humanos; es ésta la raíz del estatus moral. Aprovecharé para tomar postura sobre qué tipo de teoría del valor es posible encontrar en la propuesta del filósofo de Königsberg para, por último, a manera de conclusión, presentar las funciones de la noción de dignidad en la doctrina del derecho kantiano.

---

[28] Oliver Sensen, "Kant's Conception of Human Dignity", pp. 309-331.

[29] Thomas Gutmann, "Würde und Autonomie. Überlegungen zur Kantischen Tradition", *Jahrbuch für Wissenschaft und Ethik*, vol. 15, núm. 1, 2010, 3-34. La traducción al español del texto: Thomas Gutmann, "Dignidad y autonomía. Reflexiones sobre la tradición kantiana", *Estudios de Filosofía*, vol. 59, Carlos Emel Rendón, trad., 2019, pp. 233-254.

4.1. Objeciones a una noción incluyente de dignidad: ¿son todos los seres humanos dignos para Kant?

Gutmann pertenece al grupo de los comentadores que consideran que intrínsecamente valioso se refiere exclusivamente al hombre singular, concreto, fenoménico, en virtud de su participación en lo nouménico, es decir, si y en tanto que se distingue por la capacidad de obrar libre y racionalmente.

Gutmann asume una interpretación de la dignidad kantiana en la que no todos los seres humanos son seres racionales, y por tanto personas caracterizadas con el atributo "dignidad". Esto es una interpretación restrictiva. El argumento principal de Gutmann tiene como punto de partida una noción de dignidad moral que se expresa como la capacidad de autodeterminación práctica según normas racionales, sin embargo, el "verdadero objeto del respeto" para Kant, según él, es la voluntad individual en su capacidad de darse fines racionales (y determinarse, a la postre, moralmente, es decir, conforme al imperativo categórico). En otras palabras, expone Gutmann:

> No la naturaleza del hombre, sino la "naturaleza racional existe como fin en sí mismo", sólo "los seres racionales se denominan personas" [Kant, 2012 (1797): 187] El estatus "persona" supone la imputabilidad de sus acciones y con ello la capacidad existente en acto para la autodeterminación según principios morales y (jurídicos) [Kant, 2012 (1797): 30]. Kant aclara por ello en la *Fundamentación* que "moralidad" —es decir, nuestra capacidad de determinar la propia voluntad según leyes morales— es "la condición únicamente bajo la cual un ser racional puede ser fin en sí mismo": "la moralidad y la humanidad, *en tanto que ésta es capaz de la misma*, es lo único que tiene dignidad" [Kant, 2012 (1797): 201].[30]

De esta manera, se trata de una noción de dignidad moral que se "demuestra" en tanto que tenemos la capacidad existente en acto para determinar la propia voluntad, según leyes morales. Según Gutmann, en este concepto

---

[30] Thomas Gutmann, "Dignidad y autonomía. Reflexiones sobre la tradición kantiana", p. 236.

no se debe esconder una teleología aristotélica y, por ende, debería de señalarse el problema del estatus moral de las personas enfermas y niños, en lugar de encubrirlo con préstamos del repertorio aristotélico y tomista.[31]

En el mismo texto, Gutmann descarta la tesis de que en Kant "la humanidad como género" debe "ser objeto de respeto" en el sentido de que "todo individuo del género" tiene "derecho al respeto" por el hecho de que tiene parte en la humanidad como *homo noumenon*. Esta interpretación, según él, descansa en meras equivocaciones e induce por ello a error.[32] Kant no opera con una metafísica aristotélica de la sustancia humana, en la que participaran, sin más, también aquellos miembros de la especie humana que carecen de ella por accidente. No hay en Kant entelequia alguna de la persona.[33]

En la misma línea, esto ocurre desde una interpretación restringida de la noción de dignidad. Sensen expone que Kant utiliza el paradigma tradicional de inspiración más bien estoica; en este sentido, arguye que la concepción kantiana de dignidad es comúnmente mal entendida. Se le suele atribuir una visión de la dignidad como un valor interior absoluto que todos los seres humanos poseen. Kant, según su interpretación, concibe la dignidad como sublimidad (*Erhabenheit*) o la más alta elevación de algo sobre otra cosa. "Dignidad" expresa que algo está "elevado por encima" de todo lo demás. Cuando Kant se refiere a la dignidad de la humanidad, expresa la opinión de que los seres humanos tienen una prerrogativa sobre el resto de la naturaleza en virtud de ser libres. Es la moralidad que se eleva por encima de otras determinaciones de la voluntad y sólo ésta debe ser valorada incondicionalmente.

Tomando en cuenta lo anterior, pasaremos a exponer nuestra interpretación al respecto.

---

[31] *Ibid.*, p. 245.

[32] En este sentido estaría en contra de la interpretación de Patrick Kain, quien expone que un examen cuidadoso del corpus de Kant revela que su defensa de la condición moral humana universal se basa en una combinación de elementos de sus teorías biológicas y psicológicas (y antropológicas), así como de sus teorías metafísicas y morales. Patrick Kain, "Kant's Defense of Human Moral Status", 61-62.

[33] Thomas Gutmann, "Dignidad y autonomía. Reflexiones sobre la tradición kantiana", 238.

4.2. La noción de dignidad en la filosofía práctica kantiana

Kant insiste en una clara distinción entre dignidad y mero precio. El precio es una especie de valor relativo, un valor que tiene algo si se relaciona de forma correcta con otra cosa, en particular con las necesidades o deseos de los seres humanos. Por el contrario, la dignidad (*Würde*) es una especie de valor absoluto e intrínseco.[34] En la teoría de Kant existe una profunda conexión entre la dignidad y la obligación moral. Es nuestra capacidad innata (*Fähigkeit*) de autonomía la capacidad de "legislar" la ley moral, y la predisposición (*Anlage*) a actuar por respeto a la ley moral lo que nos da dignidad y nos marca como fines en sí mismos. Las obligaciones morales pueden verse como fundamentadas en esa misma naturaleza racional y articuladas como exigencias de respetar la dignidad y la autonomía de nosotros mismos y de los demás.[35] Kant advierte: "Pues bien, yo digo: el hombre, y en general todo ser racional existe como fin en sí mismo, no meramente como medio para el uso a discreción de esta o aquella voluntad, sino que tiene que ser considerado en todas sus acciones, tanto en las dirigidas a sí mismo como también en las dirigidas a otros seres racionales, siempre a la vez como fin".[36]

Sin dejar de reconocer que hay una discusión legítima en la forma de comprender, como dice Gutmann, el estatus moral de las personas desde la idea de dignidad kantiana y que esto es palpable en posiciones kantianas controvertidas que ya hemos señalado en los capítulos anteriores, nos parece que la interpretación de Gutmann descarta nociones de dignidad importantes para el análisis de una propuesta sistemática. Él mismo reconoce este descarte.[37]

---

[34] *Cfr.* GMS AA: 04: 4: 434-435.

[35] *Cfr.* GMS AA: 04: 428-36.

[36] GMS AA: 04: 428.

[37] "Contra la interpretación aquí desarrollada no se podrá objetar que Kant, particularmente en el contexto de sus escritos antropológicos e histórico-filosóficos [*Cfr.* Kant 2013 (1786), 177] emplea el concepto de humanidad regularmente también como un concepto histórico y/o biológico del género, que al comienzo del *escrito sobre la religión* atribuye antropológicamente al hombre, como ser genérico, una 'disposición [...] para su personalidad como ser racional y a la vez susceptible de que algo le sea imputado' [Kant, 1981 (1793), p. 43; *Cfr.* Wood, 2008, p. 88], que en su Antropología en sentido pragmático empiece el concepto de persona

Además, su postura incurre, como expondremos, en el mismo defecto que pretende evitar, pues cae en las redes del realismo. Esto requiere posicionarnos respecto a la epistemología moral de la dignidad: la postura kantiana no es intuicionista ni realista, sino más bien se rige desde las coordenadas de un idealismo trascendental moral.

Si bien Gutmann aclara que, para la fundamentación de la *fórmula del fin*, Kant argumenta en principio sólo como postulado,[38] su misma argumentación cae en las redes de una tradición realista, pues pretende decir que el entendimiento puede determinar la dignidad como una "capacidad existente en acto". Consideramos que esta no es propiamente la posición kantiana, sino una interpretación aristotélica desde las categorías metafísicas de acto y potencia aplicadas a la noción de dignidad kantiana. Además, Gutmann no advierte que para el estagirita la potencia es un modo de ser.

Desde el punto de vista de la epistemología moral es necesario reconocer el carácter de postulado de la dignidad; el no hacerlo nos llevaría a una postura desde las coordenadas de un realismo metafísico que olvida las consecuencias teóricas del idealismo trascendental. Subrayar que la dignidad es un postulado significa apuntar al modo y, por ende, los límites en los que nos sabemos con libertad. En realidad conocemos que tenemos libertad a través de la conciencia moral dentro de nosotros (*ratio cognoscendi*), sin embargo, esto no es algo que se pueda explicar en términos de acto y potencia. Se trata más bien de un *Faktum* de la razón práctica, y para el uso de la razón especulativa sigue siendo un problema explicar cómo es posible su existencia.

Reconstruir la arquitectura de la filosofía moral kantiana ponderando que la dignidad, en sentido estricto, es la dignidad moral que supone exclusivamente la capacidad existente en acto del ejercicio de la autodeterminación

---

con una concepción psicológica de la conciencia del yo [Kant, 2014 (1798), § 1] o que en la *Crítica del juicio* piense la finalidad en sí misma de la persona también a partir de su capacidad de formar un ideal de belleza [Kant, 2012 b (1790), § 17], pues el uso que hace Kant de los conceptos de hombre o de humanidad en la fundamentación de los principios de su filosofía moral es otro bien distinto". Thomas Gutmann, "Dignidad y autonomía. Reflexiones sobre la tradición kantiana", p. 240.

[38] *Ibid.*, p. 236.

de principios morales, presume una interpretación con un potencial de exclusión. Esto es, que tendríamos seres humanos que no serían personas en sentido estricto.[39]

La interpretación que proponemos supone resaltar que la condición de fin en sí mismo del ser humano funciona como postulado en la doctrina del derecho natural. Esto último es así porque en las entrañas de su argumentación está la idea de libertad y, por ende, una espontaneidad irreductible a una explicación meramente teórica. En el caso de la dignidad sucede algo similar.

Sensen escribe que no es la tesis de Kant que "cada uno es un fin", sino sólo que debe considerarse así; pero esto es el típico malentendido de una interpretación "como si". Así que, al contrario de lo que piensa Sensen, hay, por supuesto, una cognición de uno mismo como cosa-en-sí; lo que no hay es una cognición teórica y, por tanto, vivamente fundamentada de uno mismo. Pero ciertamente me conozco como un ser moral en la cognición práctica porque sé, después de todo, que debo actuar moralmente, y por lo tanto también sé que soy libre.[40]

Kant no es un intuicionista moral. Más bien es partidario, como expone Dulce María Granja,[41] de un "trascendentalismo moral",[42] entendiendo por trascendentalismo la indagación y establecimiento de las condiciones de posibilidad del estatuto moral del ser humano y lo que de esto se deriva.

---

[39] Si la noción de dignidad y, por ende, de fin en sí mismo de la persona dependiera solamente de una dignidad como capacidad en acto de actuar moralmente, tendríamos que decir que la segunda formulación del IC: *obra de tal modo que uses la humanidad tanto en tu persona como en la persona de cualquier otro siempre a la vez como fin, nunca meramente como medio*, sólo aplicaría a los que son moralmente dignos y determinar quién es sujeto de dignidad nos llevaría a un juicio que pretendería responder a cómo es posible ser en sí mismo meramente fin. No hay propiamente un juicio determinante que pueda explicar esto. Sabemos que somos libres a través de la conciencia moral, pero cómo es posible esto en nosotros mismos y en los demás, es algo que rebasa el ámbito de lo que el entendimiento en su uso teórico puede determinar. No se trata de algo que se demuestra en el terreno del ámbito fenoménico. La ley moral dentro de nosotros dicta el deber sin entrar en deliberaciones de si el ser humano en concreto posee las condiciones de posibilidad para ser considerado digno. El imperativo categórico no hace distinciones entre seres humanos más o menos dignos, ordena sin distinciones.

[40] Dieter Schönecker, "Bemerkungen zu Oliver Sensen, Kant on Human Dignity, Chapter 1", *Kant-Studien*, vol. 106, núm. 1, 2015, p. 77.

[41] Dulce María Granja, "El pensamiento de Kant en torno al concepto de dignidad humana", pp. 137-174.

[42] Bojanowski considera que la postura de Kant puede ser denominada como "idealismo moral". *Cfr.* Jochen Bojanowski, "Kant on Human Dignity: A Response to Oliver Sensen", *Kant Studien*, vol. 106, núm. 1, 2015, pp. 78-87.

Es incorrecto tomar a Kant como un realista axiológico, pero también sería erróneo considerarlo como un teórico subjetivo del gusto que piensa que los valores y los bienes son el resultado de un acto individual (o social).[43] La ley moral es la *forma del conocimiento práctico* y este conocimiento *a priori* es la fuente de la que brota el valor interno absoluto de la humanidad y de las acciones moralmente buenas.

Conviene apuntar que la complejidad de la idea de dignidad viene, en parte, porque la noción de dignidad kantiana es utilizada de distintas maneras. Tiene varios usos y significados, y a su vez, distintas características: puede ser innata, imperdible, pero también modificable en tanto que se conquista con nuestros actos.

Para Kant, incluso, el Estado (*Staate*) y sus poderes (*Gewalten*) son dignidades[44] (*Würden*). De hecho, utiliza el término para designar como dignos también algunos títulos en relación con algunas profesiones o funciones dentro de la sociedad: "dignidad del docente" o la "dignidad de un regente o ministro". En el fondo, la idea común de las acepciones es precisamente la naturaleza racional como fin en sí misma, es decir, la idea de humanidad que supone cada una de estas formas de comprender una misma idea; precisamente la que se refiere a un título heredado no es propiamente dignidad, y Kant argumenta que paulatinamente debe ser eliminada esta práctica.[45]

Las nociones de dignidad que nos interesan para los fines de este capítulo son las siguientes y consideramos que Kant las caracteriza de la siguiente manera:

---

[43] De esta opinión también es Horn. *Cfr.* Christoph Horn, *Nichtideale Normativität-Ein neuer Blick auf Kants politische Philosophie*, Berlín, Suhrkamp Verlag, 2014, p. 147.

[44] MS AA: 06: 315.

[45] MS AA: 06: 329.

Cuadro 4.1.

	Innata	Modificable (*Perdible/ conquista*)	Imperdible	Universal
1. Dignidad como ciudadano[46] (personalidad civil: pasivo y activo)	X	X		X
2. Dignidad como ser moral (*predisposición*)	X		X	X
3. Dignidad moral[47] (acto de autonomía moral)	X	X		X
4. Dignidad de la idea de humanidad (aquí están ideas *a priori* como la idea de Estado, de la que surgen los poderes como dignidades)[48]	*A priori* como idea		X	X

Fuente: elaboración propia.

Asumiendo lo que hasta ahora hemos dicho, la dignidad para el filósofo de Königsberg se comprende, al menos, de estas principales maneras: *a)* del sujeto individual por ser un ser moral (*Menschen*), *b)* la dignidad de ciudadano, *c)* la idea de la humanidad de la que participan la idea Estado (*Staate*) como institución y sus poderes y *d)* la dignidad moral que se conquista a través del ejercicio de la autonomía moral. Todas éstas tienen como rasgo común la idea de humanidad (*Menschheit*); esto es, la naturaleza racional como fin en sí misma.

Nuestra interpretación aquí, como a lo largo del trabajo, es que Kant utiliza los conceptos medulares de su doctrina con distintos sentidos. Esto

---

[46]   MS AA: 06: 329,330,435,436.

[47]   MS AA: 06: 397, 420.

[48]   MS AA: 06: 315.

no significa que en ocasiones la postura del filósofo de Königsberg no sea presa de los prejuicios de su tiempo y de su época, como hemos ya apuntado, sin embargo, el concepto mismo de dignidad *Würde* se resignifica con el pensamiento kantiano. La dignidad como ser moral y, por ello, el estatus moral, no es algo que se pueda perder o "ganar" con un acto. Esta es inclusiva, sin embargo, la dignidad de ciudadano sí advierte, como hemos visto, modificaciones, como es la distinción entre ciudadanos activos y pasivos, además de que es perdible cuando se comete un crimen.

La noción de dignidad kantiana tiene distintos significados, tanto los que hereda por su propio contexto histórico, y que se asumen como "dignidad tradicional", como los que a partir de la reflexión de su filosofía se inauguran[49] y que anteceden al sentido moderno de dignidad. Para presentar con más detalle lo anterior, consideramos pertinente traer al discurso los tres paradigmas de dignidad que presenta Oliver Sensen:

4.2.1. Paradigma contemporáneo de la dignidad

El punto de vista estándar en la literatura kantiana es que la dignidad es un cierto tipo de valor de los seres humanos. Este valor se caracteriza por atributos como "absoluto", "interno" o "incondicional". Lo que se supone que estos atributos expresan es que el valor de los seres humanos no depende de nada más. Los seres humanos simplemente tienen este valor en virtud de ser humanos. A menudo se dice que este valor es la razón normativa por la que uno debe respetarlos. El valor también se describe como "incomparable", lo que implica que el valor humano no puede ser intercambiado por otro valor, por ejemplo, el valor de las cosas. La dignidad humana es una propiedad de valor no relacional que poseen los seres humanos y que genera requisitos normativos para respetarla.

---

[49] Para un análisis breve pero sustancioso del recorrido histórico del concepto de dignidad, así como la defensa de una noción de dignidad atribuida a todos los seres humanos desde la filosofía kantiana, véase Dulce María Granja, "El pensamiento de Kant en torno al concepto de dignidad humana", pp. 137-174.

4.2.2. Paradigma arcaico de dignidad

Se basa en el modo en que concebían la dignidad los antiguos romanos. En Roma, la *dignitas* era principalmente un concepto político; se refería a la posición elevada o rango superior de los políticamente poderosos en la sociedad. Era un concepto exclusivo que se aplicaba sólo a unos pocos. La posición en la sociedad podía perderse, pero también recuperarse. Uno ganaba el rango a través de un cargo político, que a su vez podía ganarse por mérito, nacimiento o riqueza. El paradigma arcaico deja claro que la dignidad no tiene que ser concebida como un valor que los seres humanos poseen, sino que puede referirse a una elevación, por ejemplo, en rango.

4.2.3. Paradigma tradicional de dignidad

Para Sensen éste representa la manera en que Kant concibe la noción de dignidad. Incluye cuatro características esenciales para diferenciarla del paradigma contemporáneo. En primer lugar, en el paradigma tradicional, "dignidad" no es el nombre de una propiedad de valor no relacional que poseen los seres humanos; se refiere más bien a la elevación, una propiedad relacional. Al decir que algo se eleva por encima de otra cosa, no es necesario invocar una propiedad de valor. Esto contrasta con el paradigma contemporáneo, en el que la dignidad es una propiedad de valor no relacional.

Una segunda diferencia importante es que en el patrón tradicional de pensamiento hay dos etapas de dignidad. Mientras que en el paradigma contemporáneo la "dignidad" se refiere a un valor que los seres humanos poseen, y por lo tanto uno tiene o no tiene dignidad, en el patrón tradicional de pensamiento la dignidad inicial de uno puede realizarse, pero también desperdiciarse. Por este motivo todos tienen una dignidad inicial al tener ciertas capacidades (por ejemplo, la razón, la libertad). Pero sólo si uno hace un uso adecuado de sus capacidades se realiza plenamente la dignidad inicial. Por lo tanto, en el paradigma tradicional hay dos etapas de elevación a las que se hace referencia con el término "dignidad".

La tercera diferencia entre el paradigma contemporáneo y el tradicional es que en la concepción tradicional se decía que la dignidad estaba relacionada con los deberes y no con los derechos. En el paradigma tradicional, el deber de hacer un uso adecuado de la propia razón (o de la libertad) se justificaba a menudo con una premisa teleológica. Dado que es la razón la que distingue a los seres humanos de los animales, no se debe vivir como un animal, sino utilizar la propia razón. No obstante, expone Sensen, una estrategia diferente es justificar los deberes jurídicos desde el imperativo categórico de Kant.

Una cuarta diferencia es que el patrón tradicional de pensamiento se refiere principalmente a la dignidad del agente y no a la dignidad de los demás. Es un marco perfeccionista que expresa el deber de hacer un uso adecuado de las propias capacidades.

Consideramos que los tres paradigmas funcionan para matizar las distintas formas en que se ha entendido el concepto de dignidad, sin embargo, nos distanciamos de la interpretación de Sensen respecto a que Kant prioriza únicamente el paradigma arcaico y tradicional de dignidad. Al revisar los diccionarios de la época se advierte que el significado de dignidad estaba asociado para designar una preferencia externa perceptible en la sociedad civil como el ocupar lugares especiales reservados para la gente importante, que tiene ascendiente y que desempeña cargos en la esfera pública.[50] Se trataba de una noción de dignidad "otorgada" o "ganada", que suponía sobresalir de entre los demás y poseer privilegios. En esta forma de concebirla, no hay una idea

---

[50] En el diccionario que César-Pierre Richelet (1626-1698) publicase en 1680 bajo el título de *Dictionnaire françois*, leemos: "Dignité: charge considerable qui fait beaucoup d'honneur dans le mond". Un poco más tarde, en el *Dictionnaire de L'Académie Française* de 1695 (2a. edición) leemos: "Dignité: merite, importance, charge, office considerable". En la lengua alemana la palabra *Würde* es usada para designar una preferencia externa perceptible en la sociedad civil, *e. g.*, el ocupar los lugares especiales reservados para la gente importante, que tiene ascendiente y que desempeña cargos en la esfera política. Tomaré como ejemplo el *Glossarium Germanicum* publicado en 1737 por Johann Georg Wachter o Johannis Georgii Wachteri (1673-1757) en el que dice: "Würde: dignitas, honor, meritis, tributus". Finalmente, citaré el *Wörterbuch der Deutschen Sprache* de Joachim Heinrich Campe (1746-1818) en donde se lee: "Die Würde: ein merklicher aüsserer Vorzug in der bürgerlichen Gesellschaft, besonders sofern er mit einem Amte verbunden ist. Eine gelehrte Würde ertheilen z. B. zum Doctor nennen". La noción de *dignidad* fue entendida como una posición o rango social, puesto que por muchos siglos se vivió en sistemas sociales ordenados bajo una rígida jerarquía, citado en Dulce María Granja, "El pensamiento de Kant en torno al concepto de dignidad humana", p. 150.

de dignidad innata del ser humano. Esta manera de comprender podemos denominarla, como expone Sensen, "dignidad arcaica".

Desde nuestra exégesis, la referencia a la "dignidad inicial" que Sensen incluye exclusivamente en el paradigma tradicional contiene premisas del paradigma contemporáneo,[51] pues la dignidad inicial no es propiamente el resultado de ningún acto en concreto, sino más bien condición de posibilidad para los actos moralmente buenos. Se trata de la dignidad como seres morales y ésta es imperdible, independiente de nuestros actos moralmente buenos o malos.

La dignidad como ser moral nos permite interpretar su postura desde una noción de dignidad que poseemos como seres humanos (imperdible e innata) y que nos posibilita para conquistarla como una tarea siempre inacabada (hacernos dignos de felicidad). Es decir, la dignidad del ser humano es innata e inalterable en tanto nuestra condición de ser fines en sí mismos y precisamente esto nos posibilita para que seamos capaces de hacernos más o menos dignos en función de una idea de dignidad que se ejercita en la autonomía moral. Hay una noción de dignidad por el simple hecho de ser humano (imperdible) y otra que se ejercita teniendo como punto de partida el ideal de humanidad en nosotros mismos y en los otros. Se trata de la misma idea de la naturaleza racional como fin en sí misma, pero desde distintas perspectivas.

Para Kant, la dignidad es imperdible (como ser moral) y a la vez perdible (conquistable); imperdible en lo que se refiere nuestro estatus moral como seres humanos y perdible (en el sentido de modificable, adquirida o ganada) a través de nuestros actos. La primera es condición de posibilidad de la segunda. Si Kant pensara exclusivamente en una noción de dignidad perdible, supondría, por un lado, que una vez cometido el vicio o el crimen, el ser humano sería incapaz de mejorar o enmendar el daño. Inclusive, sería una contradicción la experiencia del arrepentimiento. La contemplación de la dignidad de la ley racional pura en nosotros debe ser siempre posible. El ser humano no puede perder absolutamente su libre capacidad de hacer el bien.

---

[51] Sensen, expone Schönecker, pasa por alto el hecho de que la propiedad relacional (*ist erhoben über*) se basa en una propiedad intrínseca (*hat Würde*). Dieter Schönecker, "Bemerkungen zu Oliver Sensen, Kant on Human Dignity, Chapter 1", p. 68.

Además, Kant advierte en la *Fundamentación* en el contexto de la cuestión ¿cómo es posible un imperativo categórico? (*Wie ist ein Kategorischer Imperativ möglich?*), un argumento basado en la razón humana vulgar que nos permite reafirmar nuestra exégesis. La razón ordinaria confirma que aun el peor malvado desearía liberarse de sus inclinaciones y obrar virtuosamente; sin que a ello le mueva aliciente sensible alguno, llevado de la mera idea de libertad, se traslada con el pensamiento a un mundo meramente intelectual en el que es consciente de poseer una voluntad buena cuyo querer necesariamente moral es ley, y hace de la moralidad un deber para él mismo como miembro de los sentidos.[52]

4.3. La noción de dignidad en la *Rechtslehre*

La Ley Fundamental del Derecho supone como criterio tanto la afirmación de la condición de fin en sí mismo del sujeto individual (*Mensch*) como la idea de humanidad (*Menschheit*); pues estos dos sentidos incluyen las "dos caras" de un mismo derecho de la humanidad. El respeto a la libertad, como derecho nativo que surge desde la consideración de la doctrina del derecho natural, se le debe al ser humano concreto, esto es, al sujeto que en primera persona quiere hacer una acción en el mundo y a la idea de la humanidad que incluye a todos los seres humanos como principio de armonización. El test racional expresado en la LFD incluye la referencia tanto al sujeto concreto como la idea de la humanidad.

Kant vincula la condición de "fin en sí mismo" (*Zweck an sich selbst*) con el derecho de la humanidad, tanto en la legislación ética como en la legislación jurídica. La referencia a la definición del derecho en función de la coexistencia de libertades es una tesis constante del pensamiento kantiano. VNR/Feyerabend también la recoge,[53] lo peculiar es que en estas *Lecciones* se

---

[52]   *Cfr.* GMS AA: 04: 453-454.

[53]   VNR/Feyerabend, AA: 27: 1320.

presenta un modo en que la condición de fin en sí mismo de la naturaleza racional se relaciona con el derecho de la humanidad.

Es la *condición de fin* la que defiende mi derecho a la libertad y, a la vez, la limita para posibilitar la de los otros (fines en sí mismos). El principio fundamental del derecho (PUD), como ya hemos apuntado, supone la defensa de la libertad en la coexistencia con los otros; incluir la referencia a los *otros* como requisito teórico de un test racional en la ley universal del derecho adquiere su significado más profundo si consideramos a la naturaleza racional como fin en sí misma.

La interpretación jurídica de la condición de fin en sí mismo (*Zweck an sich selbst*) y el derecho de la humanidad tiene la peculiaridad de referirse a distintos usos de la libertad. Por un lado, supone un uso de mi libertad externa (individual) pero también la *posibilidad* de la libertad de autodeterminarse jurídicamente en función de la idea de acuerdo de voluntades (idea de humanidad). En *Vorlesung Naturrecht Feyerabend* la explicación de esta idea se inaugura en el análisis del contrato entre dos personas con estatus social distinto, un señor y un sirviente: "Cuando cierro un contrato con un sirviente (*Bedienten*), él tiene que ser tan fin (*Zweck*) como yo y no meramente un medio (*Mittel*). El sirviente también debe querer (*wollen*) hacerlo".

La voluntad humana se limita así a la condición de la armonización general de la voluntad de los demás. Esto es así no propiamente por un argumento desde las coordenadas de un análisis antropológico al modo como se estructura el *Leviatán* de Hobbes; en realidad, se trata de una consideración distinta: "Debo contar con su voluntad porque si ha de haber un sistema de fines (*System der Zwecke*), el fin (*Zweck*) y la voluntad (*Wille*) de un ser racional (*vernünftigen Wesens*) deben estar en armonía con el de todo los demás".

El ejercicio del contrato posibilita el uso de la libertad positiva en el contexto jurídico. En el análisis de sus condiciones de posibilidad también debemos incluir la referencia al acuerdo universal, y esto sólo tiene sentido siguiendo el argumento de VNR/Feyerabend, si consideramos a los demás seres humanos con dignidad.

El principio de coexistencia de libertades supone la afirmación de mi condición de fin al afirmar la defensa de mi libertad bajo la restricción de que ésta sea compatible con las de otros, alude también a una consideración en la que mi libertad se *debe* autodeterminar al respeto de la voluntad de otros, pues también son fines en sí mismos: la voluntad del ser humano no está restringida por la naturaleza en su conjunto, por mucha potencia que ésta tenga, sino por la voluntad de otros seres humanos.[54] En este sentido, el concepto de derecho se fundamenta en leyes de la libertad que posibilitan mi libertad y la de los otros.

El derecho natural desde la consideración de la condición de fin en sí mismo del ser humano debe ser leído desde la referencia al derecho de la humanidad, que supone, como hemos visto, tanto al deber de respetar la libertad de los otros como el afirmar mi libertad en el mundo.

En vnr/Feyerabend encontramos la tesis: si el ser humano ha de ser, por lo tanto, fin en sí mismo, debe tener una voluntad propia, pues él no puede dejarse utilizar como medio.[55] En el deber de *no dejarse utilizar como mero medio* encontramos una de las tesis que nos conecta con la rl, en específico, con el deber ético-jurídico[56] ("Mache dich anderen nicht zum bloßen Mittel, sondern sei für sie zugleich Zweck"). Este deber se debe comprender como la obligación surgida del derecho de la humanidad (*Recht der Menschheit*).

De esta forma, la condición de fin en sí mismo del ser humano supone en la doctrina del derecho, por un lado, un deber ético-jurídico del sujeto a ejercer su libertad en el mundo (*no dejarse utilizar como mero medio*) y, por otro, que este ejercicio sea limitado en tanto que sea compatible con la de los otros (*respetar la condición de fin de otros*). El derecho de la humanidad es moral y jurídico. Los deberes que surgen de éste dependen del tipo de legislación, pero esta idea se despliega en las dos doctrinas como piedra de toque que une y distingue.

---

[54] *Ich kann nicht dem Acker eines andren etwas entnehmen, un meinem damit zu dienen; denn da wäre der andre bloss Mittel Diese Einschränkung beruht auf den Bedingungen, der möglichsten allgemeinen Einstimmung des Willens andrer. Es is ausser dem Menschen nichts achtungswerther gesetzt worden als das Recht der Menschen.-Der Mensch nemlich ist Zweck an sich selbst, er kann daher nur einen innern Werth d:i: Würde haben, an dessen Stelle kein Aequivalent gesetzt werden kann.* VNR/Feyerabend AA: 27: 1319. [La traducción es mía.]

[55] *Soll der Mensch also als Zweck an sich selbst seyn; so muss er einen eignen Willen haben, denn darf er sich nicht als Mittel gebrauchen lassen.* VNR/Feyerabend AA: 27: 1320.

[56] MS AA: 06: 236.

¿Qué sucede, siguiendo las VNR/Feyerabend, cuando no hacemos este ejercicio racional de acuerdo universal para la coexistencia de libertades? Una acción que no concuerda con el respeto del arbitrio de los demás implica instrumentalizar a la persona, pues supone considerarla sin dignidad. El ejemplo que encontramos se da desde las coordenadas de uno de los temas que más le interesan a Kant, la propiedad privada:

> No puedo sustraer algo del campo ajeno para servir al mío, porque allí el otro sería un mero medio para hacerlo. Esta restricción se basa en las condiciones del mayor acuerdo universal posible con la voluntad ajena. Aparte del hombre, no hay nada más respetable que el derecho del hombre; el hombre es un fin en sí mismo, y por lo tanto sólo puede tener un valor interior, este es, la dignidad, en cuyo lugar no se puede establecer ningún equivalente.[57]

La defensa de la condición de fin en sí mismo del ser humano, tanto en la ética como en el derecho ayuda a explicar varias de las tesis que hemos defendido. Tanto la necesidad de diferenciar la legislación ética de la jurídica, pues una transgresión de los límites de cada legislación supondría un atentado contra la autonomía individual del agente y su condición de fin en sí mismo, así como las razones por las que Kant elogia el ideal de un modelo republicano como aquel que posibilita la libertad sin caer en un gobierno paternalista y, por ende, despótico que pretende instrumentalizar a sus súbditos.

Es importante resaltar que el contrato no sólo es válido entre personas con igual estatus social. La noción de dignidad que supone el "contar con la voluntad del sirviente", en el ejemplo que expusimos, considera que no está necesariamente unida a su portador según el tipo de clasificación social, sino que desde la razón práctica es recognoscible en cualquier ser humano.[58] La idea de la dignidad de la humanidad se funda en la autonomía

---

[57] VNR/Feyerabend AA: 27: 1319.

[58] *Würde' bezeichnet bei Kant den absoluten, nicht gegenrechenbaren Wert der Menschheit, der im einzelnen Menschen konkret instantiierbar ist. Die dem Menschen "angeborne" "(6:420) und "unverlierbare Würde" (6:436) "Wird ihrem Träger dabei nicht nach Art von sozialen Rangabstufungen des Feudalwesen[s]" (7:131)*

moral del hombre que va más allá de todo lo fenoménico; es decir, en la capacidad de legislar en general, aunque con la condición de estar sujeto a esta misma legislación al mismo tiempo.

En la RL encontramos la radicalidad de la posición kantiana respecto a la dignidad y la ley penal. En los pasajes más controvertidos que refieren a la posición kantiana del derecho penal encontramos, por un lado, una cierta consideración a una dignidad imperdible por parte de la persona que cometió el delito y, por otro, una noción de dignidad de la justicia. En el caso de la persona que comete un crimen, en cierto sentido pierde su dignidad moral como ciudadano, pero no su dignidad como ser humano, en tanto que, al menos, no se le puede privar de vida o castigarlo con penas vergonzosas:

> No puede haber en el Estado ningún hombre que carezca de toda dignidad, ya que al menos tiene la de ciudadano; excepto si la pierde por su propio crimen, porque entonces se le mantiene en vida sin duda, pero convertido en un simple instrumento del arbitrio de otro (sea del Estado, sea de otro ciudadano). [...] y puede enajenarlo como si fuera una cosa, utilizarlo a su antojo (aunque no para fines vergonzosos) y disponer de sus fuerzas, pero no de su vida ni de los miembros de su cuerpo.[59]

Incluso en su controvertida posición de la justicia penal, Kant advierte que la pena judicial no puede nunca servir simplemente como medio para obtener otro bien: "Sea para el delincuente mismo o para la sociedad civil, sino que ha de imponérsele sólo porque ha delinquido; porque el hombre nunca puede ser manejado como medio para los propósitos de otro ni

---

äußerlich beigelegt, sondern ist "an jedem anderen Menschen praktisch anzuerkennen" (6: 462). T. S. Hoffmann, "Würde", en *Kant-Lexikon Studienausgabe*, M. Willascheck, Jürgen Stolzenberg, Georg Mohr, Stefano Bacin unter Mitarbeit von Thomas Höwing, Florian Marwede, Ste Schadow in Verbindung miteckart Förster, Heiner Klemme, Christian Klotz, Bernd Ludwig, Peter McLaughlin, Eric Watkins (eds.), Berlín, De Gruyter, 2015, p. 2693. "Dignidad" en Kant significa el valor absoluto, incalculable de la humanidad, que es concretamente instancial en el ser humano individual. La "dignidad innata" (6: 420) y la "dignidad cautiva" (6: 436) no está por lo tanto externamente unida a su portador según el tipo de clasificación social del "sistema feudal" (7: 131), sino que es "prácticamente reconocible en cualquier otro ser humano" (6: 462). [La traducción es mía.]

[59] MS AA: 06: 330.

confundido entre los objetos del derecho real (*Sachenrecht*); frente a esto le protege la personalidad innata, aunque pueda ciertamente ser condenado a perder la personalidad civil".[60]

En la "doctrina del derecho" la cuestión de la justificación y la función del castigo forman parte de la discusión relativa a los fundamentos del derecho penal (*Strafrecht*), que Kant considera brevemente en el marco de su tratamiento del derecho público (*offentliches Recht*). También aquí insiste Kant en el carácter moral de la justificación del "castigo judicial" (*richterliche Strafe, poena forensis*), el cual debe ser distinguido del así llamado "castigo natural" (*poena naturalis*) que el crimen mismo eventualmente pueda traer aparejado, en calidad de consecuencia natural, a quien lo comete (p. ej. pesares, remordimientos, males físicos, etcétera). Vigo expone que en el caso del castigo judicial Kant recalca la exigencia de justicia que debe satisfacer todo castigo. La consecuencia inmediata es que éste nunca puede ser empleado como un mero medio para lograr, a través de él, algún otro bien diferente ya que, en tal caso, la persona castigada no sería tratada al mismo tiempo como un fin, según lo exige su carácter nativo de persona.

A juicio de Kant, sólo la referencia a lo que el sujeto merece, en virtud de la transgresión de la ley, permite conservar el carácter originariamente moral de la institución jurídica del castigo: el sujeto tiene que haber sido juzgado previamente como merecedor de castigo y, por lo mismo, como acreedor a la pena que se le impone, antes de considerar si del castigo mismo pueden derivarse eventualmente también determinados beneficios para el propio sujeto o para sus conciudadanos. En tal sentido, explica Kant, la "ley penal" (*Strafgesetz*) tiene la forma de un "imperativo categórico" (*ein kategorischer Imperativ*), cuya validez incondicionada quedaría abolida de un solo golpe, allí donde se intentara manipularla con el fin de obtener determinadas ventajas, internándose en las "sinuosidades serpentinas" (*Schlangenwindungen*) de la "doctrina de la felicidad".

En opinión de Kant, en tal sentido resulta, en principio, irrelevante si dicha manipulación apunta a favorecer al reo mismo, a otra persona o bien

---

[60]   MS AA: 06: 331.

a la sociedad en su conjunto, según la engañosa pretensión del principio fariseo "es preferible que muera un solo hombre, y no que perezca el pueblo entero", puesto que, si se suprime la justicia, tampoco tendrá ya valor alguno la vida de los hombres sobre la tierra. Esto no deja de ser controvertido, sin embargo, deja en claro el modo en que Kant interpretó la noción de fin en sí mismo en el contexto de la doctrina del derecho penal.

De esta manera consideramos que la idea de dignidad pertenece a todo ser humano sin que pueda perderse[61] desde la condición de ser moral y, a la vez, es una tarea siempre inacabada[62] para un ser como el ser humano, para el

---

[61] *So wenig der Besitz von Würde dem Menschen ursprünglich nur von außen beigelegt wird, so wenig kann er ihm auch von außen einfach genommen oder abgesprochen werden. Noch der "Vorwurf des Lasters" (Laster) darf in diesem Sinne nie "zur völligen Verachtung und Absprechung alles moralischen Werths des Lasterhaften" (6:464) führen, schon, weil dies hieße, dass dieser "nie gebessert werden könnte; welches mit der Idee eines Menschen, der als solcher (als moralisches Wesen) nie alle Anlage zum Guten einbüßen kann, unvereinbar ist" (6:465f.).* T. S. Hoffmann, "Würde", en *Kant-Lexikon Studienausgabe*, pp. 2693-2696. Así como la posesión de la dignidad no se atribuye originalmente a un ser humano sólo desde el exterior, no puede ser simplemente arrebatada o negada por el mundo exterior. Sin embargo, el "reproche del vicio" (*Laster*) no debe, en este sentido, llevar nunca "al desprecio y a la negación completa de todo valor moral del vicio" (6: 464), ya que esto significaría que "nunca podría ser mejorado". [La traducción es mía.]

[62] El párrafo en el que podemos encontrar tanto la idea de una dignidad como inherente y como aptitud es el siguiente:
"Pues decir que debo restringir mi máxima en el uso de los medios para todo fin a la condición de su validez universal como ley para todo sujeto, es tanto como decir que el sujeto de los fines, esto es, el ser racional mismo, tiene que ser puesto como fundamento de todas las máximas de las acciones nunca meramente como medio, sino como suprema condición restrictiva en el uso de todos los medios, esto es, siempre a la vez como fin. Pues bien, aquí se sigue indiscutiblemente que todo ser racional como fin en sí mismo tiene a la vez que poder considerarse a sí mismo, en lo que respecta a todas las leyes a que puede estar cometido, como universalmente legislador, porque precisamente esta aptitud de sus máximas para la legislación universal lo distingue como fin en sí mismo, e igualmente se sigue a ésta su dignidad (prerrogativa) por delante de todos los seres meramente naturales y lleva consigo tener que tomar sus máximas siempre desde el punto de vista de sí mismo, pero a la vez también de cualquier otro ser racional como legislador (los cuales por eso se llaman personas). De este modo es posible un mundo de seres racionales (*mundus intelligibilis*) como un reino de los fines, y, ciertamente, por la legislación propia de todas las personas como miembros".
Nun folgt hieraus unstreitig: daß jedes vernünftige Wesen als Zweck an sich selbst sich in Ansehung aller Gesetze, denen es nur immer unterworfen sein mag, zugleich als allgemein gesetzgebend müsse ansehen können, weills diese Schicklichkeit seiner Maximen zur allgemeinen Gesetzgebung es als Zweck an sich selbst auszeichnet, imgleichen daß dieses seine Würde (Prärogativ) vor allen bloßen Naturwesen es mit sich bringe, seine Maximen jederzeit aus dem Gesichtspunkte seiner selbst, zugleich aber auch jedes andern vernünftigen als gesetzgebenden Wesens (die darum auch Personen heißen) nehmen zu müssen. Nun ist auf solche Weise eine Welt vernünftiger Wesen (mundus intelligibilis) I sein Reich der Zwecke möglich und zwar durch die eigene Gesetzgebung aller Personen als Glieder. Demnach muß ein jedes vernünftige Wesen so handeln, als ob es durch seine Maximen jederzeit ein gesetzgebendes Glied im allgemeinen Reiche der Zwecke wäre (GMS AA: 04: 438).

cual la ley ordena desde la constricción, pues Kant asocia la idea de dignidad con la naturaleza racional como fin en sí misma y presenta a la idea de humanidad misma como digna. Es por eso que la idea de Estado y sus poderes son también dignidades porque pertenecen a la idea de humanidad.

El derecho de la humanidad hace referencia al derecho a no instrumentalizar la condición de fin en sí mismo de la naturaleza racional. Si bien es cierto que toda violación de derecho se refiere a las personas concretas, en ocasiones leemos en las *Lecciones* (vnr/Feyerabend) que esta instrumentalización también puede aplicarse al derecho de la humanidad como idea. Los ejemplos en el contexto del derecho se caracterizan por indicar que, incluso ante la injusticia que pueda sufrir, es un deber con la humanidad actuar según la justicia, pues actuar de forma incorrecta (injusta) supone tratar injustamente a la humanidad e ir en contra de la naturaleza racional como fin en sí misma:

Alguien me engañó y me siento agraviado. Por lo tanto, tomo medidas y lo engaño a cambio. Por ejemplo, alguien me vende un caballo ciego y yo le doy un billete falso. En este caso actúo de forma incorrecta, pero no trato al engañador de forma incorrecta. Si un ladrón me obliga a hacer una promesa y yo no la cumplo, no lo trato injustamente porque no tiene derecho a obligarme. Pero estoy tratando a la humanidad injustamente ya que esto es después de todo un medio de elegir un mal menor para evitar un mal mayor. Por consiguiente, estoy ofendiendo la libertad de la humanidad. Si esto sucede demasiado a menudo, el ladrón no creerá en la promesa y simplemente disparará a sus víctimas para saquearlas [...] Si prometo entregar tierras después de la guerra, y el Rey [al que me entrego] es injusto, y me veo forzado a hacer esa promesa, todavía tengo que cumplirla. Es *vi extortum* pero no puede ser injusto ya que no hay una ley externa que obligue a los Estados. Son considerados como *in statu naturali*. O eso dice la gente. Pero en este caso tampoco está claro si estoy haciendo mal si rompo el pacto una vez más. Sin embargo, de acuerdo con el Derecho de la Humanidad, no debo hacer esto. De lo contrario habría una guerra perpetua, nadie confiaría en la promesa de nadie más, y nada estaría seguro.[63]

El derecho de la humanidad se trata de un derecho que no se puede reducir a una legislación jurídica o a un derecho estatutario específico, y por eso mismo, no es un derecho estricto en tanto que no es un deber perfecto, pero sigue siendo un derecho y para la tarea de la filosofía en su función de reformadora es, sin duda, de vital importancia reflexionar sobre éste.

La referencia a éste se vuelve también importante en la controvertida tesis del no derecho a la revolución. Una manera de comprender cómo se caracteriza esta prohibición requiere decir que la anarquía es un atentado al derecho de la humanidad. La anarquía debe ser entendida tanto desde la imposibilidad de asegurar los bienes y la libertad de los seres humanos, como desde la tesis de que se trata del regreso a un *status naturalis* en el que no existe justicia pública. Esto, como ya hemos dicho, se refiere especialmente a que hay una indeterminación jurídica, de tal manera que, desde un tono socrático, se advierte: si un hombre valora más el derecho de la humanidad, preferirá sufrir la tiranía que resistir (*Wenn der Mensch am höchsten das Recht der Menschheit schätzt; so wird er lieber alle Tyranney erdulden, als sich widersetzen*).[64] Desde este párrafo la resistencia ante la injusticia y la tiranía

---

[63] La cita completa en alemán: *Es hat mich jemand betrogen, mich schmertzts. Ich rühre mich daher, und betrüge ihn wierder zE: er verkäuft mir ein blind Pferd, und ich gebe ihm einen falschen Wechsel. Da thue ich doch unrecht, aber dem Betrüger thue ich doch kein Unrecht. Wenn ein Räuber mich zu einem Versprechen zwingt, und ich leiste es nicht; so thue ich iuridice kein Unrecht, denn er hatte kein Recht, mich zu zwingen. Aber der Menschheit thue ich unrecht, denn das ist doch ein Mittel, ein kleineres Uebel zu wählen, um ein größeres zu vermeiden. Ich beleidige also die Freyheit der Menschheit. Wenn da so oft geschieht; so wird der Räuber dem Versprechen nicht glauben, ihn plündern und todtschießen. Dieses Recht gegen die Menschheit ist kein striktes, aber doch immer ein Recht. Wenn ich nach dem Kriege was verspreche, Länder abzugeben etc., und der König ist ungerecht, und ich bin auch dazu gezwungen; so muß ichs doch halten. Es ist vi extortum, und ich kann aber nicht seyn injuste , denn es ist für die Staaten kein äußeres Gesetze. Sie werden betrachtet in statu naturali. So sagt man, aber denn ists auch un/ausgemacht, ob ich unrecht thue, wenn ich das Pactum wieder breche. Aber das muß ich nach dem Gesetz der Menschheit nicht thun. Sonst würde ein beständiger Krieg seyn, einer dem andern sein Versprechen nicht trauen und gar nichts sicher seyn.* [La traducción que está en el cuerpo del texto es mía.] VNR/Feyerabend, AA: 27: 1352-1353.

[64] [La traducción es mía.] VNR/Feyerabend AA: 27: 1392.

supone valorar más el derecho de la humanidad. Para Kant, la anarquía es peor que la tiranía.

Conclusiones

La noción de dignidad en la doctrina del derecho kantiana es una tesis fundante más que explícita. Ella encuentra eco especialmente en el derecho de la humanidad y los lugares en que Kant critica la instrumentalización en el contexto de una doctrina jurídica. La dignidad como ser moral (imperdible) es punto de partida en la *Rechtslehre*. Al mismo tiempo, y a pesar de esto, encontramos algunas justificaciones kantianas para matar seres con estatus moral como es el caso de la pena de muerte y el infanticidio en caso de un hijo engendrado fuera del matrimonio.

Así como el imperativo categórico (fórmula I o de la ley universal) no es equivalente a ley fundamental del derecho, así tampoco lo es la fórmula de la humanidad (o del fin en sí mismo) al derecho de la humanidad en la doctrina del derecho; sin embargo, es posible presentar una analogía en el modo en que se articulan la libertad externa y la dignidad en la *Rechstlehre*, siguiendo las maneras de representar el principio de la moralidad (imperativo categórico), esto es, según la forma (ley universal), la materia (fin en sí mismo) y una determinación (reino de los fines). La libertad práctica externa es el principio universal del derecho desde el criterio formal y el derecho de la humanidad del criterio material. Ahora bien, el fin final, en el contexto del derecho, ya lo hemos apuntado, sería la paz.

Hay una conclusión importante que podemos advertir en función del modo en que Kant concibe la honestidad jurídica, como obligación surgida del derecho de la humanidad en nuestra propia persona y que el filósofo de Königsberg formula de la siguiente manera: "No te conviertas en un simple medio para los demás, sino sé para ellos a la vez un fin"; esto puede ser interpretado como obligación de conquistar nuestros derechos. Sin que se defienda lo indefendible de la posición kantiana sobre los derechos de las mujeres, me parece que, a ojos de Kant, los sujetos pasivos de derecho (en este caso las mujeres) tendrían la obligación de hacer valer sus derechos, esto es, de no permitir ser instrumentalizadas y buscar, por los medios jurídicos correspondientes, su propio reconocimiento como ciudadanas activas. De nuevo, aludiendo a una analogía, así como la dignidad como ser moral nos impone la obligación de dignidad moral, esto es, de la autonomía moral, así también la dignidad innata como ciudadanos nos exige no dejarnos instrumentalizar y afirmar nuestra libertad en el mundo sin dañar a nadie (*neminem laede*), y desde un Estado jurídico (*suum cuique tribue*). Este último deber se comprende desde la idea de contrato originario que trataremos en el siguiente capítulo.

Capítulo 5

La crítica kantiana al contractualismo

La piedra de toque de todo lo que se puede decidir sobre un pueblo como ley radica en la cuestión: si un pueblo bien podría imponerse tal ley a sí mismo.[1]

Si los hombres no fueran libres, sus voluntades se regirían por leyes universales. Pero si todo hombre fuera libre sin ley, nada más terrible podría imaginarse. Porque cada uno haría lo que quisiera con el otro, y así nadie sería libre. No hay que temer tanto al animal más salvaje como a un hombre sin ley. Por eso Robinson Crusoe, en una isla desierta, después de algunos años, cuando vio los pasos de un hombre, se asustó tanto que desde entonces no estuvo tranquilo, y pasó las noches sin dormir.[2]

La cuestión del derecho natural puede abordarse desde distintas intersecciones temáticas. En este apartado nos interesa la vinculación de éste con la idea *a priori* de voluntad general en el contexto de la discusión de la crítica kantiana al contractualismo. La tradición contractual remonta sus orígenes a los sofistas de la Grecia clásica.[3] En la modernidad se suele considerar

---

[1] *Der Probierstein alles dessen, was über ein Volk als Gesetz beschlossen werden kann, liegt in der Frage: ob ein Volk sich selbst wohl ein solches Gesetz auferlegen könnte?* WA AA: 08: 039. [La traducción es mía.]

[2] *Sind die Menschen nicht frey; so wäre ihr Wille nach allgemeinen Gesetzen eingerichtet. Wäre aber jeder frey ohne Gesetz; so könnte nichts schrecklicheres gedacht werden. Denn jeder machte mit dem andern war er wollte, und so wäre keiner frey. Vor dem wildesten Thiere dürfte man sich nicht so fürchten, als von einem Gesetzlosen Menschen. Daher erschrak Robinson Crusoe auf einer wüsten Insel nach einigen Jahren, das er Fußtapfen eines Menschen sahe, so sehr, daß er von der Zeit an nicht ruhig wat und er die Nächte schlaflos zubrachte.* VNR/Feyerabend, AA: 27: 1321. [La traducción es mía.]

[3] Ejemplos de ello los podemos encontrar en Calícles y su definición del concepto de la justicia que Glaucón ofrece en el libro segundo de la *República*: "Se dice, en efecto, que es por naturaleza bueno el cometer injusticias, malo el padecerlas, y que lo malo del padecer injusticias supera en mucho a lo bueno del cometerlas. De este modo, cuando los hombres cometen y padecen injusticias entre sí y experimentan ambas situaciones, aquellos que no pueden evitar una y elegir la otra juzgan ventajoso concertar acuerdos entre unos hombres y otros para no cometer injusticias ni sufrirlas y a partir de allí se comienzan a implantar leyes y convenciones mutuas, y a lo prescrito por la ley se lo llama 'legítimo' y 'justo'. Y este, dicen, es el origen y la esencia de la justicia". Platón, *República*, I, 358a-359a. Platón, *Diálogos IV. República*, Lan Conrado Eggers, trad., Barcelona, Gredos, 1988.

a Hobbes, Locke y Rousseau como los fundadores del contractualismo clásico. Los pensadores que se adscriben en esta escuela son varios y presentan sus teorías con distintos matices, pero comparten un nexo conceptual: sustentan que los vínculos normativos tienen un origen convencional (contractual), en el que se sitúa la soberanía del individuo como punto de partida. En este sentido, el motivo contractual funciona como un mecanismo que fundamenta el origen y necesidad de la sociedad y del Estado.

La noción de contrato en la filosofía del derecho kantiana es utilizada varias veces y de distintos modos. De manera general, encontramos, al menos, tres niveles distintos: *i)* el que se da entre personas, *ii)* el que se refiere a las personas y el Estado y *iii)*, en tercer lugar, el que refiere a las relaciones entre los Estados (como personas morales). Los tres niveles son necesarios y conforman la doctrina kantiana del contrato.

El primer nivel del contrato se refiere al acto del arbitrio unificado de dos personas, por el que lo suyo de uno pasa al otro.[4] Para la celebración de un contrato son constitutivos dos "actos jurídicos de libre arbitrio", "la promesa (*promissum*) y la aceptación (*acceptatio*)".[5]

En este capítulo no nos enfocaremos exhaustivamente al primer nivel de contrato, sin embargo, es importante distinguir las peculiaridades que Kant advierte del contrato originario (*ursprünglicher Contract*);[6] respecto al

---

[4] MS AA: 06: 271.

[5] MS AA: 06: 272.

[6] Es preferible utilizar la noción de "Contrato Originario" (*ursprünglicher Contract*) en lugar de la de "contrato social" (*Sozialkontrakt*), pues, aunque en ocasiones Kant utiliza el término como sinónimo (MS AA: 06:340), no siempre coinciden en su significado, véase, por ejemplo: TP: AA: 08 289. En MS, Kant utiliza el concepto "contrato originario" en dos ocasiones: MS AA: 06: 315 (*ursprünglicher Contract*) y MS AA: 06: 266 (*ursprünglichen Vertrag*). Aunque también encontramos el término "contrato social originario" (*Idee eines ursprünglichen gesellschaftlichen Vertrages*) en el contexto del derecho entre Estados, MS AA: 06: 344. Si bien el pensamiento kantiano es fuertemente influido por Rousseau, Kant guarda cierta distancia respecto al filósofo ginebrino en lo que se refiere al uso del concepto de "contrato social". Kant utiliza el término contrato social (*Sozialkontrakt*) principalmente con referencia a otros autores como es en su discusión con Beccaria sobre la ilegalidad de la pena de muerte. También en *Teoría y práctica*, en relación con una controversia, esta vez con Achenwall, sobre su confusión del principio de derecho con el de la bienaventuranza. En este sentido, podemos decir que la "idea del contrato social" es sinónimo de la "idea del contrato original", en la medida en que Kant lo entiende "como un principio racional del juicio de toda constitución jurídica pública en absoluto" (8: 302). *Cfr.* W. Bartuschat, "Sozialkontrakt", en *Kant-Lexikon Studienausgabe*, M. Willascheck, Jürgen Stolzenberg, Georg Mohr, Stefano Bacin unter Mitarbeit von Thomas Höwing, Florian Marwede, Ste Schadow in

contrato que se da entre personas surgen dos primeras distinciones: *a)* el contrato originario (*ursprünglicher Contract*) es un fin en sí mismo (*an sich selbst Zweck*),[7] y *b)* no requiere, como sí es en caso del primer nivel de contrato, la aceptación fáctica.

La aceptación fáctica, que es condición de posibilidad para el primer nivel de contrato, se sustituye por un principio que surge analíticamente del concepto *a priori* de derecho que es la idea de la voluntad general;[8] pues, para Kant, el ser humano en el estado civil no ha sacrificado su libertad exterior innata, sino que ha abandonado por completo la libertad salvaje y sin ley (*wilde, gesetzlose Freiheit*) para encontrar de nuevo su libertad en general en la dependencia legal (*gesetzlichen Abhängigkeit*), es decir, en un Estado jurídico, porque esta dependencia brota de su propia voluntad legisladora (*aus seinem eigenen gesetzgebenden Willen entspringt*).[9] En este sentido, la argumentación de la salida del estado de naturaleza no podrá deducirse,

---

Verbindung miteckart Förster, Heiner Klemme, Christian Klotz, Bernd Ludwig, Peter McLaughlin, Eric Watkins, (eds.), Berlín, De Gruyter, 2015, pp. 2141-2142.

[7] *Verbindung derselben, die an sich selbst Zweck ist (den ein jeder haben soll), mithin die in einem jeden äuße-ren Verhältnisse der Menschen überhaupt, welche nicht umhin können in wechselseitigen Einfluß auf einan-der zu gerathen, unbedingte und erste Pflicht ist: eine solche ist nur in einer Gesellschaft, so fern sie sich im bürgerlichen Zustande befindet, d. i. ein gemeines Wesen ausmacht, anzutreffen. Der Zweck nun, der in sol-chem äußern Verhältniß an sich selbst Pflicht und selbst die oberste formale Bedingung (conditio sine qua non) aller übrigen äußeren Pflicht ist, ist das Recht der Menschen unter öffentlichen Zwangsgesetzen, durch welche jedem das Seine bestimmt und gegen jedes Anderen Eingriff gesichert werden kann.* TP AA: 08: 289. "[L]a unión de estas personas que es fin en sí misma (fin que cada uno debe tener), por tanto, la unión de todas las relaciones externas, en general, de los hombres-que no pueden evitar verse abocados a un influ-jo recíproco, es un deber primordial e incondicionado; tal unión sólo puede encontrarse en la sociedad en la medida en que ésta se halle en estado civil, esto es, en la medida en que constituya una comunidad. Ahora bien: este fin que en semejante relación externa es en sí mismo un deber, e incluso la suprema condición for-mal (*conditio sine qua non*) de todos los demás deberes externos, viene a ser el derecho de los hombres bajo leyes coactivas públicas, mediante las cuales se pueden atribuir a cada uno lo que es suyo y garantizárselo frente a una usurpación por parte de cualquier otro". *Teoría y práctica. En torno al tópico: tal vez eso sea co-rrecto en teoría, pero no sirve para la práctica*, J. Palacios, M. y M. F. Pérez y R. Rodríguez Aramayo, trads., Ma-drid, Tecnos, 2006, pp. 25-26. [Esta es la traducción que hemos utilizado.]

[8] Desde la crítica del eudemonismo en la doctrina del derecho kantiano, Tomassini advierte que el principio de la felicidad debería de reemplazarse por la idea de una voluntad general legisladora como único criterio normati-vo-evaluativo de la legitimidad de la obligación política. La voluntad general como principio jurídico *a priori* obli-ga al soberano y también al pueblo a adoptar la perspectiva de la voluntad general para juzgar el poder político vigente. *Cfr.* Fiorella Tomassini, "La crítica de Kant al eudemonismo político en Über den Gemeinspruch: Das mag in der Theorie richtig sein aber taugt nicht für die Praxis", *Ideas y Valores*, vol. 64, núm. 158, 2015, pp. 107-122.

[9] MS AA: 06: 316.

como veremos, exclusivamente desde la consideración de motivos antropológicos o pragmáticos. Se trata de un mandato de la razón.

La tercera característica es: *c)* la noción de contrato originario (*ursprünglicher Contract*) apunta esencialmente al espíritu del Estado y sus leyes, es decir, a su progreso en términos de *legitimidad* (*Legitimität*). La idea del contrato originario es la piedra de toque (*Probierstein*) de la legitimidad de toda ley pública. En este sentido, funciona como un *principium diudicationis* en el derecho constitucional[10] y, por ello, es una idea práctica de la razón que obliga (moralmente) al soberano y al poder constituyente; *d)* el contrato originario (*ursprünglicher Contract*) no es un hecho, sino una idea de la razón con indudable realidad práctica, a saber, la de obligar a todo legislador a que dicte sus leyes como si éstas pudieran haber emanado de la voluntad unida de todo un pueblo, pues ahí se halla la piedra de toque (*Probierstein*) de la legitimidad de toda ley pública. El legislador no está legitimado para obrar arbitrariamente, sino que ha de atender al espíritu de la legislación originaria.

¿En qué consiste el espíritu de esa legislación originaria? Reside en dictar leyes como si éstas pudieran haber emanado de la voluntad unida de todo un pueblo. Si el poder constituyente no pude hacerlo de una vez tiene la obligación de ir cambiándola paulatina y continuamente hasta que

---

[10] Para Kersting, la filosofía del derecho de Kant borra todas las huellas empíricas e históricas del concepto de contrato, como lo hizo de los demás teoremas del derecho natural, y de este modo transforma el acto fundador contractualista de la regla estatal en una idea práctica de la razón que, como axioma del derecho estatal y principio de justicia política, se sitúa sistemáticamente en la secuencia de principios de la razón jurídica pura. El contrato no es el "acto histórico" del Estado, sino su acto de razón. El *pactum unionis civilis* es la contrapartida constitucional del imperativo categórico. Así como este último, permite juzgar la legalidad de las máximas; éste, como principio de justicia pública, puede determinar la legalidad de las leyes positivas. *Cfr.* Wolfgang Kersting, *Wohlgeordnete Freiheit. Immanuel Kants Rechts-und Staatsphilosophie*, Berlín/Nueva York, Walter de Gruyter, 1984, pp. 221-222 (Quellen und Studien zur Philosophie, vol. 20). Por su parte, Höffe advierte que el principio del contrato es un criterio de lo que está legalmente permitido y prohibido, no de lo que está legalmente ordenado. Véase Otfried Höffe, "Zur vertragstheoretischen Begründung politischer Gerechtigkeit: Hobbes, Kant und Rawls im Vergleich", en *Ders, Ethik und Politik, Grundmodelle und -probleme der praktischen Philosophie*, Frankfurt, 1979, p. 211. Philonenko interpreta el contrato originario como una cuarta formulación del imperativo categórico que ordena exclusivamente al soberano. *Cfr.* Alexis Philonenko, *Théorie et praxis dans la pensée morale et politique de Kant et de Fichte en 1793*, París, Bibliothèque d'histoire de la philosophie, 1968, pp. 33, 43 y 54. En el caso de Filkschuh, la idea de una voluntad general no tiene realidad empírica; en Kant se trata de un criterio racional de la legislación justa. Para ella, Kant inserta el argumento de Hobbes sobre la autoridad política coercitiva en la construcción de la *volonté générale* de Rousseau. Véase Katrin Flikschuh, "Elusive unity: the general will in Hobbes and Kant", *Hobbes Studies*, vol. 25, núm. 1, 2012, pp. 21-42.

concuerde, en cuanto su efecto, con la única constitución legítima que supone la república pura:

> De tal manera que las antiguas formas empíricas (estatutarias), que sólo servían para conseguir la sumisión (*Unterthänigkeit*) del pueblo, se resuelvan en la originaria (racional), que sólo tiene como principio la libertad, e incluso como condición de toda coacción necesaria para una constitución jurídica en el sentido propio del Estado, y que conducirá a este resultado finalmente también según la letra.[11]

Dicho esto, adquiere sentido decir la siguiente característica: *e)* la alusión al contrato originario (*ursprünglicher Contract*) para la evaluación de las leyes y su respectivo mejoramiento funciona desde las coordenadas de un pensamiento político reformista, pues el desprecio del contrato por parte de la autoridad estatal no legitima la desobediencia activa o la revolución.[12] La teoría jurídica no admite un derecho coercitivo al que el pueblo rebelde pueda apelar en caso de que un jefe de Estado viole los principios *a priori* de la sociedad civil. Kant advierte un deber moral mas no coercitivo. En este sentido, comparte la tesis de Hobbes de que no puede existir tal derecho coercitivo del pueblo hacia el soberano. Abordaremos esta asimetría de deberes entre el soberano y el pueblo más adelante.

La propuesta del filósofo de Königsberg supone una nueva forma de concebir el contrato originario (*ursprünglicher Contract*) a la luz de categorías propias del idealismo trascendental como son la referencia a los dos

---

[11] *[J]ene alte empirische (statutarische) Formen, welche bloß die Unterthänigkeitdes Volks zu bewirken dienten, sich in die ursprüngliche (rationale) auflösen, welche allein die Freiheit zum Princip, ja zur Bedingung alles Zwanges macht, der zu einer rechtlichen Verfassung im eigentlichen Sinne des Staats erforderlich ist und dahin auch dem Buchstaben nach endlich führen wird.* MS AA: 06: 339-340.

[12] La lucha por el derecho justo sólo puede librarse de manera argumentativa; la mejora del derecho sólo puede darse desde reformas y no rebeliones armadas. El campo de lo jurídico se encuentra bajo la *lex continui*. La preservación de la continuidad constituye el requisito previo de la mejora jurídica, cuyo punto de fuga utópico se encuentra en la república noumenon que, sin embargo, como una sociedad históricamente en progreso, tiene que combinar el ideal irénico de Hobbes con el ideal rousseauniano y transformar el régimen leviatánico en un sistema jurídico de libertad bien ordenado bajo la ley de la razón. *Cfr.* Wolfgang Kersting, *Wohlgeordnete Freiheit.Immanuel Kants Rechts- und Staatsphilosophie*, pp. xii-xiii.

puntos de vista en el análisis: el carácter empírico y el carácter inteligible, lo fenoménico y lo nouménico, pero ahora en el contexto de la explicación la letra y el espíritu de las leyes que asume un dinamismo que tiene como ideal regulativo el progreso.

Siguiendo las categorías que Kant usa del contractualismo clásico podría pensarse que él se adscribe a esta doctrina, sin embargo, el filósofo de Königsberg no es un contractualista al modo de sus antecesores; pretendemos exponer que si bien incluye las categorías del contractualismo clásico en su filosofía del derecho, no se adscribe a éste, así como precisar que lo anterior no deriva en la conclusión de que el contractualismo de la tradición del derecho natural se reduzca a una cita sistemáticamente irrelevante.[13]

Kant incluye la referencia a la idea de contrato original y la explica desde su propio sistema, y en este sentido, las funciones del contrato se reinterpretan con las categorías del pensamiento kantiano. El punto de partida, como buscaremos exponer, es que para Kant la sociedad civil es un *fin en sí mismo* y no un medio; aunque pueda y deba incluir beneficios, su fundamento último no radica en éstos. Es un deber categórico el salir del estado de naturaleza (*exeundum*). En este sentido, entrar en una constitución civil y, por lo tanto, en un Estado jurídico, es un deber incondicional. Desde este punto de partida

---

[13] Kersting expone, al menos, tres razones por las que parecería que la noción de contrato no sería una idea importante: *a)* el poco espacio que RL da a la exposición del contrato originario, *b)* si éste ya es prescindible en la teoría de la legitimación debido a la sustitución del concepto contractualista de legitimación por la justificación del Estado según el *principium exeundum e statu natural* y *c)* parece ser superfluo con la sustituibilidad presentada por los principios de libertad e igualdad jurídica en la tarea de comprobar la justicia de las leyes estatales. Esto podría llevarnos, según Kersting, a concluir que "el contractualismo de la tradición del derecho natural se reduce en la filosofía del derecho kantiana a una cita sistemáticamente irrelevante (*der Kontraktualismus der naturrechtlichen Tradition schrumpft in der Rechtsphilosophie zu einem systematisch belanglosen Zitat*).*Cfr.* Wolfgang Kersting, *Wohlgeordnete Freiheit. Immanuel Kants Rechts- und Staatsphilosophie*, 224. No obstante lo anterior, la posición de Kersting es otra: "La tesis del carácter meramente heurístico del contrato y de la superfluidad sistemática de la voluntad general expresa una comprensión totalmente inadecuada de la estructura sistemática de la argumentación de la "Rechtslehre" y de la interdependencia teórica de sus partes, lo que se debe principalmente a una comprensión inadecuada de la doctrina del derecho privado de Kant y, en particular, de la teoría de la adquisición original". *In der These von dem nur heuristischen Charakter des Kontrakts und der systematischen Überflüssigkeit des kollektiven Willens kommt ein völlig unangemessenes Verständnis des systematischen Aufbaus der Argumentation der „Rechtslehre" und der geltungtheoretischen Interdependenz ihrer Teile zum Ausdruck, das in der Hauptsache auf eine mangelhafte Erfassung der Privatrechtslehre Kants und insbesondere der Theorie der ursprünglichen Erwerbung zurückzuführen ist. Ibid.*, p. 225. [La traducción es mía.]

se puede plantear el modo en que Kant caracteriza el estado de naturaleza, así como entrar en la discusión sobre cuál de los pensadores contractualistas influyó más en su caracterización del estado de naturaleza. Lo importante es advertir que la necesidad del estado civil no se deriva de elementos empíricos-antropológicos o de la noción de felicidad, sino más bien de la idea racional de un Estado no jurídico[14] entre seres humanos con arbitrio. En este sentido, la crítica al eudemonismo aplica también al contractualismo.

En esto radica, en términos generales, la crítica kantiana al contractualismo, así como la reinterpretación de la noción de contrato en la filosofía kantiana del derecho. La novedad consiste en sostener, en contra de la tradición del derecho natural moderno, que ingresar en el Estado es un deber incondicional que vuelve a la sociedad civil un fin y no un medio para la consecución de la felicidad o de la autoconservación.[15] Constituir una comunidad (estado civil) es un deber en sí mismo y es, como hemos señalado, la suprema condición formal (*conditio sine qua non*) de todos los demás deberes externos: "Viene a ser el derecho de los hombres bajo leyes coactivas públicas, mediante las cuales se puede atribuir a cada uno lo que es suyo y garantizárselo frente a una usurpación por parte de cualquier otro"; *ist das Recht der Menschen unter öffentlichen Zwangsgesetzen, durch welche jedem das Seine bestimmt und gegen jedes Anderen Eingriff gesichert werden kann.*[16]

La salida del estado de naturaleza es un deber jurídico que implica beneficios, pero su última fundamentación no se agota en su consideración pragmática o instrumental. Esta temática se suele abordar entre los comentadores de Kant desde la discusión de los motivos de la salida del estado de naturaleza (*exeundum*). Para esto, consideramos importante traer a la discusión las principales objeciones por las que el *exeundum* no podría afirmarse

---

[14]   MS AA: 06: 312.

[15]   Véase Macarena Marey y Nuria Sánchez Madrid, "Estudio crítico", en "La 'Introducción' a las 'Lecciones sobre derecho natural' de Kant anotadas por Feyerabend", *Con-textos kantianos. International Journal of Philosophy*, núm. 3, junio, 2016, pp. 391-414. También Frederick Rauscher: "Kant's Social and Political Philosophy", en *The Stanford Encyclopedia of Philosophy*, Edward N. Zalta (ed.), primavera, 2017. Disponible en <https://plato.stanford.edu/entries/kant-social-political/#SocCon>. Consultado el 26 de enero de 2021.

[16]   TP AA: 08: 289.

desde motivos jurídicos-morales, así como las tesis de que la noción de la idea contractual es sistemáticamente irrelevante.

Nos parece importante aclarar, de una vez, que nuestra interpretación apuntará a los motivos jurídicos-morales del *exeundum* en el contexto del derecho, y esto implica decir que su punto de partida no es una comunidad ética, sino una sociedad civil de derecho (comunidad política). Ésta última supone leyes de derecho públicas y coactivas jurídicamente,[17] por lo que el sentido en que interpretamos "moral" no implica el acto virtuoso o genuinamente moral que requiere una motivación estrictamente ética por parte del sujeto individual, pues una característica esencial del Estado jurídico, para Kant, es que no se requiere el ejercicio virtuoso estrictamente moral de los ciudadanos para su establecimiento, y desde el punto de vista del ciudadano, el mero comportamiento legal no es todavía moralmente bueno. Esta forma de concebir lo "moral" y lo "ético" y su relación con el derecho lo hemos abordado en el segundo capítulo. Asumiendo esto como punto de partida, responderemos las objeciones y expondremos nuestra postura.

Dicho esto, responderemos las distintas objeciones presentando nuestra postura al respecto y expondremos las funciones del motivo

---

[17] La distinción entre estado de naturaleza ético y estado de naturaleza jurídico la encontramos en los escritos de RGV, en la primera sección: "Representación filosófica del triunfo del principio bueno bajo la forma de fundación de un reino de Dios sobre la tierra", 1. Del estado de naturaleza ético. RGV AA: 06: 095. *Erste Abtheilung Philosophische Vorstellung des Sieges des guten Princips. unter Gründung eines Reichs Gottes auf Erden. I. Von dem ethischen Naturzustande.* No es el objetivo de este capítulo ahondar en la noción de *estado naturaleza ético* a la que Kant alude en el contexto de RGV; aludimos a ésta en tanto que nos permite distinguirla del *estado naturaleza jurídico*. El *exeundum,* en el contexto del derecho, no tiene como punto de partida una comunidad ética, sino sólo una sociedad civil de derecho (comunidad política). Un estado civil de derecho (político) es la relación de los hombres entre sí en cuanto están comunitariamente bajo leyes públicas de derecho (que son en su totalidad leyes de coacción) a diferencia de un estado civil ético, en el que los hombres están unidos bajo leyes no coactivas, esto es: bajo meras leyes de virtud. Si bien ambos comparten la idea de que cada hombre se da a sí mismo la ley, y no hay ninguna ley externa a la cual se reconozca sometido junto con todos los otros. En una comunidad política ya existente, todos los ciudadanos políticos como tales se encuentran en el estado de naturaleza ético y están autorizados a permanecer en él, pues sería una contradicción que la comunidad política debiese forzar a sus ciudadanos a entrar en una comunidad ética, dado que esta última, ya en su concepto, lleva consigo la libertad respecto a toda coacción. Toda comunidad política puede desear que en ella se encuentre también un dominio sobre los ánimos según leyes de virtud, pues allí donde sus medios de coacción no alcanzan, el ciudadano de la comunidad política permanece, pues, plenamente libre, por lo que toca a la competencia legisladora de ésta si quiere además entrar en una unión ética con otros conciudadanos o si prefiere permanecer en un estado de naturaleza de esta índole.

contractual que se deducen de los modos de caracterizar el estado de naturaleza y el *exeundum*.

5.1. Objeciones a la tesis de que la salida del estado de naturaleza es también por motivos morales

5.1.1. La sentencia del pueblo de demonios (Sentenz über das "Volk von Teufeln"): la tarea del establecimiento del Estado tiene solución, incluso para un pueblo de demonios

La sentencia del pueblo de demonios tiene como punto partida que no es necesaria una actitud moral del ciudadano para conformar el estado civil.[18] En Kant no se encuentra un contractualismo moralizado, ni siquiera en principio.[19] Por el contrario, en el célebre pasaje de *La paz perpetua*, Kant aplica la idea del contrato a un pueblo de demonios,[20] de los que él supone podrían

---

[18] Para Michael Pawlik, los límites que se hacen visibles a la luz del contraesbozo de Hegel difícilmente pueden ser estudiados desde cualquier otro punto de partida, así como con base en su aforismo sobre el "pueblo de los demonios". Michael Pawlik, "Kants Volk Von Teufeln Und Sein Staat", *Jahrbuch Für Recht Und Ethik / Annual Review of Law and Ethics*, vol. 14, 2006, pp. 269-293.
Esta comparación entre Hegel y Kant respecto a la relación del derecho y la eticidad también se encuentra en Marcus Willascheck, "Recht ohne Ethik? Kant über die Gründe, das Recht nicht zu brechen", en *Kant im Streit der Fakultäten*, V. Gerhardt y Th. Meyer (eds.), Berlín, 2005, pp. 188-204.

[19] Christoph Horn, "¿Qué es erróneo de una interpretación moral de la filosofía política de Kant?", en *Forzados a ser libres. Kant y la teoría republicana del derecho*, Juan Ormeño Karzulovic, trad., Miguel Vatter y Juan Ormeño Karzulovic, (eds.), Santiago, fce, 2017, pp. 73-74.

[20] Para Geismann "incluso un diablo, como ser externamente libre en comunidad con sus iguales, sólo puede ser pensado como incondicionalmente restringido en su libertad externa por la ley de la libertad. Incluso si el Derecho debe su origen sólo a la prudencia (lo que es seguro en el caso de los demonios, pero también probable en el caso de la humanidad), su legitimación no se basa, sin embargo, en el interés propio, sino en la mera idea de la libertad externa en las relaciones externas. Sólo para su conservación debe y puede confiar en el interés propio o en la coacción externa, en lo que, por supuesto, el Derecho de los demonios no difiere en absoluto del de los hombres".
Auch ein Teufel kann als ein äußerlich freies Wesen in Gemeinschaft mit Seinesgleichen nur als bedingungslos in seiner äußeren Freiheit freiheitsgesetzlich eingeschränkt gedacht werden. Selbst wenn das Recht seine Entstehung allein der Klugheit verdankt (was bei Teufeln sicher, aber auch bei der Menschheit wahrscheinlich ist), so basiert seine Legitimation dennoch nicht auf dem Selbstinteresse, sondern auf der bloßen Idee

"ponerse bajo leyes coactivas" sólo sobre la base de su entendimiento y sin ninguna intención moral. Esto implicaría que para Kant el problema del establecimiento del Estado es una cuestión prudencial. Con la constatación kantiana de que también en un pueblo de demonios, con tal de que se comporte racionalmente, debe resultar establecer el Estado, no puede querer decidirse que la realización pragmática de un *exeundum* primordialmente moral fuese incluso para demonios. Pues seres vivientes malvados, como los mencionados demonios, jamás obedecerían mandatos morales. Dado que la moral es, para ellos, irrelevante, por ser malvados estarían interesados en erigir un Estado sólo por razones de beneficio propio.

5.1.2. El problema de la redundancia y de la irrelevancia normativa del contrato[21]

Si Kant fuese un contractualista moral, no podría aclararse limpiamente la relación entre moral y contrato, pues la constitución de un orden jurídico y estatal debería, según la interpretación basada en el derecho fundamental o jurídico-racional, ser siempre un mandamiento moral o ser sólo derivado de un escenario contractual, con un carácter fundamentalmente decisionista y procedimental. Formulado de otra manera: seguiría siendo poco claro si debiera entenderse la dimensión moral como punto de partida o como resultado del escenario contractual. En cuanto punto de partida, el elemento contractual sería redundante.

Incluso, la aplicación del criterio del contrato como medio para conocer las leyes legales que se ajustan a los principios del estado civil es redundante, pues se puede obtener ese conocimiento de la legalidad con la sola ayuda de los principios de libertad e igualdad. ¿De dónde debería venir el aumento

---

der äußeren Freiheit im äußeren Verhältnis. Nur für seine Wahrung muß und darf es sich auf das Selbstinteresse bzw. auf äußeren Zwang stützen, womit sich freilich das Recht der Teufel gar nicht von dem der Menschen unterscheidet.

Georg Geismann, "Recht Und Moral in der Philosophie Kants", *Jahrbuch für Recht Und Ethik / Annual Review of Law and Ethics*, vol. 14, 2006, p. 111.

[21] Christoph Horn, "¿Qué es erróneo de una interpretación moral de la filosofía política de Kant?", p. 82.

del contenido normativo que permitiría utilizar el criterio del contrato como un medio de conocimiento más informativo y más distintivo que los principios fundamentales del Estado de derecho? En cuanto resultado, sería absurdo, pues en el caso de Kant la moral no puede aparecer como el resultado de un proceso de entendimiento intersubjetivo. Si así fuese, la figura kantiana del contrato tendría, en el mejor de los casos, un carácter ilustrativo, heurístico o pragmático (para la implementación). Además, la cuestión, ¿puede la unión de voluntades guiadas por la razón conducir a un resultado diferente de la voluntad racional individual?, es una pregunta puramente retórica; la referencia al consentimiento de todos es lógicamente superfluo.

5.1.3. El problema del alcance del contrato en la relación entre los Estados[22]

Si hubiese que entender el establecimiento de un Estado, de hecho, como un mandato moral, ¿debería limitarse el acuerdo contractual a la constitución de un Estado particular e históricamente contingente? Bajo premisas kantianas de una moral universalista, semejante cosa sería implausible. En razón del carácter apodíctico de la concepción moral de Kant debería, más bien, seguirse que, de este modo, sólo debe legitimarse un único Estado global, abarcador y permanente, pues cada ser humano debería, junto con cada otro (tanto de todas las naciones como de cualquier generación) entrar en una relación jurídica basada en la moral. Kant rechaza, unívocamente, empero, tanto en *La paz perpetua* como en la *Doctrina del derecho*, un Estado global.

---

22   *Idem.*

5.1.4. La asimetría en la noción kantiana de contrato

La asimetría consiste en que "lo que posee un sentido ético para el soberano, poseerá un valor jurídico para el pueblo".[23] El gobernante se encuentra moralmente impelido a legislar y a reformar la constitución, cuando ello sea necesario, con vistas a encarnar en ella el espíritu republicano, pero el pueblo está comprometido jurídicamente a cumplir las leyes, e incluso moralmente si atendemos al deber ético indirecto. La capacidad coactiva que excede la posibilidad de ser coaccionada se encuentra sólo en la persona del soberano, que representa la voluntad popular, y frente a la cual no hay, en consecuencia, derecho a resistir, sino sólo la obligación de obedecer incondicionalmente. Incluso en el caso de que el jefe del Estado violara el contrato originario, imponiendo una legislación contraria a lo que el pueblo hubiera podido querer, el pueblo carece de derecho a resistir.

5.2. Respuesta a las objeciones

De acuerdo con las objeciones, una interpretación moral de la filosofía política de Kant, si se trata de reconstruir sobre la base de un elemento teórico-contractual del modelo kantiano, parece inconsistente. Quien sostenga una legitimación moral del Estado y el derecho puede ser considerado como un teórico de la implementación de la filosofía política de Kant o reducir las razones del Estado a un modelo utilitarista del derecho.[24]

La discusión nos lleva a la consideración de los motivos del *exeundum*; el punto neurálgico reside en las razones utilizadas para justificar la "salida" del estado de naturaleza y la conformación de un estado civil. Para

---

[23] Alexis Philonenko, *Théorie Et Praxis Dans la Pensée Morale Et Politique de Kant Et de Fichte en 1793*, 53, citado en Adela Cortina, "El contrato social como ideal del Estado de derecho. El dudoso contractualismo de I. Kant", *Revista de Estudios Políticos*, nueva época, núm. 59, enero-marzo, 1988, pp. 49-64.

[24] Christoph Horn, "¿Qué es erróneo de una interpretación moral de la filosofía política de Kant?", pp. 73-74. Ripstein plantea la cuestión en términos de que la filosofía kantiana no puede ser entendida desde las coordenadas de un utilitarismo. *Cfr.* Arthur Ripstein, *Force and Freedom: Kant's Legal and Political Philosophy*, Cambridge, Harvard University Press, 2009, p. 325.

quienes defienden la tesis de la vinculación entre derecho y moral, el *exeundum* es por motivos morales. El argumento principal en contra de esta interpretación supone que, si el Estado existe para implementar y asegurar los derechos de libertad de todos los seres humanos, en cuanto esos derechos son protegidos a través de instituciones jurídicas efectivas, entonces se debería afirmar, consecuentemente, que la exigencia de transitar desde el estado de naturaleza hacia la condición civil o estatal es un mandato moral.

El problema con esta interpretación, según Horn, es que en ninguno de los textos Kant formula unívoca y directamente un *exeundum* como mandamiento moral o incluso como imperativo categórico. Buscaremos en este apartado exponer que el *exeundum* es por motivos tanto jurídicos como morales.25 Un matiz importante que vale la pena indicar ahora es que lo anterior no excluye la posibilidad de incluir consecuencias pragmáticamente favorables del ingreso a la sociedad civil.

Dicho esto, comenzamos con la primera objeción (5.1.1.).

5.2.1. Respuesta a 5.1.1. La tarea del establecimiento del Estado tiene solución, incluso para un pueblo de demonios

Para negar la posibilidad de motivos morales en el establecimiento del Estado se alude al pasaje 366 de *Hacia la paz perpetua* del renglón 15 al 29:

> El problema del establecimiento del Estado (*Das Problem der Staatserrichtung*) tiene solución, incluso para un pueblo de demonios (siempre que éstos tengan entendimiento) por muy fuerte que suene y reza así: "Organizar a una multitud de seres racionales que exigen en su totalidad leyes universales para su mantenimiento donde, sin embargo, cada uno de ellos tiende en secreto a exceptuarse de ellas, y erigir su constitución

---

25   En esta interpretación se encuentran en Dulce María Granja, "La vinculación entre derecho y moral en la filosofía kantiana", en *Moral y derecho. Doce ensayos filosóficos*, D. M. Granja y T. Santiago, eds., México, Suprema Corte de la Justicia de la Nación/Universidad Autónoma Metropolitana, 2011, 351-379; y Alejandro Vigo, "La concepción kantiana del derecho natural", en *Moral y derecho. Doce ensayos filosóficos*; y Faviola Rivera, *Virtud y justicia en Kant*, México, Fontamara, 2003.

de manera que, a pesar de que sus convicciones privadas sean opuestos, éstas se contengan mutuamente para que, en su comportamiento público, el éxito sea el mismo que si no tuvieran esas malas convicciones". Un problema semejante tiene que ser solucionable. En efecto, no se trata de la mejoría moral del ser humano (*moralische Besserung der Menschen*), sino solamente del mecanismo de la naturaleza (*Mechanism der Natur*) y la tarea (*die Aufgabe*) está en saber cómo se puede utilizar dicho mecanismo en los seres humanos para orientar la disputa entre sus convicciones no pacíficas en el interior de un pueblo de manera que quienes en él viven se obliguen a sí mismos a someterse a leyes coercitivas para producir así el Estado de paz en el que las leyes tengan fuerza.[26]

Desde la alusión al experimento mental de un Estado demonio se pretende probar enfáticamente que el *exeundum* no puede ser en ningún sentido de índole moral, pues se trataría, en todo caso, meramente de un razonamiento hipotético (pragmático). En esta cita (ZeF 366) no encontramos qué tipo de principio es la necesidad de la salida del estado de naturaleza (*exeundum*), porque lo que busca exponer corresponde a la función de la naturaleza en la garantía de la paz perpetua y el modo en que el mecanismo de la naturaleza se puede utilizar para la paz. En este sentido, se trata de un argumento complementario al principio del *exeundum*, pues tiene el cometido de asegurarlo desde las premisas de la filosofía de la historia.

---

[26] *Das Problem der Staatserrichtung ist, so hart wie es auch klingt, selbst für ein Volk von Teufeln (wenn sie nur Verstand haben) auflösbar und lautet so: "Eine Menge von vernünftigen Wesen, die insgesammt allgemeine Gesetze für ihre Erhaltung verlangen, deren jedes aber ingeheim sich davon auszunehmen geneigt ist, so zu ordnen und ihre Verfassung einzurichten, daß, obgleich sie in ihren Privatgesinnungen einander entgegen streben, diese einander doch so aufhalten, daß in ihrem öffentlichen Verhalten der Erfolg eben derselbe ist, als ob sie keine solche böse Gesinnungen hätten". Ein solches Problem muß auflöslich sein. Denn es ist nicht die moralische Besserung der Menschen, sondern nur der Mechanism der Natur, von dem die Aufgabe zu wissen verlangt, wie man ihn an Menschen benutzen könne, um den Widerstreit ihrer unfriedlichen Gesinnungen in einem Volk so zu richten, daß sie sich unter Zwangsgesetze zu begeben einander selbst nöthigen und so den Friedenszustand, in welchem Gesetze Kraft haben, herbeiführen müssen* (ZeF AA: 08: 366). [La traducción al español que ya he citado corresponde a la de Gustavo Leyva, p. 30. Los términos en alemán entre paréntesis en el cuerpo del texto los añadí.]

La respuesta a esta objeción supone, al menos, tres pasos: Distinguir entre tres[27] elementos interconectados: el problema del establecimiento del Estado, la tarea moral y la naturaleza como garantía del progreso.

La cita que se utiliza (ZeF 366, renglones 15 al 29) incluye la distinción entre el problema del establecimiento del Estado (*Das Problem der Staatserrichtung*) y la tarea moral que supone utilizar ese mecanismo para lograr un Estado de paz con leyes que tengan fuerza. La referencia al experimento mental de un pueblo de demonios alude al problema de la realización del Estado independientemente de disposiciones genuinamente morales, pero el contexto temático de la cita no se refiere a la legitimación del Estado; se trata de dos problemas interconectados pero distintos.

La cita se encuentra en ZeF y Kant la ubica en el primer agregado titulado: "De la garantía de la paz perpetua" (*Erster Zusatz: Von der Garantie des ewigen Friedens*). En este contexto temático encontramos un filósofo interesado en argumentar la posibilidad de la paz entre los Estados, y esta explicación supone aludir a la naturaleza como "garante" de la paz en la historia.[28]

---

[27] Para Peter Niesen, la carga de la prueba para la réplica de que la preservación de la república es posible, incluso para los demonios con entendimiento, alude a tres tesis que se encuentran en tres afirmaciones de Kant: *a)* la naturaleza viene en ayuda de la impotente voluntad y precisamente a través de cada inclinación egoísta. Contribuye así a la continuidad del Estado republicano independiente si es un estado-moral. Por lo tanto, en segundo lugar, *b)* depende sólo de una buena organización del Estado, por la cual cada miembro de la política está obligado a ser, si no a la vez un hombre bueno desde el punto de vista moral, sí un buen ciudadano. Lo que constituye el "buen ciudadano" aquí se entiende a partir de los resultados de la acción, cuyo éxito es igual que si no tuvieran tales disposiciones malvadas. En tercer lugar, *c)* no es de la moralidad de la que se espera el establecimiento de una buena constitución estatal, sino más bien, a la inversa, de esta última, en primer lugar, la buena formación moral de un pueblo". La primera afirmación la apoda "tesis de la sustitución moral". (1) La segunda, la de la simulación moral (2) y la tercera, la del efecto moral de un orden republicano (3). *Cfr.* Peter Niesen, "Volk-von-Teufeln-Republikanismus: Zur Frage nach den moralischen Ressourcen der liberalen Demokratie", en *Die Öffentlichkeit der Vernunft und die Vernunft der Öffentlichkeit*, Lutz Wingert y Klaus Günther (eds.), Fráncfort, 2001, p. 592-593.

[28] Esta tesis también se encuentra en la interpretación de Brandt. Reinhard Brandt, "Antwort auf Bernd Ludwig: Will die Natur unwiderstehlich die Republik?", *Kant-Studien*, vol. 88, núm. 2, 1997, pp. 231-232. En la misma línea, Michael Pawlik expone que Kant se preocupa por demostrar que el deber de establecer una república está respaldado por una garantía natural fiable, incluso en el marco de una antropología que no tiene en cuenta la virtud moral de los seres humanos, sino que asume su egoísmo, y que el político que se esfuerza por cumplir ese deber no persigue una quimera, sino que actúa en armonía con la naturaleza. *Cfr.* Michael Pawlik, "Kants Volk Von Teufeln Und Sein Staat", p. 271.

Así que la perspectiva es distinta, no contradictoria, pero sí con un matiz temático distinto. En la misma cita, pero en los renglones 1-15 Kant advierte:

> Ahora bien, la constitución republicana (*republikanische Verfassung*) es la única que está perfectamente adecuada a los derechos de los seres humanos (*Recht der Menschen*), pero es también la más difícil de fundar y mantener, de manera que muchos afirman que debería de ser un Estado de ángeles, porque los seres humanos, con sus inclinaciones egoístas, no serían capaces de una constitución con una forma tan sublime. Pero, entonces, interviene la naturaleza en ayuda de la voluntad general fundada sobre la razón (*allgemeinen, in der Vernunft gegründeten Willen*), venerada, pero impotente en la práctica, de manera que sólo depende de una buena organización del Estado (la cual, por cierto, está en la facultad del ser humano) el contraponer las fuerzas en contra de aquéllas para que las unas contengan o supriman los efectos destructivos de las otras: para que el éxito de la razón sea de tal modo que fuera como si ninguna de ambas existiera, para que el ser humano sea sometido a coerción para ser un buen ciudadano (*guter Bürger*), aunque no sea un ser moralmente bueno (*moralisch-guter Mensch*).[29]

En estos renglones de la cita, la postura kantiana presenta el papel de la naturaleza para la consecución de una constitución republicana. El contexto temático de la referencia al experimento mental del pueblo de los demonios se encuentra desde la perspectiva de la alusión a esta naturaleza, en

---

[29] *Nun ist die republikanische Verfassung die einzige, welche dem Recht der Menschen vollkommen angemessen, aber auch die schwerste zu stiften, vielmehr noch zu erhalten ist, dermaßen daß viele behaupten, es müsse ein Staat von Engeln sein, weil Menschen mit ihren selbstsüchtigen Neigungen einer Verfassung von so sublimer Form nicht fähig waren. Aber nun kommt die Natur dem verehrten, aber zur Praxis ohnmächtigen allgemeinen, in der Vernunft gegründeten Willen und zwar gerade durch jene selbstsüchtige Neigungen zu Hülfe, so daß es nur auf eine gute Organisation des Staats ankommt (die allerdings im Vermögen der Menschen ist), jener ihre Kräfte so gegen einander zu richten, daß eine die anderen in ihrer zerstörenden Wirkung aufhält, oder diese aufhebt: so daß der Erfolg für die Vernunft so ausfällt, als wenn beide gar nicht da wären, und so der Mensch, wenn gleich nicht ein moralisch-guter Mensch, dennoch ein guter Bürger zu sein gezwungen wird.* ZeF AA: 08: 366. [La traducción es de Gustavo Leyva, los términos en alemán entre paréntesis los añadí.]

algunas ocasiones llamada Providencia (*Vorsehung*),[30] para lograr la paz; es decir, Kant alude al pueblo de los demonios no porque le interese cómo es posible que los demonios *de facto* construyan un Estado, sino para enfatizar que incluso desde un comportamiento egoísta (agentes maximizadores de beneficios) se puede resolver el problema del establecimiento de un Estado. Este pasaje pretende resaltar que la realización del derecho en la historia está garantizado por la naturaleza. La cuestión tiene como cometido una pregunta teórica: ¿cómo será posible la paz desde la consideración de seres como los humanos?

Kant sabía que el ciudadano es un ser con debilidades y virtudes; propiciaba un sistema político que pudiera regir en una sociedad de egoístas que querían vivir sociedad: una organización republicana. Uno podría pensar que tal organización republicana sólo es posible para un pueblo de ángeles. El matiz viene porque lo que quiere subrayar Kant en este pasaje es que la naturaleza misma ayuda a nuestra voluntad, que, no obstante estar basada en la razón, suele ser impotente. La naturaleza se sirve de tendencias egoístas[31] de los hombres y orienta sus fuerzas de una manera tal que

---

[30]   ZeF AA: 08: 361, 362, 380.

[31]   Kant lleva a cabo el teorema de que la naturaleza final (deísticamente), concebida y actuando mecánicamente, hace cumplir la ley incluso contra la voluntad de los actores, en los tres niveles recién creados de derecho estatal, derecho internacional y derecho civil mundial. Las tres proposiciones correspondientes: la naturaleza quiere irresistiblemente que la ley obtenga finalmente la supremacía (367, 3-4); "pero la naturaleza quiere otra cosa" (367, 20). Y: "De esta manera la misma naturaleza garantiza la paz eterna por el mecanismo de las inclinaciones humanas" (368, 15-17). En los tres casos, la naturaleza, a través de un mecanismo de intereses sabiamente dispuesto, hace cumplir su fin moralmente compatible: la realización del derecho. La razón está incrustada en el mecanismo, dejémosla hacer; ésta conduce inevitablemente en el mundo físico al armonioso sistema estelar, en el mundo moral al armonioso sistema de Estado.
"Kant führt das Theorem, daß die final (deistisch) konzipierte mechanisch agierende Natur das Recht auch ohne sogar gegen den Willen der Akteure durch setzt, in den drei neu angelegten Ebenen des Staatsrechts, des Völkerrechts un der Weltbürgerrechts durch. Die drei korrespondierenden Sätze: Die Natur will unwiderstehlich, daß das Recht zuletzt die Obergewalt erhalte" (367, 3-4); "Aber die Natur will es anders" (367, 20) Und: "Auf die Art garantirt die Natur durch den Mechanism der menschlichen Neigungen selbst den ewigen Frieden" (368, 15-17). *In allen drei Fällen setz die Natur durch einen weise arrangierten Mechanismus der Interessen ihren moralkompatiblen Zweck durch, die Realisierung des Rechts. Die Vernunft ist den Mechanismus eingelagert; läßt man ihn machen, so führt die Natur unweigerlich in der physischen Welt zum harmonischen Sternen-, in der moralischen Welt zum harmonischen Staatensystem.*
Reinhard Brandt, "Antwort auf Bernd Ludwig: Will die Natur unwiderstehlich die Republik?", 88, pp. 231-232. [La traducción es mía.]

frena el poder destructivo de los mismos.[32] La tarea moral (en cuanto a su objeto) es cómo aprovechar ese mecanismo para lograr la paz y la realización del derecho.

En efecto, en determinadas condiciones, cada cual se ve obligado a ser un buen ciudadano, aunque no necesariamente sea moralmente bueno, y aquí viene el matiz de la postura kantiana al respecto: se ha intentado considerar la calidad moral del sistema político exclusivamente desde el punto de vista de la calidad moral de los ciudadanos, cuando en realidad se espera de la constitución la formación moral de un pueblo. En la misma cita de *Hacia la paz perpetua*, pero en los renglones 30-37 y el inicio de 367, encontramos:

> Puede verse también en los Estados realmente existentes, organizados de manera imperfecta, que se aproximan mucho en su comportamiento externo a lo que la idea del derecho prescribe, a pesar de que la causa de ello no esté seguramente en el interior de la moralidad (como tampoco se puede esperar de ésta la buena constitución del Estado, sino, más bien, a la inversa, se espera de esta última ante todo la formación moral de un pueblo); por tanto, el mecanismo de la naturaleza, mediante las inclinaciones egoístas, que naturalmente se contraponen también exteriormente, puede ser usado por la razón como un medio para hacerle espacio a su propio fin, el precepto jurídico, y, con esto, para fomentar y garantizar la paz tanto interna como externa en cuanto ello depende el Estado mismo. Esto quiere decir, por tanto: la naturaleza quiere irresistiblemente que el derecho mantenga en último término el poder superior.[33]

---

[32] Ernesto Garzón Valdés, "Siete pecados capitales kantianos", en *Forzados a ser libres. Kant y la teoría republicana del derecho*, Juan Ormeño Karzulovic y Miguel Vatter (eds.), Santiago, FCE, p. 28.

[33] *Man kann dieses auch an den wirklich vorhandenen, noch sehr unvollkommen organisirten Staaten sehen, daß sie sich doch im äußeren Verhalten dem, was die Rechtsidee vorschreibt, schon sehr nähern, obgleich das Innere der Moralität davon sicherlich nicht die Ursache ist (wie denn auch nicht von dieser die gute Staatsverfassung, sondern vielmehr umgekehrt von der letzteren allererst die gute moralische Bildung eines Volks zu erwarten ist), mithin der Mechanism der Natur durch selbstsüchtige Neigungen, die natürlicherweise einander auch äußerlich entgegen wirken, von der Vernunft zu einem Mittel gebraucht werden kann, dieser ihrem eigenen Zweck, der rechtlichen Vorschrift, Raum zu machen und hiemit auch, soviel an dem Staat selbst liegt, den inneren sowohl als äußeren Frieden zu befördern und zu sichern. - Hier heißt es also: Die Natur will unwiderstehlich, daß das Recht zuletzt die Obergewalt erhalte. ZeF AA: 08: 367.*

El contexto de la referencia al pueblo de demonios debe interpretarse desde las coordenadas de una tesis que corresponde más a la filosofía de la historia: la naturaleza como condición de posibilidad de la garantía del progreso de la humanidad, y desde esta posición, el orden jurídico republicano cumple una función moralizante.[34] Consideramos que la sentencia kantiana del pueblo de demonios es un argumento complementario en el sentido del contexto temático de su exposición. El sugerir que se trata de un argumento complementario no implica que no sea importante. En realidad, se trata más bien de la argumentación kantiana que versa sobre la reconciliación de la filosofía práctica consigo misma.

Regresemos a la idea medular. El principio del *exeundum*, como hemos dicho, es un *fin en sí mismo*, esto no excluye la posibilidad de incluir, dentro del argumento a favor del estado civil, las consecuencias favorables desde el punto de vista instrumental, como es en el caso del pueblo de demonios: su mantenimiento (*Erhaltung*). En este sentido, la sentencia del pueblo de demonios también pretende resaltar una referencia a la necesidad de un criterio de la eficiencia del orden jurídico:[35] el ser humano, si no es un hombre moralmente bueno, está, sin embargo, obligado a ser un buen ciudadano (*der Mensch, wenn gleich nicht ein moralisch-guter Mensch, dennoch ein guter Bürger zu sein gezwungen wird*). El criterio de un orden jurídico eficiente es precisamente que no depende de la disposición bien intencionada de los ciudadanos que hacen del bien del Estado el propósito de sus acciones, sino que pasa la prueba de los "hombres malos". Si esto no fuera así, no tendría sentido un Estado jurídico que ejerce coacción jurídica.

En estas consideraciones, sin embargo, no se agota el fundamento último del Estado ni la naturaleza del principio del *exeundum*. Lo que aporta este pasaje, en todo caso, es que la naturaleza busca el establecimiento del estado civil, y que éste tiene un vínculo esencial con razones antropológicas.

---

[34] En este sentido, Ernesto Garzón Valdés expone que precisamente porque se basa en una concepción de lo bueno público que se expresa en las reglas de un derecho republicano. Pero ello no tiene nada que ver con la concepción del ciudadano como agente moral, sino con la función que Kant le atribuye al Estado republicano. *Cfr.* Ernesto Garzón Valdés, "Siete pecados capitales kantianos".

[35] Reinhard Brandt, "Antwort auf Bernd Ludwig: Will die Natur unwiderstehlich die Republik?", p. 231.

La racionalidad pragmática es importante en el contexto de la necesidad del Estado, pero no suficiente para explicar su fundamento último y su obligatoriedad jurídica-moral. Si las razones pragmáticas fueran suficientes, estaríamos, por un lado, en la lógica hobbesiana (razonamiento hipotético), y por otro, la obediencia al derecho estaría en función de asegurar esa "conservación".

Si sacamos de su contexto la sentencia kantiana es incompatible con varias tesis medulares de la doctrina del derecho presentada en la *Metafísica de las costumbres*, como es el caso de la doctrina del derecho penal, que supone la consideración ética del castigo, o con la idea del contrato originario como punto de partida para las enmiendas constitucionales.[36] Este pasaje debe leerse desde la pregunta: ¿qué hacemos con ese "mecanismo" de supervivencia (conservación) que coopera para la consecución de la paz? Pues de esta manera adquiere su respectivo sentido y significación. Si se exagera en la importancia sistemática de esta sentencia se puede interpretar, por un lado, la propuesta kantiana como una filosofía política liberal cuyo punto de partida es un amoralismo metodológico, o se puede pretender hacer del relato teleológico, inmerso en la filosofía de la historia kantiana, el único componente trascendental del derecho, en el que la política y el derecho son sólo el resultado del mecanismo de la naturaleza. Ambas interpretaciones, empero, no expresan la postura kantiana.

---

[36] Para Brandt los demonios no son buenos ciudadanos de una sociedad. Para defender esta tesis expone dos ejemplos. Primero, el derecho penal. La nación de los demonios necesita leyes coercitivas de regulación de la libertad exterior, por tanto, castigos para el que viola las leyes. El derecho penal kantiano se caracteriza por el hecho de que ningún ser humano, ni siquiera un delincuente, puede perder su condición de persona de manera que pueda ser utilizado simplemente como un medio. *A priori* no es legítimo utilizar a los delincuentes para experimentos médicos. Los diablos, por otra parte, no conocen este umbral de inhibición de los derechos humanos y pueden tratar al delincuente exclusivamente de acuerdo con los aspectos de sus intereses y, según la necesidad de disuasión, torturar públicamente y descuartizar al ladrón de tiendas. Además, pueden, por decisión soberana, por ejemplo, abolir el matrimonio y modelar la relación de los sexos según el principio de la maximización del placer sexual. Es decir, no están moralmente ligados al derecho humano y privado, que es muy importante en Kant, y lo respetan sólo cuando encaja su *volonté générale* en la estrategia de coincidencia continua de inclinaciones egoístas. *Cfr.* Reinhard Brandt, "Antwort auf Bernd Ludwig: Will die Natur unwiderstehlich die Republik?", p. 231.

5.2.2. Respuesta a 5.1.2. El problema de la redundancia y de la irrelevancia normativa del contrato

La relación entre la noción de contrato originario y el principio del *exeundum* con la dimensión moral se puede argumentar, a diferencia de lo que expone en la objeción 5.1.2, tanto como punto de partida como punto de llegada. Esto es así porque la salida del estado de naturaleza es una idea que funciona para explicar, desde la óptica de un propósito práctico: la necesidad de la existencia del estado civil, es decir, cómo debería ser en cuanto su legitimidad y el modo que deben articularse las relaciones entre los Estados.

Para Kant, como hemos visto, la anarquía es peor que la tiranía. Funciona como una especie de absoluto jurídico que debe evitarse a toda costa. Sin embargo, no sólo se trata evitar la anarquía; la idea del contrato original (*ursprünglicher Contract*) habilita la razón en las coordenadas de un estado adventicio. Esto significa que, si bien la tiranía y el despotismo son mejores que la anarquía y la barbarie, se debe de pensar en mejorar el Estado a través de reformas a las leyes, así como garantizar el derecho provisional del estado de naturaleza.

Kant no es un contractualista al modo de Hobbes o Locke; dado que el *exeundum* es un fin en sí mismo, el establecimiento del Estado para Kant no responde exclusivamente a consideraciones antropológicas o pragmáticas. El Estado, y por el ende la salida del estado de naturaleza, no se entienden como el resultado de un escenario contractual con carácter decisionista, ni procedimental. Se trata de un fin de la razón.

No es decisionista en el sentido que se requiera un consenso fáctico de cada uno de los ciudadanos; sin embargo, se trata de un deber que cada uno debe tener, es decir, desde el punto de vista ético el ser humano encuentra la *conciencia de la obligación* en la deliberación de sus deberes, sin embargo, ésta no se requiere para el establecimiento de una legislación pública, pues se trata del derecho a una legislación pública y a la superación (aunque sea limitada) de aquella anarquía de la libertad sin ley.

No es del todo procedimental,[37] aunque la idea de contrato originario puede funcionar como la *ratio cognoscendi* de la ley legítima, por las mismas características que especifican la idea del contrato originario como idea regulativa, sin embargo, sí tiene realidad práctica en el sentido de que el legislador está obligado, al menos moralmente, aludir a éste para la formulación de mejores leyes, además de que en el ejercicio público de la razón lo requiere para la evaluación de éstas.

El fundamento jurídico del Estado no se encuentra en la noción de un contrato decisionista o procedimental, en esto concordamos con la objeción, sin embargo, la reinterpretación del contractualismo en la filosofía del derecho kantiano no es una cita sistemáticamente insignificante.

No es superfluo como la *ratio cognoscendi* de la legitimidad al considerar los principios de libertad e igualdad jurídica porque éstos determinan alcance de lo que el pueblo, como voluntad general, puede querer legalmente en absoluto, y por lo tanto, también lo que puede ser objeto del contrato social.[38]

---

[37] Una larga y fructífera tradición ha buscado, desde premisas kantianas, argumentar una concepción de justicia procedimental desde la teoría del contrato kantiana y su filosofía moral. Uno de los filósofos más importantes en esta interpretación es Rawls, quien desde los inicios de su *Teoría de la justicia* apuesta por la siguiente premisa: "Mi objetivo es presentar una concepción de la justicia que generalice y lleve a un superior nivel de abstracción la conocida teoría del Contrato social tal como se encuentra, digamos, en Locke, Rousseau y Kant. Para lograrlo no debemos pensar en el contrato original como aquel que es necesario para ingresar en una sociedad particular o para establecer una forma particular de gobierno. Más bien, la idea directriz es que los principios de la justicia para la estructura básica de la sociedad son el objeto del acuerdo original". John Rawls, *Teoría de la justicia*, María Dolores González, trad., México, Fondo de Cultura Económica, 2006, p. 24. En una nota a pie de página que se encuentra en este párrafo se expone qué textos considerará para formular su teoría: de Locke, el *Second Treatise of Government*; el *Contrato social* de Rousseau, y los trabajos sobre ética de Kant, empezando por *Los fundamentos de una metafísica de la moral*, como definitivos en la tradición del contrato. En esa misma cita (la número 4, en la edición que utilizo) se excluye el *Leviatán* de Hobbes, porque hace surgir algunos problemas especiales. Una interpretación del derecho a la no revolución kantiana desde las premisas de una justicia procedimental la podemos encontrar en Korsgaard. Para ella, si bien Kant negó sistemáticamente el derecho a la revolución por motivos jurídicos, podría haber respaldado el acto de la revolución por motivos éticos. *Cfr.* Christine Korsgaard, "Taking the law into our own hands: Kant on the right to revolution", en *Reclaiming the History of Ethics. Essays in Honour of John Rawls*, A. Reath, B. Herman y C. Korsgaard (eds.), Cambridge, Cambridge University Press, 1997, pp. 297-328.

[38] En la introducción a *Immanuel Kant. Über den Gemeinspruch: 'Das mag in der Theorie richtig sein, taugt aber nicht für die Praxis'; Zum ewigen Frieden. Ein philosophischer Entwurf*, Klemme señala que los principios libertad, igualdad e independencia determinan el alcance de lo que el pueblo puede querer legalmente. Para él, no obstante, en la teoría del derecho de Kant, expuesta en *Teoría y práctica*, la idea del contrato social perdió la función que se le había otorgado originalmente como fuente de derecho. *Cfr.* Heiner F. Klemme, "Einleitung", en *Kant, Immanuel, Über den Gemeinspruch: 'Das mag in der Theorie richtig sein, taugt aber nicht für*

La noción de contrato y la voluntad general tienen una función sistemáticamente importante en la discusión del derecho privado y la adquisición original. Los derechos adquiridos en el estado de naturaleza, como hemos apuntado, son de carácter provisional.[39] Kant advierte que una adquisición original de derechos de conformidad con leyes jurídicas requiere la idea de una posible voluntad unificada (*Idee eines möglichen vereinigten Willens*)[40] precisamente en conformidad con el axioma de la libertad externa. La apropiación (*Zueignung*) se puede entender como acto de una voluntad universal y exteriormente legisladora (*als Act eines äußerlich allgemein gesetzgebenden Willens*)[41] por el que se obliga a todos a concordar con mi arbitrio. La necesidad del contrato ya está dada por la necesidad de poner la ley de adquisición de bienes en conformidad con la voluntad legislativa de todos. Porque según los conceptos jurídicos no hay otra forma de constituir esta voluntad legislativa que en la idea del acuerdo contractual de todos.[42]

5.2.3. Respuesta a 5.1.3. El problema del alcance del contrato en la relación entre los Estados

En efecto, Kant rechaza unívocamente, tanto en *Hacia la paz perpetua* como en la RL, un Estado global. La objeción está pensada desde la consideración de que, si el contrato se justifica desde una dimensión moral, por qué no pensarlo para la construcción de un Estado global.

---

die Praxis'; *Zum ewigen Frieden, ein philosophischer Entwur*, Hamburgo, Meinier, 1992, p. xxii (Philosophische Bibliothek, vol. 443).

[39] Esto es así, advierte Kersting, no sólo porque institucionalmente no han sido garantizados, sino también porque no cuentan con el consentimiento legal del público en general, es decir, de todos aquellos que se ven restringidos en su libertad por la demanda legal a través del arbitrio privado. *Cfr.* Wolfgang Kersting, *Wohlgeordnete Freiheit. Immanuel Kants Rechts- und Staatsphilosophie*, Berlín/Nueva York, Walter de Gruyter, 1984, p. 226 (Quellen und Studien zur Philosophie, vol. 20).

[40] MS AA: 06: 258.

[41] MS AA: 06: 259.

[42] Para Kersting, quienes quieren ver en el contrato de Kant sólo una consideración que sirve de poco a la transparencia de la argumentación de su filosofía jurídica, juzgan mal el significado sistemático de la argumentación, que llevó a los intentos de Kant de justificar el derecho adquisitivo a una extensión de la legislación de la razón y a la concepción de la proposición jurídica sintética *a priori*. *Cfr.* Wolfgang Kersting, *Wohlgeordnete Freiheit. Immanuel Kants Rechts- und Staatsphilosophie*, p. 227.

Para Kant los Estados constituidos, aunque sean imperfectos, deben considerarse en el terreno de la relación entre los Estados como personas morales. Siendo así, y sólo así, el principio del *exeundum* y la noción de contrato originario tienen un significado análogo en el contexto de la relación entre los Estados. La idea de contrato originario funciona en distintos niveles: *a)* como un criterio para evaluar lo que un Estado debe decidir legítimamente respecto a su población, y *b)* en el contexto del derecho internacional, esto es, en una confederación de Estados es una brújula en su relación con los otros Estados constituidos.[43]

El argumento de la salida del estado de naturaleza entre los Estados para la conformar una federación de Estados libres y no un Estado global, alude a la dimensión moral del Estado como persona moral y, por ende, es precisamente por razones morales que Kant rechaza un Estado global. En efecto, en el contexto del derecho internacional, la noción de contrato originario prevalece, pero desde el contexto de la relación de Estados soberanos. Además, desde el punto de vista pragmático, sería ingenuo pensar que si el fin final del derecho como es la paz entre los Estados, se lograría la paz eliminándolos.

La solución del problema jurídico entre la relación de los Estados no supone eliminarlos, sino más bien aprovecha de las diferencias de idioma, religión y su mutua repulsión que obligan a la formación y retención de Estados individuales como si fueran planetas particulares; mientras que el dominio de sólo la fuerza de atracción en la forma de una única monarquía universal tendría que llevar al colapso del sistema, a la paz eterna del cementerio.[44]

5.2.4. Respuesta a 5.1.4. La asimetría implícita en la noción de contrato: pueblo-soberano

---

[43] Wolfgang Bartuschat, "Vertrag, ursprünglicher", en *Kant-Lexikon Studienausgabe*, p. 2541.

[44] También aquí, expone Brandt, el mecanismo natural (de repulsión) a través de diferentes idiomas y religiones lleva a los hombres a la solución del problema de la separación de los pueblos contra el despotismo universal. Reinhard Brandt, "Antwort auf Bernd Ludwig: Will die Natur unwiderstehlich die Republik?", p. 232.

Como se puede vislumbrar, la tesis de la asimetría está vinculada a su vez con la tesis de la obediencia irresistible del pueblo al soberano,[45] pero desde el punto de vista de la relación entre el tipo de deberes que le corresponden respectivamente al pueblo y al soberano.

Respecto a esta objeción, es importante aclarar que nuestra interpretación supone que existe la asimetría entre los deberes del soberano y el pueblo. En efecto, el soberano sólo está obligado éticamente, mientras que el pueblo está jurídicamente y moralmente comprometido a cumplir las leyes. Por lo que, la respuesta a esta objeción será más bien ofrecer los argumentos por los que Kant asume esta postura.

La cuestión para los fines de este capítulo es si en la idea de contrato se encuentra ya la idea de sometimiento que supone la asimetría, así como si desde esta tesis se advierte la idea de que necesariamente los deberes del soberano son distintos a los del pueblo desde la idea de contrato, de tal manera que el soberano esté absuelto de cualquier deber respecto al pueblo.

Una primera forma de responder es argumentar que en la doctrina kantiana del contrato subsiste de algún modo el *pactum subjectionis* aparentemente abandonado. A juicio de Philonenko,[46] en el segundo principio de una constitución republicana se contiene el *pactum subjectionis*, ya que todos los miembros de la república son iguales en tanto que súbditos y tienen, por tanto, la facultad de coaccionar a sus iguales para que respeten su libertad, pero la perentoriedad en la defensa de tal derecho sólo es posible si el poder de coacción queda en manos de un poder soberano irresistible.[47]

Kant plantea la cuestión de la posible legalidad de la resistencia como la primera de las cuestiones que se derivan de la naturaleza de la unión civil

---

[45] No han sido pocos los comentadores que han criticado esta tesis. En realidad se trata de una objeción constante que atraviesa la doctrina del derecho kantiana y, por supuesto, que toca el corazón de los argumentos también morales de la desobediencia civil. Algunos comentadores consideran que la tesis de obediencia incondicional al soberano supone una contradicción con la tesis de la división de poderes. Véase, por ejemplo, Westphal Kenneth R. "Republicanism, Despotism, and Obedience to the State: The Inadequacy of Kant's Division of Powers", *Jahrbuch für Recht und Ethik / Annual Review of Law and Ethics*, vol. 1, 1993, pp. 263-281.

[46] Alexis Philonenko, *Théorie Et Praxis Dans la Pensée Morale Et Politique de Kant Et de Fichte en 1793*, p. lxvi.

[47] Adela Cortina, "Estudio preliminar", en Immanuel Kant, *Metafísica de las costumbres*, Madrid, Tecnos, 2008, p. lxvi.

y el apartado en que aborda tal problema se inicia preguntando si un *pactum subjectionis civilis* ha precedido a la instauración del poder estatal o si, por el contrario, el poder ha precedido a la ley. Para Philonenko[48] el contrato social constituye para Kant el momento ético en la constitución jurídica del Estado: gobernar tiene que ser obrar por deber.

Ahora bien, el núcleo de la cuestión es explicar la posición kantiana que supone esta asimetría, es decir, que "lo que posee un sentido ético para el soberano poseerá un valor jurídico para el pueblo".[49] La idea de contrato posee realidad práctica en cuanto compromete *moralmente* al soberano a legislar, teniendo en cuenta la posibilidad de que el pueblo concuerde con ello, es decir, haciendo uso del "como si" en perspectiva moral. Pero el pueblo se compromete *jurídicamente* a respetar y cumplir las leyes propuestas por el soberano. La diferencia es clara: el soberano puede hacer uso de la coacción, precisamente porque los súbditos han puesto en sus manos la capacidad de coaccionar, mientras que los súbditos carecen del derecho de ejercer sobre él coacción alguna, puesto que el soberano es quien garantiza el uso legítimo de la coacción y se sitúa más allá de ella.

La ley *a priori* "debes entrar en el Estado jurídico" es un deber de todos los hombres que pueden contraer relaciones jurídicas entre sí. Kant advierte que incluso involuntariamente deben entrar en este estado. Para él, la relación entre el soberano y el súbito no es de socios

> porque entre el soberano (*imperans*) y el súbdito (*subditus*) no existe una relación propia de socios; no son compañeros, sino que están subordinados uno a otro, no coordinados, y los que se coordinan entre sí han de considerarse precisamente por eso como iguales, en la medida

---

[48] Alexis Philonenko, *Théorie Et Praxis Dans la Pensée Morale Et Politique de Kant Et de Fichte en 1793*, p. 53, citado en Adela Cortina, "El contrato social como ideal del Estado de derecho. El dudoso contractualismo de I. Kant", pp. 49-64.

[49] Alexis Philonenko, 53, citado en Adela Cortina, "El contrato social...", pp. 49-64.

en que se encuentran sometidos a leyes comunes. Por tanto, aquella unión no es una sociedad, sino que más bien la produce.[50]

Para el filósofo de Königsberg el Estado empírico representa la voluntad universalmente legisladora y desde el punto vista práctico debe ser visto "como si" así lo fuera. Sólo la sumisión del pueblo a su voluntad universalmente legisladora posibilita un Estado jurídico. Kant no es ingenuo, advierte que esta "representación" es imperfecta, deficiente y bastante alejada de lo que implica este concepto, y en parte por ello el poder legislativo no puede funcionar de *facto* como un poder restrictivo del soberano: "El pueblo, representado por sus diputados (en el parlamento), tiene en estos garantes de su libertad y de sus derechos a gente vivamente interesada por sí misma, por sus familias y por su colocación en el ejército, la marina o los cargos civiles, colocación que depende del ministro; esta gente está siempre mucho más dispuesta a hacer el juego al gobierno".[51]

Para Kant una constitución estatal moderada es un absurdo.[52] El parlamento no puede tener un poder constrictivo respecto al soberano, y a pesar de que no es ingenuo respecto a la posibilidad de una imperfecta representación en el poder legislativo existente, es tajante en afirmar que el pueblo tiene que ser considerado ya como unido a esta voluntad. No es posible (ni se debe) indagar sobre el origen del poder supremo para buscar un argumento de resistencia; más bien, desde un propósito práctico debe ser visto "como si" estuviera unido desde la idea del contrato originario.

---

[50] *Selbst der bürgerliche Verein (unio civilis) kann nicht wohl eine Gesellschaft genannt werden; denn zwischen dem Befehlshaber (imperans) und dem Unterthan (subditus) ist keine Mitgenossenschaft; sie sind nicht Gesellen, sondern einander untergeordnet, nicht beigeordnet, und die sich einander beiordnen, müssen sich eben deshalb untereinander als gleich ansehen, so fern sie unter gemeinsamen Gesetzen stehen. Jener Verein ist also nicht sowohl als macht vielmehr eine Gesellschaft.* MS AA: 06: 307.

[51] *Das Volk, das durch seine Deputirte (im Parlament) repräsentirt wird, hat an diesen Gewährsmännern seiner Freiheit und Rechte Leute, die für sich und ihre Familien und dieser ihre vom Minister abhängige Versorgungin Armeen, Flotte und Civilämtern lebhaft interessirt sind, und die [...] vielmehr immer bereit sind, sich selbst der Regierung in die Hände zu spielen.* MS AA: 06: 319-320.

[52] MS AA: 06: 320.

Conviene exponer aquí los dos argumentos[53] respecto a la no legalidad de la resistencia. Ambos son analíticos a la idea de Estado jurídico y aluden al principio de no contradicción que, según Kant, supondría que la legislación suprema contenga en sí misma la determinación de no ser suprema, pues la indeterminación jurídica es contraria a lo que supone un Estado jurídico. En este sentido, la relación súbdito y soberano es analíticamente necesaria al concepto de Estado jurídico.

El primer argumento refiere a la posibilidad de un poder estatal que pudiera oponer resistencia. Para Kant, la contradicción estriba en la redacción de un artículo en la constitución que permita a un poder estatal oponer resistencia al jefe supremo, por tanto, limitarle en el caso de que viole las leyes constitucionales. Porque quien debiera restringir el poder estatal ha de tener ciertamente más poder, o al menos el mismo que aquél. Pero, entonces, el jefe supremo no es aquél, sino éste; lo cual es contradictorio.

El segundo, que sigue la lógica del anterior, se refiere a la resistencia legítima del pueblo; el pueblo, como hemos anotado, debe obedecer porque sólo la sumisión a su voluntad universalmente legisladora posibilita un Estado jurídico. La razón por la que el pueblo debe soportar, a pesar de todo, es que su resistencia a la legislación suprema ha de concebirse como contraria a la ley, incluso como destructora de la constitución legal en su totalidad, porque para estar capacitado para ello tendría que haber una ley pública que autorizara esta resistencia del pueblo; es decir, que la legislación suprema contendría en sí misma la determinación de no ser la suprema y de convertir al pueblo como súbdito, en uno y el mismo juicio, en soberano de aquél al que está sometido, lo cual es contradictorio. Esta contradicción se evidencia, según Kant, al preguntar: ¿quién entonces debería ser juez en este conflicto entre el pueblo y el soberano? (porque, desde un punto de vista jurídico, son siempre dos personas morales diferentes); porque queda claro que el primero quiere ser juez en propia causa.

La indeterminación jurídica que implica la resistencia es para Kant una contradicción legal; en la misma naturaleza de la unión civil se requiere

---

postular un poder supremo y un pueblo para evitar un escenario de indeterminación jurídica. Es tan importante la idea de imparcialidad, que desde el punto de vista del soberano éste no puede tener propiedades, pues supondría de nuevo la indeterminación jurídica que se quiere evitar:

> ¿Puede considerarse al soberano como propietario supremo (del suelo) o sólo como el que ejerce el mandato supremo del pueblo mediante leyes? [...] El propietario supremo no puede tener ningún terreno como propiedad privada (porque si no se convertiría en persona privada), sino que esta forma de propiedad pertenece sólo al pueblo (bien es verdad que no colectiva, sino distributivamente) [...] Por tanto, el jefe supremo no puede tener dominios, es decir, terrenos para su uso privado (para diversión de la corte). Porque entonces correspondería a su propio criterio discernir hasta dónde deberían extenderse, de suerte que el Estado corriera el peligro de ver toda la propiedad del suelo en manos del gobierno y de contemplar a todos los súbditos como siervos de la gleba (*glebae adscripti*) y como poseedores de lo que sólo es propiedad de otro; por tanto, como privados de toda libertad (*servi*) [...] De un soberano puede decirse que no posee nada (como propio) más que a sí mismo; porque si tuviera algo propio en el Estado, junto a la propiedad de otro, sería posible que disputara con él y no habría juez alguno que pudiera juzgar como árbitro. Pero también puede decirse que posee todo, porque tiene el derecho de mando sobre el pueblo (el de adjudicar a cada uno lo suyo), al que pertenecen todas las cosas exteriores (*divisim*).[54]

---

[54] *Nach diesen kann der Obereigenthümer kein Privateigenthum an irgend einem Boden haben (denn sonst machte er sich zu einer Privatperson), sondern dieses gehört nur dem Volk (und zwar nicht collectiv, sondern distributiv genommen) zu; wovon doch ein nomadisch=beherrschtes Volk auszunehmen ist, als in welchem gar kein Privateigenthum des Bodens statt findet.-Der Oberbefehlshaber kann also keine Domänen, d. i. Ländereien zu seiner Privatbenutzung (zu Unterhaltung des Hofes), haben. Denn weil es alsdann auf sein eigen Gutbefinden ankäme, wie weit sie ausgebreitet sein sollten, so würde der Staat Gefahr laufen, alles Eigenthum des Bodens in den Händen der Regierung zu sehen und alle Unterthanen als grundunterthänig (glebae adscripti) und Besitzer von dem, was immer nur Eigenthum eines Anderen ist, folglich aller Freiheit beraubt (servi) anzusehen. - Von einem Landesherrn kann man sagen: er besitzt nichts (zu eigen), außer sich selbst; denn wenn er neben einem anderen im Staat etwas zu eigen hätte, so würde mit diesem ein Streit möglich sein, zu*

De esta cita es importante destacar que, para Kant, la idea de unión civil alude a un sometimiento, pero no entre siervos (individuos privados de toda libertad) y soberano, sino entre soberano y súbditos. Son las funciones derivadas de la naturaleza de la unión civil las que colocan al soberano como la cabeza del pueblo y le permiten tanto el uso de la violencia como el estar exento de coacción jurídica. Algunos comentadores[55] han referido la necesidad de aludir a leyes permisivas[56] para explicar esta asimetría, tomando como punto de partida el pasaje de *Hacia la paz perpetua* que se refiere a la discordancia entre la moral y la política (ZeF 373) en el que Kant advierte:

---

dessen Schlichtung kein Richter wäre. Aber man kann auch sagen: er besitzt alles; weil er das Befehlshaberrecht über das Volk hat (jedem das Seine zu Theil kommen zu lassen), dem alle äußere Sachen (divisim) zugehören. MS AA: 06: 324.

[55] En este sentido, expone Brandt: "La razón práctica pura permanece en su deber categórico; en ello no hay ninguna duda y ningún compromiso. La razón hace, sin embargo, una concesión fundada en la razón pura. La razón exige ciertamente en forma incondicionada la realización de sus leyes prácticas, y ésta no conoce solamente los modos del mandato y de la prohibición, sino también la forma de una ley permisiva (*Erlauhnisgesetz*); la razón práctica pura permite un aplazamiento si la realización inmediata de aquello que es necesario jurídicamente no es posible. Ello significa: la política adquiere un margen de movimiento para poder actuar en forma correspondiente a las circunstancias históricas y geográficas". Reinhard Brandt, *Immanuel Kant. Política, derecho y antropología*, México, Plaza y Valdés, 2001, p. 139.
La interpretación respecto a la correcta forma de comprender la alusión a leyes permisivas y si la referencia de *Hacia la paz perpetua* se puede utilizar para comprender la doctrina del derecho en Kant, ha sido objetada por Joachim Hruschka. Para él, uno de los problemas es que no se han centrado exclusivamente en el significado de la ley permisiva dentro de la doctrina del derecho, sino que se han basado erróneamente en las obras anteriores de Kant, sobre todo en *Hacia la paz perpetua*. Tomar simplemente la definición de Kant de la ley permisiva de *Hacia la paz perpetua* y transferirla es como tratar de meter una clavija cuadrada en un agujero redondo. *Cfr.* Joachim Hruschka, "The permissive Law of Practical Reason in Kant's Metaphysics of Morals", *Law and Philosophy*, vol. 23, 2004, pp. 45-72.

[56] MS AA: 06: 226. Ya desde que enuncia el imperativo categórico, Kant introduce la cuestión. Podemos preguntarnos si hay acciones semejantes y si, en el caso de que las haya, es necesaria todavía una ley permisiva (*lex permissiva*) para que a alguien le esté permitido hacer u omitir a su gusto, además de la ley preceptiva (*lex praeceptiva, lex mandati*) y de la ley prohibitiva (*lex prohibitiva, lex vetiti*). Si así fuera, el permiso no se referiría en todo caso a una acción indiferente (*adiaphoron*); porque para una acción semejante no se precisaría ley especial alguna, si la consideramos desde la perspectiva de las leyes morales.
Man kann fragen: ob es dergleichen gebe, und, wenn es solche giebt, ob dazu, daß es jemanden freistehe, etwas nach seinem Belieben zu thun oder zu lassen, außer dem Gebotgesetze (lex praeceptiva, lex mandati) und dem Verbotgesetze (lex prohibitiva, lex vetiti) noch ein Erlaubnißgesetz (lex permissiva) erforderlich sei. Wenn dieses ist, so würde die Befugniß nicht allemal eine gleichgültige Handlung (adiaphoron) betreffen;- denn zu einer solchen, wenn man sie nach sittlichen Gesetzen betrachtet, würde kein besonderes Gesetz erfordert werden.

Son leyes permisivas de la razón las que dejan persistir la situación de un derecho público aquejado de injusticia hasta que la transformación completa de todo o bien haya madurado por sí misma o haya sido aproximada hacia la madurez por medios pacíficos; porque cualquier constitución jurídica, aunque sea conforme al derecho en grado mínimo, es mejor que ninguna, pues una reforma apresurada llevaría al último destino (el de la anarquía). La sabiduría del Estado convertirá entonces en deber, en la circunstancia en la que ahora están las cosas, reformas según la idea del derecho público: se utilizarán, sin embargo, las revoluciones, que la naturaleza trae consigo por sí misma, no para encubrir una represión aún mayor, sino como un llamado de la naturaleza para instaurar una constitución legal fundada sobre principios de la libertad, como la única constitución duradera, mediante una reforma fundamental.[57]

El concepto de leyes permisivas lo retomaremos en el sexto capítulo, por el momento basta decir al respecto de la asimetría entre el soberano y los súbditos que, derivado de la idea de que el Estado jurídico es un fin en sí mismo, Kant le otorga al soberano la función garantizar el derecho en el Estado, y esto sólo es posible desde la idea de imparcialidad, es decir, el de distinguirse como soberano para poder resolver los conflictos de sus súbditos. Sin esta distinción, para Kant, nos encontramos con una indeterminación jurídica que implica una contradicción con el concepto mismo de legislación pública. En este sentido, es necesario que el poder de coacción quede en manos de un poder soberano irresistible, que sólo tenga derechos y ningún deber constrictivo:

---

[57] *Dies sind Erlaubnißgesetze der Vernunft, den Stand eines mit Ungerechtigkeit behafteten öffentlichen Rechts noch so lange beharren zu lassen, bis zur völligen Umwälzung alles entweder von selbst gereift, oder durch friedliche Mittel der Reife nahe gebracht worden: weil doch irgend einer rechtliche, obzwar nur in geringem Grade rechtmäßige, Verfassung besser ist als gar keine , welches letztere Schicksal (der Anarchie) eine übereilte Reform würde.- Die Staatsweisheit wird sich also in dem Zustande, worin die Dinge jetzt sind, Reformen dem Ideal des öffentlichen Rechts angemessen zur Pflicht machen; Revolutionen aber, wo sie die Natur von selbst herbei führt, nicht zur Beschönigung einer noch größeren Unterdrückung, sondern als Ruf der Natur benutzen, eine auf Freiheitsprincipien gegründete gesetzliche Verfassung, als die einzige dauerhafte, durch gründliche Reform zu Stande zu bringen. ZeF AA: 08: 373.*

Una ley que es tan sagrada (inviolable) que, considerada con un propósito práctico, es ya un crimen sólo ponerla en duda, por tanto, suspender momentáneamente su efecto, se representa como si no tuviese que proceder de hombres, sino de algún legislador supremo e intachable, y este es el significado de la proposición: "toda autoridad viene de Dios", que no enuncia un fundamento histórico de la constitución civil, sino una idea como principio práctico de la razón: el deber de obedecer al poder legislativo actualmente existente, sea cual fuere su origen. De aquí se sigue, pues, el principio: el soberano en el Estado tiene ante el súbdito sólo derechos y ningún deber (constrictivo).[58]

Hasta aquí con las principales objeciones. A continuación, expondremos nuestra postura con más detalle.

---

[58] *Ein Gesetz, das so heilig (unverletzlich) ist, daß es praktisch auch nur in Zweifel zu ziehen, mithin seinen Effect einen Augenblick zu suspendiren schon ein Verbrechen ist, wird so vorgestellt, als ob es nicht von Menschen, aber doch von irgend einem höchsten, tadelfreien Gesetzgeber herkommen müsse, und das ist die Bedeutung des Satzes: "Alle Obrigkeit ist von Gott", welcher nicht einen Geschichtsgrund der bürgerlichen Verfassung, sondern eine Idee als praktisches Vernunftprincip aussagt: der jetzt bestehenden gesetzgebenden Gewalt gehorchen zu sollen, ihr Ursprung mag sein, welcher er wolle. Hieraus folgt nun der Satz: der Herrscher im Staat hat gegen den Unterthan lauter Rechte und keine (Zwangs=) Pflichten.* MS AA: 06: 319.

5.3. El principio del *exeundum*, la voluntad general y el Estado jurídico

5.3.1. La Salida del estado de naturaleza es un fin en sí mismo (*Zweck an sich*) que se busca por sí mismo y no debe ser simplemente medio para otros fines

El derecho se refiere esencialmente a una comunidad de recíproca interacción[59] en la que es imposible evitar el influjo recíproco entre personas. El estado de naturaleza supone para Kant una indeterminación jurídica respecto a la justicia distributiva y, por ello, el exeundum es un fin en sí mismo. En el primer párrafo del escrito "Contra Hobbes" de TP, Kant advierte que la constitución de una sociedad civil es un fin en sí mismo:

> Entre todos los contratos por los que un conjunto de personas se une para formar una sociedad (*pactum sociale*), el contrato que establece entre ellos una constitución civil (*pactum unionis civilis*) es de índole tan peculiar que, aunque desde el punto de vista de la ejecución tenga mucho en común con todos los demás (que también están orientados a promover colectivamente un fin cualquiera), se diferencia esencialmente de todos ellos en el principio de su institución (*constitutionis civilis*). La unión de muchas personas en orden a cualquier fin (fin común, que todos tienen) se halla en todo Contrato social; pero la unión de estas personas que es fin en sí misma (fin que cada uno debe tener), por lo tanto la unión en todas las relaciones externas, en general, de los hombres —que no pueden evitar verse abocados en un influjo recíproco—,

---

[59] Sobre la importancia de que el derecho tiene como punto de partida la regulación de seres humanos en continua interacción, Höffe expone que en lugar de partir de un complejo tratado antropológico, como lo hace Hobbes en el *Leviatán*, Kant parte del hecho antropológicamente trivial de la "inevitable coexistencia" de los seres humanos en una superficie limitada de la tierra, porque y en la medida en que los seres humanos comparten el mismo espacio vital al mismo tiempo, no pueden evitar interferir unos con otros. La necesidad de una organización estatal de la convivencia humana no sólo es justificable desde una determinada concepción del hombre, sino es ya necesaria desde el marco inamovible de toda concepción concebible del hombre. *Cfr.* Otfried Höffe, "Zur vertragstheoretischen Begründung politischer Gerechtigkeit: Hobbes, Kant und Rawls im Vergleich", pp. 195-226.

es un deber primordial e incondicionado; tal unión sólo puede encontrarse en una sociedad en la medida en que ésta se halle en estado civil, esto es, en la medida en que se constituya una comunidad. Ahora bien: este fin que en semejante relación externa es en sí mismo un deber, e incluso la suprema condición formal (*conditio sine qua non*) de todos los demás deberes externos, viene a ser el derecho de los hombres bajo leyes coactivas públicas, mediante las cuales se puede atribuir a cada uno lo que es suyo, garantizárselo frente a una usurpación por parte de cualquier otro.[60]

Este fin, siguiendo esta cita, es para Kant un deber y la suprema condición formal (*conditio sine qua non*) de todos los demás deberes externos. Se trata del derecho de los hombres a las leyes coactivas públicas (*das Recht der Menschen unter öffentlichen Zwangsgesetzen*), mediante las cuales se puede atribuir a cada uno lo que es suyo y garantizárselo frente a una usurpación por parte de otro.

Cuando Kant advierte que el principio del *exeundum* es un *fin en sí mismo*, lo que quiere evitar es una justificación instrumental que aluda a un *fin natural* como sería la felicidad; porque si eso sucediera, ya no sería fin en sí mismo, ni un deber incondicional; sería en todo caso un mandato hipotético, sin embargo, la salida del estado de naturaleza es un fin en sí mismo, en tanto que el derecho público del Estado jurídico es el conjunto de leyes externas que posibilita la coexistencia de la libertad de todos:

---

[60] *Unter allen Verträgen, wodurch eine Menge von Menschen sich zu einer Gesellschaft verbindet (pactum sociale), ist der Vertrag der Errichtung einer bürgerlichen Verfassung unter ihnen (pactum unionis civilis) von so eigenthümlicher Art, daß, ob er zwar in Ansehung der Ausführung vieles mit jedem anderen (der eben sowohl auf irgend einen beliebigen gemeinschaftlich zu befördernden Zweck gerichtet ist) gemein hat, er sich doch im Princip seiner Stiftung(constitutionis civilis) von allen anderen wesentlich unterscheidet. Verbindung Vieler zu irgend einem (gemeinsamen) Zwecke (den Alle haben) ist in allen Gesellschaftsverträgen anzutreffen; aber Verbindung derselben, die an sich selbst Zweck ist (den ein jeder haben soll), mithin die in einem jeden äußeren Verhältnisse der Menschen überhaupt, welche nicht umhin können in wechselseitigen Einfluß auf einander zu gerathen, unbedingte und erste Pflicht ist: eine solche ist nur in einer Gesellschaft, so fern sie sich im bürgerlichen Zustande befindet, d. i. ein gemeines Wesen ausmacht, anzutreffen. Der Zweck nun der in solchem äußern Verhältniß an sich selbst Pflicht und selbst die oberste formale Bedingung (conditio sine qua non) aller übrigen äußeren Pflicht ist, ist das Recht der Menschen unter öffentlichen Zwangsgesetzen, durch welche jedem das Seine bestimmt und gegen jedes Anderen Eingriff gesichert werden kann. TP AA: 08: 289.*

El derecho es la limitación de la libertad de cada uno a la condición de su concordancia con la libertad de todos, en tanto que esta concordancia sea posible según una ley universal; y el derecho público es el conjunto de leyes externas que hacen posible tal concordancia sin excepción. Ahora bien: dado que toda limitación de la libertad por parte del arbitrio de otro se llama coacción, resulta que la constitución civil es una relación de hombres libres que (sin menoscabo de su libertad en el conjunto de su unión con otros) se hallan, no obstante, bajo leyes coactivas; y esto porque así lo quiere la razón misma y ciertamente la razón pura, que legisla *a priori* sin tomar en cuenta ningún fin empírico (todos los fines de esta índole son englobados bajo el nombre genérico de felicidad).[61]

Kant critica el fundamento contractualista que tiene como punto de partida un fin natural como es la felicidad (eudemonista) porque quiere evitar concluir que *a)* la necesidad del Estado estaría en función del cumplimiento de ese fin; *b)* al tratarse de un fin empírico en el que los hombres piensan de modo diverso no tendríamos principios comunes[62] para la voluntad, haciendo imposible una ley externa conforme a la libertad de todos, y *c)* nos encontraríamos un gobierno paternalista que se constituiría desde el principio de la benevolencia.

Es especialmente por estas razones que la salida del estado de naturaleza es para Kant un fin en sí mismo que surge de la razón pura *y es querido*

---

[61] *Recht ist die Einschränkung der Freiheit eines jeden auf die Bedingung ihrer Zusammenstimmung mit der Freiheit von jedermann, in so fern diese nach einem allgemeinen Gesetze möglich ist; und das öffentliche Recht ist der Inbegriff der äußeren Gesetze, welche eine solche durchgängige Zusammenstimmung möglich machen. Da nun jede Einschränkung der Freiheit durch die Willkür eines Anderen Zwang heißt: so folgt, daß die bürgerliche Verfassung ein Verhältniß freier Menschen ist, die (unbeschadet ihrer Freiheit im Ganzen ihrer Verbindung mit anderen) doch unter Zwangsgesetzen stehen: weil die Vernunft selbst es so will und zwar die reine, a priori gesetzgebende Vernunft, die auf keinen empirischen Zweck (dergleichen alle unter dem allgemeinen Namen Glückseligkeit begriffen werden) Rücksicht nimmt.* TP AA: 08: 189-290.

[62] Sobre este punto expone Bartuschat que la unidad no puede estar ligada por el interés de los ciudadanos en que se les conceda la felicidad, pues para satisfacerla se le exigiría del Estado algo que nunca podría obtener: el consentimiento universal y, por tanto, no podría conformarse como comunidad jurídica. *Cfr.* Wolfgang Bartuschat, "Der Moralische Begriff des Rechts in Kants Rechtstheorie", p. 40.

por la razón misma (*Vernunft selbst es so will*). La argumentación kantiana del *exeundum* no termina aquí, debemos exponer cómo caracteriza Kant el estado de naturaleza para dotar de significado al fin en sí mismo que supone el Estado jurídico.

5.3.2. La razón esencial del principio del *exeundum*

Se trata de un *fin en sí mismo* en el entendido del inevitable influjo recíproco entre personas. El *exeundum e statu naturali* está "analíticamente" conectado con el concepto de derecho, pues la sociedad civil es la relación jurídica de los hombres entre sí que *contiene* las condiciones bajo las cuales cada uno puede asegurar su derecho y el principio formal de la posibilidad del mismo considerado desde la idea de una voluntad universalmente legisladora.

La conexión entre el derecho y la necesidad del Estado jurídico que los comentadores de Kant advierten como analítica debe interpretarse tomando en consideración que la existencia de una coacción recíproca universal (el derecho a leyes coactivas públicas), concordante con el principio de coexistencia de libertades, es un fin en sí mismo; esto es, se trata de un fin que *la razón pura quiere*. Por ello, el estado de naturaleza se define como privado de una justicia pública y distributiva, por eso es un deber abandonarlo.

No se requiere del ejercicio virtuoso estrictamente moral de los ciudadanos para el establecimiento del Estado jurídico, pues la ley de la coacción jurídica, como hemos dicho, no requiere para su aplicación de la conciencia de la obligación. Esto no excluye, como hemos visto en el segundo capítulo, que no sea posible encontrar en la conciencia obligación. El matiz es que no puede ni debe ser exigible por la legislación jurídica.

La coacción jurídica, a través de leyes públicas en las relaciones entre seres humanos en inevitable interacción, tiene como fundamento la ley fundamental del derecho, pues, como vimos en el tercer capítulo, Kant deduce la coacción de la ley universal del derecho (ms AA: 06: 230-231). Esta ley es propuesta como un postulado (*Postulat*) que impone al sujeto cierta obligatoriedad (*Verbindlichkeit*). Se trata, en efecto, de un "postulado" de la razón, según el cual ésta se reconoce a sí misma como sujeto, en su propia idea (*in ihrer Idee*), a tales condiciones limitativas y, con ello, como sujeta también a la posibilidad de ser limitada por vía de hecho (*tätlich*) y por parte de otros (*von anderen*).

La conexión analítica entre el derecho y el principio del *exeundum* puede explorarse desde los distintos modos en que Kant se refiere al estado de naturaleza, que no son contradictorios pero que refieren a matices distintos. Kant caracteriza el estado de naturaleza como el estado de la libertad sin ley (libertad salvaje), pero también como el estado del derecho privado en el que el estatus de la propiedad es provisional. La salida del estado de naturaleza es un deber tanto jurídico como moral, pero no el sentido que exija un acto moralmente bueno por parte del individuo, sino más bien porque se trata de darle leyes a la libertad sin ley del estado de naturaleza. Además, como ya hemos expuesto, es posible argumentar la conciencia de este deber desde la razón, aunque no sea jurídicamente exigible.

La noción de estado de naturaleza del contractualismo clásico[63] puede describirse de manera general de la siguiente manera. Desde la concepción de Hobbes se trata de una condición de guerra de todos contra todos, en la que no hay seguridad. Todo otro tiempo es, para Hobbes, paz.[64] De esta guerra de todo hombre contra hombre nada es injusto en el estado de naturaleza, pues donde no hay ley, no hay injusticia.[65] En el estado de naturaleza todos los hombres tienen el deseo y la voluntad de hacer daño.[66] Se trata de individuos maximizadores de interés y, por ende, el mandato del *exeundum* es prudencial.

En el caso de Locke,[67] el estado de naturaleza no es un estado de anarquía o de interminable guerra, sino de libertad e igualdad en el que las

---

[63] Para una sucinta reconstrucción del modo en que Kant recibe e incorpora el motivo contractualista, en contraste con posiciones como las de Hobbes, Locke y Rousseau, véase Felipe Schwember, "El giro kantiano del contractualismo", *Cuadernos de Anuario Filosófico. Serie universitaria*, núm. 195, 2007.

[64] Thomas Hobbes, *Leviatán*, Antonio Escohotado, trad., Madrid, Editora Nacional, 1980, pp. 224-225.

[65] *Ibid.* p. 226.

[66] Thomas Hobbes, *De Cive*, Carlos Mellizo, trad., Madrid, Alianza, 2000, p. 58.

[67] "Para entender el orden político correctamente y para deducirlo de lo que fue su origen, hemos de considerar cuál es el estado en que los hombres se hallan por naturaleza. Y es este un estado de perfecta libertad para que cada uno ordene sus acciones y disponga, dentro de los límites de la ley de naturaleza, sin pedir permiso,

relaciones entre los hombres se desenvuelven de acuerdo con las prescripciones de la ley natural, en virtud de la cual a ninguno le es permitido dañar a otro en su vida, salud, libertad o posesiones, ni tampoco dañarse a sí mismo.[68] En todo caso, encontramos un estado de peligro virtual al no establecerse una autoridad que castigue los abusos en contra de la ley natural y asegure la propiedad. En este sentido, comparte con Hobbes la idea de que la razón del contrato es el interés de los individuos.

Rousseau comparte la tesis de que en el estado natural no hay guerra. Para el filósofo ginebrino, a diferencia de la antropología hobbesiana,[69] el hombre natural no experimenta pasiones que desencadenan guerras. La bondad natural del estado de naturaleza es distinta a la moralidad que se requiere para la sociedad;[70] la bondad del hombre natural se refiere a su inocencia y, en realidad, a su incapacidad para hacer tanto el mal como el bien. En este sentido, en el estado de naturaleza no hay bondad ni maldad porque no hay relaciones entre los hombres.[71] No es un estado de guerra, ni un estado de licencia. El modelo de contrato, a diferencia de Locke y Hobbes, no es

---

ni depender de la voluntad de ningún otro hombre". John Locke, *Segundo tratado del gobierno civil*, Carlos Mellizo, trad., Madrid, Tecnos, 2006, p. 10.

[68] "El estado de naturaleza tiene una ley de naturaleza que lo gobierna y que obliga a todos; y la razón, que es esa ley, enseña a toda la humanidad que quiera consultarla que, siendo todos los hombres iguales e independientes, ninguno debe dañar al otro en lo que atañe a su vida, salud, libertad o posesiones". *Ibid.*, p. 12.

[69] "No saquemos la conclusión, como Hobbes, de que no teniendo ninguna idea de la bondad, el hombre es naturalmente malo; vicioso, porque no conoce la virtud; que niega siempre a sus semejantes los servicios que cree no deberles; que, en virtud del derecho que se arroga sobre las cosas que necesita, se imagina insensatamente ser el propietario único del universo entero". Jean-Jacques Rousseau, *Discurso, sobre el origen de la desigualdad entre los hombres*, Angel Pumarega, trad., Madrid, Espasa-Calpe, 1923, p. 50.

[70] "[E]s preciso señalar que la sociedad empezada y las relaciones ya establecidas entre los hombres exigían de éstos cualidades diferentes de las que poseían por su constitución primitiva; que, empezando a introducirse la moralidad en las acciones humanas y siendo cada uno, antes de las leyes, único juez y vengador de las ofensas recibidas, la bondad que convenía al puro estado de naturaleza no era la que convenía a la sociedad naciente". Jean-Jacques Rousseau, *Discurso, sobre el origen de la desigualdad entre los hombres*, p. 71.

[71] *Cfr.* Felipe Schwember, "El giro kantiano del contractualismo", p. 39.

individualista por el papel que tiene la voluntad general.[72] Rousseau busca en la idea del contrato social la norma de administración legítima[73] y segura.[74]

Kant describe de distintos modos el estado de naturaleza, dependiendo de la obra y del objetivo que se plantea resolver. En ocasiones encontramos referencias explícitas a Hobbes y en otras a Rousseau. El rasgo distintivo del concepto de estado de naturaleza kantiano es la ausencia de ley.[75]

También, advierte con respecto a la concepción de Achenwall que el estado natural no se le opone el estado social, sino al estado civil (*status civilis*) de una sociedad sometida a la justicia distributiva; porque en el estado de naturaleza también puede haber sociedades legítimas, por ejemplo, la conyugal y la familiar, para las que no vale la ley *a priori*: "Debes entrar en este estado".[76]

En el contexto que nos interesa se puede caracterizar al estado de naturaleza desde las coordenadas de un estado carente de algo; en la exposición del mismo concepto se hace referencia a un estado privativo de legalidad. En esta insuficiencia se constituye su misma definición que lleva ya implícita la necesidad del estado civil. Se trata de la idea de un estado que se caracteriza originalmente por la ausencia o la carencia de justicia pública,

---

[72] Pues para Rousseau: "Por tanto, si se elimina del pacto social lo que no le es de esencia, nos encontramos con que se reduce a los términos siguientes: cada uno de nosotros pone en común su persona y todo su poder bajo la suprema dirección de la voluntad general, y nosotros recibimos además a cada miembro como parte indivisible del todo". Jean-Jacques Rousseau, *El contrato social*, Fernando de los Ríos, trad., Barcelona, Austral, 2007, p. 46.

[73] En términos de legitimidad, la postura de Rousseau es bastante crítica respecto a sus antecesores. Las asimetrías preexistentes en la situación inicial (estado de naturaleza) no deben de incidir en el proceso de negociación ni reflejarse, tampoco, en el resultado final del acuerdo, pues se trata de diferencias pre-contractuales que, por definición, el razonamiento contractualista no puede justificar. Si no se prescinde de ellas, por tanto, el contrato es nulo y no constituye más que un medio soterrado de dominación. *Cfr.* Felipe Schwember, "El giro kantiano del contractualismo", p. 6.

[74] "Encontrar una forma de asociación que defienda y proteja de toda fuerza común a la persona y a los bienes de cada asociado, y por virtud de la cual cada uno, uniéndose a todos, no obedezca sino a sí mismo y quede tan libre como antes. Tal es el problema fundamental, al cual da solución el Contrato social". Jean-Jacques Rousseau, *El contrato social*, p. 45.

[75] Adela Cortina comparte la idea de que el rasgo esencial del estado de naturaleza kantiano es la ausencia de ley. Para ella, esta ausencia de ley se refiere la falta de reconocimiento de los derechos naturales. Se trata de una ausencia de reconocimiento y de seguridad en el ejercicio de los derechos. *Cfr.* Adela Cortina, "El contrato social como ideal del Estado de derecho. El dudoso contractualismo de I. Kant", p. 52.

[76] MS AA: 06: 306.

es decir, como un *a) Estado no jurídico*, pero también desde la idea de *b) un derecho privado (provisional)* que carece de garantía.

De esta manera, en la descripción de lo que carece por definición el estado de naturaleza encontramos la caracterización de la necesidad del Estado jurídico y la ley *a priori* del *exeundum*, pues las funciones del estado de naturaleza como idea tienen como punto de partida indicar la necesidad *a priori* del estado civil y, por ende, del *exeundum*. Dicho esto, encontramos dos caracterizaciones del estado de naturaleza:

1. *El estado de naturaleza es el Estado no jurídico.*[77] El estado de naturaleza se caracteriza por voluntades privadas y unilaterales, en el que cada uno es su propio legislador (*Gesetzgeber*), juez (*Richter*) y ejecutor (*Vollstrecker*).

   Al estar privado de justicia pública, carece de un acuerdo de conflicto no violento. Cada uno hace lo que le parece bueno y correcto, y como no puede hacerse depender de la opinión de los demás en sus actos, la violencia como medio para hacer valer las reclamaciones legítimas individuales se hace inevitable. Las reivindicaciones sólo pueden ser defendidas unilateralmente; pero las controversias no surgen necesariamente de maldad innata del ser humano o de su afán de dominación. Más bien son el resultado de una tensión interna en el concepto del derecho a la libertad externa.[78] Esta tensión consiste en la indeterminación jurídica que supone el estado de naturaleza y la inevitable coexistencia de libertades.

   En este sentido, el estado de naturaleza se refiere a una libertad sin ley, que como vimos en el primer capítulo, se autodestruye,

---

[77] MS AA: 06: 306.

[78] A este respecto Wolfgang Bartuschat expone que las colisiones interpersonales que deben ser eliminadas con la ayuda del derecho no tienen su fundamento en una constitución antropológica específica a la que sólo se podría acceder empíricamente. No surgen de la codicia, la mala voluntad u otros defectos morales ni de una escasez objetiva de bienes que restrinja el acceso subjetivo. Más bien, surgen de una tensión interna en el propio concepto del derecho externo a la libertad. *Cfr.* W. Bartuschat, "Naturzustand", en *Kant-Lexikon Studienausgabe*, 1651.

pues implica una indeterminación que entra en contradicción con el mismo concepto de derecho. Kant advierte que los que permanecen en el estado de violencia salvaje no se hacen ninguna injusticia porque se tratan a sí mismos por igual,[79] sino que son injustos en sumo grado porque le quitan toda validez al concepto mismo de derecho y lo entregan todo a la violencia salvaje; por así decirlo, derriban el derecho de los hombres.[80]

El pacto de unión civil supone una forma de afirmación de nuestra libertad, pues en una situación de coexistencia de libertades, según meras leyes naturales, como es el caso del estado de naturaleza, la realización y expresión exterior de la libertad posee un carácter no sólo potencial, sino, con frecuencia, efectivamente autosupresivo.[81] En tal estado de naturaleza la libertad queda reducida ella misma al estatuto de una mera "libertad natural" (*natürliche Freiheit*) o, lo que es lo mismo, de una "libertad sin ley" (*gesetzlose Freiheit*).[82]

2. *Kant caracteriza el estado de la naturaleza con un rasgo del derecho privado*, que en el contexto específico de la discusión de "lo tuyo y lo mío" caracteriza la propiedad como provisional. La cuestión de la legitimidad del Estado y la propiedad privada es interpretada de distintas maneras entre los comentadores. Se ha interpretado desde una posición en la que se sugiere que la legitimidad de la normativa del monopolio sobre la violencia coactiva[83] debe buscarse

---

[79] MS AA: 06: 307.

[80] MS AA: 06: 307 (nota a pie).

[81] *Cfr.* Alejandro Vigo, "La concepción kantiana del derecho natural", en *Moral y derecho. Doce ensayos filosóficos*, D. M. Granja y T. Santiago (eds.), México, Suprema Corte de la Justicia de la Nación/Universidad Autónoma Metropolitana, 2011.

[82] MS AA: 06: 343, 307, 316.

[83] Pippin advierte que Kant encierra, en gran parte de su respuesta, la legitimidad normativa del monopolio del Estado sobre la violencia coactiva en dos densos párrafos de la sección del derecho privado: §8 y §9. Estos párrafos contienen las bases de su razonamiento. Equivale a: la inaceptabilidad de la *res nullius* (objetos tratados como si no fueran capaces de ser propiedad) para los seres racionales, y la afirmación de que un poder legislativo público es el "único" modo (como dice en el título del §8) de asegurar dicha posesión inteligible

especialmente en la discusión de lo tuyo y lo mío, así como desde las coordenadas de un liberalismo que justifica el derecho a la propiedad y el papel garante del Estado.[84] También se trata de una discusión que ha sido tanto valorada[85] como criticada.[86]

Si bien para Kant en el estado de naturaleza no existe propiamente derecho, esto no impide que esta misma idea no esté vinculada al reconocimiento de ciertos derechos naturales bajo el estatuto de ser "provisionales"[87] y, de alguna manera, preexistentes potencialmente al estado civil; tal es el caso de la explicación sobre la propiedad, la usucapión,[88] la herencia[89] o el testamento[90] en el que el Estado, en su constitución civil, tiene la obligación de asegurar, más que determinar o fijar.

(o *possessio noumenon*). Robert B. Pippin, "¿Lo mío y lo tuyo en el Estado kantiano?", *Anuario Filosófico*, vol. 37, núm. 80, 2004, p. 615.

[84] "Kant proporciona los fundamentos de un liberalismo coherente, en el que tanto la regulación pública de la propiedad como la libertad de pensamiento y de conciencia de la regulación pública se basan en el derecho innato a la libertad: el Estado necesita regular la adquisición y acumulación de la propiedad a la luz de una concepción de la justicia porque sólo bajo esa condición sus súbditos podrían acordar libremente la institución de la propiedad, pero está excluido de la regulación el pensar y opinar en cualquier circunstancia que no sea especial, porque cualquier regulación de este tipo sería una intrusión injustificada en la libertad de sus súbditos que, una vez más, es el deber de un estado moralmente aceptable y necesario de preservar y promover". P. Guyer, *Kant on freedom, law and happiness*, Cambridge, Cambridge University Press, 2000, P. 261. [La traducción es mía.]

[85] Kersting señala que sólo unos pocos han reconocido hasta ahora que Kant ha logrado una hazaña filosófica final con su trascendental justificación filosófica de la propiedad. *Cfr.* Wolfgang Kersting, *Wohlgeordnete Freiheit. Immanuel Kants Rechts-und Staatsphilosophie*, p. x.

[86] Véase, por ejemplo, Franco Zotta, "Die Unausdenkbarkeit der Verzweiflung", *Zeitschrift für kritische Sozialtheorie und Philosophie*, vol. 1, núm. 1, 2014, pp. 179-180; y Christoph Horn, "¿Qué es erróneo de una interpretación moral de la filosofía política de Kant?"

[87] Desde la interpretación de Adela Cortina, la alusión de Kant a que, en el estado de naturaleza, puede haber un mío y un tuyo exterior real provisional, no lo convertiría en iusnaturalista: "Ahora bien, puesto que semejante estado no es histórico ni metafísico, sino una idea de la razón, y puesto que el derecho lo es con tal de que proceda de la voluntad del legislador, no puede decirse que Kant sea iusnaturalista, pero tampoco que el derecho positivo constituye el último criterio jurídico. Por el contrario, el legislador se ve confrontado con el canon del derecho racional". Adela Cortina, "Estudio preliminar", en Immanuel Kant, *Metafísica de las costumbres*, p. xlv.

[88] MS AA: 06: 364.

[89] MS AA: 06: 366.

[90] MS AA: 06: 294.

Dichos derechos se encuentran íntimamente relacionados con la libertad. En específico, la fundamentación de la propiedad nos deja ver otra forma defensa de la libertad del arbitrio humano, considerada como ilimitada frente a los objetos externos. El principio de la adquisición exterior es lo que someto a mi potestad (según la ley de la libertad exterior) y tengo la facultad de usar como objeto de mi arbitrio (según el postulado de la razón práctica); en fin, lo que yo quiero que sea mío (de acuerdo con la idea de una posible voluntad unificada), eso es mío.[91]

En la discusión de lo tuyo y lo mío, Kant expone la noción de justicia distributiva y la vincula al derecho natural. El razonamiento es el siguiente: si por derecho natural entendemos sólo el no estatutario, por tanto, únicamente el derecho cognoscible *a priori* por la razón de todo hombre también pertenecerá al derecho natural, no sólo la justicia vigente entre las personas en su comercio recíproco (*iusticia commutativa*), sino también la justicia distributiva (*iusticia distributiva*), tal como puede conocerse *a priori*, según su ley, que tiene que dictar su sentencia (*sententia*).

En este sentido, podemos decir que pertenece al derecho natural la ley que surge del ejercicio racional en el que tomamos como punto de partida, para la legitimidad de una posesión, no la voluntad privada de cada uno (en el estado de naturaleza), sino sólo cómo sería juzgada ante un tribunal en el Estado surgido por la voluntad universal unida (en un estado civil). En el fondo, se trata de una consideración racional de lo que en justicia nos es debido y presenta dos tesis del derecho natural que confluyen en la ley universal de todo derecho: por un lado, la propiedad "provisional" en el estado de naturaleza y, por otro, la necesidad de legitimación en el estado civil a través del principio de la justicia distributiva.

En estas dos tesis del derecho natural se encuentra la alusión a la idea de un *pactum unionis civilis*, cuyo fundamento descansa sobre la posibilidad del trascendentalismo, es decir, de la capacidad de abandonar los intereses unilaterales y adoptar en la acción la perspectiva universal de la razón práctica. Es esta capacidad de adoptar una perspectiva universal la que

---

[91]   MS AA: 06: 258.

dota a la moral y al derecho racionales de una cierta intocabilidad que antiguamente poseían la moral religiosa y el derecho enraizado en la tradición o en la religión.[92]

El deber de sellar el pacto de unión civil está en la clasificación de los deberes jurídicos, para cuyo bosquejo se atiene Kant a la de Ulpiano: Entra (si no puedes evitar lo último) en una sociedad con otros, en la que a cada uno se le pueda mantener lo suyo (*suum cuique tribue*).[93] Esta fórmula no puede traducirse como dar a cada uno lo suyo sino asegurar a cada uno lo suyo frente a los demás (*Lex iustitiae*). La indeterminación del estado de naturaleza es jurídica y surge del concepto mismo del derecho, en el sentido de que no hay legislación pública que determine lo mío y lo tuyo. Es por ello que también es necesario el *exeundum*.

Si revisamos los dos sentidos de caracterizar el estado de naturaleza, encontramos que en la justificación de la necesidad legal del Estado se pueden distinguir dos líneas de argumentación. Una que refiere en general a darle leyes a la libertad sin ley del estado de naturaleza, a través de la idea de justicia pública; y la segunda, que se refiere a la de dotar de garantía jurídica lo tuyo y lo mío que se encuentran en estatus de provisionales en el estado de naturaleza, a través de la idea de justicia distributiva.[94]

5.3.3. La voluntad general y el Estado jurídico

La naturaleza misma del principio del *exeundum* lo caracteriza como un *deber de obediencia incondicional*. La razón esencial del *exeundum* es racional

---

[92]   *Cfr.* Adela Cortina, "Estudio preliminar", p. lxv.

[93]   MS AA: 06: 237.

[94]   Para Kersting, el primer argumento se refiere el argumento de positivización. La segunda línea desarrolla un argumento de validez. El argumento de la positivización se aplica por igual a las leyes jurídicas y al derecho privado. Por lo tanto, la razón que alega para la necesidad legal del Estado no es específica del derecho privado. El argumento de la validez, en cambio, es específico del derecho privado y está indisolublemente relacionado con el ejercicio jurídicamente precario del poder de ocupación en condiciones de estado de naturaleza. *Cfr.* Wolfgang Kersting, *Wohlgeordnete Freiheit. Immanuel Kants Rechts-und Staatsphilosophie*, p. 20.

y jurídica. El estado de la naturaleza debe ser superado no sólo por ser peligroso, sino porque internamente carece de legalidad.[95]

La distinción entre Hobbes y Kant, en lo que se refiere a la concepción del contrato, se advierte especialmente en la confrontación de los motivos de validez del requisito *exeundum est e statu naturali*. Como advierte Bernd Ludwig, en Hobbes el motivo es la salvaguarda de la autopreservación y, por lo tanto, en última instancia la protección del propio cuerpo de la invasión violenta del otro. No es mi cuerpo, cuya protección confío sabiamente a la constitución civil, sino la legítima reivindicación de mi contraparte a la apropiación de objetos externos lo que me obliga —enfática y moralmente— a entrar en el *status civilis* que hace posible un orden de propiedad.[96]

Kant sostiene la existencia de un postulado del derecho público que exige el paso del estado de naturaleza, el cual constituye un estado de inseguridad jurídica[97] y de injusticia,[98] al estado civil,[99] que es aquél en el cual una constitución civil asegura los derechos de los individuos.[100] En el caso del derecho a la propiedad la estrategia es similar, en tanto que se trata de asegurar lo que provisionalmente ya se tiene en el estado de naturaleza.[101]

La salida del estado de naturaleza establece una voluntad común o voluntad unificada. Dulce María Granja expone que para Kant la salida del estado de naturaleza y el ingreso a un Estado de derecho no es meramente la solución a la incomodidad; también es un deber de justicia. Kant toma de Rousseau la tesis de que la *legitimidad* del Estado descansa en un contrato originario o contrato social. Éste es un acuerdo que da lugar a obligaciones y

---

[95] Massimo Mori expone que la necesidad del *exeundum* resulta de un concepto necesario *a priori*: la razón pura en su uso jurídico rechaza la mera "idea de la razón de tal (no legal) Estado de cosas (no jurídico)". Massimo Mori (ed.), "Innere Staatssouveränität: zwischen souveräner Unzwingbarkeit und Volkssouveränität", en *Vom Naturzustand zur kosmopolitischen Gesellschaft Souveränität und Staat bei Kant*, Weisbaden, Springer VS, 2017, pp. 103-104.

[96] Bernd Ludwig, "Kants Verabschiedung der Vertragstheorie-Konsequenzen für eine Theorie sozialer Gerechtigkeit", *Jahrbuch für Recht und Ethik / Annual Review of Law and Ethics*, vol. 1, 1993, pp. 228-229.

[97] MS AA: 06: 311.

[98] MS AA: 06: 350.

[99] MS AA: 06: 307.

[100] MS AA 06: 311.

[101] MS AA: 06: 257.

expectativas legítimas que no existían antes del mismo, porque al realizarlo se establece una voluntad común o unificada. Este contrato cambia las relaciones entre las personas porque éstas se colocan en posición de igualdad y se vinculan entre sí comprometiéndose y sometiéndose al contenido de su voluntad común. Debido a que se comparte una misma voluntad, ninguna de esas personas puede legítimamente cambiar el contenido del contrato de manera unilateral, y para deshacerlo o cambiarlo de forma legítima es necesario que participen todos los contratantes y lo hagan de manera conjunta. Dicho contrato garantiza la igualdad y la reciprocidad de los que se comprometen; no es un hecho histórico, sino más bien una idea en términos de la cual las personas concebimos nuestra relación con los demás.[102]

Para Kant, el contrato encarna la voluntad general, representa la norma y orientación crítica de lo que el derecho debe ser; dicho de otras palabras, es la fuente y origen del fundamento último legitimador de todas las leyes públicas, el criterio supremo para juzgar su justicia o injusticia, so pena de que retrocedamos al imperio de la voluntad particular del más fuerte.[103] En este sentido, afirma Dulce María Granja, la superación del estado de naturaleza no obedece sólo a subsanar una necesidad pragmática y utilitaria (que muy bien puede estar presente), sino que representa también una respuesta a una necesidad racional.

Para Kant, "exigir externamente" implica el empleo de la coacción para asegurarnos de que los demás efectivamente se comporten de ciertas maneras. Es por ello que los deberes de justicia son, precisamente, aquéllos para cuya observancia podemos legítimamente ser coaccionados. Los deberes de justicia resultan ser jurídicos porque Kant también sostiene que el empleo legítimo de la coacción no puede ser unilateral, sino que debe provenir de una autoridad reconocida como representante de la voluntad común de los ciudadanos, esto es, del poder político. Por ello, los deberes de justicia son legislados por el poder político y son, en consecuencia, jurídicos.[104]

---

[102] Dulce María Granja, "La vinculación entre derecho y moral en la filosofía kantiana", p. 366.

[103] *Idem.*

[104] Faviola Rivera enfatiza la justificación moral de la coacción desde estas premisas. Faviola Rivera, *Virtud y justicia en Kant*, pp. 40-41.

Conclusiones: ¿en qué sentido Kant es un contractualista?

La sociedad civil es un fin en sí mismo y *exeundum* es un deber incondicional. En este sentido, Kant no se adscribe al contractualismo. El principio del *exeundum* es jurídico y moral porque supone la transición de la libertad sin ley y salvaje a una libertad jurídica en que sea posible la coexistencia de libertades. La anarquía, al ser el absurdo jurídico a evitar, el Estado existente, aunque imperfecto, ya supone la representación de la voluntad general y así debe ser visto desde un propósito práctico.

La respuesta a la necesidad del Estado es más compleja que la discusión entre derecho natural o derecho positivo, más bien el argumento alude a premisas trascendentales, es decir, a las condiciones de posibilidad del derecho en sí mismo. Y desde esta óptica, la idea de contrato originario adquiere cuatro principales funciones:

1. La idea de contrato originario contiene el ideal de la legislación, del gobierno (administración estatal) y de la justicia pública. A través de la referencia a la idea de contrato originario y a la voluntad general que ésta supone, es posible conformar el ideal al que deben aspirar los tres poderes del Estado. Funciona como la piedra de toque (*Probierstein*) de lo que legítimamente se podría decidir sobre un pueblo. La piedra de toque (*Probierstein*) es usada por los químicos para determinar la composición y la pureza de metales nobles. Así, también la referencia a la idea de contrato originario puede entenderse como el *principium cognoscendi* que nos permite conocer el ideal del estado civil. El *contractus originarius* es una norma política que prescribe cómo debe ser todo Estado histórico, independientemente de cómo surge efectivamente.

2. La idea de contrato originario es el imperativo categórico del derecho constitucional. Todo gobernante está obligado moralmente a dar sus leyes tal como podrían haber surgido de la voluntad

unida de todo un pueblo. Se trata de una idea práctica incondicionalmente vinculante para todo legislador empírico. Éste debe considerarse a sí mismo como el representante de la voluntad del contrato y entender su ejercicio del poder como la representación empírico-histórica del soberano racional-legal y sujeto del contrato original. Esto supone el "movimiento" que posibilita el trascendentalismo y que consiste en abandonar los intereses particulares y adoptar la perspectiva universal de la razón práctica. La idea de un *pactum unionis civilis* sería, pues, la idea de un procedimiento para garantizar la justicia de las leyes a las que se aplica. Esto alude a la idea de imparcialidad que constituye a la razón práctica. Las actuales teorías procedimentales asumen esta tesis kantiana.

3. La idea del contrato originario habilita el ejercicio reflexivo sobre lo justo. La filosofía jurídica kantiana no es ni utópica ni relativista. La idea de contrato originario habilita el ejercicio crítico y reflexivo en un "ir y venir" para lograr el fin final del derecho: la paz. Kant es pensador reformista y la idea del contrato originario permite el despliegue de la racionalidad crítica en esa dirección. La transición del estado de naturaleza al estado civil es también un ejercicio racional y reflexivo del juicio sobre lo justo. No es un resultado, porque se trata más bien de una idea que habilita la reflexión de conceptos universales con realidades concretas, como las de los derechos entre los seres humanos.

4. La idea del contrato originario funciona como idea que regula la transición y reconciliación de la razón práctica consigo misma. Como hemos argumentado, nuestra postura más que aludir a una *implementación* de la teoría moral a la filosofía política-jurídica requiere ser interpretada desde las coordenadas de una *transición*. Ahora bien, este matiz conceptual es el que nos permite ubicar la postura kantiana como un pensador reformador y ubicar que, en

la tarea de la reconciliación de la política con la moral, el establecimiento del derecho es imprescindible. Kant otorga valor normativo al derecho positivo, entendido como aquel promulgado por una autoridad pública. El valor normativo del derecho positivo en la propuesta kantiana se encuentra ya *a priori* en la idea racional del estado de naturaleza. El filósofo ha presentado un argumento desde las coordenadas del derecho natural para justificar el derecho positivo. De esta manera, lo *provisional* del derecho privado en el estado de naturaleza, por ser este su *status* y ya desde su concepto, requiere de las condiciones bajo las cuales logre realizarse en un Estado jurídico. Esto significa que el derecho estatutario es necesario desde un argumento iusnaturalista.

Capítulo 6

Razón práctica, normatividad y derecho

Sólo aquél que esclarecido y que no teme a las sombras, pero dispone de un disciplinado ejército para garantizar la tranquilidad pública, puede decir lo que no osaría un Estado libre: ¡razonad todo lo que quieras y sobre lo quieras, pero obedeced![1]

Aspiren primeramente al reino de la razón pura práctica y a su justicia, de manera que su fin (la acción benévola de la paz perpetua) venga por sí mismo.[2]

¿Qué tipo de normatividad supone y se reivindica en la doctrina del derecho kantiana? Esta pregunta es transversal a nuestro recorrido conceptual. Hemos ensayado distintos caminos en los diferentes capítulos. ¿Debemos buscarla en la moral, en sentido amplio o en la ética, en sentido estricto (capítulo 2)?, o más bien, ¿conviene argüir un argumento desde las coordenadas de la ley natural (capítulo 3) o a la noción de contrato (capítulo 5)? Y, en todo esto, ¿qué función tiene la dignidad humana (capítulo 4)?

Al adentrarse a la filosofía del derecho kantiana uno puede encontrar distintos fundamentos sistemáticos que a primera vista podrían generar la impresión de ser piezas que no terminan de relacionarse entre sí. El filósofo de Königsberg no figura entre los representantes más importantes del iusnaturalismo. Tampoco se adscribe sin más consideraciones a la escuela contractual de su tiempo, sin embargo, en su trabajo se hallan referencias tanto a la doctrina del derecho natural como a la teoría contractual. No sólo eso, encontramos una teoría de la soberanía popular desde las coordenadas

---

[1] *Aber auch nur derjenige, der, selbst aufgeklärt, sich nicht vor Schatten fürchtet, zugleich aber ein wohldisciplinirtes zahlreiches Heer zum Bürgen der öffentlichen Ruhe zur Hand hat, kann das sagen, was ein Freistaat nicht wagen darf räsonnirt, so viel ihr wollt, und worüber ihr wollt; nur gehorcht!* WA AA: 08: 041.

[2] *Trachtet allererst nach dem Reiche der reinen praktischen Vernunft und nach seiner Gerechtigkeit, so wird euch euer Zweck (die Wohlthat des ewigen Friedens) von selbst zufallen.* ZeF AA: 08: 378.

de Rousseau. La idea de contrato originario (*ursprünglicher Contract*), como procedimiento e ideal del derecho constitucional, parecerían conectarlo con las actuales teorías procedimentales. En ocasiones, encontramos que las referencias a la dignidad y el derecho de la humanidad nos permiten concederle un papel fundamental en las actuales teorías de los derechos humanos.

Los caminos recorridos en los capítulos de este trabajo, en ocasiones en forma de un combate de tradiciones, nos llevan a concluir que funcionan en la medida que se articulen para dar cuenta de la razón práctica jurídica. Ninguno opera de manera aislada sin articularse desde una visión sistemática que incluya tanto los principios de legitimidad como de ejecución del derecho. Esto es así porque el derecho no sólo requiere de legitimidad, sino que supone como condición la toma de poder como *factum*.

La tensión entre facticidad y legitimidad es el lugar idóneo para cuestionar el tipo de normatividad del derecho. Existe en la medida en que Kant aplica la distinción entre fenómeno (*Erscheinung*) y la cosa en sí misma (*das Ding an sich selbst*) para explicar su doctrina del derecho. No hay experiencia que pueda dar cuenta de una constitución jurídica perfecta entre los hombres (*Ding an sich selbst*). Lo que tenemos son constituciones jurídicas como fenómenos perfectibles, pero éstas ya suponen un mandato absoluto de la razón práctica: preferir la legislación (*Gesetzgebung*) que la violencia (*Gewalt*).[3]

La normatividad del derecho se configura (determina) en la medida que se distingue de la ética, pero también contrastándola con los motivos de la ley natural y con la noción del contrato social. Kant no es ni iusnaturalista, ni contractualista, pero tampoco un positivista; más bien, incorpora estos posibles enfoques en su propuesta de filosofía del derecho en la medida en que éstos sirven para responder las condiciones de una legislación jurídica. Por ello, su propuesta no se reduce a ninguna de estas doctrinas, más bien supone una forma de exponer sus límites y funciones.

---

[3] *Die Idee einer Staatsverfassung überhaupt, welche zugleich absolutes Gebot der nach Rechtsbegriffen urtheilenden praktischen Vernunft für ein jedes Volk ist, ist heilig und unwiderstehlich* (MS AA: 06: 372). La idea de una constitución estatal en general, que es al mismo tiempo el mandamiento absoluto de la razón práctica que juzga según los conceptos legales para cada pueblo, es sagrada e irresistible. [La traducción es mía.]

El objetivo de este capítulo es especificar la fuente de normatividad del derecho. Hemos cuestionado las posibles respuestas que podrían darse a esta cuestión en nuestro recorrido conceptual. Una primera respuesta que articula los puntos de partida abordados en los ensayos críticos desarrollados en los capítulos es mostrar la fuente de normatividad del derecho en la razón práctica. Esta es la llave maestra para articular el rompecabezas de los distintos fundamentos sistemáticos que Kant incorpora en su filosofía del derecho. Ahora bien, que la fuente de la normatividad del derecho se encuentre en la razón práctica, no implica decir que la razón especulativa o la facultad de juzgar no tengan nada qué decir. La razón es una y, por ende, interconectada en sus usos y facultades.

La discusión entre los comentadores acerca del tipo de normatividad del derecho ha girado en torno al tipo de relación que se articule entre la doctrina del derecho de la *Metafísica de las costumbres* y la filosofía moral desarrollada en la *Fundamentación metafísica de las costumbres* y la *Crítica de la razón práctica*. De esta manera, como expusimos en el segundo capítulo, podemos encontrar dos posturas: la tesis de la dependencia (*Abhängigkeitsthese*) y la tesis de la independencia o separación (*Unabhängigkeits oder Trennungsthese*).

La primera tesis (*Abhängigkeitsthese*) suele ser catalogada como la lectura tradicional; alude generalmente a estos argumentos para vincular la justificación de la ley universal del derecho con el imperativo categórico:[4]

1. Sería totalmente contrario a la línea general de proceder de Kant en la filosofía trascendental no dar una justificación (una "deducción trascendental" en términos de Kant) de un principio tan importante como la ley universal del derecho.
2. ¿Qué otra cosa, además del imperativo categórico, podría constituir la base de tal justificación?

---

[4] Gerhard Seel, "How Does Kant Justify the Universal Objective Validity of the Law of Right?", *International Journal of Philosophical Studies*, vol. 17, núm. 1, 2009, pp. 72-73. [La traducción es mía.]

3. Kant presenta el ámbito del derecho como una de las partes de la moral, siendo la otra el ámbito de la ética. Establece un cierto número de conceptos y principios que ambas partes tienen en común. Entre estos "conceptos preliminares" destaca el imperativo categórico, que como tal sólo afirma lo que es la obligación. ¿Cómo podría imaginarse una justificación de cualquier obligación sin el uso de este principio?

4. El propio Kant llama al imperativo categórico el principio supremo de la doctrina de la moral, y como la doctrina de la moral tiene a la doctrina del derecho como una de sus partes, ésta debe tener también al imperativo categórico como su principio supremo.

En un primer escenario de la discusión, esto es, en términos generales, tanto la tesis de la dependencia (*Abhängigkeitsthese*) como la tesis de la independencia (*Unabhängigkeits* oder *Trennungsthese*) adolecen de inconvenientes. Para tomar postura se requiere, al menos, presentar qué tipo de relación existe entre la ética y el derecho, así como cuál sería el lugar y la función de la *Metafísica de las costumbres* en la filosofía kantiana.

Kant señala, como arguye la lectura tradicional, que el principio supremo de la *Metafísica de las costumbres* es el IC;[5] la obligación, concepto común de ambas partes de la MS, es definida como: la necesidad de una acción libre bajo un imperativo categórico de la razón,[6] y advierte explícitamente que la obediencia del derecho y la capacidad de obligar surgen de un imperativo moral.[7] ¿Cómo, entonces, las exégesis de la tesis de la independencia (*Unabhängigkeits* oder *Trennungsthese*) advierten la justificación de la normatividad del derecho?, ¿cómo argumentar una separación radical si Kant advierte un apartado dedicado a los conceptos comunes entre ambas doctrinas?, y no sólo eso, durante el desarrollo mismo de su sistema hace uso de nociones que encontramos en sus tres *Críticas*.

---

[5] MS AA: 06: 226.

[6] MS AA: 06: 222.

[7] MS AA: 06: 239.

Las personas pueden estar motivadas para acatar las leyes del derecho razonando según el imperativo hipotético. Sin embargo, esto no significa que este tipo de imperativo sea el fundamento de la validez universal de las leyes del derecho. La fuente de la normatividad de la racionalidad jurídica no se refiere a una racionalidad empíricamente condicionada (*Empirisch bedingte praktische Vernunft*). Es ineludible distinguir la cuestión de la justificación y la motivación.[8] La razón práctica pura dicta el deber categórico de obedecer el derecho de manera puramente práctica y no condicionada. La tesis de la independencia (*Unabhängigkeitsthese*) traiciona el propósito sistemático de Kant, así como las citas textuales en las que advierte que la capacidad (facultad) de obligar a otros surge de un imperativo categórico.

Ahora bien, revisando el debate más reciente es importante notar que se puede palpar que la discusión pudo haber comenzado desde las tesis de la dependencia (*Abhängigkeitsthese*) y la independencia (*Unabhängigkeits oder Trennungsthese*) y giró más específicamente en torno a la pregunta de si es o no posible derivar el derecho de la moral. La disputa surge de la siguiente pregunta: ¿es el derecho derivable o no de la teoría moral? Por ello, el corazón del disenso se centra en qué tipo de conexión conceptual existe entre el imperativo categórico y el derecho. En la lectura que defiende la no derivación del derecho de la teoría moral encontramos, por ejemplo, a C. Horn[9] y M. Willaschek.[10]

Pretender hacer del derecho una mera derivación de la ética fracasa y abandona una preocupación central de la doctrina del derecho: mostrar su especificidad. El concepto moral del derecho determina el ámbito jurídico como específicamente distinto a la ética, es decir, es también por razones morales que el derecho no puede ni debe ser una mera derivación de la ética, aunque requiera en la justificación de su obligatoriedad *a priori* del ic. La obligación que le corresponde al derecho, que Kant advierte como el

---

8 *Cfr.* Gerhard Seel, "How Does Kant Justify the Universal Objective Validity of the Law of Right?", pp. 71-94.

9 Christoph Horn, *Nichtideale Normativität - Ein neuer Blick auf Kants politische Philosophie*, Berlín, Suhrkamp Verlag, 2014.

10 Marcus Willascheck, "Right and Coercion: Can Kant's Conception of Right be Derived from his Moral Theory?", *International Journal of Philosophical Studies*, vol. 17, núm. 1, 2009, pp. 49-70.

concepto moral del mismo (*der moralische Begriff desselben*),[11] se determina (tipifica) en función de:

a) Condición de practicidad: sólo la relación externa y práctica (*das äußere und zwar praktische Verhältnis*) de una persona con otra, en tanto que sus acciones, como hechos, pueden influirse entre sí.

b) Condición de externalidad: no significa la relación del arbitrio con el deseo del otro, por tanto, con la mera necesidad (*Bedürfniß*), como en las acciones benéficas o crueles, sino sólo con el arbitrio del otro.

c) Condición de universalidad: en esta relación recíproca del arbitrio (*wechselseitigen Verhältniß der Willkür*) no se atiende en absoluto la materia del arbitrio, es decir, el fin que cada cual se propone con el objeto que quiere, sino que sólo se pregunta por la forma en la relación del arbitrio de ambas partes, en la medida en que se considera únicamente como libre, y si con ello la acción de uno de los dos puede conciliarse con la libertad del

---

[11] La cita completa en la que encontramos la referencia al "concepto moral de derecho":

Der Begriff des Rechts, sofern er sich auf eine ihm correspondirende Verbindlichkeit bezieht, (d.i. der moralische Begriff desselben) betrifft erstlich nur das äußere und zwar praktische Verhältnis einer Person gegen eine andere, sofern ihre Handlungen als Facta aufeinander (unmittelbar oder mittelbar) Einfluß haben können. Aber zweitens bedeutet er nicht das Verhältniß der Willkür auf den Wunsch (folglich auch auf das bloße Bedürfniß) des Anderen, wie etwa in den Handlungen der Wohlthätigkeit oder Hartherzigkeit, sondern lediglich auf die Willkür des Anderen. Drittens, in diesem wechselseitigen Verhältniß der Willkür kommt auch gar nicht die Materie der Willkür, d. i. der Zweck, den ein jeder mit dem Object, was er will, zur Absicht hat, in Betrachtung, z. B. es wird nicht gefragt, ob jemand bei der Waare, die er zu seinem eigenen Handel von mir kauft, auch seinen Vortheil finden möge, oder nicht, sondern nur nach der Form im Verhältniß der beiderseitigen Willkür, sofern sie bloß als frei betrachtet wird, und ob durch die Handlung eines von beiden sich mit der Freiheit des andern nach einem allgemeinen Gesetze zusammen vereinigen lasse.
Das Recht ist also der Inbegriff der Bedingungen, unter denen die Willkür des einen mit der Willkür des andern nach einem allgemeinen Gesetze der Freiheit zusammen vereinigt werden kann (MS AA: 06: 230).
El concepto de derecho, en tanto que se refiere a una obligación que le corresponde (es decir, el concepto moral del mismo), afecta, en primer lugar, sólo a la relación externa y ciertamente práctica de una persona con otra, en tanto que sus acciones, como hechos, pueden influirse entre sí (inmediata o mediatamente). Pero, en segundo lugar, no significa la relación del arbitrio con el deseo del otro [por tanto, con la mera necesidad (*Bedürfniß*)], como en las acciones benéficas o crueles, sino sólo con el arbitrio del otro. En tercer lugar, en esta relación recíproca del arbitrio no se atiende en absoluto a la materia del arbitrio, es decir, al fin que cada cual se propone con el objeto que quiere; por ejemplo, no se pregunta si alguien puede beneficiarse también o no de la mercancía que me compra para su propio negocio, sino que sólo se pregunta por la forma en la relación del arbitrio de ambas partes, en la medida en que se considera únicamente como libre, y si con ello la acción de uno de ambos puede conciliarse con la libertad del otro según una ley universal. Por tanto, el derecho es el conjunto de condiciones bajo las cuales el arbitrio de uno puede conciliarse con el arbitrio del otro según una ley universal de la libertad (MS AA: 06: 230).

otro, según una ley universal. Ésta exige de una norma jurídica que pueda llegar a ser expresada en una ley universal, por consiguiente, que no sólo valga para un destinatario singular de la norma, sino, de igual manera, para todos.

Kant expone el siguiente ejemplo. No se pregunta si alguien puede beneficiarse también o no de la mercancía que me compra para su propio negocio; sino sólo se pregunta por la forma en la relación del arbitrio de ambas partes (*Form im Verhältniß der beiderseitigen Willkür*), en la medida en que se considera únicamente como libre, y si con ello la acción de uno de ambos puede conciliarse con la libertad del otro, según una ley universal.

La definición del derecho no se identifica con un contenido específico o una ley de un tiempo y lugar determinado, más bien se refiere al conjunto de condiciones (*der Inbegriff der Bedingungen*) bajo las cuales el arbitrio de uno puede conciliarse con el arbitrio del otro, según una ley universal de la libertad. El concepto de "conjunto" o de "epítome" se expresa en alemán con el término *Inbegriff*. Se trata de un término recurrente.[12] Denota la pretensión de una explicación sistemática. En el caso del derecho se trata de presentar las condiciones de posibilidad para el principio de coexistencia de libertades.

Tomando en cuenta lo anterior, buscaremos exponer nuestra propia postura respecto a cuál es la fuente de la normatividad del derecho, y cómo articula Kant sus condiciones de posibilidad en una legislación jurídica. Para nuestro cometido, tendremos primero que exponer la noción de racionalidad práctica en general y mostrar su caracterización en la doctrina del derecho. No abordaremos exhaustivamente la racionalidad práctica en general, pues implicaría extendernos demasiado, no obstante, queremos mostrar la especificidad de la razón práctica en el derecho, asumiendo lo que hemos expuesto en los capítulos anteriores.

---

[12] Kant utiliza de nuevo este concepto tanto en la *Crítica de la razón pura*: KrV A: 155 / B: 194; KrV A: 177 / B: 220; KrV A: 215 / B: 262; KrV A: 242 / B: 300; KrV A: 334 / B: 391; KrV A: 455 / B: 483; 4: 316; 20: 209, como en la RL para definir: la doctrina del derecho (*Rechtslehre*) (MS AA: 06: 229), el derecho (*Recht*) (MS AA: 06: 230), el derecho personal (*persönlichen Recht*) (MS AA: 06: 271) y el derecho público (*Staatsrecht*) (MS AA: 06: 311).

6.1. La razón práctica (*praktische Vernunft*)

Con el uso teórico de la razón se puede conocer "lo que es"; por el uso práctico "lo que debe de ser".[13] Es por ello que Kant es enfático en aclarar: los principios morales *a priori* no surgen de la antropología, aunque se puedan aplicar a ésta, surgen precisamente de la razón pura práctica; todos los conceptos morales tienen su sede y origen completamente *a priori* en la razón[14] (*alle sittlichen Begriffe völlig a priori in der Vernunft ihren Sitz und Ursprung haben*).

La caracterización de la razón práctica requiere precisar que ésta no sólo sirve para conocer lo que debe de ser, sino que también es la facultad de hacerlo realidad; es decir, está directamente relacionada con una voluntad "que es una causalidad en cuanto la razón contiene el fundamento determinante de la misma"[15] (*eine Kausalität ist, so fern Vernunft das Bestimmungsgrund derselben enthält*).

La razón práctica no es la mera facultad de razonar sobre aspectos prácticamente relevantes, sino también la facultad de hacerse causalmente efectiva de manera racional,[16] es decir, de actuar racionalmente (razonablemente). Kant también identifica la razón práctica con la voluntad: "Sólo un ser racional posee la facultad de obrar según la representación de las leyes, esto es según los principios, o una voluntad. Como para la derivación de las acciones a partir de leyes se exige razón, tenemos que la voluntad no es otra cosa que la razón práctica".[17]

---

[13] *Ich begnüge mich hier, die theoretische Erkenntniß durch eine solche zu erklären, wodurch ich erkenne, was da ist, die praktische aber, dadurch ich mir vorstelle, was dasein soll.* KrV A 633 / B: 661. [En esta ocasión, la traducción es mía.]

[14] GMS AA: 04: 411.

[15] KpV [89].

[16] C. Blöser, "Vernunft, praktische", en *Kant-Lexikon Studienausgabe*, M. Willascheck, Jürgen Stolzenberg, Georg Mohr, Stefano Bacin unter Mitarbeit von Thomas Höwing, Florian Marwede, Ste Schadow in Verbindung miteckart Förster, Heiner Klemme, Christian Klotz, Bernd Ludwig, Peter McLaughlin, Eric Watkins (eds.), Berlín, De Gruyter, 2015, pp. 2496-2500.

[17] GMS AA: 04: 412. [...] *Nur ein vernünftiges Wesen hat das Vermögen, nach der Vorstellung der Gesetze, d. i. nach Principien, zu handeln, oder einen Willen. Da zur Ableitung der Handlungen von Gesetzen Vernunft erfordert wird, so ist der Wille nichts anders als praktische Vernunft.* [La traducción es de José Mardomingo.]

La concepción de la razón práctica implica dos funciones: cognitiva y desiderativa. A pesar de la concordancia entre estas dos funciones, hay que señalar que el término "voluntad (*Wille*)" y, por tanto, también "razón práctica" se utiliza en dos sentidos: mientras que la voluntad en la GMS es toda la facultad de la acción determinada por la razón, en MS Kant distingue la voluntad (*Wille*) y el arbitrio (*Willkür*),[18] y expone que la voluntad (*Wille*) es la facultad que da leyes y determina la acción razonable. En consecuencia, la "razón práctica" puede significar dos cosas: *a)* la facultad de actuar racionalmente, sentido que especialmente encontramos en GMS; y *b)* como un aspecto de esta facultad: la razón práctica en la MS denota la instancia que da una ley al arbitrio (*Willkür*) y puede así determinarlo racionalmente.

En GMS Kant razona la identificación de la voluntad (*Wille*) y la razón práctica de la siguiente manera: como para la derivación de las acciones a partir de leyes se exige razón, tenemos que la voluntad (*Wille*) no es otra cosa que razón práctica (*Da zur Ableitung der Handlungen von Gesetzen Vernunft erfordert wird, so ist der Wille nichts anders als praktische Vernunft*).[19] La derivación, como expone Blöser, puede entenderse como una conclusión práctica. Así, por ejemplo, del principio de racionalidad de los fines, la voluntad de un fin y el reconocimiento de que un acto X es un medio necesario para ese fin, se deriva el acto X, que, siempre que la persona se comporte racionalmente, significa que hace X. La razón práctica se ha vuelto así operativa, en la medida en que la percepción de la razonabilidad del acto es una causa de su realización.[20]

La idea de actuar según leyes racionales refiere el modelo del ser humano capaz de gobernarse a sí mismo a través de la razón. Aludiendo a la alegoría platónica no se trata de eliminar los caballos (contenidos materiales), sino de poner en el lugar que le corresponde al auriga (la razón pura práctica), tanto en su función ejecutiva como legislativa.

Immanuel Kant, *Fundamentación de la metafísica de las costumbres*, José Mardomingo, trad., Barcelona, Ariel, 1999, p. 155.

[18] MS AA: 06: 213.

[19] GMS AA: 04: 412.

[20] C. Blöser, "Vernunft, praktische", p. 2497.

La razón se da sus leyes y se gobierna a través de éstas. Estas tareas las podemos encontrar: *a)* en el agente racional que verifica sus máximas tratando de "quererlas" como "leyes universales"; *b)* el "legislador" en el "reino de los fines" haciendo leyes para sí mismo (y otros agentes racionales) como "sujetos"; *c)* el "contrato originario" ideal que subyace a los principios del *Rechtslehre*, y *d)* finalmente la idea general de la "autonomía" racional como "ser una ley para uno mismo".[21]

De estas cuatro formas, la última es la más general: "Darnos leyes y ser una ley para nosotros mismos". Esto requiere aludir a un carácter inteligible en el ser humano, pues esta capacidad de darnos leyes se atribuye a nuestro carácter inteligible. La imputabilidad moral y jurídica de nuestras acciones depende de éste. Este carácter es la ley de la causalidad que hace posible una causa.[22]

Autonomía, en este sentido, tendría que significar identificarse con las limitaciones racionales, no verlas como impuestas por otros o como algo a lo que podríamos renunciar sin dejar de ser nosotros mismos. No es libertinaje, ni anarquía. El punto no es la idea de que los individuos deben simplemente elegir, o inventar, lo que debe ser una razón para ellos,[23] las exigencias de la razón práctica requieren aludir a una identidad práctica.

---

[21] Thomas E. Hill, "Kant's Theory of Practical Reason", *The Monist*, vol. 72, 1989, p. 375.

[22] El término carácter (*Charakter*) en general se caracteriza como una cualidad individualizadora, típica o especial de los conceptos, cosas, personas, así como de todo género humano. Aunque la expresión se utiliza en los más diversos campos de la filosofía para designar las características más destacadas, por regla general se hace referencia al concepto de ley. *Cfr.* Heiner F. Klemme, "Charakter", en *Kant-Lexikon Studienausgabe*, pp. 317-318. Se trata de la ley de la causalidad que hace posible una causa: "Toda causa actuante debe tener un carácter, es decir, una ley de su causalidad, sin la cual no sería en absoluto una causa" (KrV A: 539 / B: 567). De forma análoga a la distinción entre fenómeno y cosa en sí, Kant distingue entre carácter empírico e inteligible en la causalidad de la volición humana; su relación se explica en el contexto de la tercera antinomia de la razón pura. El hombre, como ser que actúa libremente, tiene un carácter empírico y otro inteligible, siendo el primero una expresión del segundo (*cfr.* KrV A: 541 / B: 569 y A: 549 / B: 577). Kant traslada así la causa de las acciones libres del mundo empírico al mundo inteligible. El carácter empírico es reconocible en la medida en que puede leerse en el comportamiento externo, pero remite al inteligible, que expresa. La causalidad del carácter empírico es la causalidad natural, de modo que sus (acciones como) apariencias también pueden explicarse según estas leyes, mientras que el carácter inteligible no pertenece al ámbito de la experiencia posible. *Cfr.* Claudia Graband, "Charakter, empirischer/intelligibler", en *Kant-Lexikon Studienausgabe*, pp. 319-320.

[23] Thomas Hill advierte que la visión de Kant de los mandatos de una voluntad con autonomía se basa sin duda en el modelo tradicional de los mandamientos de Dios, con la innovación de que ahora la voluntad legislativa

A esto se refiere, también, Dulce María Granja[24] cuando expone que la acción de todo agente moral está directamente comprometida con sus razones. Tras valorar ciertas formas de identidad, el agente adquiere razones y criterios que son correspondientes a su naturaleza moral o a su identidad práctica en cuanto agente moral. Así pues, el respeto que le sigue al asignar distintos valores (entre cosas y personas) nos coloca en una postura normativa en donde la creación de la propia identidad práctica supone valorarse a sí mismo como poseedor de un carácter moral, y como participante activo en la formación de la misma.

Lo que dicta el imperativo categórico es un mandato objetivo que el agente puede decidir realizar o no, pero su mandato es categórico. Estamos obligados, aunque podamos decidir desde nuestro arbitrio a no seguir lo que dicta el ic. Se trata de una obligación incondicionada. El test de racionalidad de las máximas nos arroja un criterio que el sujeto puede y debe reconocer como racional, aunque posteriormente opte por no hacerlo.

Para los seres puramente racionales, la necesidad objetiva de la acción, según el principio racional, sería suficiente para que la acción fuera también subjetivamente querida. Para los seres sensibles-racionales, los principios racionales tienen un carácter de necesidad, ya que pueden entrar en conflicto con las inclinaciones. Es propio de los seres sensibles-racionales la coacción. El valor moral, o lo que se dice como estrictamente moralmente bueno, se articula desde el ejercicio virtuoso de la constricción del arbitrio, irreductible a una explicación meramente mecánica o a la mera conformidad con la ley.

---

se atribuye a cada agente racional y no exclusivamente a un ser externo. Pero el modelo es más parecido al Dios de Aquino que al de Ockham o Descartes: es decir, es una voluntad que reconoce lo racional y manda en consecuencia (con sanciones), en lugar de la voluntad de un "voluntarista" que "inventa" los estándares, haciendo que lo no racional sea racional sólo por elección. *Cfr.* Thomas E. Hill, "Kant's Theory of Practical Reason", pp. 363-383.

[24] Dulce María Granja, "La naturaleza racional como fin en sí mismo en la filosofía kantiana", *Cuadernos Salmantinos de Filosofía*, vol. 40, 2013, p. 209.

6.1.1. La distinción entre voluntad *Wille* y arbitrio *Willkür*

Conviene detenernos en la distinción entre Voluntad (*Wille*) y arbitrio (*Willkür*) y articularla en función de lo que hemos visto. Esta distinción es significativa, según lo expuesto en el primer capítulo, para resolver tanto la objeción de la imputabilidad (moral y jurídica) como para explicar la autonomía de la razón práctica desde sus distintas acepciones.

Recordemos la objeción de la imputabilidad (1.1.1.). El argumento para la libertad moral tiene como premisa la conciencia de la ley moral y, más específicamente, la ley moral en su formulación específicamente kantiana. Una acción libre y una acción hecha por respeto a la ley se identifican.[25] Aquí, considera Beck, surge una aporía: una acción ilegal o inmoral se hace a causa de impulsos subjetivos, individuales o empíricos. En este sentido, un acto inmoral sería resultado del mecanismo de la naturaleza y, por lo tanto, no es moralmente imputable; en tanto que el agente es determinado por otros impulsos, no podría ser considerado "verdaderamente" libre. Esto, como se puede atisbar, implicaría una complicación para la condición de la imputación moral y jurídica.

Para los objetivos que buscamos, la caracterización de *Wille* y *Willkür* revelan la naturaleza misma de la razón práctica. *Wille* es una razón práctica pura que, a través de su legislación autónoma, indica un deber moral en un ser que no se adhiere por naturaleza a la ley. Las leyes proceden así de la voluntad (*Wille*) y, en sentido estricto, la voluntad (*Wille*) se determina en sí misma en lo que se refiere a sus leyes. Es por *Willkür* que se emprende una acción de acuerdo con esta ley o en contra de ella. Si se continúa con la metáfora política de la autonomía, se puede decir que *Wille* es la función legislativa autónoma y *Willkür* ejerce el poder ejecutivo.

Desde que ocurren acciones imputables pero inmorales (malvadas), *Willkür* debe elegir sus máximas rectoras libremente y no forma parte de la necesidad de la naturaleza. El acto de *Willkür* debe tener dos funciones: *a)* el uso

---

[25]   *Cfr.* Lewis W. Beck, "Five concepts of Freedom in Kant", en *Philosophical Analysis and Reconstruction*, J. T. J. Srzednicki y Stephan Körner, eds., Dordrecht, Springer, 1987, 38 (Nijhoff International Philosophy Series, vol 28).

de la libertad según el cual la más elevada máxima (ya sea de acuerdo con la ley o en contra de ella) se toma en consideración para el acto, y *b)* el uso de la libertad de tal manera que la acción misma se ejerce de acuerdo con esa máxima (libremente elegida).

El arbitrio (*Willkür*) es el que media entre las sensaciones de placer o displacer y la acción. En este sentido, se relaciona directamente con el objeto que incentiva la acción: es la facultad de desear efectiva, ejecutiva, empíricamente afectada. En el ser humano la zona de conflicto entre la determinación de la razón —instanciada en voluntad legislativa—, y los impulsos de la sensibilidad: por ello del arbitrio surgen las máximas de acción, que incorporan en sí estos factores.[26]

Se debe distinguir de la autonomía moral de *Wille*, es decir, su autonomía de la ley independiente de los motivos e impulsos del mundo empírico y sensible; y la libertad de *Willkür*, es decir, su capacidad de obedecer espontáneamente a la ley como su máxima y, por lo tanto, insertar un nuevo vínculo en la cadena causal de los acontecimientos en el mundo sensible. Incluso si la máxima se opone a la ley, la acción que se realice en virtud de ella puede ser libre e imputable. A todo ser racional que tiene voluntad debemos concederle también la idea de la libertad, únicamente bajo la cual obra, pues al tener una razón que es práctica tiene una casualidad respecto a sus objetos.

Es al nivel del arbitrio que el agente puede subordinar las exigencias de la sensibilidad a las de la razón —y viceversa—, y en ese sentido se encuentra aquí la libertad negativa (como independencia respecto de lo sensible), que en caso de dejarse informar por la voluntad se convierte en libertad positiva (autonomía).[27]

El arbitrio se presenta como una facultad determinable más referida a la acción que al fundamento que la determina. Por ello, cuando resulta determinado por la razón pura se presenta como arbitrio libre, y cuando

---

[26]   *Cfr.* Vicente de Haro, *Deber, virtud y razón práctica en la Metafísica de las costumbres de Immanuel Kant*, México, Universidad Panamericana, 2012, p. 71.

[27]   *Idem.*

sólo la inclinación puede determinarle, es arbitrio bruto. El arbitrio humano será *sensitivum*, aunque *liberum*, porque puede estar afectado por impulsos, pero no determinado por ellos; por tanto, no es puro por sí, pero puede ser determinado a las acciones por una voluntad pura. La libertad del arbitrio es la independencia de su determinación por impulsos sensibles; éste es el concepto negativo de la misma. El positivo es: la facultad de la razón pura de ser por sí misma práctica.

6.1.2. La libertad práctica (KrV) y la libertad del arbitrio (MS)

Como expusimos en el primer capítulo, existe una objeción respecto al modo en que Kant caracteriza la libertad en la *Dialéctica* y su exposición en el *Canon*. Son dos puntos en los que parecen no coincidir la *Dialéctica* y el *Canon*: el primero es la cuestión de si la libertad puede ser o no demostrada mediante la experiencia, y el segundo es el asunto de si la libertad trascendental es o no necesaria para la libertad práctica.

En realidad se trata del problema de la conexión entre la libertad práctica y la idea de la libertad trascendental. Conforme a lo que hemos visto, podemos decir que la libertad del arbitrio es la que se conoce por experiencia,[28] incluso haciendo abstracción del significado trascendental de la misma, aunque sea dicha libertad trascendental la que en última instancia posibilite la propia libertad práctica. La distinción entre la libertad práctica y la idea de la libertad trascendental sigue siendo necesaria para una teoría sistemática de la doctrina de la libertad.

Kant conseguiría concluir, con la incorporación de la distinción entre *Wille* y *Willkür*, la defensa de una libertad indiferente (*libertas indifferentiae*); esto es, como "la facultad de elegir obrar a favor o en contra de la ley" (*das Vermögen der Wahl, für oder wider das Gesetz zu handeln*). No obstante, definir así al arbitrio haría necesaria esta indeterminación en su concepto, a lo cual

---

28 Esta tesis la podemos encontrar en Dieter Schönecker, *Kants Begriff transzendentaler und praktischer Freiheit*, Berlín/Boston, De Gruyter, 2012, p. 168; H. E. Allison, *Kant´s Theory of Freedom*, Cambridge, Cambridge University Press, 1990, p. 55; y Vicente de Haro, *Deber, virtud y razón práctica en la Metafísica de las costumbres de Immanuel Kant*, p. 73.

Kant se resiste: la libertad no puede consistir en actuar en contra de la propia razón. La libertad del arbitrio no es mera indeterminación, aunque la experiencia ofrezca ejemplos de ello.

> Pero la libertad del arbitrio no puede definirse como la facultad de elegir obrar a favor o en contra de la ley (*libertas indifferentiae*) [...] si bien el arbitrio, en tanto que fenómeno, ofrece frecuentes ejemplos de ello en la experiencia. Porque sólo conocemos la libertad (tal como se nos manifiesta ante todo a través de la ley moral) como una propiedad negativa en nosotros; es decir, la propiedad de no estar forzados a obrar por ningún fundamento sensible de determinación. Pero en tanto que noúmeno, es decir, considerando la facultad del hombre sólo como inteligencia, no podemos exponer cómo constriñe al arbitrio sensible, por consiguiente, no podemos exponerla teóricamente en su constitución positiva en modo alguno. Sólo podemos comprender bien lo siguiente: que si bien el hombre como ser sensible muestra, según la experiencia, una facultad de elegir, no sólo de acuerdo con la ley sino también en contra de ella, no puede definirse así, sin embargo, su libertad como ser inteligible, porque los fenómenos no pueden hacer comprensible ningún objeto suprasensible (como el arbitrio libre), y que la libertad jamás puede consistir en que el sujeto racional pueda elegir también en contra de su razón (legisladora); aunque la experiencia demuestre con demasiada frecuencia que así ocurre (sin embargo, no podemos concebir la posibilidad de ello).[29]

---

[29] *Die Freiheit der Willkür aber kann nicht durch das Vermögen der Wahl, für oder wider das Gesetz zu handeln, (libertas indifferentiae) definirt werden - wie es wohl einige versucht haben, - obzwar die Willkür als Phänomen davon in der Erfahrung häufige Beispiele giebt. Denn die Freiheit (so wie sie uns durchs moralische Gesetz allererst kundbar wird) kennen wir nur als negative Eigenschaft in uns, nämlich durch keine sinnliche Bestimmungsgründe zum Handeln genöthigt zu werden. Als Noumen aber, d. i. nach dem Vermögen des Menschen bloß als Intelligenz betrachtet, wie sie in Ansehung der sinnlichen Willkür nöthigend ist, mithin ihrer positiven Beschaffenheit nach, können wir sie theoretisch gar nicht darstellen. Nur das können wir wohl einsehen: daß, obgleich der Mensch als Sinnenwesen der Erfahrung nach ein Vermögen zeigt dem Gesetze nicht allein gemäß, sondern auch zuwider zu wählen, dadurch doch nicht seine Freiheit als intelligiblen Wesens definirt werden könne, weil Erscheinungen kein übersinnliches Object (dergleichen doch die freie Willkür ist) verständlich machen können, und daß die Freiheit nimmermehr darin gesetzt werden kann, daß das vernünftige Subject auch eine wider seine (gesetzgebende) Vernunft streitende Wahl treffen kann; wenn gleich die*

Tal definición es descartada, pues sería híbrida (*definitio hybrida*),[30] en tanto captaría en el concepto de "arbitrio" un aspecto de su ejercicio que no puede ser un dato esencial de la facultad a costa de falsificarla.[31] Por eso Kant advierte: "Propiamente, en relación con la legislación interna de la razón, la libertad es sólo una facultad; la posibilidad de apartarse de ella es una incapacidad (*Die Freiheit in Beziehung auf die innere Gesetzgebung der Vernunft ist eigentlich allein ein Vermögen; die Möglichkeit von dieser abzuweichen ein Unvermögen)*".[32] En este sentido, como expone Barbara Herman, actuar mal no es una capacidad, sino una incapacidad (*Unvermögen*),[33] porque nuestra libertad, al nivel del arbitrio, debe estar definida en términos de acción dirigida por la ley moral. Esto no cierra el paso a que se le pueda usar mal, pero dicho mal uso no entra en su definición. Decimos que el legislador de una ciudad está facultado para promulgar leyes justas tomando como punto de partida el ideal del contrato originario, pero aun así puede no hacerlo y preferir sus intereses personales. La definición de esta capacidad no es neutral o indiferente y aplica aún sobre las acciones defectuosas señalándolas de modo privativo. Pues bien, sucede lo mismo con la definición del arbitrio.

La libertad del arbitrio que suponen los actos específicamente moralmente buenos supone un ejercicio racional de afirmación de nuestra naturaleza inteligible. La libertad no puede ser definida como indiferente, sino que en su misma idea se presenta como una autodeterminación racional. Hay una primacía regulativa de la libertad que opta por actos moralmente buenos que Kant quiere preservar en la definición misma de libertad.

Con la distinción entre *Wille* y *Willkür*, y la precisión respecto a que en la experiencia el arbitrio se nos manifiesta como indiferente, se puede comprender mejor la respuesta a la objeción de la imputabilidad que podría considerar

---

Erfahrung oft genug beweist, daß es geschieht (wovon wir doch die Möglichkeit nicht begreifen können). MS AA: 06: 226.

[30] MS AA: 06: 227.

[31] En este punto seguimos principalmente la interpretación que expone Vicente de Haro. *Cfr.* Vicente de Haro, *Deber, virtud y razón práctica en la Metafísica de las costumbres de Immanuel Kant*, pp. 73-75.

[32] MS AA: 06: 227.

[33] Seguimos la interpretación que Vicente de Haro hace tomando como punto de partida a Herman. *Cfr.* Vicente de Haro, *op. cit.*, pp. 248-258.

como libres únicamente aquellas acciones que están determinadas por la razón pura práctica, es decir, las moralmente buenas, por lo que la acción mala estaría, en tanto determinada por los impulsos sensibles, más allá de cualquier valoración moral y, por tanto, de imputación alguna.

Tomando en cuenta lo anterior, podemos concluir que el concepto de voluntad alude a: *a)* la voluntad pura que da la ley como razón práctica; *b)* la voluntad humana determinable por la ley pero no necesariamente determinada por ella (*Willkür*); y *c)* la autodeterminación, en la que la voluntad humana (*Willkür*), si se ajusta a las exigencias de la razón práctica, resulta ser una voluntad autónoma y, si no, ha de llamarse como heterónoma.[34]

6.2. La razón práctica, normatividad y derecho

Dicho lo anterior, cómo se articula, entonces, esa razón práctica desde la normatividad del derecho. La legislación de la voluntad, en su función de razón práctica, se dirige también a los actos externos de la libertad del arbitrio y conforma así la definición de derecho en el sentido de un sistema de regulación de los arbitrios externos entre personas.

Las leyes de la voluntad (*Wille*) se identifican con las leyes de la libertad. A estas leyes llamará Kant morales por contraposición a las leyes naturales. Y es desde ellas que surgirá la división suprema de la *Metafísica de las costumbres*, porque si las leyes morales se refieren a la conformidad externa de las acciones con las leyes, se llaman jurídicas; si se refieren a la conformidad interna, de modo que la ley misma constituya el móvil de la acción, se denominan éticas.

La ley correspondiente a las exigencias de la razón práctica en el derecho, y por ende su definición, es el conjunto de condiciones bajo las cuales el arbitrio (*Willkür*) de uno puede conciliarse con el arbitrio (*Willkür*) del otro según una ley universal de la libertad (*allgemeinen Gesetze der Freiheit*).

De este modo se formula un criterio para juzgar los actos externos de las personas, esto es el principio universal del derecho (*Allgemeines Princip des Rechts*): una acción es conforme al derecho (*recht*) cuando permite, o cuya máxima permite, a la libertad del arbitrio de cada uno coexistir con la libertad de todos según una ley universal y su ley (*allgemeine Rechtsgesetz*): obra externamente de tal modo que el uso libre de tu arbitrio pueda coexistir con la libertad de cada uno, según una ley universal.

De forma análoga al ámbito de la ética, Kant también distingue en el derecho entre la libertad negativa y la positiva en el uso del arbitrio (*Willkür*). Así, la libertad negativa que surge de la "independencia de la arbitrario constrictivo de otro (*Unabhängigkeit von eines Anderen nöthigender Willkür*)"[35] establece el "único y original derecho al que todo ser humano tiene en virtud de su humanidad (*einzige, ursprüngliche, jedem Menschen kraft seiner Menschheit zustehende Recht*)".[36] Sin embargo, la libertad de arbitrio se realiza positivamente en el derecho sólo en las relaciones en un Estado jurídico en el que pueda coexistir con la libertad de cualquier otro, según una ley universal[37] (*sofern sie mit jedes Anderen Freiheit nach einem allgemeinen Gesetz zusammen bestehen kann*).

La formulación de derechos y deberes concretos individuales, aunque puedan tener su origen en el arbitrio de una persona como legislación positiva, ha de ser contrastada con las exigencias normativas de la voluntad como razón práctica, pues desde ésta es que se define el derecho, su principio y su ley.

Las razones por las que debemos obedecer el derecho no pueden surgir de una razón condicionada prácticamente (*empirischbedingte*). Kant critica el eudemonismo político de manera análoga al modo que lo hace con la ética en la *Fundamentación* y en la *Crítica de la razón práctica*. Si hacemos de la felicidad el fundamento del derecho, entonces tendremos, por un lado, un gobierno despótico (paternalista) que ultraja la autonomía de los individuos.

---

[35] MS AA: 06: 237.

[36] *Idem.*

[37] *Idem.*

Además, una justificación para la rebelión popular (revolución), pues la desobediencia, tanto al gobierno como a la ley, estaría justificada en la medida en que no cumple con lo que se estipula como el contenido de esa felicidad. La razón pura práctica manda obedecer el derecho de manera irrestricta. En ésta se halla la fuente de la normatividad del mismo.

La cuestión sobre la fuente de la normatividad del derecho es pertinente en función de la distinción entre la razón práctica empíricamente condicionada (*empirischbedingte*) y la razón pura práctica (*reinen praktischen Vernunft*). Hemos visto en los distintos capítulos que para Kant es la razón pura la que proporciona una razón suficiente para la acción que sea independiente de las inclinaciones de las personas. La fuente de la normatividad no puede surgir de un imperativo hipotético. Tratar de fundamentar la validez universal de las leyes del derecho en tales principios es, por tanto, una empresa vana. Decir que se trata de una razón distinta, también. Kant advierte que se trata de una sola razón con distintos usos.

Hasta aquí podríamos encasillar nuestra postura desde la tesis de la dependencia y la derivación. Como nuestra exégesis no pretende esto, debemos distinguir los conceptos de implementación (*Umsetzung*) y mediación (*Übergang*) en el contexto de la doctrina del derecho.

6.2.1. El debate y la teoría de la mediación como transición

La discusión sobre la relación entre el ic y la fuente de normatividad del derecho es de las más fructíferas en el actual debate de la filosofía del derecho kantiana. Retomemos el debate tomando como punto de partida lo que hemos apuntado de la racionalidad práctica y en específico respecto a la distinción entre la razón empíricamente condicionada y la razón puramente práctica. El debate, como hemos ya apuntado, se articula entre la confrontación de la tesis de la independencia (*Unabhängigkeitsthese*) y la tesis de la dependencia (*Abhängigkeitsthese*). La primera sostiene que la fuente de la normatividad del derecho es independiente del ic, pues argumenta que se tratan de fenómenos normativos independientes. Entre los partidarios de la tesis de independencia

(*Unabhängigkeitsthese*) se encuentran Ebbinghaus[38] y Geismann,[39] y más recientemente Willascheck,[40] Pogge,[41] Ripstein[42] y Wood.[43] Dentro de los defensores de la tesis de la dependencia (*Abhängigkeitsthese*) que advierte que la fuente de la normatividad del derecho depende del IC, encontramos a Kersting,[44] B. Ludwig,[45] Höffe,[46] Habermas,[47] Guyer[48] y Seel.[49]

El debate se sostiene en el tipo de relación que ofrecen los comentadores a la cuestión sobre la relación entre la ética y el derecho:[50]

1. La teoría de la ética implica la teoría del derecho, pero no a la inversa.
2. La teoría del derecho implica (presupone) la teoría de la ética, pero no a la inversa.
3. Las teorías se implican mutuamente.
4. No se da ninguna de las relaciones mencionadas.

---

[38] Julius Ebbinghaus, "Das Kantische System der Rechte des Menschen und Bürgers in seiner geschichtlichen und aktuellen Bedeutung", *ARSP: Archiv für Rechts- und Sozialphilosophie / Archives for Philosophy of Law and Social Philosophy*, vol. 50, núm. 1, Franz Steiner Verlag, 1964.

[39] Georg Geismann, "Recht Und Moral in Der Philosophie Kants", *Jahrbuch Für Recht Und Ethik / Annual Review of Law and Ethics*, vol. 14, 2006.

[40] Marcus Willascheck, "Right and Coercion: Can Kant's Conception of Right be Derived from his Moral Theory?", 49-70; Marcus Willascheck, "Recht ohne Ethik? Kant über die Gründe, das Recht nicht zu brechen", en *Kant im Streit der Fakultäten*, V. Gerhardt y Th. Meyer (eds.), Berlín, 2005, pp. 188-204.

[41] Thomas W. Pogge, "Is Kant's Rechtslehre a "Comprehensive Liberalism?", en *Kant's Metaphysics of Morals: Interpretative Essays*, Mark Timmons (ed.), Oxford, Oxford University Press, 2002.

[42] Arthur Ripstein, *Force and Freedom: Kant's Legal and Political Philosophy*, Cambridge, Harvard University Press, 2009.

[43] Allen Wood, "The Final Form of Kant's Practical Philosophy", en *Kant's Metaphysics of Morals interpretative Essays*, pp. 1-21.

[44] Wolfgang Kersting, "Neuere Interpretationen der Kantischen Rechtsphilosophie", *Zeitschrift für Philosophische Forschung*, vol. 37, núm. 2, 1983, p. 282.

[45] Bernd Ludwig, "Positive und negative Freiheit bei Kant? Wie begriffliche Konfusion auf philosophi(ehistori)sche Abwege führt", *Jahrbuch Für Recht Und Ethik / Annual Review of Law and Ethics*, vol. 21, 2013, pp. 271-305,.

[46] Otfried Höffe, "Antropología y metafísica en el concepto categórico del derecho de Kant: una interpretación de los parágrafos B y C de la Teoría del derecho", *Eunomía. Revista en Cultura de la Legalidad*, núm. 5, 2013, pp. 3-16.

[47] Jürgen Habermas, *Faktizität und Geltung. Beiträge zur Diskurstheorie des Rechts und des demokratischen Rechtsstaats*, Fráncfort, Suhrkamp, 1992.

[48] Paul Guyer, *Kant´s System of Nature and Freedom: Selected Essays*, Oxford, Oxford University Press, 2005.

[49] *Cfr.* Gerhard Seel, "How Does Kant Justify the Universal Objective Validity of the Law of Right?", pp. 71-94.

[50] *Cfr., idem.*

Sólo en el último caso las dos teorías son independientes entre sí, en sentido fuerte, mientras que en los casos, uno (la legislación ética hace de los deberes jurídicos también deberes de virtud), y dos, la independencia es meramente unilateral. El caso tres representa una dependencia fuerte; el caso uno una dependencia débil.

De entre estas cuatro opciones tendríamos que colocar nuestra postura desde la idea de una conexión necesaria (fuerte), pero no en su derivabilidad, como parece que la tesis de dependencia fuerte podría sugerir. La dependencia es fuerte en el sentido de que la última justificación de la obligatoriedad pura del derecho depende del ic y, por ende, de la razón práctica pura. Es innegable[51] que hay una dependencia y articulación de la doctrina del derecho con la filosofía crítica trascendental y moral, pero esto no debe llevarnos a concluir que se trata de una mera derivación.

Debemos de resistirnos a la tentación reduccionista; como expusimos en el segundo capítulo, la relación entre el ic y el derecho se articula como una *relación necesaria pero indirecta* en tanto que es la ley universal del derecho la que funciona como principio en la construcción sistemática de la doctrina del derecho y no directamente el ic, y éste se articula desde las condiciones fácticas del derecho, así como los elementos empíricos-apriorísticos de éste.

Esto es así por dos razones. En primer lugar, *a)* porque el concepto moral del derecho determina (limita) el ámbito normativo de éste,[52] es decir, determina la obligación que le corresponde. El ámbito que rige el derecho

---

[51] Consideramos que la posición de Reinhard Brandt en este punto es la adecuada. Se trata de una dependencia de la doctrina del derecho de la filosofía crítica trascendental y moral (contra la tesis de la independencia), pero no la derivabilidad de los datos empírico-apriorísticos del derecho y del postulado del imperativo categórico (contra la tesis de la dependencia). Los intérpretes de la dependencia olvidaron el carácter metafísico de la doctrina del derecho con sus postulados empírico-apriorísticos y el postulado imposible de la razón práctica (pura). *Cfr.* Reinhard Brandt, "Christoph Horn: Nichtideale Normativität. Ein neuer Blick auf Kants politische Philosophie", *Kant-Studien*, vol. 106, núm. 4, 2015, pp. 685-721.

[52] Para Habermas, Kant parte del concepto básico de la ley moral y obtiene de él las leyes jurídicas por vía de limitación. Esta construcción está guiada por la intuición platónica de que el orden jurídico imita el orden nouménico de un "reino de los fines" y al mismo tiempo lo encarna en el mundo fenomenal. *Cfr.* Jürgen Habermas, *Between Facts and Norms. Contributions to a Discourse Theory of Law and Democracy*, Cambridge, Mass, 1996, pp. 105-106.

no puede ni debe abarcar (subsumir) toda la vida normativa de la persona, debe respetar el ámbito de su autonomía y el modo que articula su felicidad. La coacción jurídica sería un contrasentido desde el punto de vista de una legislación ética, es decir, destruiría el valor moral del acto, pero una coacción moral desde el ámbito propiamente jurídico sería inmoral e imposible. La condición de la externalidad de la dimensión jurídica es también por razones que surgen de la razón práctica.

Por ello, *b)* la ley universal del derecho es un postulado[53] de la razón práctica. Esto significa que impone al sujeto una obligatoriedad (*Verbindlichkeit*), pero ésta no puede esperar ni mucho menos exigir que, sólo en virtud de tal obligatoriedad, el propio sujeto deba limitar él mismo su libertad a las condiciones que la misma ley establece, como sería el caso si se tratara de una ley moral, en el sentido estricto del término. Por ello, Kant explica que en el caso de la ley universal del derecho se trata, en rigor, de un "postulado" (*Postulat*) de la razón, según el cual ésta se reconoce a sí misma como sujeta, en su propia idea (*in ihrer Idee*), a tales condiciones limitativas y, con ello, como sujeta también a la posibilidad de ser limitada por vía de hecho (*tätlich*) y por parte de otros (*von anderen*).[54]

Los postulados de la razón práctica, distintos a los matemáticos, en su calidad de postulados no pueden ser objetos de prueba, pero tampoco necesitan ser probados, tal como Kant lo precisa en el caso de la "ley universal de todo derecho". En la *Crítica de la razón práctica*, en el apartado titulado justamente "Sobre los postulados de la razón práctica en general" (*Über die Postulate der reinen praktischen Vernunft überhaupt*),[55] encontramos que Kant advierte que éstos parten del principio fundamental de la moralidad, que no es

---

[53] En tal sentido, puede decirse que "la ley universal de todo derecho" no cumple, en definitiva, otra función que la de una suposición necesaria para hacer posible, sin mediar determinación alguna de la voluntad, la representación del peculiar "objeto" (*vgr.* la coexistencia de libertades) que la propia razón práctica exige en su uso estrictamente jurídico. Tal ley cumple, pues, de hecho, la función de un postulado, pues sólo la exigencia de autolimitación expresada en ella hace posible, en definitiva, un uso libre del arbitrio que no posea un carácter potencial o efectivamente autosupresivo. Véase Alejandro Vigo, "Ética y derecho según Kant", *Tópicos*, núm. 41, diciembre, 2011, p. 137.

[54] MS AA: 06: 231.

[55] KpV [132].

un postulado sino una ley. A la ley universal del derecho, en el caso de la RL, se le asigna el carácter de un postulado de la razón práctica. Esto es así porque se trata de señalar lo propio de las exigencias jurídicas, esto es, su condición de externalidad; sus pretensiones deben ser la conformidad de las acciones con la ley, sin exigir referencia a la motivación interna de las acciones, y esto porque la razón misma se reconoce a sí misma sujeta a esa idea y con ello como sujeta también a la posibilidad de ser limitada por vía de hecho y por parte de otros. Este reconocimiento señala un principio metafísico del derecho.

Kant advierte un punto de suma importancia que en ocasiones suele pasar inadvertido. La distinción entre el autor de la obligatoriedad (*Verbindlichkeit*) y el autor de la ley (*Gesetz*): "El que manda (*imperans*) a través de una ley es el legislador. Es autor de la obligatoriedad de la ley, pero no siempre autor de la ley. En el caso de que lo fuera, la ley sería positiva (contingente) y arbitraria".[56] ¿Cómo deberíamos de interpretar este pasaje conforme a lo que hemos apuntado? Nos parece que surgen, al menos, dos posibles escenarios: *a)* el legislador promulga leyes racionales-positivas, o *b)* implanta leyes estatutarias-arbitrarias.[57]

Cuando *a)* el legislador no es autor de la ley, pero sí de su obligatoriedad, tenemos que las leyes jurídicas corresponden con el derecho racional. Se trata de las leyes externas-naturales y la función del legislador es reconocer la obligación *a priori* de la razón. Conforme a lo que hemos visto, podemos decir que se trataría de las leyes que tienen como punto de partida la idea del contrato originario. Por ejemplo, el derecho a la propiedad o la prohibición de la esclavitud. Éste es el *lugar* del imperativo categórico del

---

[56] *Gesetz (ein moralisch praktisches) ist ein Satz, der einen kategorischen Imperativ (Gebot) enthält. Der Gebietende (imperans) durch ein Gesetz ist der Gesetzgeber (legislator). Er ist Urheber (autor) der Verbindlichkeit nach dem Gesetze, aber nicht immer Urheber des Gesetzes. Im letzteren Fall würde das Gesetz positiv (zufällig) und willkürlich sein.* MS AA: 06: 227.

[57] *b)* División general de los derechos: l. De los derechos, como preceptos (*Lehren*; sistemáticos: derecho natural, que sólo se basa en principios *a priori*, y derecho positivo (estatutario), que procede de la voluntad de un legislador. 2. De los derechos, como facultades (*Vermögen*) (morales) de obligar a otros, es decir, como un fundamento legal con respecto a los últimos (tituluni), cuya división suprema es la clasificación en derecho innato y adquirido; el primero de los cuales es el que corresponde a cada uno por naturaleza, con independencia de todo acto jurídico; el segundo es aquel para el que se requiere un acto de este tipo (MS AA: 06: 237).

derecho constitucional y de la posibilidad del avance progresivo a través de reformas jurídicas.

Ahora bien, *b)* cuando el legislador, como autor de obligatoriedad, *crea* un contenido que no coincide con el derecho *a priori* racional, tenemos una ley positiva que, en cuanto su contenido, es contingente y arbitraria. Las leyes externas positivas no obligan en modo alguno sin legislación externa efectiva. ¿Significa que podríamos desobedecer la ley creada por el legislador cuando no coincide con el derecho racional? Kant niega categóricamente esa posibilidad. La autoridad existente ya está *de facto* en posesión de la legislación y, por ende, ya tiene la facultad de obligar. Esto implica que ya representa, aunque sea de manera imperfecta, la voluntad unida que la razón práctica obliga obedecer. ¿Significa, entonces, que no podemos distinguir desde el uso público de la razón entre lo que debería ser el derecho y lo que es el derecho? Kant también niega esto.

En el caso *b)* podríamos encontrar una ley de tránsito de carretas de una ciudad en específico, pero también la ley que enumera las condiciones para ser ciudadano activo o pasivo y excluye, en específico, el derecho al voto a la mujer. En el primer caso, sería un contenido contingente en el sentido que sabemos que los medios de transporte cambiarán y depende del contexto que se regule, pero en el segundo caso el contenido es contingente y arbitrario porque dicha distinción no se sostiene según el derecho racional *a priori*. Aunque el propio Kant haya sido presa de los prejuicios de su tiempo, es posible hacer esta distinción desde las premisas de su filosofía.

Esto significa que irremediablemente tendremos que lidiar con tensiones. Si bien la obediencia es irrestricta y no condicionada, esto es que debemos obedecer las leyes injustas o al tirano, Kant advierte que leyes jurídicas injustas deberán cambiar (y desde su filosofía de la historia postula que mejorarán), y por ello advierte la idea del contrato originario como ideal del derecho constitucional, la función del uso público de la razón, así como el papel de los legisladores en las reformas de las leyes. Lo regulativo habilita el escenario reflexivo que advierte lo relativo a las condiciones de legitimidad del derecho.

Detengámonos en esto por la importancia que reviste. Podemos decir que las leyes jurídicas injustas se articulan desde la idea de un contenido transitorio que la razón práctica pura advierte como contingente (*zufällig*), que ha de cambiar pero que se debe obedecer. La obligatoriedad jurídica del contenido de una norma injusta, a diferencia de cuando coincide lo que es de derecho con lo justo, es transitoria y el contenido de esa norma jurídica está articulado para cambiarse desde las reformas graduales que siguen el procedimiento jurídico.

El sentido del contenido de una ley injusta es siempre provisional y debe ser vista como tal. Esto sigue siendo congruente con la idea de que la fuente de la normatividad del derecho es la razón práctica, pues precisamente tanto la razones para esa obediencia irrestricta de lo que el derecho es, aunque provisional en su contenido y aseguramiento, como los ideales regulativos para articular las reformas, surgen de la razón práctica. Esta tesis tiene ya su correlato en la forma en que Kant entiende la Ilustración y los distintos usos de la libertad, esto es, el uso público y el uso privado.

Esto nos lleva, a su vez, a ubicar nuestra lectura de la filosofía del derecho expresada en la primera parte de la ms. Para ello, seguimos la clasificación que Horn[58] utiliza:

1. Interpretación de la senilidad (*Senilitätsinterpretation*): según esta interpretación, cuyo referente principal es Schopenhauer, la filosofía política de Kant de la década de 1790 presenta deficiencias que se explican por la debilidad de concentración o la edad del autor. Kant hace concesiones pragmáticas a la realidad política que no debería hacer, de acuerdo con el sistema.

2. Interpretación de la revisión (*Revisionsdeutung*): según esta lectura, Kant abandonó posteriormente, o al menos revisó sustancialmente, su filosofía moral de la década de 1780. Su estricta y rigurosa posición filosófica moral resulta excesiva y no suficientemente operativa en el ámbito jurídico-político.

---

[58]   Christoph Horn, *Nichtideale Normativität-Ein neuer Blick auf Kants politische Philosophie*, pp. 535-536.

3. Tesis de separación (*Trennungsthese*): según J. Ebbinghaus, Kant defiende una concepción de la razón práctica que conduce a dos tipos de normatividad separados. Cada uno de los dos tipos de normatividad puede reclamar una validez *sui generis*. Ebbinghaus llama especialmente la atención sobre la diferencia entre la concepción trascendental y la concepción política de la libertad, y sostiene que la doctrina del derecho de Kant no muestra ninguna conexión con el idealismo trascendental. El filósofo de Königsberg disuelve su concepción formal-trascendental de la normativa hasta el punto de que la realidad política encuentra un lugar en ella. Para Ebbinghaus, la doctrina del derecho se basa en la idea de una realización libre de los actos individuales del arbitrio.

4. Interpretación no ideal (*Nichtidealitätsdeutung*): Kant defiende una teoría de la normatividad práctica orientada específicamente a las condiciones no ideales. En consecuencia, aunque su filosofía política surge de la misma fuente normativa que la filosofía moral (a saber, la razón práctica), representa una variante muy atenuada.

De estas cuatro interpretaciones de la doctrina del derecho kantiana, nuestra propuesta puede dialogar con tres de las interpretaciones. La primera lectura la descartamos categóricamente. Nuestra lectura de la filosofía del derecho kantiana se refiere a una interpretación que apunta su mirada a la mediación (*Vermittlung*) desde la idea recurrente en la filosofía kantiana de una transición (*Übergang*).[59] Ésta se articula entre el derecho privado

---

[59] La "transición" se refiere al paso de un estado a otro en un proceso de cambio. La palabra se utiliza en varios contextos teóricos. Kant recurre a la "transición" en el contexto de la filosofía teórica de KrV, en MAN, en KU, en la filosofía práctica, y especialmente en *op. post*. Aparte de las 18 primeras hojas sueltas del IV convoluto (*Cfr.* 21: 335.) y los convolutos X./XI. (*Cfr.* 22: 277.; 22: 423.), los últimos volúmenes contienen los borradores de una obra titulada "Übergange von den metaph. Anf. Gr. der Naturwissenschaft zur Physik" (22: 543). En el centro de los borradores está la teoría del éter, según la forma que Kant le había dado ya desde la primera mitad de los años noventa. Otros pasajes importantes: 4: 309; 4: 392s; 4: 406; 4: 446; 4: 509; 4: 549s; 5: 7; 5: 67; 5: 211; 5: 244; 5: 297 y ss.; 5: 348; 5: 381; 5: 383; 5: 416; 6: 218; 6: 293; 6: 305; 6: 340; 6: 366; 7: 232; 8: 50; 8: 61; 8: 275; 8: 280; 8: 327; 8: 404; 8: 456; 9: 148; 9: 211; 9: 221.
Cfr. Piero Giordanetti, "Übergang", en *Kant-Lexikon Studienausgabe*, pp. 2367-2371.

y el derecho público. La transición asume la relación entre la crítica y el sistema, pero no puede ser una mera repetición de lo dicho en la filosofía crítica; transición, también, porque se articula desde lo fáctico a lo legítimo, necesitando de ambos. La MS, expone Brandt, es —en primer lugar— la teoría de la mediación de la naturaleza pura *a priori* del imperativo categórico y las realidades empírico-apriorísticas, materiales, es decir, no derivables, de nuestro mundo en el que la moral ha de realizarse.[60]

No se trata, entonces, de la mera implementación o aplicación de la moral al derecho, ni de su derivación.[61] Concordamos con la observación crítica de Horn que advierte las dificultades de una lectura de la filosofía del derecho kantiana desde la tesis de la transferencia moral al derecho o su

---

[60] "Die MS ist −erstens− die Theorie der Vermittlung von reiner Apriorizität des kategorischen Imperativs und den angeführten empirisch-apriorischen, materialen, also nicht ableitbaren Gegebenheiten unserer Welt, in der Sittlichkeit verwirklicht werden soll". Reinhard Brandt, "Christoph Horn: Nichtideale Normativität. Ein neuer Blick auf Kants politische Philosophie", p. 688.

[61] Si no aludimos a esta tesis corremos el riesgo de hacer una interpretación errónea como la de Stuart M. Brown. En efecto, si la lectura de la filosofía del derecho kantiana busca una mera implementación del imperativo categórico al derecho podemos quedar muy decepcionados: "Pues todo lo que Kant tiene que hacer para completar su programa de filosofía del derecho es mostrar cómo el imperativo categórico puede utilizarse para comprobar el estatus moral de las normas de un cuerpo de derecho positivo. Si la prueba se cumple, la ley es lo que debe ser. Si no se supera la prueba, la ley es moralmente defectuosa y debe ser modificada. En este punto de la argumentación, la tarea de Kant parece casi segura [...] Pero, de hecho, el argumento nunca avanza más allá de este punto. En lugar de mostrar cómo se puede aplicar el imperativo categórico para probar las normas del derecho positivo, Kant introduce una serie de principios diferentes que oscilan en grado de generalidad entre los extremos del imperativo categórico y las normas del derecho positivo. Muchos de estos principios no tienen una relación lógica discernible con el imperativo categórico ni una aplicación clara al derecho positivo". Stuart M. Brown, "Has Kant a Philosophy of Law?", *The Philosophical Review*, vol. 71, núm. 1, Duke University Press, Philosophical Review, 1962, p. 36. "La dificultad con Kant no es que carezca de opiniones sobre estas cuestiones o que no afirme ideales con los que estamos fuertemente comprometidos; la dificultad es que sus opiniones no están ni pueden ser justificadas y dilucidadas utilizando los principios a los que le compromete su filosofía moral. Debido a esta dificultad, Kant no logra cumplir la tarea que se propuso y no tiene filosofía del derecho". *Ibid.*, p. 33. [En ambas referencias la traducción es mía.]

mera aplicación (*Transfer- oder Anwendungsthese*).[62] Más bien, como expone Brandt:[63]

> La doctrina empírica del derecho se tiene que retrotraer como tal a su origen en el derecho natural y si hace esto, a diferencia de la doctrina del derecho *meramente* empírica, entonces esta doctrina empírica es irreprochable e imprescindible. Así también la dialéctica de la cabeza de madera: la cabeza necesita un cerebro, pero, a la inversa, el cerebro sin cabeza no sirve para nada. Lo decisivo es entonces el juego, la relación entre ambos —como reza en el preludio a la *Crítica de la razón pura*—: "Pensamientos sin contenido son vacíos, intuiciones sin concepto ciegas" (A, 51).

Para reforzar lo anterior, Brandt[64] alude a un apunte del *Opus Postumum* (XXI, 178):[65]

---

[62] Desde la interpretación de Horn, Habermas es presa de este error. Habermas, como muchos otros intérpretes, sucumbe aquí a un malentendido: el sentido en el que el ámbito de lo jurídico-político de Kant puede caracterizarse como el de las "relaciones externas" a las que se aplica el principio moral no es precisamente que la ética individual se "aplique" o se transfiera a las relaciones institucionales. Para Kant, por supuesto, la ética individual también está siempre relacionada con lo externo. La interpretación de Habermas de la concepción de Kant de la moral y el derecho, por cierto, resulta ser errónea tanto cuando la moral y el derecho prescriben lo mismo, como es el caso de la prohibición del asesinato (porque la moral y el derecho dirían redundantemente lo mismo en ese caso), como cuando tienen jurisdicciones claramente distinguibles (porque el derecho en este caso no aparece como la variante de la moral disminuida por la motivación), y *a fortiori* cuando la realidad político-moral formula imperativos moralmente problemáticos (porque entonces la moral no forma el correctivo del derecho). Christoph Horn, *Nichtideale Normativität-Ein neuer Blick auf Kants politische Philosophie*, p. 41. [La traducción es mía.]

[63] Reinhard Brandt, *Immanuel Kant. Política, derecho y antropología*, México, Plaza y Valdés, 2001, p. 132.

[64] *Idem.*

[65] *Z. B. Reine und statuarische Rechtslehre sind von einander wie das rationale vom Empirischen Unterschieden. Weil aber die letztere ohne die erstere ein blos mechanisches Machwerk was eigentlich kein objectives (aus Vernunftgesetzen abstammendes) sondern ein blos subjectives (von der Willkür der oberen Macht ausgehendes) mithin an sich gar kein Recht seyn würde so ist noch ein besonderer zwischen beyden einzuschiebender und den Zusammenhang derselben vermittelnder Theil der Rechtslehre überhaupt nöthig als ein Ubergang von der reinen Rechtslehre zu einer statuarischen überhaupt.*

Por ejemplo la doctrina pura y la doctrina estatutaria del derecho se distinguen entre sí como lo racional y lo empírico. Ya que la última sin la primera sería un artificio solamente mecánico, lo que propiamente no sería nada objetivo (que provenga de leyes de la razón), sino algo solamente subjetivo (que parte del arbitrio del poder superior) y por tanto no sería en sí ningún derecho, así también es necesaria una parte específica que se encuentre entre ambas y que medie la relación entre ellas, es la parte de la doctrina del derecho en general (*Rechtslehre überhaupt*), como un tránsito de la doctrina pura del derecho hacia una Doctrina estatutaria en general (*einer statutarischen üiberhaupt*) (XXI, 178).

La doctrina del derecho, en este sentido, funciona como la teoría de la mediación entre el derecho racional y el derecho empírico. Articular la filosofía del derecho kantiana desde la idea de la implementación de la moral al derecho, podría implicar que debemos condicionar nuestra obediencia al derecho en función de la consecución de algún fin o bien común, y cuando esto no sucediera, podría ser legítima una revolución o una desobediencia. La postura kantiana, en este sentido, es reformista y no revolucionaria.

Concebir a Kant como un pensador reformador hace sentido en función de lo que hemos expuesto apunta a señalar que el conjunto de condiciones de una legislación jurídica advierte la necesidad tanto del derecho empírico (estatutario) como del derecho racional.

Los enunciados jurídicos que encontramos redactados en las normas jurídicas suponen una *Rechtssynthesis* entre lo racional y lo empírico. Incluso ésta se encontraría en las leyes que hoy catalogaríamos como primitivas o crueles, por el sólo hecho de ser públicas y presentar una determinación jurídica pública de un Estado establecido. Piénsese en el famoso Código de Hammurabi, en el que encontramos, entre otras leyes, la Ley de Talión. Se considera valiosa como expresión a la razón jurídica no tanto por su contenido en sí mismo, que hoy nos parecería cruel, sino por lo que supuso: el paso a una justicia pública. Kant construye su propuesta analizando no sólo lo que *debe ser* el derecho, sino lo que el fenómeno de éste *es* (*de facto*).

La tesis de la revisión (2) advierte que el filósofo de Königsberg cambió significativamente su posición entre la filosofía moral de la década de 1780 y la posición moral-política de la década de 1790. En este sentido, se deduce que la MS contiene correcciones sustanciales a su filosofía moral anterior (GMS y KrV). Diversos autores presentan argumentos de ello, sobre todo los que persiguen la cuestión de si la *Metafísica de las costumbres* es o no una "filosofía trascendental crítica".

La filosofía del derecho kantiana supone el ejercicio racional y constante de la transición entre la crítica y el sistema. La primera parte de la *Metafísica de las costumbres* no puede llamarse metafísica del derecho (*die Metaphysik des Rechts*), sino sólo principios metafísicos del derecho (*Metaphysiche Anfangsgründe der Rechtslehre*), esto es así porque, aunque a la doctrina de derecho se le exige un sistema que surja de la razón que corresponde a lo que entendemos como metafísica del derecho, el concepto de derecho como concepto puro está, sin embargo, enfocado hacia la praxis (a la aplicación a los casos que se presentan en la experiencia), y por tanto, un sistema metafísico del mismo tendría que atender también, en su división, la multiplicidad empírica de los casos; sin embargo, la división perfecta de lo empírico es imposible, por ello, Kant expone que sólo la expresión principios metafísicos de la doctrina del derecho (*Metaphysiche Anfangsgründe der Rechtslehre*) será adecuada para la primera parte de la *Metafísica de las costumbres*.

La tesis de la revisión no puede descartarse por completo. Así, se ha llamado repetidamente la atención sobre el hecho de que en la *Metafísica de las costumbres* Kant recurre menos a un formalismo que a principios morales materiales, y que su línea de argumentación apunta más bien en una dirección metafísica-perfeccionista. La interpretación que proponemos dialoga con la tesis de la revisión (2) en el sentido que la *Metafísica de las costumbres* supone en la propuesta kantiana, vista desde su conjunto, el *paso de la crítica al sistema*. Esto no puede implicar una mera derivación de lo ya dicho en la crítica. Supone, en efecto, un ejercicio de revisión de la racionalidad práctica jurídica, pues Kant construye su doctrina del derecho en parte desde la observación del derecho de su época, asumiendo en ocasiones, como hemos señalado, algunos de los prejuicios de su tiempo.

Ahora bien, es innegable que la *Metafísica de las costumbres* asume el recorrido de la segunda *Crítica* y de la *Fundamentación*, y detalla la ley para formar un sistema de deberes: jurídicos y éticos. Si bien podemos suponer un ejercicio de revisión, esto no debe llevarnos a considerar como cierta la conclusión. Esto condujo a Kant a cambios sustantivos en su filosofía. Muchas consideraciones teóricas-jurídicas pueden encontrarse en fuentes anteriores a la redacción de la MS.[66] La discusión sobre en qué medida este *paso* es congruente, es decir, el de la crítica al sistema (metafísica), es legítima; sin embargo, es innegable que la intención de Kant es llevar su propuesta hasta este punto.

Quien pretenda desarticular la doctrina del derecho de la segunda *Crítica* y de la *Fundamentación*, tendrá que enfrentarse a las evidencias textuales del propósito explícito del propio autor.[67] Esto mismo aplica a quienes pretenden hacer el tránsito exclusivamente desde la primera *Crítica*. La tarea y objetivo en que desemboca el criticismo consiste en garantizar a la metafísica —al sistema de la naturaleza y de la libertad— una marcha segura, al obtenerla mediante el desarrollo de los conceptos hallados en el ejercicio crítico.

Por tanto, se debe distinguir entre si Kant logra su propósito de manera congruente y la tesis indiscutible de que su intención era un sistema de la *Metafísica de las costumbres* conformada por la doctrina del derecho y la doctrina de la virtud. La tarea y el objetivo en que desemboca el criticismo consiste en garantizar a la metafísica —al sistema de la naturaleza y de

---

[66] Sin embargo, la interpretación de la revisión es poco atractiva de todos modos por dos razones: en primer lugar, muchas de las consideraciones teórico-jurídicas de Kant pueden encontrarse en fuentes muy tempranas. Además, la posición de la filosofía de la historia de Kant se remonta al menos a 1784. Su ideal republicano como objetivo de la historia está ya formulado en el documento *Idee zu einer allgemeinen Geschichte* y es, por tanto, incluso más antiguo que la filosofía moral de los *Grundlegung*; no puede entenderse, por tanto, como sustitutivo de ésta. *Cfr.* Christoph Horn, *Nichtideale Normativität-Ein neuer Blick auf Kants politische Philosophie*, pp. 309-310.

[67] *Auf die Kritik der praktischen Vernunft sollte das System, die Metaphysik der Sitten, folgen, welches in metaphysishe Anfangsgünde der Rechtslehre und in eben solche für die Tugendlehre zerfällt (als ein Gegenstück der son gelieferten metaphysischen Anfangsgünde der Natuswissenschaft).* A la *Crítica de la razón práctica* debía seguir el sistema, esto es, la *Metafísica de las costumbres*, que se divide en *Principios metafísicos de la doctrina del derecho* y *Principios metafísico de la doctrina de la virtud* (como réplica de los principios metafísicos de la ciencia de la naturaleza. ya publicados). MS AA: 06: 205. [La traducción que seguimos es la de Adela Cortina.] En la *Crítica de la razón pura* también encontramos la referencia a la construcción de una metafísica de las costumbres como proyecto (KrV BXIV, A: 840/ B: 868).

la libertad— una marcha segura, al obtenerla mediante el desarrollo de los conceptos hallados en el ejercicio crítico.

La peculiaridad de la doctrina del derecho es precisamente ser el resultado del *paso* de la crítica al sistema, pues esto supone el desarrollo de los conceptos de la crítica. El proyecto de la MS es una obra en la que se puede palpar ese esfuerzo, en éste radica su riqueza y sus respectivos límites. *Ese desarrollo no es una mera repetición tautológica.* La pregunta qué es el derecho y cuáles son los deberes específicos que determina abre los horizontes de la razón práctica y, por ende, los conceptos de la *Fundamentación* y la segunda *Crítica* adquieren en el desarrollo del sistema de los deberes jurídicos nuevos matices en función del objeto de la doctrina del derecho: las condiciones de posibilidad para una legislación jurídica.

Respecto a la tesis de la separación (3) hemos apuntado en el segundo capítulo que la misma postura de Ebbinghaus no termina de ser congruente con esta exégesis, en el contexto de la discusión de cuál sería la posición de Kant para responder la validez del derecho nacionalsocialista; termina por aludir al derecho de la humanidad (*Recht der Menschheit*) como un límite último para el poder estatal.[68]

La evidencia textual no permite una lectura que desvincule el núcleo normativo común de la racionalidad práctica. No se trata de dos normatividades. El papel de la racionalidad pragmática es importante en el derecho, pero no sustituye el fundamento último de la obligatoriedad *a priori* del mismo. El análisis del pasaje de la "república de los demonios" (*Sentenz über das* "Volk von Teufeln"): la tarea del establecimiento del Estado tiene solución, incluso para un pueblo de demonios, adquiere su relevancia desde esta interpretación. Como vimos en el capítulo 4, no se puede hacer de este pasaje la piedra angular de la filosofía del derecho kantiana. La racionalidad pragmática es importante en el contexto de la necesidad del Estado, pero no suficiente para explicar su fundamento último ni su obligatoriedad jurídica-moral. La tesis de la separación es útil en tanto que permite reflexionar sobre el carácter

---

[68] Julius Ebbinghaus, "La ley de la humanidad y los límites del poder estatal", *Con-Textos Kantianos. International Journal of Philosophy*, núm. 6, Cristina Gómez Baggethun y Óscar Cubo Ugarte, trads., diciembre, 2017, pp. 355-365.

irreductible del Derecho a la mera derivación de la moral. La tesis de la mediación entre el derecho empírico y el derecho racional, como dos elementos necesarios para la doctrina general del derecho, advierte que es por razones de la razón práctica que la legislación jurídica es distinta a una legislación ética. Esto es, la razón práctica determina el ámbito propio del derecho.

Respecto a (4) la tesis de la no idealidad (*Nichtidealitätsdeutung*), es propuesta por Horn. Desde su lectura, la razón práctica genera dos variedades de normatividad, una ideal y otra no ideal. La primera se desarrolla en la GMS y la KpV; la segunda en la llamada filosofía política, que incluye también la filosofía del derecho. La no ideal es una variante más débil y situacional de la normatividad que pueden cumplir los seres humanos.[69]

Esta interpretación alude a la tesis de la dependencia, no obstante, argumenta, no hay manera de derivar el derecho y su aplicación en la política del imperativo categórico en un procedimiento sin fisuras. En consecuencia, se vincula, por un lado, con la tesis de la dependencia, pero completa los fundamentos del derecho y la política con normas que no pueden derivarse del imperativo categórico.

Kant no alude explícitamente a una tesis de la no idealidad, no obstante, nos parece que la normatividad no ideal propuesta por Horn y los argumentos que ésta supone permiten una revisión crítica de la filosofía del derecho kantiana. Nuestra propuesta es deudora del modo en que articula las objeciones a una interpretación moral del derecho.

Una de las objeciones recurrentes en los capítulos que desarrollamos es el descarte del derecho a la revolución o a la desobediencia ante un tirano o una norma injusta. En realidad, se trata de la cuestión medular sobre los casos en que pueda existir un conflicto entre los deberes éticos y deberes jurídicos; sin embargo, según lo que hemos visto, debemos obedecer los deberes jurídicos (perfectos), aunque puedan entrar en conflicto con los

---

[69] "Nichtideal heißt: eine schwächere, von Menschen erfüllbare, situationsgerechte und auf die langfristige Wirkung hin berechnete Variante von Normatividät". "No ideal" significa una variante más débil de la normatividad que puede ser cumplida por los humanos es apropiada para la situación y está calculada para un efecto a largo plazo. Christoph Horn, *Nichtideale Normativität-Ein neuer Blick auf Kants politische Philosophie*, p. 301. [La traducción es mía.]

deberes éticos. Es significativo analizar más de cerca las implicaciones de la postura kantiana al respecto.

Cuando el contenido de una ley no coincide con el derecho racional, debemos obedecerla, sin embargo, la evaluación del contenido de esa norma incluye un contenido normativo provisional y, en cierto sentido, en términos de la propuesta de Horn, "no ideal", no en el sentido de que podamos desobedecerla. La normatividad del derecho no puede surgir de una razón condicionada prácticamente (*empirischbedingte*). Su obediencia es irrestricta y es la razón pura práctica la que ordena obedecer al derecho; sin embargo, el contenido, en el caso de una norma jurídica injusta, no es ideal, y, por ende, en lo que se refiere al contenido es contingente. La obligatoriedad no se pone en tela de juicio, en todo caso, lo que se examina es cómo podría mejorarse.

La obediencia al derecho y al gobernante no tiene su última justificación en una especie de lealtad ciega como parece sugerir Horn, sino se debe al papel de la Providencia en la filosofía de la historia. Ésta es esencial para la estricta lealtad de Kant a todo Estado, pues sin el *logos* esperanzador (*Hoffnungslogos*) de una Providencia, que dirige en última instancia la historia, el mandato de obediencia de la razón carece de toda razón.[70] En última instancia, es la esperanza la que también habilita las reformas jurídicas.

El contenido de una ley injusta se obedece en función de pensar que es un contenido contingente y provisional. Tanto la distinción entre las leyes jurídicas justas como las leyes jurídicas injustas surge de la razón práctica, así como los argumentos de la obediencia irrestricta al derecho, aún en el caso de la injusticia, pues la fuente de la normatividad del derecho es la razón práctica.

De esta manera, la lectura de una interpretación que ponga su mirada en la idea de mediación (*Vermittlung*) entre el derecho racional y el derecho empírico y fije su atención en la transición (*Übergang*) como un proceso de la razón práctica, ubica la propuesta kantiana desde una postura reformista que puede pensarse en diálogo con las lecturas de la revisión, separación

---

[70]   *Cfr.* Reinhard Brandt, "Christoph Horn: Nichtideale Normativität. Ein neuer Blick auf Kants politische Philosophie", pp. 685-721.

y no idealidad. Incluso, las relaciones entre RL y TL pueden articular de mejor manera, desde esta lectura, pues lo que es injusto, pero jurídicamente obligatorio, tendrá que ser reformado gradualmente según el procedimiento ordenado de la racionalidad jurídica, aunque provisionalmente se tendría que obedecer.

Estas consideraciones adquieren sentido desde la tesis de que el principio de coexistencia de libertades que supone la libertad jurídica sólo puede adquirir realización y expresión a través de acciones que poseen su propia realidad y su propia concreción, como hechos dentro del mundo de los fenómenos. La idealidad normativa del derecho está diseñada para regular los arbitrios de una comunidad de personas. Detengámonos en el análisis de esto.

6.2.2. La dimensión comunitaria-dinámica del derecho: el escenario de una libertad práctica y externa

El modo en que Kant comprende la naturaleza y la función de la legislación jurídica, como tal requieren aludir a su carácter esencialmente comunitario y a su peculiar articulación intrínseca al modo de un sistema dinámico. La libertad jurídica que es práctica y, a la vez, externa, alude a una dimensión comunitaria, pero también requiere en su explicación y articulación de un sistema dinámico.

La resolución de la *Tercera antinomia*, como es sabido, se muestra sobre la base de la distinción crítica de dos puntos de vista: el fenoménico y el nouménico, es decir, la posibilidad de pensar sin contradicción una causa libre (libertad trascendental), asumiendo, al mismo tiempo, que todos los fenómenos están vinculados de modo necesario con otros fenómenos, según la ley de la causa y el efecto. La *Tercera antinomia* es principalmente una antinomia teórico-cosmológica. Sin embargo, en lo que se refiere a la oposición entre libertad-causalidad y naturaleza-causalidad, es central en el conjunto de la filosofía moral de Kant. Una de las principales objeciones a la concepción de la libertad kantiana, abordada en el primer capítulo, es la del ficcionalismo entre la perspectiva, según las leyes que configuran respectivamente el mundo fenoménico y el mundo nouménico.

La objeción del ficcionalismo (1.1.6.), como vimos, se puede responder desde la tesis del *Faktum* de la *Crítica de la razón práctica*, en la que se afirma como asertórico desde la razón práctica, lo que para la razón pura es problemático; en este sentido, el principal argumento para evitar una postura ficcionalista de la libertad se encuentra en la segunda *Crítica*: "La idea de libertad es la única, entre todas las ideas de la razón especulativa, cuya posibilidad *conocemos (wissen) a priori* sin todavía *comprenderla (einzusehen)*, porque ella es la condición de la ley moral, ley que nosotros conocemos"[71]. Hasta aquí se trata de dos tesis conocidas y citadas por los comentadores. No obstante, la necesidad de pensar la realización de nuestra libertad en el mundo integrado de personas y cosas puede completarse con el pasaje, no tan citado,[72] titulado: "De la típica del juicio puro práctico" (*Von der Typik der reinen praktischen Urteilskraft*). La típica de la facultad de juzgar hace referencia a las condiciones de la posibilidad de una mediación de las esferas inteligible y sensible en el campo de la praxis. Aquí Kant advierte que la razón pura práctica está autorizada y también obligada (*zu gebrauchen berechtig und auch benötigt*) a servirse de la naturaleza considerada según su forma meramente inteligible como tipo (*Typus*) para la facultad de juzgar.[73]

La típica de la facultad de juzgar nos previene, por un lado, del empirismo razón práctica y, por otro, del misticismo, asumiendo que lo único

---

[71] KpV [4]. Es importante distinguir los términos: *wissen*, que se refiere al verbo conocer, y *einzusehen*, que se refiere al comprender. No terminamos de comprender la libertad, pero sí podemos conocer que existe a través de la ley moral.

[72] El hecho de que las reflexiones de Kant a este respecto no hayan recibido una atención comparable en la investigación a la de otros pasajes de la obra se debe, sin duda, en gran medida al hecho de que el mencionado capítulo tiende a ser bastante discreto en la disposición compositiva de la *Crítica*; dentro de la "Segunda pieza principal" de la Analítica, se encuentra al final y constituye su punto de cierre. Además, el relato de Kant en la edición original se extiende sólo a ocho páginas, por lo que uno se inclina a interpretar el pequeño tamaño del texto como un reflejo del carácter marginal de su contenido. Además, Kant no expone su caso con la agudeza que indica una convicción madura y sofisticada. Es evidente, por supuesto, que se trata de un ejercicio de juicio práctico diferente al de la Grundlegungs-Schrift; pero el texto no revela tan fácilmente de qué se trata, Y, por último, el prejuicio de una supuesta trivialidad del tema se ve fomentado por la observación de que no se menciona una "pura potencia práctica del juicio" o una "tipología" en ninguna de las otras obras importantes de Kant. Lo que dice en la segunda *Crítica* parece ser todo lo que tiene que decir sobre el tema. Stephan Zimmermann, "Wovon handelt Kants. Typik del reinen praktischen Urteilskraft?", *Kant-Studien*, vol. 106, núm. 3, 2015, pp. 430-460.

[73] KpV [70].

adecuado es el racionalismo de la facultad de juzgar, el cual toma de la naturaleza sensible lo que también la razón pura puede pensar por ella misma, es decir, la conformidad con leyes, e introduce en la naturaleza suprasensible sólo lo que, a su vez, se puede exhibir realmente mediante las acciones en el mundo de los sentidos, según la regla formal de una ley de la naturaleza en general.[74]

En este sentido, el filósofo de Königsberg expone el modo específico en que, a través de las funciones de la facultad del juicio en su uso práctico (*praktische Urteilskraft*), la naturaleza puede proveer el tipo (*Typus*) de la moralidad, aun sin intervención de una intuición pura y, por tanto, sin la intervención de "esquemas" que hicieran posible la mediación entre el elemento de origen intelectual y el elemento de origen empírico. La peculiar perspectiva sobre la naturaleza que se abre de este modo adquiere expresión a través de la noción kantiana de una "naturaleza inteligible" (*intelligible Natur*), para la cual la naturaleza del mundo sensible (*Natur der Sinnenwelt*) provee el correspondiente tipo, y ello justamente en la medida en que la propia naturaleza sensible presenta realizado, en concreto, el mismo género de legalidad que, según su forma, también la ley moral prescribe al agente capaz de obrar libremente.[75]

La noción de "naturaleza inteligible" no se trata de un mundo ficticio, situado al margen del que se ofrece a través de los sentidos, sino que se refiere a ese mismo y único mundo de la experiencia sensible compartida, pero visto ahora desde la perspectiva propia del uso a través de acciones que poseen su propia realidad y su propia concreción, como práctico de la razón.

La teoría de la causalidad por libertad desarrollada en KrV enfatiza dos aspectos complementarios en la consideración de las acciones: por una parte, el hecho de que las acciones de los agentes humanos pueden y deben considerarse como efectos de una causa libre, y por otro, el hecho igualmente importante de que, en y a través de la acción, la causa libre adquiere

---

[74] KpV [70-71].

[75] Respecto a la interpretación de la función típica del juicio puro práctico en la doctrina del derecho, seguimos la interpretación que hace Vigo. Véase Alejandro Vigo, "Ética y derecho según Kant", pp. 105-158.

expresión y realización exterior en el mundo fenoménico, vale decir, en la naturaleza. ¿Qué se puede advertir cuando la libertad práctica se realiza y expresa exteriormente en el mundo fenoménico? Desde el punto de vista teórico se puede observar que la libertad de cada individuo ingresa a un ámbito en que es posible el conflicto entre las distintas libertades y sus consecuencias. Lo que se muestra en dicho entramado, para el acceso propio del uso meramente teórico de la razón, no es sino una coexistencia de objetos en un sistema dinámico configurado con arreglo a los principios dinámicos de la causalidad y la comunidad (acción recíproca), cuyo papel constitutivo de la experiencia Kant tematiza en la *Analítica de los principios* de KrV,[76] más precisamente, en la *Segunda* y la *Tercera analogía* de la experiencia.[77]

Como expone Vigo, cuando la causalidad por libertad ingresa en dicho sistema dinámico a través de las acciones de los agentes, no se tiene, en principio, desde el punto de vista meramente exterior, más que un nuevo conjunto de efectos, dentro del mismo sistema dinámico. Pero desde el punto de vista correspondiente a la propia causalidad por libertad, estos mismos efectos expresan, de uno u otro modo, los propósitos de los agentes que los producen, y pueden incidir también, al menos de manera indirecta, sobre los propósitos de otros agentes, al modo de impedimentos exteriores para la realización y expresión de su arbitrio.

Este entramado causal es el que la razón jurídica debe ordenar y determinar. La necesidad del estado civil y el principio del *exeundum* no tiene como punto de partida la referencia a la maldad o bondad del ser humano, más bien la contradicción de la razón jurídica que supondría la indeterminación de este entramado causal que surge por el uso libre del arbitrio. La ley universal del derecho busca conciliar desde la racionalidad práctica el libre uso de mi arbitrio con el de los demás en el contexto de este entramado causal.

---

[76] *Cfr.* A: 189-211 / B: 232-256 y A: 211-218 / B: 256-265.
[77] *Ibid.*, p. 116.

6.3. La razón práctica jurídica

La pregunta clave que como hilo conductor nos traslada al terreno jurídico es: ¿cómo se pasa de la mera coexistencia de objetos y personas (sistema dinámico) a un orden de coexistencia dentro del cual la realización y expresión de la libertad no posea este carácter potencial o efectivamente autosupresivo?[78] Desde esta cuestión Kant esgrime el principio de la salida del estado de naturaleza y con ello la necesidad del Estado jurídico.

Responder esta cuestión requiere el papel mediador de la forma de la universalidad en el escenario del mundo que se quiere regular. Esto es, una ley que implique el derecho innato tanto a la libertad de cada uno en armonía, como con el arbitrio de los otros. El derecho estricto[79] es precisamente definido como la posibilidad de una coacción recíproca universal, concordante con la libertad de cada uno según leyes universales. Se trata, en definitiva, de hacer posible el principio de coexistencia de libertades en un sistema dinámico de interacción entre arbitrios.

Esta interacción que puede pensarse como un entramado causal no tiene en la teoría del estado de naturaleza kantiana una explicación en una consideración antropológica de la maldad o bondad del ser humano. El principio del *exeundum* es un deber jurídico, pero también moral, no en el sentido que exija un acto moralmente bueno por parte del individuo, sino más bien porque se trata de darle leyes a la libertad sin ley del estado de naturaleza; leyes que eviten la autosupresión de la libertad y que determinen a cada quien lo suyo al modo de una justicia pública. Es en este sentido, el principio del *exeundum* es una exigencia de la razón pura práctica.

La ley fundamental del derecho (LFD) articula las otras piezas sistemáticas del rompecabezas que parecía no poderse articular. De ésta emanan las distintas facetas y la estructura sistemática de la doctrina del derecho. Quienes han pretendido hacer de la filosofía del derecho kantiana una interpretación desarticulada del sistema kantiano pierden de vista que el

---

[78]   *Ibid.*, pp. 130-131.

[79]   MS AA: 06: 232.

derecho estricto, aquel que no está mezclado con la ética en el sentido estrecho, es el derecho a la libertad.

El principio formal del derecho puede coincidir con algunas conclusiones de los iusnaturalistas, contractualistas e incluso positivistas, así también, podría verse en la filosofía del derecho kantiana uno de los principales referentes para las actuales teorías de los derechos humanos. Esto es así porque permite articular los límites y alcances de estos enfoques. Este principio engloba la racionalidad jurídica de tal forma que incluye la necesidad del derecho positivo, la noción de voluntad general, el derecho natural a la libertad y el reconocimiento de la dignidad. De manera análoga al modo en que el imperativo categórico en GMS presenta distintas formulaciones según su forma, materia y determinación, algo parecido podríamos decir de la ley fundamental del derecho.

La LFD supone como criterio normativo tanto la afirmación de la condición de fin en sí mismo del sujeto individual (*Menschen*) como la idea de humanidad (*Menschheit*); pues estos dos sentidos incluyen las "dos caras" del derecho de la humanidad. El respeto a la libertad como derecho nativo que surge desde la consideración de la doctrina del derecho natural se le debe al ser humano concreto y a la idea de la humanidad. De esta forma, la condición de fin en sí mismo del ser humano supone en la doctrina del derecho, por un lado, un deber ético-jurídico del sujeto a ejercer su libertad en el mundo (*no dejarse utilizar como mero medio*)[80] y, por otro, que este ejercicio sea limitado en tanto que sea compatible con la de los otros (*respetar la condición de fin de otros*).

Una acción que no concuerda con el respeto del arbitrio de los demás implica instrumentalizar a la persona, pues supone considerarla sin dignidad.[81] El ejemplo que encontramos en las *Lecciones de Feyerabend* se

---

[80] MS AA: 06: 236.

[81] VNR/Feyerabend, AA: 27: 1319. No puedo sustraer algo del campo ajeno para servir al mío, porque allí el otro sería un mero medio para hacerlo. Esta restricción se basa en las condiciones del mayor acuerdo universal posible con la voluntad ajena. Aparte del hombre, no hay nada más respetable que el derecho del hombre; el hombre es un fin en sí mismo, y, por lo tanto, sólo puede tener un valor interior, este es, la dignidad, en cuyo lugar no se puede establecer ningún equivalente.

da desde las coordenadas de uno de los temas que más le interesan a Kant, la propiedad privada. Sustraer algo del campo ajeno supone considerar al otro como un mero medio.

La defensa de la condición de fin en sí mismo del ser humano constituye la dimensión comunitaria del derecho; tanto en la ética como en el derecho ayuda a explicar varias de las tesis que hemos defendido. Por un lado, la necesidad de diferenciar la legislación ética de la jurídica, pues una transgresión de los límites de cada legislación supondría un atentado contra la autonomía individual del agente y su condición de fin en sí mismo, así como las razones por las que Kant elogia el ideal de un modelo republicano como aquel que posibilita la libertad sin caer en un gobierno paternalista y, por ende, despótico, que pretende instrumentalizar a sus súbditos.

El fin final que tendría que determinar los esfuerzos de la filosofía jurídica-política no es el concepto de bien común, sino la paz. Pues para Kant el bien común, al suponer la felicidad, supone un paternalismo y la alusión a una normatividad fundada en una racionalidad empíricamente condicionada. La paz es un deber categórico que aplica a las distintas relaciones: entre personas, entre personas y el Estado y, por supuesto, entre Estados. Es la razón práctica quien pronuncia en nosotros su veto irrevocable: no debe haber guerra, porque no es éste el modo en que los hombres deben procurarse su derecho.

Conclusiones

Kant se pregunta qué es el derecho desde lo que *es* ya de derecho. Es decir, observando el fenómeno jurídico. Aludiendo a la analogía que utiliza, *desde la cabeza del Fedro busca el cerebro*, pero una doctrina del derecho requiere tanto de la cabeza (principios empíricos y fácticos) como del cerebro (principios metafísicos del derecho: teóricos, prácticos y del juicio). Esto no significa que el principio universal del derecho sea empírico, sino más bien trascendental, esto es, necesario para explicar las condiciones de posibilidad del derecho mismo. De esta manera, busca los principios racionales de lo que ya está legislado en su tiempo y, como sabemos, lleva su propuesta más allá al construir una filosofía del derecho entre los Estados (concebidos como personas morales) de la cual el derecho internacional, los derechos humanos y la propia comunidad europea son herederos.

La normatividad jurídica tiene su fundamento en la razón práctica y es la misma razón práctica la que determina la especificidad del derecho. Sería un contrasentido que la licitud jurídica pidiera un acto moralmente bueno y, al mismo tiempo, si la moralidad se reduce a legalidad, pierde todo su valor moral. Esto no significa que la moral y el derecho no están vinculados en cuanto el fundamento último de su normatividad, que es la razón pura práctica, sin embargo, es la razón práctica la que distingue y advierte la necesidad de distinguir los deberes jurídicos y los deberes éticos.

En varias ocasiones las exégesis de la filosofía kantiana olvidan que Kant está especialmente interesado en articular las transiciones (*Übergänge*). Este interés atraviesa toda su filosofía, incluso la que corresponde al periodo crítico y la que podríamos apodar, con Brandt, la "posmetafísica". Este ejercicio en la doctrina del derecho es mucho más complejo y, por ende, irreductible a la mera derivación o implementación de la moral al derecho. El poder judicial, el poder legislativo y el poder ejecutivo son considerados como dignidades en tanto la función que representan en el Estado y, por ende, el juez, el legislador y el gobernante tienen el deber moral de mediar entre lo que representa el poder que envisten y el entramado causal y dinámico que supone la misma realidad jurídica.

El legislador, el juez, el gobernante tienen funciones determinadas según un modelo que corresponde a una teoría de las facultades del ser humano, pero por su misma función dentro del sistema dinámico y comunitario que gobiernan, legislan o juzgan, tienen, además, a costa de cierta discrecionalidad, el papel de mediar entre lo que el derecho es y lo que debería de ser. Kant sabe de los peligros de esta discrecionalidad y advierte en sus escritos sobre la paz perpetua el principio de publicidad, pero hay que decirlo, el principio de publicidad según lo estipulado en la doctrina del derecho no puede propiamente legislarse y convertirse, por así decirlo, en un deber perfecto.

En el contexto del derecho internacional, y en específico de las actuales políticas públicas de transparencia, podemos decir que tienen en el principio de publicidad uno de sus principales antecedentes. Ahora bien, por más transparencia que hoy en día se le pida a los gobernantes a través de mecanismos jurídicos, el principio de publicidad siempre será, también, irreductiblemente un deber interno. No hay manera de asegurar el principio de publicidad sin la deliberación moral que supone en el político moral. Esto es lo que, a la vez, también nos enseña Kant: hay deberes jurídicos internos irreductibles a una legislación jurídica. Así como la noción de contrato originario es el imperativo categórico del derecho constitucional, el principio de publicidad es el imperativo categórico del político.

La teoría de la mediación y la idea de sustituir el concepto de implementación por el de mediación para responder a la pregunta sobre la relación entre el derecho racional y el derecho positivo responde, por un lado, que este último concepto es recurrente en la estructura misma de la MS y en general en la filosofía kantiana, y por otro lado, tiene la ventaja hermenéutica de permitir una lectura que puede dialogar con la tesis de la revisión, la separación y la tesis de la no idealidad normativa. Especialmente es útil en la medida que permite articular una respuesta a una de las principales objeciones que cruza el presente trabajo: la prohibición del derecho a la revolución o a la desobediencia civil de la filosofía del derecho kantiana.

Los partidarios de la revolución tienen una idea del derecho como implementación o derivación de la moral. Kant se sitúa desde una postura reformista que media entre el derecho racional y el derecho estatutario; reconoce la necesidad de ambos en la legislación jurídica. En este sentido, el derecho estatutario tiene una justificación, también, desde el derecho racional. Es más, el nexo conceptual de la necesidad del derecho positivo se razona desde el derecho racional puro.

Otra ventaja de nuestra exégesis es que nos permite no defender lo indefendible de los prejuicios kantianos, fruto de su tiempo y época, trasladados al derecho como son: el infanticidio, la distinción entre ciudadanos activos y pasivos y los derechos de las mujeres, pues esos contenidos, desde las coordenadas de la filosofía del derecho kantiana, son contingentes y arbitrarios (en tanto su contenido es injusto) y deberán cambiar, pues no son compatibles con el PUD, ni con el IC. De hecho, podemos corroborar que han cambiado. También, permite articular de mejor manera la postura kantiana de obediencia irrestricta al derecho, pues no se trata de una lealtad sin sentido, sino anclada en la esperanza en el progreso de la historia.

Respecto a la tensión entre la legitimidad y facticidad hay que decir que, en donde hay ideales regulativos, hay ejercicio reflexivo. La toma de poder (*factum*) es condición para el derecho y las instituciones y sus poderes son expresiones de la voluntad universal. El gobernante (poder ejecutivo), el juez (poder judicial) y los legisladores (poder legislativo) tienen la posibilidad y la facultad jurídica de hacer posible esta mediación y continuo tránsito entre la república fenoménica y la república nouménica. Esto es, entre la facticidad y la legitimidad. La función del juicio reflexionante y la típica de la facultad de juzgar se vuelven temas de mucha importancia en los distintos poderes estatales en la reconciliación de la legitimidad con la facticidad.

Esto no significa que las tensiones entre la legitimidad y facticidad del derecho desaparezcan, más bien Kant aporta una teoría para la realización progresiva del derecho racional desde sus distintos ámbitos y alcances. La propuesta que nos ofrece no se limita a los confines nacionales, sino que atraviesa las fronteras articulando un derecho internacional desde la idea de la paz y una ciudadanía cosmopolita de los que el actual derecho internacional es heredero.

Adentrarse al análisis de la racionalidad práctica y sus minuciosas funciones podría llevarnos a pensar que Kant termina por concluir una cierta autorreferencialidad a la pregunta sobre la fuente de la normatividad. En realidad, consideramos que se trata, más bien, del poder (aquí entendido como capacidad) que tiene la racionalidad práctica en los asuntos humanos. Se trata de lo que muchos comentadores han señalado como una rehabilitación de la razón práctica.

Kant, al igual que Aristóteles, se da cuenta de la importancia de aludir al principio formal como al principio teleológico en su propuesta filosófica. Si bien dirige su mirada al principio formal desde el punto de vista metodológico, no por ello desatiende la finalidad. El hecho de que Kant se resista a definir la libertad como indiferente por considerar que esto implicaría un concepto híbrido que la falsearía, advierte la conexión entre la libertad y la idea de la naturaleza racional como fin en sí mismo.

El estagirita pone el fundamento último del bien en función del cumplimiento de su finalidad[82] y, en este sentido, el bien se define en función de la causa final. Es también cierto que la crítica kantiana al eudemonismo, desafortunadamente, pierde de vista que para Aristóteles la eudaimonía (εὐδαιμονία) no se trata meramente un concepto de felicidad fundada en el placer, pues el bien del hombre es una actividad del alma de acuerdo con la virtud, no un estado de placer.[83]

Aristóteles es consciente de que la política, teniendo como cometido el bien del hombre, no es una ciencia exacta. Argumenta que el ser humano está naturalmente destinado a vivir en la polis. El argumento del *exeundum* no está tan lejano al aristotélico en cuanto a la conclusión de la necesidad de vivir en una comunidad jurídica, como pretenden en ocasiones ubicarlo; el principio del *exeundum* y la conformación misma de una comunidad jurídica es un fin en sí mismo para Kant.

Algunos comentadores han advertido que la debilidad central de Kant resulta ser el que no concibe los derechos y las libertades como bienes moralmente anteriores dentro del conjunto de todos los bienes, sino como una implicación de su teoría del deber. Se trata, en opinión de Horn,[84] de un liberalismo deontológico que muestra considerables desventajas en comparación con una visión de la normatividad política basada en los bienes; de tal manera que los conceptos teleológicos como bienes, fines, valores o intereses juegan sólo un papel derivado en la filosofía práctica de Kant. Sólo entran en juego de forma indirecta, en la medida en que surgen como consecuencia del cumplimiento del deber.

¿Tienen el valor de la dignidad o la paz un papel secundario o derivado en la doctrina del derecho kantiana? Conforme a lo que hemos expuesto,

---

82   Todo arte y toda investigación e, igualmente, toda acción y libre elección parecen tender a algún bien; por esto se ha manifestado, con razón, que el bien es aquello hacia lo que todas las cosas tienden (en 1094a).

83   *Cfr.* Eth. Nic. 1098b.

84   Christoph Horn, *Nichtideale Normativität-Ein neuer Blick auf Kants politische Philosophie*, pp. 10-11.

nos parece que no. No se puede interpretar adecuadamente la filosofía del derecho kantiana sin aludir a éstas.

La naturaleza racional existe como fin en sí misma y nos revela como fines en sí mismos, esto es, con dignidad. En contraste con lo que tiene precio, la *dignidad* es otro tipo de valor: es la estimación de un valor interior, incondicionado e inmediato, el cual despierta en nosotros *respeto*.[85] La dignidad es el valor por el cual reconocemos a las personas como fines en sí mismos y respetamos sus decisiones en el sentido en que dejamos que éstas puedan determinar sus propias acciones y consideramos sus fines escogidos como cosas buenas y valiosas de ser perseguidas. Estamos obligados, como expone Dulce María Granja, a no usurpar el control de otras personas sobre sus propias acciones, forzándolas a hacer aquello que creemos que sería lo mejor; no tenemos permitido usar a otras personas como meros medios para nuestros fines, y debemos respetar esta condición de fin en sí mismo también en nosotros.[86]

La discusión en el terreno de la filosofía del derecho actual gira en torno a si debemos de buscar un fundamento teleológico o deontológico de los derechos fundamentales. Con cierta razón se suele ubicar la propuesta kantiana desde la postura deontológica. En efecto, Kant opta por una fundamentación de la obligación que tiene como punto de partida el principio formal del deber. La distinción entre imperativo hipotético e imperativo categórico advierte que el primero dice que la acción es buena en función de la consecución de un fin o un propósito, mientras que el segundo declara la acción objetivamente necesaria por sí, esto es, sin referencia a cualquier propósito. Vale como un principio apodíctico. En la MS, Kant advierte que la obligación es la necesidad de una acción libre bajo un imperativo categórico de la razón y deja en claro que es a través del imperativo moral que se puede desarrollar la facultad de obligar a otros.

Conviene, sin embargo, matizar dicha adscripción conforme a lo que hemos visto. El principio universal del derecho puede articularse desde el derecho

---

[85] GMS AA: 04: 434-435.

[86] *Cfr*. Granja, Dulce María, "La naturaleza racional como fin en sí mismo en la filosofía kantiana", p. 204.

de la humanidad, así como el ideal de la paz. ¿Cómo es posible esto? Por el modo en que se implican la libertad y la racionalidad práctica del derecho.

La delimitación de lo que corresponde al derecho legislar tiene como punto de partida la libertad práctica y externa (condición de externalidad). ¿Por qué esto es así? Precisamente porque nuestra condición, como fines en sí mismos y dotados de dignidad, exige una legislación externa que no pretenda legislar lo que no le corresponde, pero que posibilite el ejercicio de mi libertad en armonía con la de los demás. La referencia de la coincidencia de mi libertad con la de los demás advierte que el ámbito normativo del derecho está dirigido a una comunidad de personas en continua e irremediable interacción.

El fin final que tendría que determinar los esfuerzos de la filosofía política no es el bien común, sino la paz. Pues para Kant el bien común, al suponer la felicidad, supone un paternalismo y la alusión a una normatividad fundada en una racionalidad empíricamente condicionada. ¿El ideal de la paz supone un bien que funciona como fin final de los esfuerzos de la razón jurídica? Sí, pero delimitado por lo que le corresponde al ámbito de legislación jurídica o, si se quiere ver de otra manera, según los límites de la autonomía de los individuos (personas) y de los Estados (personas morales). La paz es un deber categórico que aplica a las distintas relaciones: entre personas, entre personas y el Estado y, por supuesto, entre Estados.

La forma en que Kant entiende el fin final como la paz y excluye un gobierno paternalista, nos lleva a la defensa de la autonomía. El derecho de la humanidad es el derecho natural de ejercer la libertad en el mundo, y el principio formal del derecho es hacer posible la libertad propia de una legislación jurídica. Podría parecer que se trata de tres fundamentos sistemáticos distintos, pero en realidad no. La paz, la dignidad y el derecho natural a la libertad se articulan en función de una voluntad unida en los distintos niveles del derecho.

De manera análoga, aunque por lo que hemos dicho no idéntica, podríamos decir que, así como encontramos en GMS[87] en relación con las distintas

---

[87] 1. Desde el punto de vista de la forma, la cual consiste en la universalidad, la fórmula del imperativo categórico se expresa así: las máximas tienen que ser elegidas como si fuesen a valer como leyes universales de la naturaleza. 2. Aludiendo a la materia, a saber, un fin, la fórmula se expresa: que el ser racional, como fin según

formulaciones de un mismo IC, podemos habilitar el ejercicio reflexivo con la pregunta sobre la normatividad del derecho. Desde el punto de vista de la forma, encontramos la ley universal del derecho, desde el punto de vista material, a saber, su fin, refiere al derecho de la humanidad en tanto que es la dignidad la que tiene que servir como condición restrictiva de la libertad del arbitrio y que habilita el ejercicio mismo de mi libertad en el mundo como derecho natural y desde el punto de vista de la determinación completa, el fin final de la doctrina del derecho es la paz.

Dicho esto, incluso desde la discusión más general del fundamento deontológico o teleológico, la propuesta kantiana no termina de poder encasillarse, pues en el análisis del concepto de libertad y racionalidad práctica en Kant se despliega, en gran parte, la riqueza de su propuesta filosófica.

En efecto, la filosofía kantiana es una filosofía de la libertad y su doctrina del derecho no es la excepción.

---

su naturaleza, y, por tanto, como fin en sí mismo, tiene que servir para toda máxima de condición restrictiva de todos los fines meramente relativos y arbitrarios. 3. Desde el punto de vista de la determinación completa, y en cierto sentido teleológica, la fórmula es: todas las máximas de la legislación propia deben concordar para un posible reino de los fines, como un reino de la naturaleza. La marcha discurre aquí como por las categorías de la unidad de la forma de la voluntad (universalidad de la misma), de la pluralidad de la materia (los objetos, esto es, los fines) y de la totalidad o integridad del sistema de las mismas. *Cfr.* GMS AA: 04: 436.

Conclusiones generales

La balanza del entendimiento no es, pues, totalmente ecuánime, y un brazo de la misma, que lleva la inscripción: esperanza en el porvenir tiene una ventaja mecánica que hace que las razones débiles que caen en el platillo correspondiente eleven en el otro lado hacia arriba las especulaciones, que son de por sí muy pesadas. Esta es la única inexactitud que no puedo suprimir, y que de hecho no quiero suprimir nunca.[1]

Una lectura atenta de la filosofía del derecho kantiana advierte que la prioridad de la forma en la argumentación del deber no excluye el aspecto material, más bien lo sitúa (delimita). Es la razón práctica-moral la que dicta la necesidad de obedecer el derecho; en ella se encuentra el origen de la normatividad. En ésta residen tanto el principio formal como los fines de la doctrina del derecho.

La doctrina del derecho es un lugar privilegiado para observar la arquitectónica kantiana. Ésta, como arte de los sistemas, requiere de una dimensión teleológica. El *fin final* de la doctrina del derecho es la paz perpetua y ésta supone la consideración de los seres humanos bajo leyes morales (leyes de libertad) dentro de los *límites de la mera razón*, porque el estado de paz es el único en el que están garantizados —mediante leyes— lo mío y lo tuyo, en un conjunto de hombres vecinos entre sí reunidos, esto es, en una constitución.[2]

La normatividad del derecho kantiana no es ajena a consideraciones teleológicas, al contrario, las incluye y reivindica de una manera original, esto es, desde las coordenadas de su filosofía trascendental. Las piezas doctrinales como son: el derecho natural a la libertad, el contrato originario y el derecho de la humanidad se articulan también en función de una racionalidad práctica jurídica cuyo fin final es la paz.

---

[1]   TG AA: 02: 349-350.

[2]   *Cfr.* MS AA: 06: 355.

La idea de la paz sustituye al concepto de bien común, pero no su función; pues ambas nociones habilitan la racionalidad práctica jurídica y política desde un punto de vista teleológico. La diferencia entre ambas radica en el modo en que Kant concibe la libertad en la doctrina del derecho y la novedad que el filósofo de Königsberg inauguró en la historia de la filosofía con su propuesta metafísica del idealismo trascendental.

Ahora bien, la paz perpetua como fin final de la doctrina del derecho es irreductible a una legislación jurídica, aunque sea un deber aproximarnos a ésta; es, precisamente, esta "irreductibilidad" la que le confiere el estatus de idea práctica. Kant expone en el apartado de la Conclusión de la *Rechtslehre* que la paz funciona como el elemento que concluye (teóricamente) la serie ascendente de medios y fines superiores en la doctrina del derecho.

La paz es, entonces, un fin tanto jurídico como moral cuyo mandato irrevocable lo dicta la razón práctica. De ahí que Kant advierta que no importe ya averiguar si nos encontramos con una idea realizable, sino actuar en esa dirección como si fuera realizable, pues nadie puede engañarse en actuar siguiendo el mandato de la razón práctico-moral. En este sentido, sin apelar explícitamente en este punto a Dios o a la naturaleza, asumiendo que los hombres están hechos de una madera curva, el interés práctico moral nos obliga a conferir perpetua realidad objetiva a la idea de paz, con el fin de orientar nuestra acción.[3]

La discusión inaugurada por C. D. Broad[4] entre el deontologismo y teleologismo, y posteriormente, la caracterización de este último como consecuencialismo,[5] suele colocar a Kant como el más insigne representante del paradigma deontológico, y de ahí que se le encasille en un formalismo tanto ético como jurídico. Esta inscripción sin matices dista mucho de ser una lectura que haga justicia a su pensamiento.

Hay distintos modos para resaltar que la propuesta kantiana no es un formalismo despreocupado de los fines y consecuencias. Una de ellas

---

[3] *Cfr.* MS AA: 06: 355.

[4] Broad, Charlie Dunbar, *Five Types of Ethical Theory*, Londres/Nueva York, K. Paul/Trench/Trubner/Harcourt/Brace, 1930.

[5] G. E. M. Anscombe, "Modern Moral Philosophy", *Philosophy*, vol. 33, núm. 124, 1958, pp. 1-19.

es precisamente el modo en que se determina un fin moral. Kant advierte que nos encontramos con un fin de esta índole cuando la máxima de proponérselo es un deber (*Zweck ausfindig zu machen, der zugleich Pflicht ist*). De esta manera, hay fines que a la vez son deberes. Con esta tesis, el filósofo de Königsberg dota de racionalidad práctica y, por ende, incorpora en su sistema las piezas doctrinales como son el derecho originario a la libertad, el principio *exeundum*, la obediencia al derecho, la paz (evitar la guerra), el derecho de la humanidad y la idea de contrato originario; de tal manera que los deberes jurídicos son también morales. Aquí "moral" se entiende como que se fundamentan en la conciencia de la obligación de cada uno según la ley (*Dieses gründet sich nun zwar auf dem Bewußtsein der Verbindlichkeit eInes jeden nach dem Gesetze*),[6] no que la legislación jurídica puede exigir más allá de la conformidad en el cumplimiento del derecho.

Kant advierte, aludiendo a la alegoría platónica del carro alado, que cuando los principios se subordinan al fin es como si los caballos se colocaran detrás del carro. Para el filósofo de Königsberg el principio formal debe preceder, pues tiene como principio el derecho, esto es, necesidad incondicionada. En las tareas de la razón práctica como son el derecho y la política, si se quiere poner en concordancia con la filosofía práctica consigo misma se debe comenzar con el principio formal: aquél colocado únicamente sobre la libertad en la relación exterior.[7] Si la paz es fin, que es a la vez deber, esto es, fin final del derecho, es porque ha sido deducido del principio formal. De esta manera, no se trata de desacreditar el razonamiento de los fines, sino ubicarlo en función de la razón práctica.

Nos encontramos con un pensador reformador que no justifica una revolución armada; el tono revolucionario que Kant supuso, acorde con su época, se puede palpar en dos consecuencias que surgen de su propuesta. Ambas se advierten desde la dialéctica inevitable entre la facticidad y la legitimidad implícita entre el derecho racional *a priori* y el derecho estatutario. La primera, la doctrina del derecho propuesta por Kant, habilita una teoría de la

---

[6] MS AA: 06: 232.

[7] *Cfr.* ZeF AA: 08: 376-377.

progresividad de los derechos. Esto es, la conquista de derechos desde una dimensión histórica y progresiva es posible por la vía legislativa; y la segunda, es un deber afirmarnos como fines en sí mismos en el mundo, esto es, no dejarnos instrumentalizar, sino desplegar nuestra libertad en el mundo.

Kant concibe la honestidad jurídica como obligación surgida del derecho de la humanidad en nuestra propia persona: "No te conviertas en un simple medio para los demás, sino sé para ellos a la vez un fin" (*Mache dich anderen nicht zum bloßen Mittel, sondern sei für sie zugleich Zweck*). Esto puede ser interpretado como una obligación de conquistar nuestros derechos. Sin que se defienda lo indefendible de la posición kantiana sobre, por ejemplo, los derechos de las mujeres, es posible desde las premisas de la filosofía kantiana advertir que los sujetos pasivos de derechos (pensemos en este caso en las mujeres) tienen la obligación de hacer valerlos, esto es, de no permitir ser instrumentalizadas y buscar, por los medios jurídicos correspondientes, su propio reconocimiento como ciudadanas activas. Aludiendo a una analogía, así como la dignidad como seres morales nos impone la obligación de dignidad moral, esto es, de la autonomía moral, así también la dignidad innata como ciudadanos nos exige no dejarnos instrumentalizar y afirmar nuestra libertad en el mundo sin dañar a nadie (*neminem laede*) y desde un Estado jurídico (*suum cuique tribue*).

Adentrarse al análisis de la racionalidad práctica y sus funciones podría llevarnos a pensar que Kant termina por concluir una cierta autorreferencialidad a la pregunta sobre la fuente de la normatividad. En realidad consideramos que se trata, más bien, del poder (aquí entendido como capacidad) que tiene la racionalidad práctica en los asuntos humanos. Se trata de lo que muchos comentadores han señalado como una rehabilitación de la razón práctica desde las premisas de una filosofía trascendental.

La poderosa razón práctica kantiana advierte la deliberación de lo que debemos hacer, así como la capacidad efectiva de hacerlo, pero también tiene un papel importante en las transiciones. En varias ocasiones las exégesis de la filosofía kantiana olvidan que Kant está especialmente interesado en articular las transiciones (*Übergange*). Este interés atraviesa toda su filosofía. Este ejercicio en la doctrina del derecho es mucho más complejo y, por ende, irreductible a la mera derivación o implementación de la moral al derecho. Más bien, advierte que los poderes del Estado son considerados como dignidades en tanto la función que representan por esta razón el juez, el legislador y el gobernante tienen el deber moral de mediar entre lo que representa el poder que envisten y el entramado causal y dinámico que supone la misma realidad jurídica. De tal manera, el ejercicio de la política y el derecho deben ser, también, modos de reconciliación de la racionalidad práctica consigo misma.

Resaltar esto último se vuelve crucial en la discusión de dónde ubicar la postura del filósofo de Königsberg respecto al debate de la tesis de la independencia o separación (*Unabhängigkeits oder Trennungsthese*) y la tesis de la dependencia (*Abhängigkeitsthese*). Kant es, también, un filósofo de las transiciones y, por así decirlo, de las mediaciones, por ende, aunque la discusión entre estas dos tesis es rica en matices y vislumbra aspectos de suma importancia, tiene más bien una función pedagógica para comprender los alcances de la filosofía del derecho kantiano y nos permite sacar a relucir la novedad de la propuesta del filósofo de Königsberg. En realidad Kant no se adscribe ni a una ni a la otra, como tampoco es empirista o racionalista en su epistemología. El derecho no es una aplicación o transferencia de la moral, pero tampoco se explica sin ésta, y esto es así porque la razón práctica lo así manda.

Sustituir el concepto de implementación o aplicación (*Transfer- oder Anwendungsthese*) por el de transición (*Übergang*) para responder la pregunta sobre la relación entre el derecho racional y el derecho positivo responde, por un lado, que este último concepto es recurrente en la estructura misma de la MS y en la filosofía kantiana, y, por otro lado, tiene la ventaja hermenéutica de permitir una lectura que puede dialogar con otras exégesis como son la tesis de la revisión (*Revisionsdeutung*), la separación (*Trennungsthese*) y la tesis de la no idealidad normativa (*Nichtidealitätsdeutung*).

También, nos permite responder ante una de las posiciones más polémicas del planteamiento kantiano: la prohibición del derecho a la revolución o a la desobediencia civil. Los partidarios de la revolución tienen una idea del derecho como implementación o derivación de la moral. Kant se sitúa desde una postura reformista que media entre el derecho racional y el derecho estatutario. El nexo conceptual de la necesidad del derecho positivo se razona desde el derecho racional puro; ambos son necesarios en la legislación jurídica.

Kant advierte que debemos obedecer el derecho a pesar de que en ocasiones sea injusto, esto nos revela una tensión racional entre la legitimidad y facticidad, que es inevitable y necesaria para la progresividad de los derechos: donde hay ideales regulativos, hay ejercicio reflexivo. La función del juicio reflexionante y la típica de la facultad de juzgar se vuelven temas de suma importancia en los distintos poderes estatales para el camino de la reconciliación de la legitimidad con la facticidad.

El gobernante, el juez y los legisladores tienen la posibilidad y la facultad jurídica de hacer posible esta mediación y continuo tránsito entre la facticidad y la legitimidad. Kant aporta una teoría para la realización progresiva del derecho racional desde sus distintos ámbitos y alcances. La propuesta que nos ofrece no se limita a los confines nacionales, sino que atraviesa las fronteras articulando un derecho internacional desde la idea de la paz y una ciudadanía cosmopolita de la que éste y la misma comunidad europea asumen como referente conceptual.

La normatividad jurídica tiene su fundamento en la razón práctica y es ella misma la que determina la especificidad del derecho. La licitud jurídica no puede pedir actos moralmente buenos y la moralidad no se reduce a la legalidad, pues esto supondría que perdería su valor moral. Esto no significa que la moral y el derecho no están vinculados en cuanto al fundamento último de su normatividad, que es la razón pura práctica; sin embargo, es la razón práctica la que distingue y advierte la necesidad de distinguir los deberes jurídicos y los deberes éticos.

Así también, la respuesta a la necesidad del Estado (salida del estado de naturaleza) es más compleja que la discusión entre derecho natural contractual o derecho positivo; esto significa que no se agota en las coordenadas de esa antigua, pero siempre recurrente discusión; más bien el argumento alude a premisas trascendentales, es decir, a las condiciones de posibilidad del derecho en sí mismo. Y desde esta óptica, la idea de contrato originario adquiere cuatro principales funciones:

1. Funciona como la piedra de toque (*Probierstein*) de lo que legítimamente se podría decidir sobre un pueblo. En este sentido, puede entenderse como el *principium cognoscendi* que nos permite conocer el ideal del estado civil. El *contractus originarius* es una norma política que prescribe cómo debe ser todo Estado histórico, independientemente de cómo surge efectivamente.

2. Puede interpretarse como el imperativo categórico del derecho constitucional. Se trata de una idea práctica incondicionalmente vinculante para todo legislador empírico. Éste debe considerarse a sí mismo como el representante de la voluntad del contrato y entender su ejercicio del poder como la representación empírico-histórica del soberano racional-legal y sujeto del contrato original. Esto supone el "movimiento" que posibilita el trascendentalismo y que consiste en abandonar los intereses particulares y adoptar la perspectiva universal de la razón práctica. La idea de un *pactum unionis civilis* sería, pues, la idea de un procedimiento para garantizar la justicia de las leyes a las que se aplica. Esto alude a la idea de imparcialidad que constituye a la razón práctica.

3. Habilita el ejercicio reflexivo sobre lo justo. La filosofía jurídica kantiana no es ni utópica ni relativista. La idea de contrato originario habilita el ejercicio crítico y reflexivo en un "ir y venir" reflexivos para lograr el fin final del derecho: la paz. Kant es pensador reformista y la idea del contrato originario permite el despliegue de la racionalidad crítica en esa dirección. La transición del estado de naturaleza al estado civil es también un ejercicio racional y reflexivo del juicio sobre lo justo. No es un resultado, porque se trata más bien de una idea que habilita la reflexión de conceptos universales con realidades concretas, como las de los derechos entre los seres humanos.

4. Como hemos argumentado, nuestra postura más que aludir a una *implementación* requiere ser interpretada desde las coordenadas de una *transición*. Ahora bien, este matiz conceptual es el que

nos permite ubicar la postura kantiana como un pensador reformador y ubicar que, en la tarea de la reconciliación de la política con la moral, el establecimiento del derecho es imprescindible. Kant otorga valor normativo al derecho positivo, entendido como aquel derecho promulgado por una autoridad pública. El valor normativo del derecho positivo en la propuesta kantiana se encuentra ya *a priori* en la idea racional del estado de naturaleza. El filósofo ha presentado un argumento desde las coordenadas del derecho natural para justificar el derecho positivo. De esta manera, lo *provisional* del derecho privado en el estado de naturaleza, por ser este su *status* y ya desde su concepto, requiere de las condiciones bajo las cuales logre realizarse en un Estado jurídico. De la interacción entre derecho estatutario y derecho natural racional surge lo que Hoffmann[8] ha apodado como una *Rechtssynthesis* que da como resultado una ley que asume tanto elementos *a priori* (principios metafísicos del derecho) como elementos empíricos (contexto, poder, tiempo y lugar). Tanto los primeros como los segundos son necesarios.

La distinción entre noúmeno y fenómeno a la que Kant alude en la primera *Crítica* para dar solución a la *Tercera antinomia*, y que forma parte de las premisas del idealismo trascendental, atraviesa la explicación de la acción humana. No es un mero residuo metafísico sin importancia. La fundamentación de la filosofía del derecho, de su filosofía de la historia y de la teoría política no puede mantenerse sin la distinción metafísica de *mundus sensibilis* y del *mundus intelligibilis*.[9]

Es porque la libertad puede pensarse efectivamente práctica que la acción humana puede contemplarse desde estas dos perspectivas: sensible

---

[8]   *Cfr*. Thomas Sören Hoffmann, "Kritische Vernunftrechtslehre als Grenzgang zwischen natürlichem und positivem Recht: Zur Konstitution des Rechtssatzes nach Kant", Grenzen und Grenzüberschreitungen, XIX. Deutscher Kongreß für Philosophie, 23-27 de septiembre, 2002, en Bonn, Wolfram Hogrebe (ed.), Bonn, p. 64.

[9]   En esto seguimos a Brandt: Reinhard Brandt, *Immanuel Kant. Política, derecho y antropología*, México, Plaza y Valdés, 2001, pp. 128-129.

e inteligible. En este sentido, el método trascendental,[10] en el contexto de la *Rechtslehre*, es aquella doctrina que nos permite pensarnos no sólo desde un punto de vista empírico, sino que nos abre la posibilidad de que el sujeto se piense libre, capaz y con el deber de una relación moral-jurídica con otras personas, siguiendo leyes prácticas (emanadas de la idea de libertad).

Es imperante recalcar que las personas, para Kant, no sólo tienen la capacidad de ser libres, sino que tienen la tarea de afirmar su libertad en los distintos ámbitos del obrar humano, como es el jurídico. La única manera en que la persona puede ser responsable sobre sus actos y, por ende, susceptible de imputación (personalidad moral), es considerándola como un agente que es y debe ser libre.

El derecho no es una regla o una ley, sino el conjunto de condiciones empíricas y racionales bajo las cuales el arbitrio de uno puede conciliarse con el arbitrio del otro, según una ley universal de la libertad. Kant enuncia el principio universal del derecho: "Una acción es conforme a derecho (*recht*) cuando permite, o cuando su máxima permite, a la libertad del arbitrio de cada uno coexistir con la libertad de todos según una ley universal".[11] Esta ley que alude a la libertad permite la síntesis adecuada de los enunciados jurídicos para preservar un horizonte abierto.

La ley universal del derecho es, por lo tanto, el horizonte de significado y el propósito de todas las leyes particulares del derecho, así como la ley moral universal es el horizonte de significado y el propósito de todos los deberes morales particulares. El test de universalización del principio universal del derecho supone trascender la unilateralidad de los intereses privados y acceder a una voluntad general. De esta manera, en el ejercicio de mi libertad práctica-externa en el mundo se advierte la consideración de mi

---

[10] Seguimos la interpretación de Adela Cortina, quien expone que el método trascendental se puede interpretar como el tránsito desde un punto de vista empírico al nivel en que el sujeto cognoscente se pone como un "yo pienso" que produce *a priori* una constelación cognoscitiva para sus objetos, posibilitando con ello la experiencia, o bien, al nivel en el que el sujeto se pone como un "yo quiero", desde el que puede entrar en una relación moral y jurídica con otras personas y con cosas, siguiendo leyes prácticas. Adela Cortina, "Estudio preliminar", en Immanuel Kant, *Metafísica de las costumbres*, Madrid, Tecnos, 2008, p. xxx.

[11] MS AA: 06: 230.

libertad y la de los otros. Ambos puntos de vista se encuentran en la doctrina kantiana de la libertad en el derecho.

Ahora bien, se ha objetado que la idea de la dignidad tiene un papel secundario en la *Rechtslehre*. En realidad, esa apreciación olvida que la idea de dignidad es una tesis fundante. La tesis de que la naturaleza racional existe como fin en sí mismo nos revela como fines en sí mismos, esto es, con dignidad. La dignidad es el valor por el cual reconocemos a las personas como fines en sí mismos y respetamos sus decisiones en el sentido en que dejamos que éstas puedan determinar sus propias acciones y consideramos sus fines escogidos como cosas buenas y valiosas de ser perseguidas. Estamos obligados a no usurpar el control de otras personas sobre sus propias acciones, forzándolas a hacer aquello que creemos que sería lo mejor; no tenemos permitido usar a otras personas como meros medios para nuestros fines y debemos respetar esta condición de fin en sí mismo.[12]

El principio universal del derecho puede articularse desde el derecho de la humanidad, así como con el ideal de la paz. ¿Cómo es posible esto? Por el modo en que se implican la libertad y la racionalidad práctica del derecho. La delimitación de lo que corresponde al derecho legislar tiene como punto de partida la libertad práctica y externa (condición de externalidad-intersubjetividad). ¿Por qué esto es así? Precisamente porque nuestra condición como fines en sí mismos, y dotados de dignidad, exige una legislación externa que no pretenda legislar lo que no le corresponde, pero que posibilite el ejercicio de mi libertad en armonía con la de los demás. La referencia de la coincidencia de mi libertad con la de los demás advierte que el ámbito normativo del derecho está dirigido a una comunidad de personas en continua e irremediable interacción.

El fin final que debe determinar los esfuerzos de la filosofía política es la paz. Ésta funciona como el fin final de los esfuerzos de la razón jurídica y, por supuesto, ésta se delimita por lo que le corresponde al ámbito de

---

[12] Esta manera de concebir la dignidad como tesis fundante en la doctrina del derecho se encuentra en Dulce María Granja, "El pensamiento de Kant en torno al concepto de dignidad humana", en *Dignidad. Perspectivas y aportaciones de la filosofía moral y la filosofía política*, Carmen Trueba Atienza y Sergio Pérez Cortés (eds.), Barcelona/México, Anthropos/Universidad Autónoma Metropolitana, 2018, pp. 137-174.

legislación jurídica o, si se quiere ver de otra manera, según los límites de la autonomía de los individuos (personas) y de los Estados (personas morales). La paz es un deber categórico que aplica a las distintas relaciones: entre personas, entre personas y el Estado y, por supuesto, entre Estados.

De manera análoga podríamos decir que, así como encontramos en la *Fundamentación* las distintas formulaciones de un IC, podemos trasladar esta tesis y probar un ejercicio similar, pero desde la doctrina del derecho. Desde el punto de vista de la forma encontramos el principio de la coexistencia de libertades expresado en la ley universal del derecho, desde el punto de vista material podríamos asumir que se refiere al derecho de la humanidad, en tanto que es la dignidad la que tiene que servir como condición restrictiva de la libertad del arbitrio y que habilita el ejercicio mismo de mi libertad en el mundo como derecho natural, y desde el punto de vista de la determinación completa: el fin final de la doctrina del derecho es la paz.

Kant, al igual que Aristóteles, se da cuenta de la importancia de aludir al razonamiento teleológico en su propuesta filosófica. Si bien dirige su mirada al principio formal desde el punto de vista metodológico y prioriza éste, no por ello desatiende la finalidad. ¿Cómo deberíamos de interpretar que dos de los filósofos más importantes de la historia hayan llegado a conclusiones parecidas, con un método distinto? Quizá para otro trabajo sería interesante investigar el modo en que las consideraciones teleológicas requieren de las ontológicas y viceversa. Esto es, el modo en el que el *ergón* es *telos* y viceversa.

Para quienes nos interesa la labor de la filosofía en la política y el derecho, el pensamiento kantiano es un referente obligado; la labor jurídica y política de ser vista como ese lugar en el que se despliega la razón práctica. De las distintas concepciones de "hacer política" o "crear derechos" podemos asumir que se trata meramente de un cálculo pragmático de racionalidad o resistirnos, esto es, apostar por una racionalidad que es eficiente y práctica. La polémica entre las diversas concepciones de racionalidad tiene una importancia que va mucho más allá de lo puramente académico. De lo que se trata, como expone Robert Alexy,[13] es del fundamento normativo de la convivencia humana y de la autocomprensión del individuo y de la sociedad.

La filosofía, en su reflexión sobre el derecho, y la política deben tener derechos en la discusión, sin pretender pedantemente que sus argumentos sean suficientes, esto es, asumiendo, por un lado, el papel de la razón que delibera sobre la justicia, pero también la función de quienes son los responsables de su ejecución en el mundo. La tentación del teórico es pensar que el argumento es más importante que su ejecución, y la corrupción del político es obrar sin ideales, pues como expone el filósofo de Königsberg: "Tomar como engañosa a la ley moral en nosotros mismos despertaría el repugnante deseo de preferir hallarse privado de razón".[14] La tensión se diluye cuando caemos en la cuenta de que nos une la motivación, siempre nueva y renovada, que llena tanto el sentido de la acción política-jurídica, como la reflexión constante y esforzada de la filosofía práctica: el reinado de la razón pura práctica y su justicia de manera tal que su fin (la paz) venga por sí mismo.[15]

---

[13] Robert Alexy, *El concepto y validez del derecho*, Barcelona, Gedisa, 2004, p. 133.

[14] MS AA: 06: 355.

[15] *Cfr.* ZeF AA: 08:378.

Referencias

Para el texto base de este trabajo se consultaron los títulos *Metaphysische Anfansgründe der Rechtslehre (Metaphysik der Sitten. Erster Teil)*, la versión electrónica: *Das Bonner Kant-Korpus* (Elektronische Edition der Gesammelten Werke Immanuel Kants), Band VI (pp. 203-356), y la versión impresa Immanuel Kant, *Die Metaphysik der Sitten*, Deutschland Werkausgabe Band VII, Herausgegeben von Wilhelm Weischedel, Suhrkamp taschenbuch wissenschaft, 2017.

Traducciones de Kant

Crítica de la razón práctica, Dulce Ma. Granja, trad., edición bilingüe, México, FCE/UAM/UNAM, 2005.

Crítica de la razón pura, Mario Caimi, trad., edición bilingüe, México, FCE/UAM/UNAM, 2011.

Crítica del juicio, Manuel García Morente, trad., Madrid, Tecnos, 2007.

El conflicto de las facultades, Roberto Rodríguez Aramayo, trad., Madrid, Alianza, 2003.

Fundamentación de la metafísica de las costumbres, José Mardomingo, trad., edición bilingüe, Barcelona, Ariel, 1999.

Hacia la paz perpetua, Gustavo Leyva, trad., edición bilingüe, México, FCE/UAM/UNAM, 2018.

Lecciones de filosofía moral Mrongovius II, Alba Jiménez Rodríguez, trad. y ed., edición bilingüe, Salamanca, Ediciones Sígueme, 2017.

Lezioni sul diritto naturale (Naturrecht Feyerabend), N. Hinske y G. Sadun Bordoni, trads. y eds., edición bilingüe, Milán, Bompiani, 2016.

Metafísica de las costumbres, A. Cortina y J. Conill, trad. y notas, Madrid, Tecnos, 1989.

¿Qué es la Ilustración? y otros escritos de ética, política y filosofía de la historia, Concha Roldán, Francisco Pérez López M. y Roberto Rodríguez Aramayo, trads., Roberto Rodríguez Aramayo (ed.), Madrid, Alianza, 2013.

Reflexiones sobre filosofía moral, José G. Santos Herceg, trad., Salamanca, Ediciones Sígueme, 2004.

Religión en los límites de la mera razón, F. Martínez Marzoa, trad., Madrid, Alianza, 1969.

"Recensión del ensayo sobre el principio del derecho natural de Gottlieb Hufeland", Macarena Marey, trad. *Estudios Kantianos. Marília*, vol. 2, núm. 1, enero-junio, 2014.

Teoría y práctica. En torno al tópico: tal vez eso sea correcto en teoría, pero no sirve para la práctica, J. M. Palacios, F. Pérez-L. y R. Rodríguez Aramayo, trads., Madrid, Tecnos, 2006.

Bibliografía general

Alexy, Robert, *El concepto y validez del derecho*, Barcelona, Gedisa, 2004.

Allison, H. E., *Kant´s Theory of Freedom*, Cambridge, Cambridge University Press, 1990.

_________, *El idealismo trascendental de Kant: una interpretación y defensa*, Barcelona, Anthropos/UAM, 1992.

_________, *Idealism and Freedom. Essays on Kant´s Theoretical and Practical Philosophy*, Cambridge, Cambridge University Press, 1996.

Anscombe, G. E. M., "Modern Moral Philosophy", *Philosophy*, vol. 33, núm. 124, 1958.

Bartuschat, Wolfgang, "Der Moralische Begriff des Rechts in Kants Rechtstheorie", *Jahrbuch Für Recht Und Ethik / Annual Review of Law and Ethics*, vol. 16, 2008.

Beade, Ileana P., "En torno a dos concepciones diversas en la libertad en la filosofía político-jurídica kantiana", en *La filosofía práctica de Kant*, Roberto Rodríguez Aramayo y Faviola Rivera Castro (comps.), México, UNAM, 2017.

Beck, Lewis White, "Five concepts of Freedom in Kant", en *Philosophical Analysis and Reconstruction*, J. T. J. Srzednicki y Stephan Körner (eds.), Dordrecht, Springer, 1987 (Nijhoff International Philosophy Series, vol. 28).

Bennett, J., *Kant's Dialectic*, Cambridge, Cambridge University Press, 2016.

Bojanowski, Jochen, "Kant on Human Dignity: A Response to Oliver Sensen", *Kant-Studien*, vol. 106, núm. 1, 2015.

Brandt, Reinhard, "Christoph Horn: Nichtideale Normativität. Ein neuer Blick auf Kants politische Philosophie", *Kant-Studien*, vol. 106, núm. 4, 2015.

_________, *Immanuel Kant. Política, derecho y antropología*, México, Plaza y Valdés, 2001.

_________, "Antwort auf Bernd Ludwig: Will die Natur unwiderstehlich die Republik?", *Kant-Studien*, vol. 88, núm. 2, 1997.

Broad, Charlie Dunbar, *Five Types of Ethical Theory*, Londres/Nueva York, K. Paul/Trench/Trubner/Harcourt/Brace, 1930.

Brown, Stuart M., "Has Kant a Philosophy of Law?", *The Philosophical Review*, vol. 71, núm. 1, Duke University Press, Philosophical Review, 1962.

Bulgyn, Eugenio, "¿Hay vinculación necesaria entre derecho y moral?", en *Derecho y moral. Ensayos sobre un debate contemporáneo*, Rodolfo Vázquez (comp.), México, Gedisa, 2003.

Byrd, B. Sharon y Joachim Hruschka, "Iustitia tutatrix, iustitia commutativa, and iustitia distributiva and their differences", en *Kant's Doctrine of Right: A Commentary*, Cambridge, Cambridge University Press, 2010.

________, "Lex Iusti, Lex Iuridica Und Lex Iustitiae in Kants 'Rechtslehre'", ARSP: *Archiv Für Rechts- Und Sozialphilosophie / Archives for Philosophy of Law and Social Philosophy*, vol. 91, núm. 4, 2005.

Caranti, Luigi, *Kant's Political Legacy. Human Rights, Peace, Progress*, Cardiff, University of Wales Press. 2017.

________, "The Ultimate Ground of Morality (and Law) in Naturrecht Feyerabend", en *Kants Naturrecht Feyerabend*, Margit Ruffing, Annika Schlitte y Gianluca Sadun Bordoni, eds., Berlín/Boston, De Gruyter, 2019.

Carpintero, Francisco, "Los tres iusnaturalismos", ARS IURIS. *Revista del Instituto de Documentación e Investigación Jurídicas de la Facultad de Derecho de la Universidad Panamericana*, vol. 12, 1994.

Cassirer, Ernst, *Filosofía de la Ilustración*, Madrid, FCE, 1993.

Charpenel, Eduardo, "El republicanismo kantiano y la normatividad legal", *Eidos*, núm. 32, 2020.

Cortina, Adela, "El contrato social como ideal del Estado de derecho. El dudoso contractualismo de I. Kant", *Revista de Estudios Políticos*, nueva época, núm. 59, enero-marzo, 1988.

________, "Estudio preliminar", en Immanuel Kant, *Metafísica de las costumbres*, Madrid, Tecnos, 2008.

Cubo, Oscar, "La doble naturaleza del derecho en Kant", en *Los rostros de la razón: Immanuel Kant desde Hispanoamérica. II Filosofía moral, política y del derecho*, Gustavo Leyva, Álvaro Peláez y Pedro Stepanenko (eds.), México, Anthropos/Siglo XXI, 2018.

________, "La legitimación iusnaturalista del derecho positivo en I. Kant", *Revista de Estudios Kantianos*, vol. 5, núm. 1, 2020.

Dworkin, Ronald, "¿Deben de nuestros jueces ser filósofos? ¿Pueden ser filósofos?", *Isonomia*, núm. 32, Leonardo García Jaramillo, trad., abril, 2010.

Ebbinghaus, Julius, "Das Kantische System der Rechte des Menschen und Bürgers in seiner geschichtlichen und aktuellen Bedeutung", ARSP: *Archiv für Rechts- und Sozialphilosophie / Archives for Philosophy of Law and Social Philosophy*, vol. 50, núm. 1, Franz Steiner Verlag, 1964.

________, *Philosophie der Freiheit. Praktische Philosophie 1955-1972*, vol. 2, Bonn, Bouvier Verlag, 1988.

________, "La ley de la humanidad y los límites del poder estatal", *Con-Textos Kantianos. International Journal of Philosophy*, núm. 6, Cristina Gómez Baggethun y Óscar Cubo Ugarte, trads., diciembre, 2017.

Finnis, John, *Ley natural y derechos naturales*, Buenos Aires, Abeledo-Perrot, 2000.

Flikschuh, Katrin, "Elusive unity: the general will in Hobbes and Kant", *Hobbes Studies*, vol. 25, núm. 1, 2012.

Garzón Valdés, Ernesto, "Derecho y moral", en *Derecho y moral. Ensayos sobre un debate contemporáneo*, México, Gedisa, 2003.

________, "Siete pecados capitales kantianos", en *Forzados a ser libres. Kant y la teoría republicana del derecho*, Juan Ormeño Karzulovic y Miguel Vatter (eds.), Santiago, FCE, 2017.

Geismann, Georg, "Recht Und Moral in Der Philosophie Kants", *Jahrbuch für Recht Und Ethik / Annual Review of Law and Ethics*, vol. 14, 2006.

________, *Kant´s System of Nature and Freedom: Selected Essays*, Oxford, Oxford University Press, 2005.

Granja, Dulce María, "El principio de publicidad en la teoría kantiana de la acción", en *Cosmopolitismo. Democracia en la era de la globalización*, Granja, Dulce María y Leyva, Gustavo (eds.), México, Anthropos/UAM, 2009.

________, "La naturaleza racional como fin en sí mismo en la filosofía kantiana", *Cuadernos Salmantinos de Filosofía*, vol. 40, 2013.

________, "La vinculación entre derecho y moral en la filosofía kantiana", en *Moral y derecho. Doce ensayos filosóficos*, D. M. Granja y T. Santiago, México, Suprema Corte de la Justicia de la Nación/Universidad Autónoma Metropolitana, 2011.

________, "El pensamiento de Kant en torno al concepto de dignidad humana", en *Dignidad. Perspectivas y aportaciones de la filosofía moral y la filosofía política*, Carmen Trueba Atienza y Sergio Pérez Cortés (eds.), Barcelona/México, Anthropos/Universidad Autónoma Metropolitana, 2018.

Gregor, Mary, *Laws of Freedom: A Study of Kant's Method of Applying the Categorical Imperative in the Metaphysik Der Sitten*, Oxford, Basil Blackwell, 1963.

Gutmann, Thomas, "Würde und Autonomie. Überlegungen zur Kantischen Tradition", *Jahrbuch für Wissenschaft und Ethik*, vol. 15, núm. 1, 2010.

________, "Dignidad y autonomía. Reflexiones sobre la tradición kantiana", *Estudios de Filosofía*, vol. 59, Carlos Emel Rendón, trad., 2019.

Guyer, Paul, *Kant on Freedom, Law, and Happiness*, Cambridge, Cambridge University Press, 2000.

Habermas, Jürgen, *Faktizität und Geltung. Beiträge zur Diskurstheorie des Rechts und des demokratischen Rechtsstaats*, Fráncfort, Suhrkamp, 1992.

________, *Between Facts and Norms. Contributions to a Discourse Theory of Law and Democracy*, Cambridge, Mass, 1996.

Haro, Vicente de, *Deber, virtud y razón práctica en la Metafísica de las costumbres de Immanuel Kant*, México, Universidad Panamericana, 2012.

Herman, Barbara, *Moral Literacy*, Nueva York, Harvard University Press, 2007.

Heuser, Martin, *Zur Positivität des Rechts in der kritischen Naturrechtslehre Immanuel Kants. Eine Studie zum metaphysischen Begriff des provisorisch-rechtlichen Besitzes*, Berlín, Dunker Humboldt, 2020.

Hill, Thomas E., "Kant's Theory of Practical Reason", *The Monist*, vol. 72, 1989.

Hobbes, Thomas, *De Cive*, Carlos Mellizo, trad., Madrid, Alianza, 2000.

_______, *Leviatán*, Antonio Escohotado, trad., Madrid, Editora Nacional, 1980.

Höffe, Otfried, "Zur vertragstheoretischen Begründung politischer Gerechtigkeit: Hobbes, Kant und Rawls im Vergleich", en *Ders., Ethik und Politik, Grundmodelle und -probleme der praktischen Philosophie*, Fráncfort, 1979.

_______, *Justicia política*, Madrid, Paidós, 2003.

_______, "La libertad y el imperativo categórico. Acerca de la moral en la época de las ciencias naturales", *Signos Filosóficos*, vol. VIII, núm. 15, enero-junio, 2006.

_______, "Cosmopolitismo universal. Sobre la unidad de la filosofía de Kant", en *Cosmopolitismo: democracia en la era de la globalización*, Dulce María Granja y Gustavo Leyva (eds.), Barcelona/México, Anthropos/Universidad Autónoma Metropolitana, 2009.

_______, "Der kategorische Rechtsimperativ", en *Immanuel Kant: Metaphysische Anfangsgründe der Rechtslehre*, Otfried Höffe (ed.), Berlín, Akademie Verlag, 2010.

_______, "Antropología y metafísica en el concepto categórico del derecho de Kant: una interpretación de los parágrafos B y C de la teoría del derecho", *Eunomía. Revista en Cultura de la Legalidad*, núm.5, 2013.

_______, "El derecho innato es sólo uno. ¿Tiene Kant una filosofía de los derechos humanos?", *Los rostros de la razón Immanuel Kant desde Hispanoamérica, II. Filosofía moral, política y del derecho*, Gustavo Leyva, Álvaro Peláez y Pedro Stepanenko (eds.), México, Anthropos, 2018.

Hoffmann, Thomas Sören, "Kritische Vernunftrechtslehre als Grenzgang zwischen natürlichem und positivem Recht: Zur Konstitution des Rechtssatzes nach Kant", Grenzen und Grenzüberschreitungen. XIX. Deutscher Kongreß für Philosophie, 23-27 de septiembre en Bonn, Wolfram Hogrebe (ed.), Bonn, 2002.

_______, "El giro copernicano de Kant en el concepto de la conciencia moral", *Philosophia*, vol. 76, núm. 1, 2006.

_______, "El concepto teórico de libertad según Kant y la tradición de las libertas spontaneitatis", *Revista de Estudios Kantianos*, vol. 4, núm. 1, 2019.

Horn, Christoph, *Nichtideale Normativität-Ein neuer Blick auf Kants politische Philosophie*, Berlín, Suhrkamp Verlag, 2014.

_______, "Kant's Political Philosophy as a Theory of Non-Ideal Normativity", *Kant-Studien*, vol. 107, núm. 1, 2016.

Horn, Christoph, "¿Qué es erróneo de una interpretación moral de la filosofía política de Kant?", en *Forzados a ser libres. Kant y la teoría republicana del derecho*, Juan Ormeño Karzulovic, trad., y Miguel Vatter y Juan Ormeño Karzulovic (eds.), Santiago, FCE, 2017.

Hruschka, Joachim, "The permissive Law of Practical Reason in Kant's Metaphysics of Morals", *Law and Philosophy*, vol. 23, 2004.

Kain, Patrick, "Kant's Defense of Human Moral Status", *Journal of the History of Philosophy*, vol. 47, núm. 1, 2009.

Kenneth R. Westphal, "Republicanism, Despotism, and Obedience to the State: The Inadequacy of Kant's Division of Powers", *Jahrbuch für Recht und Ethik / Annual Review of Law and Ethics*, vol. 1, 1993.

Kersting, Wolfgang, "Neuere Interpretationen der Kantischen Rechtsphilosophie", *Zeitschrift für Philosophische Forschung*, vol. 37, núm. 2, 1983.

__________, *Wohlgeordnete Freiheit. Immanuel Kants Rechts- und Staatsphilosophie*, Berlín/Nueva York, Walter de Gruyter, 1984 (Quellen und Studien zur Philosophie, vol. 20).

Klemme, Heiner F., "Einleitung", en *Kant, Immanuel, Über den Gemeinspruch: 'Das mag in der Theorie richtig sein, taugt aber nicht für die Praxis'; Zum ewigen Frieden, ein philosophischer Entwur*, Hamburgo, Meinier, 1992 (Philosophische Bibliothek, vol. 443).

__________, "Moralisches Sollen, Autonomie und Achtung. Kants Konzeption der „libertas indifferentiae zwischen Wolff und Crusius", en *Recht und Frieden in der Philosophie Kants*, Valerio Rohden, Ricardo R. Terra, Guido A. de Almeida y Margit Ruffing (eds.), Berlín/NuevaYork, De Gruyter, 2008.

__________, "Der Transzendentale Idealismus und die Rechtslehre. Kant über den Zusammenhang von moralischer Verbindlichkeit, Recht und Ethik bei Kant", en *Kants Metaphysik der Sitten in der Diskussion. Ein Arbeitsgespräch an der Herzog August Bibliothek Wolfenbüttel*, Werner Euler y Burkhard Tuschling (eds.), Berlín, Dunker and Humboldt, 2009 (Philosophische Schrifften, vol. 79).

Korsgaard, Christine, "Taking the law into our own hands: Kant on the right to revolution", en *Reclaiming the History of Ethics. Essays in Honour of John Rawls*, A. Reath, B. Herman y C. Korsgaard (eds.), Cambridge, Cambridge University Press, 1997.

Kühl, Kristian, "Naturrecht und positives Recht in Kants Rechtsphilosophie", en *Rechtspositivismus und Wertbezug des Rechts*, R. Dreier (ed.), Stuttgart, Steiner Verlag, 1990.

Langton, Rae, "Objective and Unconditioned Value", *The Philosophical Review*, vol. 116, núm. 2, 2007.

Leyva, Gustavo, "Filosofía en sentido cosmopolita. Reflexiones sobre el cosmopolitismo en la filosofía con énfasis en la propuesta kantiana", en *Cosmopolitismo: democracia en la era de la globalización*, Dulce María Granja y Gustavo Leyva (eds.), Barcelona/México, Anthropos/Universidad Autónoma Metropolitana, 2009.

__________, "Estudio preliminar: Hacia la paz perpetua", en *Hacia la paz perpetua*, México, FCE, 2018.

Locke, John, *Segundo tratado del gobierno civil*, Carlos Mellizo, trad., Madrid, Tecnos, 2006.

Ludwig, Bernd, "Kants Verabschiedung der Vertragstheorie - Konsequenzen für eine Theorie sozialer Gerechtigkeit", *Jahrbuch für Recht und Ethik / Annual Review of Law and Ethics*, vol. 1, 1993.

________, "Positive und negative Freiheit' bei Kant? - Wie begriffliche Konfusion auf philosophi(ehistori)sche Abwege führt", *Jahrbuch Für Recht Und Ethik / Annual Review of Law and Ethics*, vol. 21, 2013.

MacCormick, Neil, "En contra de la ausencia del fundamento moral", en *Derecho y moral. Ensayos sobre un debate contemporáneo*, Rodolfo Vázquez (comp.), Barcelona, Gedisa, 2003.

Marey, Macarena y Nuria Sánchez Madrid, "Estudio crítico", en "La 'Introducción' a las 'Lecciones sobre derecho natural' de Kant anotadas por Feyerabend", *Con-textos kantianos. International Journal of Philosophy*, núm. 3, junio, 2016.

Martínez Fisher, María Guadalupe, "Los usos de la libertad en la *Crítica de la razón pura*", en *Nuevas perspectivas sobre la filosofía de Kant*, Rogelio Rovira, Rafael Orden y Juan Manuel Navarro (eds.), Madrid, Escolar y Mayo, 2016.

________, *Límites y alcances de la fundamentación metafísica del derecho en Kant*, México, UAM, 2023.

Massini-Correas, Carlos Ignacio, "La concepción deontológica de la justicia: el paradigma kantiano", *Anuario de Facultade de Dereito da Universidade da Coruña*, núm. 3, 1999.

________, "Iusnaturalismo e interpretación", *Jurídica. Díkalón*, vol. 19, núm. 2, diciembre, 2010.

Mori, Massimo (ed.), "Innere Staatssouveränität: zwischen souveräner Unzwingbarkeit und Volkssouveränität", en *Vom Naturzustand zur kosmopolitischen Gesellschaft Souveränität und Staat bei Kant*, Weisbaden, Springer VS, 2017.

Niesen, Peter, "Volk-von-Teufeln-Republikanismus: Zur Frage nach den moralischen Ressourcen der liberalen Demokratie", en *Die Öffentlichkeit der Vernunft und die Vernunft der Öffentlichkeit*, Lutz Wingert y Klaus Günther (eds.), Fráncfort, 2011.

Pawlik, Michael, "Kants Volk Von Teufeln Und Sein Staat", *Jahrbuch Für Recht Und Ethik / Annual Review of Law and Ethics*, vol. 14, 2006.

Pereda, Carlos, "Tercera antinomia y las perplejidades de la libertad", en *Kant: de la crítica a la filosofía de la religión*, Madrid, Anthropos/UAM, 1994.

Pfordten, Dietmar von der, "On the Dignity of Man in Kant", *Philosophy*, vol. 84, núm. 329, Cambridge, Royal Institute of Philosophy/Cambridge University Press, 2009.

Philonenko, Alexis, *Théorie et praxis dans la pensée morale et politique de Kant et de Fichte en 1793*, París, Bibliothèque d'histoire de la philosophie, 1968.

Pinzani, Allesandro, "Der Systematische Stellenwert Der Pseudo-Ulpianischen Regeln in Kants Rechtslehre", *Zeitschrift Für Philosophische Forschung*, vol. 59, núm. 1, 2005.

Pippin, Robert B. 2004. "¿Lo mío y lo tuyo en el Estado kantiano?", *Anuario Filosófico*, vol. 37, núm. 80, 2004.

__________, "4. Dividing and Deriving in Kant's Rechtslehre", en *Immanuel Kant: Metaphysische Anfangsgründe der Rechtslehre*, Otfried Höffe (ed.), Berlín, Akademie Verlag, 2010.

Platón, *Diálogos IV. República*, Lan Conrado Eggers, trad., Barcelona, Gredos, 1988.

Pogge, Thomas W., "Is Kant's Rechtslehre a Comprehensive Liberalism?", en *Kant's Metaphysics of Morals: Interpretative Essays*, Mark Timmons (ed.), Oxford, Oxford University Press, 2002.

Rawls, John, *Teoría de la justicia*, María Dolores González (ed.), México, FCE, 2006.

Ricken, Friedo, "Homo noumenon und homo phaenomenon", en *Grundlegung zur Metaphysik der Sitten. Ein kooperativer Kommentar*, O. Höffe (ed.), Fráncfort, Klostermann/Vittorio, 1989.

Ripstein, Arthur, *Force and Freedom: Kant's Legal and Political Philosophy*, Cambridge, Harvard University Press, 2009.

Rivera, Faviola, *Virtud y justicia en Kant*, México, Fontamara, 2003.

Rodríguez Aramayo, Roberto, y Faustino Oncina (comps.), Ética y *antropología: un dilema kantiano*, Granada, Comares, 1999.

__________, "El dilema kantiano entre antropología y ética ¿acaso representan los dictámenes jurídicos-penales de Kant una concreción casuística del formalismo ético", en Ética y antropología, un dilema kantiano, Roberto Rodríguez Aramayo y Faustino Oncina, comps., Granada, Comares, 1999.

Rousseau, Jean-Jacques, *Discurso, sobre el origen de la desigualdad entre los hombres*, Ángel Pumarega, trad., Madrid, Espasa-Calpe, 1923.

__________, *El contrato social*, Fernando de los Ríos, trad., Barcelona, Austral, 2007.

Sadun Bordoni, Gianluca, "Kant e il diritto naturale. L'Introduzione al Naturrecht Feyerabend", *Rivista internazionale di filosofia del diritto*, núm. 2, 2007.

Saldaña, Javier, *Derecho natural, tradición, falacia naturalista y derechos humanos*, México, UNAM-Instituto de Investigaciones Jurídicas, 2012.

Santiago Oropeza, Teresa, "Kant: la guerra y el progreso moral", *Revista de Filosofía Open Insight*, vol. VII, núm. 11, enero-junio, 2016.

Schmill, Ulises, "Diálogo en Marburgo entre Hermann Cohen y Hans Kelsen", *Doxa. Cuadernos de Filosofía del Derecho*, núm. 26, noviembre, 2003. Disponible en ‹https://doxa.ua.es/article/view/2003-n26-dialogo-en-marburgo-entre-hermann-cohen-y-hans-kelsen›.

Schneewind, J. B., *La invención de la autonomía*, México, FCE, 2009.

Schönecker, Dieter, *Kants Begriff transzendentaler und praktischer Freiheit*, Berlín/Boston, De Gruyter, 2012.

__________, "Bemerkungen zu Oliver Sensen, Kant on Human Dignity, Chapter 1", *Kant-Studien*, vol. 106, núm. 1, 2015.

__________, *Kant: Grundlegung III*, Friburgo, Verlag Karl Alber, 2016.

Schwember, Felipe, "El giro kantiano del contractualismo", *Cuadernos de Anuario Filosófico. Serie universitaria*, núm. 195, 2007.

Seel, Gerhard, "How Does Kant Justify the Universal Objective Validity of the Law of Right?", *International Journal of Philosophical Studies*, vol. 17, núm. 1, 2009.

Seifert, Josef, *Superación del escándalo de la razón pura*, Madrid, Ediciones Cristiandad, 2007.

Sensen, Oliver, "Kant's Conception of Human Dignity", *Kant-Studien*, vol. 100, núm. 3, 2009.

Serrano Gómez, Enrique, *La insociable sociabilidad. El lugar y la función del derecho y la política en la filosofía de Kant*, Madrid, Anthropos, 2004.

Smith, Kemp, *A Commentary to Kant´s "Critique of pure reason"*, Nueva Jersey, Humanities Press, 1984.

Strawson, Peter, *The bounds of sense. An essay on Kant´s Critique of pure reason*, Luis-André Thiebaut, trad., Madrid, Ediciones de la Revista de Occidente, 1975.

Tomassini, Fiorella, "La crítica de Kant al eudemonismo político en Über den Gemeinspruch: Das mag in der Theorie richtig sein aber taugt nicht für die Praxis", *Ideas y Valores*, vol. 64, núm.158, 2015.

__________, *Kant y el derecho natural*, FILO/UBA, 2018.

Truyol y Serra, Antonio, *Historia de la filosofía del derecho y del Estado: del Renacimiento a Kant*, vol. 2, Madrid, Alianza Universidad Textos, 1988.

Vigo, Alejandro, "Caridad, sospecha y verdad. La idea de la racionalidad en la hermenéutica filosófica contemporánea", en *Teología y Vida*, vol. 46, núms. 1-2, 2005.

__________, "Ética y derecho según Kant", *Tópicos*, núm. 41, diciembre, 2011.

__________, "La concepción kantiana del derecho natural", en *Moral y derecho. Doce ensayos filosóficos*, D. M. Granja y T. Santiago (eds.), México, Suprema Corte de la Justicia de la Nación/Universidad Autónoma Metropolitana, 2011.

Willascheck, Marcus, "Recht ohne Ethik? Kant über die Gründe, das Recht nicht zu brechen", en *Kant im Streit der Fakultäten*, V. Gerhardt y Th. Meyer (eds.), Berlín, 2005.

__________, "Right and Coercion: Can Kant's Conception of Right be Derived from his Moral Theory?", *International Journal of Philosophical Studies*, vol. 17, núm.1, 2009.

Wood, Allen, "The Final Form of Kant's Practical Philosophy", en *Kant's Metaphysics of Morals interpretative Essays*, Mark Timmons (ed.), Oxford, Oxford University Press, 2002.

Zimmermann, Stephan, "Wovon handelt Kants Typik del reinen praktischen Urteilskraft?", *Kant-Studien*, vol. 106, núm. 3, 2015.

Zotta, Franco, *Immanuel Kant. Legitimität und Recht. Eine Kritik seiner Eigentumslehre, Staatslehre und seiner Geschichtsphilosophie*, Friburgo/Múnich, Verlag Karl Alber, 2000.

__________, "Die Unausdenkbarkeit der Verzweiflung", *Zeitschrift für kritische Sozialtheorie und Philosophie*, vol. 1, núm. 1, 2014.

Diccionarios especializados

Kant-Lexikon Studienausgabe, M. Willaschek, Jürgen Stolzenberg, Georg Mohr, Stefano Bacin unter Mitarbeit von Thomas Höwing, Florian Marwede, Ste Schadow in Verbindung miteckart Förster, Heiner Klemme, Christian Klotz, Bernd Ludwig, Peter McLaughlin, Eric Watkins (eds.), Berlín, De Gruyter, 2015.

Kant Lexikon Nachschlagwerk zu Immanuel Kant, Rudolf Eisler (ed.). Disponible en línea en ‹https://www.textlog.de/rudolf-eisler.html›.

The Stanford Encyclopedia of Philosophy, Edward N. Zalta (ed.), primavera, 2017. Disponible en línea en ‹https://plato.stanford.edu/›.

Este libro se imprimió en la Ciudad de México
el 3 de septiembre de 2024, memoria litúrgica
de san Gregorio Magno, Papa y Doctor de la Iglesia.